高等学校土建类专业信息化系列教材

物业管理

主　编　卫铁林　张惠琪

副主编　孙庆珩　杨　阳　裘　明

参　编　张　丽　周宝运　朱亚飞

张　旭　李学成

西安电子科技大学出版社

内容简介

本书系统阐述了物业管理理论知识与实践方法，不仅深入剖析了物业管理的理论基础与前沿动态，还提供了实践案例，以增强内容的实用性和可操作性。

全书包括物业管理概述、物业管理组成、物业管理项目的组织与实践、物业管理早期介入与前期物业管理、房屋及附属设施设备的维护与维修、物业环境管理、物业安全管理、物业客户服务、物业服务费用的管理、物业管理常用文书拟写与档案管理十个项目，紧密结合新时代物业管理的发展需求，对物业管理的基本概念、组织结构、项目运营及具体业务管理，进行了深入浅出的讲解。书中涵盖的物业管理常用文书拟写与档案管理，能够为从业者提供实用的工作指南。

本书可以作为职业教育现代物业管理和房地产等相关专业的教学用书，也可作为物业服务行业、房地产相关行业从业人员的学习和培训用书。

图书在版编目(CIP)数据

物业管理 / 卫铁林，张惠琪主编. -- 西安 ：西安电子科技大学出版社, 2025. 8. -- ISBN 978-7-5606-7751-4

Ⅰ. F293.347

中国国家版本馆 CIP 数据核字第 2025YV7721 号

书　　名　物业管理
　　　　　WUYE GUANLI

策　　划　李鹏飞

责任编辑　于文平

出版发行　西安电子科技大学出版社(西安市太白南路 2 号)

电　　话　(029)88202421　88201467　　邮　　编　710071

网　　址　www.xduph.com　　电子邮箱　xdupfxb001@163.com

经　　销　新华书店

印刷单位　河北虎彩印刷有限公司

版　　次　2025 年 8 月第 1 版　　2025 年 8 月第 1 次印刷

开　　本　787 毫米×1092 毫米　1/16　　印　　张　19

字　　数　453 千字

定　　价　49.00 元

ISBN 978-7-5606-7751-4

XDUP 8052001-1

前　言
PREFACE

在快速发展的现代社会中，物业管理是城市管理与居民生活的重要组成部分，其重要性日益凸显。随着城市化进程的加速和居民生活水平的提高，人们对居住环境的要求不再仅仅局限于基本的居住功能，而是更加注重居住环境的质量、安全性、舒适度以及服务的便捷性与个性化。因此，物业管理行业面临着前所未有的挑战与机遇，急需一批具备专业知识、实践能力和创新思维的高素质人才来推动行业的持续健康发展。

作为物业管理课程的教材，本书将系统性与实践性进行了结合，摒弃了传统教材的单一理论阐述模式，基于物业服务过程中的各项实际工作内容，采用了项目引领的学习架构，将复杂的物业服务工作细化为一个个具体可操作的任务，有效地提升了学习的针对性和实效性。

全书共分为十个项目。项目一主要介绍物业管理的基本理论、研究对象与研究方法，以及物业管理的起源与发展；项目二介绍物业服务企业的含义、分类及组织形式，业主、业主委员会与业主大会的基本理论，以及与物业服务企业有工作往来的相关机构；项目三介绍我国物业管理招标与投标的基本概念以及物业管理行业项目招标、投标的实施方法；项目四介绍物业管理早期介入、组织接管验收、办理业主入住和监督业主装修行为等日常工作；项目五从房屋的日常养护与维修入手，介绍房屋建筑的基本理论以及物业设施设备养护与维修的理论和方法；项目六以物业环境管理为基础，介绍物业保洁管理和绿化管理的基本理论、工作流程及相关案例；项目七主要介绍物业治安管理、消防管理和车辆管理的组织与实施；项目八从日常物业客户服务的基本理论出发，介绍物业贴心服务的理念，并结合物业服务心理学介绍物业客户服务技巧；项目九主要介绍物业服务费用的计算、收取以及住宅专项维修资金的管理；项目十主要介绍物业管理通知、计划、规章制度、物业服务合同等常用文书的拟写和注意事项，以及物业档案的管理方法与管理实务。

本书由郑州城建职业学院、河南兴业物联网管理科技有限公司共同编写，卫铁林、张惠琪担任主编，孙庆珩、杨阳、裘明担任副主编，张丽、周宝运、朱亚飞、张旭、李学成参与编写。具体编写分工是：项目一由张惠琪编写；项目二、项目六、项目七由孙庆珩编写；项目三、项目四、项目五由卫铁林编写；项目八、项目十由杨阳编写；项目九由裘明编写；张丽、周宝运、朱亚飞、张旭、李学成参与资料整理、行业调研等工作，为教材编写提供基础支持。在编写过程中，国内物业服务行业专家、学者对编者进行了悉心指导，物业服务企业为教材中案例的选定提供了大力支持和宝贵意见，在此表示感谢！另外，编者在编写本书时还参考了国内外学者、专家的相关研究成果，在此向他们表示由衷的感谢。

由于编者水平有限，书中难免存在不足之处，恳请各位专家和广大读者批评指正，以便日后改正与完善。

编　者

2025 年 4 月

目 录
CONTENTS

项目一

物业管理概述

知识目标

(1) 掌握物业和物业管理的概念。
(2) 了解物业管理的起源与发展。
(3) 掌握物业管理的业务范围、基本环节、类型和遵循原则。
(4) 熟悉物业管理从业人员应具备的素质。

学前热身

郑州某小区20号楼1103业主李某上午忙完回家休息时，发现自己家客厅布满污水，李某急忙去卫生间检查，发现卫生间地漏往外返污水，他赶紧联系物业前台。物业前台工作人员接到电话，了解完情况，第一时间通知值班人员维修。

值班保洁和楼栋管家在接到通知后第一时间来到现场。工作人员各司其职，很快疏通了下水道，做好了屋内污水清理及消杀工作。在工作人员的积极努力配合下，业主的财产未受到严重损失，安全也得到了保障。

工作人员通过窥探镜发现，11楼和10楼之间的公共管道堵塞导致了11楼返水，堵塞物在10楼管道卡得非常紧，无法正常取出。

在确保短时间不会再次堵塞返水的情况下，物业工作人员紧急制定相应方案，以彻底解决这个安全隐患，避免带来更大的财产损失。沟通得出的方案是：砸开10楼卫生间的墙，切开下水管道取出堵塞物，最后再进行墙面恢复。

物业工作人员联系到10楼业主王某并说明情况后，10楼业主的第一反应是拒绝配合。王某说："楼上堵了，找我们干什么，又不是我家堵，跟我们没关系。"

物业工作人员晓之以理，动之以情，他们告知王某如果堵塞物往下走的话，可能10楼也会返水，而且如果堵塞物不取出，11楼返水严重的情况下，水从11楼地板流到10楼，也可能对10楼天花板或者墙面有所影响。

小区物业服务人员与业主积极沟通，通过一系列的方式开导业主，最终打动了业主，这次返水风波得以化解。

任务一 走近物业

任务导入

在现代社会，物业与生活、工作紧密相连。物业服务企业有其独立的运营模式与规范。物业内涵丰富，包含已投入使用的房屋及配套，从住宅到商业体，各类物业满足了多元需求。了解物业的概念、特性和分类，对居民和物业从业者意义重大。

理论先行

一、物业与房地产

(一) 物业的内涵

物业，英文为Estate或Property，其含义为“财产”“资产”“拥有物”“房地产”等，是一个广义的概念。这一名词自20世纪80年代便开始在广东省、福建省等外资企业和华侨较多的地区使用，随后在上海、宁波等沿海地区流行，最后传遍全国。目前“物业”一词已被人们广泛应用。现实生活中，我们通常所讲的物业是取物业的狭义概念，指已建成并投入使用的各类建筑物及其附属设施设备和相关场地。从物业的定义可以看出，物业主要包含以下四个方面的内容。

(1) 建筑物：具有使用功能的房屋建筑、构筑物(如桥梁、水塔等)、道路、码头等。

(2) 设备：配套于建筑物的专用机械、电气等设备，如电梯、备用电源等。

(3) 设施：配套于建筑物的公共管、线路，如上下水管、消防、强电(如供变电等)、弱电(如通信、信号网络等)、路灯以及室外公共建筑设施(如幼儿园、医院、运动设施等)等。

(4) 场地：开发待建、露天堆放货物或供休憩的场地，包括建筑地块、庭院、停车场、运动场、休憩绿地和小区内非主干交通道路等。

物业有大小之分，可以根据区域功能和空间使用的独立性作相对分割，如住宅小区中的某住宅单位可以作为一处物业，高层或多层写字楼、商业大厦、酒店和厂房仓库甚至某运动场所都可以称为物业。

(二) 物业、房地产和不动产的区别

在术语使用中，物业、房地产和不动产经常交替使用，但房地产、不动产与物业相比较，其涵盖范围更广。从法律意义上看，房地产本质上是指土地和房屋作为物质存在形态的财产。这里的财产是指附着于房地产实体中的各种经济利益及由此形成的各种权利，如所有权、使用权、出租权和抵押权等。“不动产”一词英译为Real Estate或Real Property。

Real Estate 在英语中是指土地及附着在土地上的人工建筑物。Real Property 是指 Real Estate 及其附带的各种权益。房地产由于位置固定、不可移动，通常又被称为不动产。而物业在房屋消费领域使用，特指在房地产交易、售后服务这一阶段的针对使用功能而言的房地产，一般指具体的房地产。所以，房地产、不动产与物业有宏观与微观、全体与部分之别。

二、物业的特性

物业的特性包括：

(1) 位置的固定性。物业不论结构、外形和用途如何，都必须依附在土地之上，而土地具有不可移动性。因此，在土地基础上形成的物业，其空间位置具有固定性的特点。

(2) 寿命的耐久性。有别于普通商品，物业一旦建造完成，只要不是故意损坏或意外损坏，一般可以使用几十年乃至上百年。

(3) 形式的多样性。根据用途和功能，物业可以分为不同的形式，如写字楼、商场、学校、医院等，以满足人们对物业功能多样性的需求。

(4) 价值的增长性。在一定时期内，根据城市规划要求，用于物业建设的土地面积是有限的。由于土地资源的限制性，土地供求的不平衡会导致物业价格上涨，使物业具有显著的增值倾向。但是，物业的增值并不是直线式的，而表现为螺旋式上升的长期发展趋势。

三、物业的分类

根据用途不同，物业可以分为以下几类。

(1) 居住物业：物业最常见的类型，包括住宅小区、公寓、别墅等。

(2) 商业物业：从事商务、流通、消费等商业活动的场所，包括商场、写字楼、大型超市、酒店、娱乐/休闲/交易场所的房屋及辅助设施。

(3) 工业物业：生产单位作为基本生产要素使用的房屋和设施，包括工业厂房、仓库、实验室等。

(4) 其他用途物业：除居住物业、商业物业和工业物业以外，有必要运用物业管理的方法实施管理的物业。它包括以下几类。

① 体育类物业：体育场、体育馆、健身房、高尔夫球场等。

② 卫生保健类物业：医院、疗养院、药检所、养老院等。

③ 交通类物业：公路、铁路、桥梁、涵洞、通道、车站、码头、空港等。

④ 名胜古迹类物业：古建筑、名人故居等。

⑤ 宗教类物业：教堂、礼拜堂、庙宇等。

以案说理

我国的物业以居住物业为主，相关研究数据表明居住物业占比超过七成。从整个物业管理市场来看，居住物业也是物业服务行业的主要物业业态。物业管理主要是为住宅提供物业服务。我国房地产在过去的黄金时代快速发展，自2016年调控以来，楼市趋冷，但是商品房销售面积依旧保持低速增长。2019年1—12月，全国房地产开发投资132 194亿元，比2018年增长9.9%，其中，住宅投资97 071亿元，比2018年增长13.9%。2019年，商品房销售面积为171 558万平方米。其中，住宅销售面积增长1.5%，办公楼销售面积下降14.7%，商业营业用房销售面积下降15.0%。商品房销售额为159 725亿元，增长6.5%。其中，住宅销售额增长10.3%，办公楼销售额下降15.1%，商业营业用房销售额下降16.5%。

任务实施

一、学习目标

了解物业的基本内涵、特性以及物业的分类。

二、实施方法

查阅《物业管理条例》《中华人民共和国民法典》和相关文献资料，了解物业的基本内涵、特性和分类；或到住宅小区、写字楼、商场、学校等物业进行实地调查，了解物业的分类。

三、任务流程

(一) 法规及文献查阅

(1) 《物业管理条例》研读：通读条例，重点关注物业定义、分类及管理职责相关条款。梳理不同类型物业在管理和服务标准上的差异，为理解物业分类打好基础。

(2) 《中华人民共和国民法典》探究：研究物权编中建筑物区分所有权、合同编中物业服务合同内容，明确物业权属、业主权益及物业权利义务，明晰物业内涵与特性。

(3) 相关文献分析：从学术数据库、行业报告中收集物业相关文献，筛选聚焦物业内涵、特性、分类的资料精读。对比不同文献观点，思考物业分类与行业发展。

(二) 实地物业认知

(1) 住宅小区考察：选取普通、高档、老旧等不同小区，观察房屋建筑风格和户型；查看电梯、消防等附属设施设备，考察绿化、停车场等场地；与物业人员和业主交流，了解物业管理工作及业主需求。

(2) 商业街区调研：针对小区周边商业街区，观察其建筑形态，分析布局设计；关注照明、通风等公共设施，调研运营管理模式；与经营者和消费者交流，了解商业物业价值。

(3) 其他物业体验：前往小区周边医院、学校、工业园区，关注医院医疗设备配套，考察学校建筑设施维护，查看工业园区厂房布局等；与各场所物业人员和使用者交流，了解管理差异。

任务小结

(1) 狭义的物业是指已建成并投入使用的各类房屋及其附属设施设备和相关场地。
(2) 物业的特性包括位置的固定性、寿命的耐久性、形式的多样性和价值的增长性。
(3) 按照用途，物业可分为居住物业、商业物业、工业物业和其他用途物业。

课后测试

(1) 物业包括哪些组成部分？
(2) 物业、房地产和不动产的区别与联系分别是什么？
(3) 物业的特性包括哪些方面？物业如何进行分类？

任务二　解读物业管理

任务导入

物业管理作为现代社会不可或缺的一部分，与人们的生活和工作紧密相关。物业服务企业以独立法人的身份，通过规范的运营模式，为各类物业提供专业的管理服务。深入了解物业管理，知晓其起源、发展、内涵、特征、性质、类别、原则、内容以及基本环节，对于提升居民生活品质、推动物业管理行业的健康发展具有关键意义。

理论先行

一、物业管理的起源与中国物业管理的发展历程

(一) 物业管理的起源

物业管理作为一种房屋管理的模式，已有 160 多年的历史。19 世纪 60 年代，欧洲资本主义进入高速发展时期。在这个时期，英国对劳动力的需求猛增，大量农村人口涌入城市，这使城市原有的各种住房及设施不堪重负，城市房屋空前紧张。一些房地产开发商相继修建了一批简易住宅并以低价出租给贫民家庭居住。这些住宅设施设备简陋、环境脏乱，承租者拖欠租金严重，人为破坏房屋设施设备的情况经常发生，业主利益受到严重损害。在这种情况下，英国伯明翰一位名叫奥克维娅·希尔的女士为其名下出租的住宅制定了一套规范租户行为的管理办法，并要求承租者严格遵守。该办法行之有效，不仅显著改善了居住环境，而且还缓和了业主和使用人之间的对立关系，开创了物业管理的先河。这一管理办法很快被其他业主效仿，并引起政府的重视。从此物业管理的理念逐渐向经济发达的

国家传播，物业管理行业也不断地发展并走向成熟。

(二) 中国物业管理的发展历程

1. 香港地区的物业管理

20 世纪 60 年代，香港地区经济迅速发展，人口剧增，但其基础设施落后，住房十分紧张，居民居住条件不断恶化。为了缓解矛盾，香港地区政府出资修建了大批公共屋村(简称“公屋”或“屋村”)，并以优惠的价格出租给低收入家庭(在香港地区居住 7 年以上的家庭可以申请轮候)。同时，为满足不同收入阶层对住房的不同需求，政府还建造了一些完整的社区住宅，并把它们出售给家庭收入较高的居民，有人称之为居者有其屋(简称“居屋”)，居屋成为香港地区一大基本物业类型。随着大批房屋建成，居屋和公屋的规模不断扩大，居民对居住环境的要求越来越高，香港地区政府也越来越重视物业管理工作，从英国引进管理理念、管理手段和管理人才。

香港地区物业管理机构有以下几个。

(1) 香港房屋委员会与房屋署。香港房屋委员会是法定机构，对香港地区政府负责，统筹公屋的改建和出租事宜，主持落实大型公屋建设，并推动私人机构参与居屋建设。香港房屋署是直接负责物业管理的机构，负责执行房屋委员会的决策。

(2) 香港房屋协会。香港房屋协会是一个民间的群众性组织，自负盈亏，主要工作是为香港地区市民提供更多住所。

(3) 楼宇互助委员会和业主立案法团。楼宇互助委员会是民间物业管理组织，通常一座建筑物只要有 20%的住户同意，就可以成立楼宇互助委员会，共同改善治安和环境卫生，使住户友好相处。业主立案法团是业主自治组成的管理机构，对建筑物管理拥有一定的强制权力。

(4) 物业管理公司。目前香港地区物业管理公司分为三类：一是香港房屋署所辖的物业管理机构，负责公屋、商场等物业的管理；二是附属于大型开发商的物业管理公司；三是私人物业管理公司，它是独立经营的专业物业管理公司，受建筑物业主立案法团、开发商的委托管理物业，竞争性较强。

2. 中国内地的物业管理

1) 中国内地物业管理的发展

中国内地物业管理的发展大致经历了以下三个阶段。

第一阶段从 1981 年 3 月至 1994 年 3 月，是我国物业管理的探索和尝试阶段。在此阶段，沿海经济发达地区开始引进专业物业管理模式，并结合地区的实际情况进行探索和改造。1981 年 3 月 10 日，深圳市第一家物业管理公司正式成立。1989 年 9 月，建设部在大庆召开第一次全国性的住宅小区管理工作会议，正式把小区管理工作提上议事日程。随后几年，建设部相继颁布了《建设部关于在全国开展住宅小区管理试点工作的通知》《全国城市文明住宅小区达标考核办法》《城市住宅小区竣工综合验收管理办法》等一系列法规文件，为强化住宅小区管理提供了法规依据。1994 年 3 月，建设部颁布《城市新建住宅小区管理办法》，明确指出“住宅小区应当逐步推行社会化、专业化的管理模式，由物业公司统一实施专业化管理”。

第二阶段从 1994 年 4 月至 1999 年 5 月，是我国物业管理进入规范化大发展的阶段。这期间住房体制改革在我国全面展开，物业服务企业纷纷建立，从业人员培训和行业管理发展较快，专业的物业管理被社会广泛接受。1995 年，建设部要求把物业管理体制改革和城市管理体制改革结合起来。1996 年 2 月，国家计委、建设部联合颁布《城市住宅小区物业管理服务收费暂行办法》，使物业管理走向市场化。到 1998 年底，深圳物业管理覆盖率达 90%，广州、上海达 40%；全国物业服务企业有 1.2 万家，从业人员达 150 多万人。

第三阶段从 1999 年 6 月至今，是我国物业管理法治化、市场化建设的重要时期。这阶段的发展重点是培育物业管理市场，建立竞争机制，形成规范化、法治化的管理体系。《中华人民共和国物权法》在 2007 年 3 月 19 日正式颁布。《物业管理条例》在 2003 年 6 月 8 日由国务院颁布，经过 2007 年 8 月 26 日第一次修订、2016 年 2 月 6 日根据《国务院关于修改部分行政法规的决定》第二次修订、2018 年 3 月 19 日根据《国务院关于修改和废止部分行政法规的决定》第三次修订后，已经较为完善，其为物业管理走上法治化发展道路奠定了坚实的基础。2020 年 5 月 28 日，中华人民共和国第十三届全国人民代表大会第三次会议高票表决通过《中华人民共和国民法典》(简称《民法典》)，其于 2021 年 1 月 1 日正式实施。《民法典》从不同的角度对物业管理活动进行了一系列的规范和调整，奠定了物业管理的民事法律基础。物业服务的入典，是物业管理改革发展 40 余年所取得巨大成就的重要标志。《民法典》实施后，《中华人民共和国物权法》废止。

2) 中国内地物业管理发展的主要趋势

(1) 物业科技创新提升效率。物业管理行业逐步由劳动密集、专注于传统的物业管理服务向集约化、自动化、智能化、互联网化转变，各家大中型物业服务企业已经初步建立智能化的物业管理系统，如停车收费自动系统、门禁系统、物业缴费系统、手机应用程序(App)等。自 2016 年起，阿里巴巴和腾讯开始布局智慧社区，智慧物业成为其中的重要一环。2018 年是互联网巨头智慧物业布局加速落地的一年，其为物业管理行业注入新的科技活力，可有效降低物业管理的成本。

(2) 物业服务企业整合及收购、并购加剧。目前物业服务行业仍处于分散阶段，物业服务企业众多。大型物业公司通过标准化、集约化的管理以及优质的服务质量和品牌效应，加快扩大业务规模，盈利能力稳中有升。加上近年来物业公司进入资本市场，管理面积已经成为一项重要指标。在资本的推动下，大型物业公司纷纷加快对管理面积的拓展，收购、并购加剧，行业集中度不断提升，出现优胜劣汰、“大鱼吃小鱼”等行业分化的趋势。

(3) 物业基础业务外包。物业服务企业是典型的劳动密集型企业，人工成本的刚性上涨成为其要面对的重要挑战。基础业务外包一方面能提升成本作用效率，另一方面第三方的专业性使得整体服务质量得以提升，配套保障服务品质得以优化。基础业务分工精细化是未来发展的方向，有利于专业化和精细化管理。

二、物业管理的内涵与特征

(一) 物业管理的内涵

物业管理是指业主通过选聘物业服务企业，由业主和物业服务企业按照物业服务合同的约定，对房屋及配套的设施设备和相关场地进行维修、养护、管理，维护物业管理区域内的环境卫生和相关秩序的活动。业主可以自行管理物业，也可以委托物业服务企业或者其他管理者进行管理。物业管理有狭义和广义之分。狭义的物业管理是指业主委托物业服务企业依据委托合同对房屋建筑及其设备、市政公用设施、绿化、卫生、交通、生活秩序和环境容貌等管理项目进行的维护、修缮活动；广义的物业管理应当包括业主共同管理的过程和委托物业服务企业或者其他管理人进行的管理过程。物业管理经营者是指物业管理的企业或组织；物业所有人是指房屋等建筑物(构筑物)的所有权人，即业主；物业管理的对象是物业；物业管理的服务对象是人，即物业的所有权人和使用权人。物业管理的性质主要是服务，它寓管理、经营于服务之中，在服务中体现管理并完善管理与经营。

在理解物业管理的概念时，要将它与传统房屋管理进行区分。一般来说，传统房屋管理是一项具体的管理内容，是介于行政管理和非行政管理之间的一种服务管理形式。物业管理是传统房屋管理的发展和延伸，无论是在管理的模式、手段、观念上，还是在管理的深度和广度上，物业管理都与传统房屋管理有着较大区别，具体见表 1-1。

表 1-1 物业管理与传统房屋管理的区别

类别	物业管理	传统房屋管理
物业权属	多元产权(公有、私有)	第一产权(国家、集体所有)
管理主体	物业服务企业	政府、单位房管部门
管理单位性质	企业	事业或企业性事业单位
管理手段	经济和法律手段	行政手段
管理性质	经营型的有偿管理服务	福利型的无偿、低偿服务
管理理念	为业主、住户服务，以人为本	管理住户，以物为中心
管理费用	遵循市场规律自筹	低费用和大量补贴
管理形式	社会化、专业化统一管理	部门、系统管理与多头分散管理
管理内容	全方位、多层次的管理服务	管房和养房
管理关系	服务与被服务的关系	管理与被管理的关系
管理模式	市场经济管理模式	计划经济管理模式
管理机制	契约、合同制，竞争上岗	行政指令、终身制，无竞争

(二) 物业管理的主要特征

物业管理的主要特征包括社会化、企业化和专业化。

(1) 社会化。物业管理的社会化是指物业管理将分散的社会工作集中起来，统一承担。每位业主只需面对一家物业服务企业，就能将有关房屋和居住环境的日常事宜(诸如水电、保安、清洁、消防、绿化等)安排好，而不必分别面对各个不同的部门。正因为如此，有人将物业服务企业比喻成业主的“总管家”。而物业服务企业对政府来说则像一个“总代理”，业主只需根据收费标准按时交纳管理费和服务费，就可以获得相关服务，这样既方便了业主，也便于统一管理。

(2) 企业化。在市场经济条件下，物业管理的属性是经营，所提供的商品是劳务，方式是等价有偿，业主通过招投标选聘物业服务企业，由物业服务企业来具体实施物业管理。物业服务企业是企业法人，按照《中华人民共和国公司法》的规定开展经营活动，自主经营、独立核算、自负盈亏，依靠优质服务在市场上寻求发展空间，用经营业绩去争取更多的客户。

(3) 专业化。物业管理的专业化有三层含义：一是有专门的组织机构，二是有专业的人才，三是有专业的管理工具和设备。为统一管理，物业服务企业将有关物业的各项管理活动都纳入自己的业务范围，并通过设置职能部门来从事相应的管理业务；物业服务企业也可以将一些业务再委托给社会上的专业经营服务公司。例如：环境卫生工作可以委托给专业保洁公司；安保服务工作可以委托给安保公司；园林绿化工作可以承包给专业绿化公司；机电设备维修工作可以委托给专业设备维修公司。

三、物业管理的性质、类型与原则

(一) 物业管理的性质

物业管理活动的对象是物业，其服务对象是业主和物业使用人。物业服务企业通过向业主和物业使用人提供服务而获得利润，实现企业的正常运转和良性发展。按照英国经济学家科林·克拉克关于三次产业的划分方法，物业管理属于第三产业，是一类服务型行业。

(二) 物业管理的类型

物业管理可分为委托服务型物业管理和自主经营型物业管理两类。

(1) 委托服务型物业管理。委托服务型物业管理又称托管型物业管理，主要是指房地产开发企业将开发建成的房屋出售或出租给用户，并委托下属物业服务企业对房屋进行日常管理；或由业主大会授权的物业管理委员会委托一家社会化的物业服务企业进行管理。后一种形式是今后物业管理发展的方向。

(2) 自主经营型物业管理。自主经营型物业管理又称自管型物业管理，或租赁经营型物业管理。该类型物业管理是指房地产开发企业建成房屋后不出售，交给下属的物业服务企业或从事租赁经营的企业管理，通过收取租金的方式收回投资。自主经营的物业服务企业一般拥有经营权，甚至拥有产权。自主经营型物业管理实质上是房地产开发的延续，其将房地产开发与经营联系起来，通过物业的出租经营达到为房地产公司收回项目投资，获取长期、稳定利润的目的。自主经营型物业管理的对象主要是商业经营场所和写字楼。

(三) 物业管理的原则

为了能更好地体现物业管理的服务宗旨，为业主和物业的使用人提供全方位、多功能的服务，物业管理应遵循以下几项原则。

(1) 权责分明原则。在物业管理区域内，业主、业主大会、业主委员会、物业服务企业的权力与责任应当非常明确，物业服务企业各部门的权力与职责要分明。一个物业管理区域内的全体业主组成一个业主大会，业主委员会是业主大会的执行机构。物业的产权是物业管理权的基础，业主、业主大会和业主委员会是物业管理权的主体，是物业管理权的核心。

(2) 业主主导原则。业主主导是指在物业管理活动中，以业主的需要为核心，将业主置于首要地位。强调业主主导，是现代物业管理与传统体制下房屋管理的根本区别。

(3) 服务第一原则。物业管理所做的每一项工作都是服务，必须坚持服务第一原则。

(4) 统一管理原则。一个物业管理区域只能成立一个业主大会，或只由一个物业服务企业实施物业管理。

(5) 专业高效原则。物业服务企业进行统一管理，并不等于所有的工作都必须由物业服务企业自己来承担，物业服务企业可以将物业管理区域内的专项服务委托给专业服务企业，但不得将该区域内的全部物业管理一并委托给他人。

(6) 收费合理原则。物业管理的经费是做好物业管理的物质基础。物业服务收费应当遵循合理、公平以及费用与服务水平相适应的原则，区别不同物业的性质和特点，由业主和物业服务企业按有关规定进行约定。收取的费用要让业主和使用人接受并感到质价相符、物有所值。物业管理的专项维修资金要依法管理和使用。物业服务企业可以通过实行有偿服务和开展多种经营来增加收入。

(7) 公平竞争原则。物业管理是社会主义市场经济的产物，在市场经济中应当实行公开、公平、公正的竞争机制。选聘物业服务企业应该坚持招标、投标制度，委托方发标，一般要有三个以上的物业服务企业投标，招标要公开，揭标要公正。

(8) 依法行事原则。物业管理遇到的问题十分复杂，涉及的法律非常广泛，整个物业管理过程中时刻都离不开法律法规。依法签订的物业服务合同是具有法律效力的规范文书，是物业管理的基本依据。

四、物业管理的内容

物业管理属于第三产业中的服务型行业，它是一项涉及范围相当广泛的多功能、全方位的管理工作。从服务性质和提供服务的方式来看，物业管理涉及常规性的公共服务和非公共性的延伸服务两类内容。

(一) 常规性的公共服务

常规性的公共服务是物业管理中的基本管理工作，是为全体业主和物业的使用人提供的经常性服务，目的是确保物业的完好和正常使用。此服务贯穿于物业管理工作的始终，具体内容和服务要求在物业服务合同中有明确规定。常规性的公共服务一般包括下面六项内容。

(1) 房屋主体管理。房屋主体管理是指为了保持房屋完好，确保房屋各项使用功能得以正常发挥而开展的管理，包括对房屋基本情况的掌握、房屋修缮等。

(2) 房屋设施设备管理。房屋设施设备管理是指为了保持房屋及其配套附属的各类设施设备的完好及正常使用而进行的管理与服务，包括对各类设施设备基本情况的掌握，各类设施设备的日常运营保养、维修和更新。

(3) 环境卫生管理。环境卫生管理是指为了净化物业环境而进行的管理与服务工作，包括对物业区域环境的日常清扫保洁、垃圾的清运等。

(4) 绿化管理。绿化管理是指为了美化物业环境而进行的管理与服务工作，包括对园林绿地的营造与保养、物业整体环境的美化等。

(5) 治安消防管理。治安消防管理是指为了消除安全隐患，维持业主和使用人正常的工作与生活秩序而进行的管理及服务工作，包括对楼宇内外的安全保卫和警戒，对各类突发事件的预防与处理。其目的是排除干扰，保持物业区域的安宁。

(6) 车辆管理。车辆管理是指为了维护业主和使用人的良好生活秩序，针对车辆而进行的管理活动，包括车辆的停放与保管等。

(二) 非公共性的延伸服务

非公共性的延伸服务是指物业服务企业为满足物业区域内少数业主和使用人的特殊要求，利用公司现有的资源和条件提供的特异性服务，包括针对性的专项服务和委托性的特约服务。

1. 针对性的专项服务

针对性的专项服务是为某些有额外需求的住户提供便利和帮助的一种服务。专项服务是物业服务企业开展多种经营的渠道之一，其特点是物业服务企业事先设立服务项目，公布服务内容、质量、收费标准，让住户根据需要自行选择。针对性的专项服务可分为以下几类。

(1) 日常生活类：主要指物业服务企业为住户提供日常生活中衣、食、住、行各方面的家政服务，如衣物收洗、日用商品代购、室内清扫、机票船票代购、小孩接送、老人照看等。

(2) 商业服务类：包括商业网点的开设，特色经营活动的开展，如开办饮食店、小型商场、美发美容店、家电维修店等。

(3) 文化、教育、卫生、体育类：如开办阅览室、托儿所、健身房、辅导班，举办文化知识讲座、小型体育活动和比赛等。

(4) 金融服务类：主要指物业服务企业为业主和使用人代办各种保险等。

(5) 中介服务类：主要指物业服务企业拓展的物业市场营销与租赁，如房地产评估公证及其他中介代理服务等。

2. 委托性的特约服务

委托性的特约服务是物业服务企业为了满足物业所有人和使用人的个别要求，受其委托而提供的服务。这类服务通常在物业服务合同中没有明确要求，物业服务企业在专项服务中也没有设立，该类服务具有临时性、不固定性和选择性等特点。

常规性的公共服务和非公共性的延伸服务构成了物业管理的基本内容，两者相互促进，相互补充。前者是物业服务企业最基本的必须做好的工作；后者的具体服务项目与内容应灵活多样，要突出以人为本的服务理念，让业主和使用人满意。

五、物业管理的基本环节

物业管理是一个复杂的、完整的系统工程。物业管理的运作，既是管理思想的体现，又是管理理论的实践，是全部物业管理活动的总和。物业管理工作可以划分为四个基本环节，即物业管理的前期阶段、启动阶段、日常运作阶段和撤管阶段。

(一) 物业管理的前期阶段

物业管理的前期阶段包括物业管理的招标与投标、物业管理机构的设置与人员安排、规章制度的制定以及早期介入的管理等环节。

1. 物业管理的招标与投标

对房地产开发商或已成立的业主大会、业主委员会来说，先要有物业管理的招标，选聘到合适的物业服务企业，才能有具体的物业管理。对于物业服务企业来讲，第一步是要参加物业管理的投标，取得项目的物业管理权后，才能做好物业管理的准备并在需要的时候开展具体的物业管理工作。

通常来说，招标与投标的基础工作是编制物业管理方案、制定物业管理招标文件和投标文件，并在此基础上进行招标或参与投标。

2. 物业管理机构的设置与人员安排

就某一个物业项目而言，物业服务企业可能需要另行组建新的物业管理机构，并通过该机构来实施具体的项目管理。物业管理机构及岗位通常要根据所管物业的类型、规模及特点等实际情况灵活设置。有关人员的选聘，第一要注意各工种的人员编制及应聘者的专业水平(是否有上岗证等)；第二要注意选聘的时间安排，急需的先招聘，不急需的后招聘。招聘到员工后，物业服务企业还要注意组织培训，培训的内容和方式要根据员工的具体情况及岗位设置而定。特别要注意电梯、锅炉、配电等特殊工种员工还应取得政府主管部门的资格认证后才能上岗。

3. 规章制度的制定

规章制度是物业服务企业进行物业管理的依据，同时也是物业管理顺利进行的前提条件。规章制度一般包括内部管理制度和外部管理制度两方面。在内部管理制度中，最基本的制度是员工管理办法。该办法包括劳动用工制度、员工行为规范、员工福利制度、员工奖惩制度以及岗位责任制度等。外部管理制度主要是针对物业服务企业外部而言的，有业主规约、住户手册、各项守则与管理规定等。

4. 早期介入的管理

早期介入的管理主要包括物业服务企业对早期介入的准备以及在规划设计、施工监理、设备安装、租售代理等阶段的介入与管理。

(二) 物业管理的启动阶段

物业管理的全面启动以物业的接管验收为标志。启动阶段包含四个基本环节，即接管验收、业主入住、产权备案与档案资料的建立、首次业主(代表)大会的召开和业主委员会的成立。

1. 接管验收

接管验收是直接关系到物业管理工作能否正常、顺利开展的重要环节，其中包括新建物业的接管验收和原有物业的接管验收。接管验收完成，标志着新的物业管理工作将全面开展，同时也标志着物业管理进入全面启动阶段。

2. 业主入住

业主入住是指住宅小区居民入住或商贸楼宇业主和租户迁入，这是物业服务企业与其服务对象的首次接触。住(用)户入住(迁入)时，首先要签订物业服务合同、业主规约。为了能有一个良好的开端，以及给住(用)户良好的第一印象，物业服务企业需要做好以下工作：一是通过宣传使住(用)户理解物业管理工作，并积极配合；二是配合住(用)户入住(迁入)；三是做好入住(迁入)阶段的安全工作；四是加强对装修的管理。

3. 产权备案与档案资料的建立

产权备案的目的有两方面：一方面是准确界定每个产权人所拥有产权的范围与比例，以维护其合法权益；另一方面是保证物业管理的收费能够及时、合理实施，维护物业服务企业自身的权利。产权备案是物业服务企业必须要做而且必须要做好的工作，同时也是建立业主或物业使用人档案的基础。物业服务企业还需要建立物业本身的档案资料，以便顺利地实施物业管理。

4. 首次业主(代表)大会的召开和业主委员会的成立

具备一定条件后，物业区域应适时地召开首次业主(代表)大会，制定和通过有关文件，选举产生业主委员会。在这一过程中，前期介入的物业服务企业可以在政府相关部门的帮助下协助业主大会筹备小组开展各项宣传组织工作。

(三) 物业管理的日常运作阶段

物业管理的日常运作是物业管理最主要的工作内容，包括两个基本环节，即日常的综合服务与管理、系统内外部环境要素间的协调。

1. 日常的综合服务与管理

日常的综合服务与管理是业主和物业使用人入住后，物业服务企业在实施物业管理中所做的各项工作。这是物业服务企业最基本的工作内容，也是其物业管理水平的集中体现。它涉及很多方面，如房屋修缮管理、物业设备管理、环境卫生管理、绿化管理、治安管理、消防管理、车辆道路管理以及相关服务等。

2. 系统内外部环境要素间的协调

物业管理的社会化、市场化和专业化的特征，决定了其系统内外部环境的复杂性和要素间协调的必然性。系统内部环境要素间的协调主要是物业服务企业与业主、业主大会、业主委员会间关系的协调；系统外部环境要素间的协调就是物业服务企业与物业管理项目之外相关部门间关系的协调，这些部门有供水部门、供电部门、供气部门、供暖部门、通信部门、工商局、环卫局、园林局、物价局、房管局以及城管等，涉及面相当广泛。物业服务企业要想做好工作，就要营造良好的内外部环境，内部环境是基础，外部环境是保障。

(四) 物业管理的撤管阶段

物业服务合同期满不再续签或提前结束时，物业服务企业应本着对客户负责的精神，严格遵守职业道德规范，积极认真地做好撤管工作，包括整理档案、清理账目、移交有关物业等工作。在新的物业服务企业前来接管时，原物业服务企业应全面交接，然后撤离该物业管理区域。

以案说理

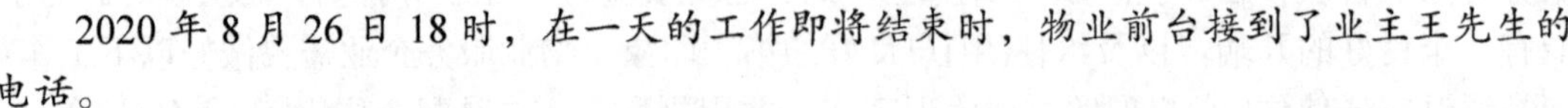

2020 年 8 月 26 日 18 时，在一天的工作即将结束时，物业前台接到了业主王先生的电话。

王先生非常急切地向物业前台反映了问题，他称昨天租户搬走后自己没能及时检查房子，出于信任已经退还了他们的押金。然而，今天来看房子时发现栏杆被拆卸，纱窗也掉了。他请求派个工程师过来看看能否处理一下此事。

物业前台立即联系了白师傅，并简要说明了业主的报修情况。尽管已经是下班时间，但为了避免业主担心，白师傅第一时间赶到现场。

白师傅仔细检查了被拆除的装置情况，发现修复工作难度较大。告知王先生后，王先生无奈地表示如果无法修复，就只能购买新的。

白师傅一边安慰业主，一边心里琢磨：先试着修修看，虽然可能需要付出一些额外努力，但如果能减少业主的损失并使他满意，那也是值得的。白师傅迅速准备好工具，开始修复工作。

不知不觉间已是晚上 8 点多了，白师傅成功修复了栏杆和纱窗，并且与原装件几乎没有任何差别。

王先生见到修好的栏杆和纱窗，再看到白师傅汗流浃背的样子，非常感动，他握着白师傅的手说："太感谢你了！没想到你竟然能修好，这为我省了不少钱。很抱歉耽误了你的下班时间，都这么晚了，我请你吃个饭吧！"

白师傅谦虚地说："这是我的职责，能够帮助业主解决问题我也很高兴。同时，非常感谢您对我们物业工作的支持和理解！家里已经准备好晚饭了，正在等我回去呢！"

王先生被白师傅的真诚、专业和热情深深打动，为了表达感激之情，他特意制作了一面锦旗送到物业服务中心，以此感谢物业提供的优质服务。随后，公司总经理把此事作为典型，要求大家认真学习总结。

该案例体现了物业管理的业主主导原则和服务第一原则，当业主利益和物业服务人员的个人利益发生冲突时，服务人员毅然决定以业主利益为主，这充分体现了物业管理的服务宗旨。

任务实施

一、学习目标

(1) 理解物业管理服务第一原则的实践路径；

(2) 掌握《中华人民共和国民法典》《物业管理条例》在设施维护中的应用要点；
(3) 具有处理业主需求与个人利益冲突的服务智慧；
(4) 认知物业管理专业化服务的价值创造逻辑。

二、实施方法

查阅物业管理发展的相关文字材料，查看《物业管理条例》《中华人民共和国民法典》和相关文献资料，以及网上的相关资料等，掌握物业管理的概念、类型、内容及基本环节；也可以运用访谈法，寻找物业管理行业的专家、学者、专业技能人才等，通过面对面或者在线访谈的方式，深入地了解物业管理的内容、各个工作流程以及相关工作技巧；还可以运用实地观察法对物业管理的内容和各工作环节进行深入的学习。

三、任务流程

(一) 案例研究准备

1. 法规精读

研读《中华人民共和国民法典》第九百三十九条至九百四十五条关于物业服务的规定。

2. 行业调研

收集 2020—2023 年中国物业管理协会发布的物业管理行业发展报告。

3. 案例库建设

整理近三年全国物业管理示范项目获奖案例。

(二) 情景模拟实施

针对【以案说理】中的案例，进行角色分工及流程演练。

1. 角色分工

(1) 业主组：模拟王先生的情绪表达与诉求陈述。
(2) 物业组：分物业前台、工程维修、物业经理等角色。
(3) 观察员组：记录服务过程中的法律合规性与服务礼仪。

2. 流程演练

演练流程包括：紧急报修受理(18 时下班场景)、现场勘查与方案制定(含成本测算)、特殊情况处理(超时服务沟通)以及服务验收与满意度回访。

(三) 案例分析

1. 三维度分析

(1) 法律维度：对照《物业管理条例》第三十五条分析服务边界。
(2) 经济维度：测算维修成本及购买新件的性价比。
(3) 社会维度：评估服务行为对社区和谐的影响。

2. 撰写分析报告

(1) 问题诊断：指出案例中存在的信任管理漏洞。

(2) 对策建议：提出服务响应时效分级机制方案。

(3) 行业启示：探讨红色物业在应急服务中的作用。

任务小结

(1) 中国内地物业管理的发展经历了三个阶段：第一阶段从 1981 年 3 月至 1994 年 3 月，是我国物业管理的探索和尝试阶段；第二阶段从 1994 年 4 月至 1999 年 5 月，是物业管理进入规范化大发展的阶段；第三阶段从 1999 年 6 月至今，是物业管理法治化、市场化建设的重要时期。

(2) 物业管理是指业主通过选聘物业服务企业，由业主和物业服务企业按照物业服务合同的约定，对房屋及配套的设施设备和相关场地进行维修、养护、管理，维护物业管理区域内的环境卫生和相关秩序的活动。物业管理有社会化、企业化和专业化三个主要特征。

(3) 物业管理有权责分明、业主主导、服务第一、统一管理、专业高效、收费合理、公平竞争、依法行事八大原则。

(4) 物业管理有常规性的公共服务和非公共性的延伸服务两项基本内容。

(5) 物业管理基本环节包括前期阶段(物业管理的招标与投标、物业管理机构的设置与人员安排、规章制度的制定以及早期介入的管理)、启动阶段(接管验收、业主入住、产权备案与档案资料的建立、首次业主(代表)大会的召开和业主委员会的成立)、日常运作阶段(日常的综合服务与管理、系统内外部环境要素间的协调)和撤管阶段。

课后测试

(1) 简述我国物业管理发展的主要趋势。

(2) 简述物业管理的含义。

(3) 简述物业管理的特征与原则。

(4) 简述物业管理的类型和内容。

(5) 简述物业管理的基本环节。

任务三 认识物业服务从业人员

任务导入

在物业管理领域，物业服务从业人员是连接物业与业主的关键纽带。他们的专业表现直接影响着业主的生活体验与物业价值的维护。深入认识物业服务从业人员，明晰其所需具备的素质要求，对于提升物业服务质量，推动物业管理行业朝着更专业、更人性化的方向发展，起着至关重要的作用。

理论先行

一、物业服务从业人员职业道德

物业服务从业人员应具备以下职业道德：

(1) 遵纪守法，爱岗敬业。物业服务从业人员要有较强的法治观念，能够依照政策和法规，热情、耐心、细致地做好每一项工作，解决每一个问题；忠于职守，爱岗敬业，把自己所做的工作看成最有意义的工作。

(2) 工作认真，尽职尽责。物业服务从业人员必须具有强烈的职业责任感，认真对待工作，尽职尽责，刻苦钻研，不断提高，为业主和物业使用人提供满意的服务。

(3) 诚实守信，热情服务。物业服务从业人员必须增强服务意识，热情服务、谦虚谨慎、文明礼貌、作风正派、忠诚可靠、办事公道、不谋私利，在工作上勤奋主动、实事求是。

二、物业服务从业人员专业知识和专业技能

目前我国物业管理行业处于转型阶段，需要多方面的专业人才，没有一定的专业知识和专业技能的人是无法胜任物业管理工作的。

(1) 具有扎实的专业知识。物业服务从业人员应善于学习，掌握系统的专业知识和现代管理知识，勇于实践，既能把学习的知识和理论应用于实践，又能把实践的经验上升为理论，不断地提高自己的实际管理能力。

(2) 具有较强的专业技能。物业管理的涉及面相当广泛，包括房屋建筑管理、设施设备管理、环境卫生管理、消防安全管理、客户服务管理等，物业服务从业人员必须具有这些方面的专业技能。此外，物业服务从业人员还应该具备一定的管理学、服务心理学、会计学、法学等专业技能，以做好专业管理工作。

三、物业服务从业人员身心素质

物业服务从业人员应具备良好的身心素质，具体包括：

(1) 具有较强的语言表达和沟通能力。物业服务从业人员不仅要管理物业，而且在开展物业管理工作的过程中还要与业主和物业使用人、企业内部各类管理人员以及众多相关部门人员打交道。在这个过程中，物业服务从业人员需要准确地传递信息，有效地交流思想，没有较强的语言表达和沟通能力是难以完成各项工作的。物业服务从业人员要做到有效沟通，在与服务对象交流时，要言行得体，自信且有亲和力，音量语速适中、有节奏感，

表达内容有条理，易被对方理解和接受。

(2) 具有良好的心理素质。物业服务从业人员要有良好的心理素质和较强的承受能力，要能够自如地应对日常工作中遇到的问题，与不同的人沟通时能做到有礼有节、自信、坚毅；与人交流时，要有端庄的仪表仪容、得体的表情姿态、奋发向上的精神风貌，展示自己的良好形象，给服务对象带来信任感和安全感；遇到困难不畏惧，遇到挫折不动摇，取得成绩不骄傲，遇到失败不气馁，要有坚忍不拔的意志和勇往直前的精神。

(3) 具有健康的体魄。“身体是革命的本钱。”健康的身体是有效开展工作的前提。物业服务从业人员必须进行适度的身体锻炼，起居有度，生活规律，保证自己有健康的体魄。

以案说理

智慧城12号楼住着一对年龄较大的独居老夫妻，他们的两个女儿都在市区居住。这对老夫妻选择在智慧城居住，是因为他们不习惯市区的生活方式，同时他们也希望能够得到更好的物业服务。

了解了这对老夫妻的情况后，物业服务中心的管家在2020年10月24日上午提前联系并预约了时间，安排了一支专业团队前往他们的住所进行服务。下午，管家与客服主管、环境主管、保洁员和维修师傅一同来到了老夫妻的家。

到达后，管家和保洁员协助老夫妻清理了窗户，打扫了卫生，让房间变得整洁和舒适。同时，维修师傅检查了电路，并修好了橱柜，确保住宅设施的正常使用。

老夫妻对物业服务中心提供的帮助表达了感激之情。他们的一个女儿得知这个消息后，非常感动，她通过电话向管家表达了对物业贴心服务的赞赏和感谢。

这个案例展示了物业服务中心对独居老人的关怀和贴心服务。通过提前预约和组织专业团队上门服务，物业服务中心为老夫妻提供了全面的清洁和维修服务，让他们的居住环境更加舒适安全。此外，及时的沟通和关心也让老夫妻的家人对他们的居住环境更加放心。这样的服务不仅体现了物业服务中心人员的专业素养，也让住户感受到了温暖和关怀。

任务实施

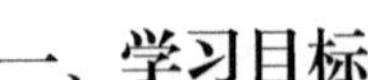

一、学习目标

了解物业服务从业人员素质要求。

二、实施方法

查阅《北京物业管理行业职业道德准则》，结合本章的学习模拟职业情景进行角色扮演，深入学习物业服务从业人员职业素养；也可以运用访谈法，寻找物业管理行业的专家、学者、专业技能人才等，通过面对面或者在线访谈的方式，深入地了解物业服务从业人员的基本素养、工作技巧以及成功经验；还可以运用实地观察法对物业服务从业人员的基本素养和工作方法、技巧进行学习，并积累经验。

三、任务流程

(一) 素质培训准备

1. 法规精读与案例库建设

研读《北京物业管理行业职业道德准则》第十三条至十五条；收集住房和城乡建设部《全国物业管理文明行业标准》(2023 版)中关于老年群体服务的规范要求；分析【以案说理】的案例与《中华人民共和国民法典》第九百四十二条和第九百四十三条的对应关系。

2. 工具准备与场景设计

设计老年服务需求评估表，表格内容应包含安全隐患排查、生活便利度等指标；制作独居老人服务应急预案模板，内容应包含健康监测、紧急联络等标准化流程。

(二) 职业情景模拟实施

1. 角色设定与场景设计

(1) 设定角色包括老年业主组、物业组和观察员组。其中，老年业主组包含听力障碍者、行动不便者等角色；物业组包括管家、维修人员、客服主管、健康管理师等角色；观察员组负责记录服务中的法规执行情况。

(2) 设计三个场景，分别为：首次服务沟通、突发健康事件应急处理(模拟老人摔倒场景)以及服务成果验收与持续跟进。

2. 三维度技能训练

(1) 专业技能：维修人员进行老旧电路安全检测等训练；保洁组进行适老化清洁训练。

(2) 沟通技能：学习同理心表达五步法和多代际沟通。

(3) 应急技能：模拟服务超时沟通；开展紧急联络系统测试。

(三) 行业经验萃取与反思

1. 深度访谈与标杆学习

可邀约本市敬老服务示范项目负责人进行访谈，记录定期关怀服务清单；也可学习并分析上海“时间银行”养老服务模式与模拟场景的适配度。

2. 案例复盘与制度优化

运用“5Why 分析法”追溯案例成功要素；并学习“独居老人服务三级响应机制”，包括日常关怀、重点监测和紧急救援。

3. 撰写实践报告

报告应结合《物业管理条例》，论证“适老化服务”作为物业管理延伸服务的合规性；设计老年服务满意度评价表，内容应包含安全保障、情感关怀等指标。

任务小结

(1) 物业从业人员应具备的职业道德包括：遵纪守法，爱岗敬业；工作认真，尽职尽责；诚实守信，热情服务。

(2) 物业从业人员应具有扎实的专业知识和较强的专业技能。

(3) 物业从业人员应具有较强的语言表达能力和沟通能力、良好的心理素质以及健康的体魄。

课后测试

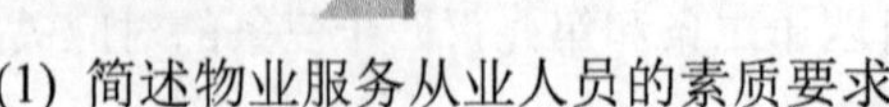

(1) 简述物业服务从业人员的素质要求。

(2) 优质的服务是需要物业服务从业人员来完成的，对于这个观点你是怎么理解的？

项目二

物业管理组成

知识目标

(1) 了解物业服务企业的分类。

(2) 了解业主、业主委员会、业主大会的概念界定；

(3) 掌握物业服务企业的组织机构划分，业主、业主委员会和物业服务企业之间的关系；

(4) 熟悉物业服务企业的权利和义务；

(5) 了解物业管理机构的监管职责和物业管理行业协会的作用。

学前热身

自 2023 年 3 月开始，某小区物业将电价从每度 0.72 元调整到 0.74 元，该调价引发了业主的不满和抗议。面对业主的强烈诉求，为了解决这一争议，市场监管所和街道办事处介入调查，并要求该小区物业提供每月支付供电局的金额及情况说明。

在小区物业提供了相应的支付金额和情况说明后，社区居民依然非常不满，并坚持要求维护他们的权益。他们认为物业应当申请将每月收费的电价与国家电网公众号每月公示的价格保持一致，以确保公平和透明。社区居民呼吁相关部门和政府监管机构加强对小区电价的监督和管理，确保电费收取合理，以维护业主们的正当权益。

任务一　明晰物业服务企业

任务导入

物业服务企业不仅具有独立的法人资格，而且是自负盈亏、独立经营、独立核算的企业。物业服务企业作为实施专业化物业管理的经济实体，登记注册与业务开展均需符合相应规范。物业服务企业在实际运行中为获得满意的绩效，会选择合适的组织机构以更好地整合资源，发挥个体才智，达成组织目标。

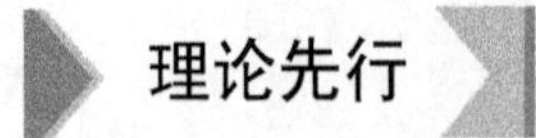

理论先行

一、物业服务企业

(一) 物业服务企业的含义

物业服务企业是指按合法程序成立，具备独立的企业法人资格，根据物业服务合同接受业主或业主委员会的委托，依照有关法律、法规的规定，对物业实行专业化管理的经济实体企业。物业服务企业的含义包括以下三个层面。

(1) 物业服务企业必须依法成立。物业服务企业是按社会化、专业化、企业化、经营化的要求，依照国家规定的法定程序建立起来的企业。一般而言，物业服务企业的组建要符合法定的条件和程序，要在工商行政管理部门注册登记，经工商行政管理部门批准取得营业执照。

(2) 物业服务企业必须是独立承担民事责任的企业法人。物业服务企业开展的物业管理活动有多种模式，其中有业主自行管理的，有企事业单位自行管理的，也有开发公司的下属部门或分公司进行管理的。这里所指的物业服务企业必须是独立的企业法人，即企业能够独立承担民事责任，并且只能由企业本身承担。

(3) 物业服务企业主要依据物业服务合同从事物业管理服务活动。物业服务企业提供服务的中心内容就是对房屋及其配套设施设备和相关场地进行维修、养护、管理，以及维护相关区域内的环境卫生和秩序，为业主和使用人创造良好的工作、生活和学习环境。

(二) 物业服务企业的特征

物业服务企业作为独立的企业法人，除了具有符合法律规定的企业法人的一般特征，如依法成立，有必要的财产和经费，有确定的名称、机构、场所，能独立承担民事责任和依法享受民事权利等外，还具有以下特征。

(1) 服务性。物业服务企业属于第三产业中的服务型行业，提供的服务包括建筑物的维修养护、配套设施设备及相关场地的维护保养、秩序维护等，其最终提供的产品就是相应服务。

(2) 经营性。物业服务企业提供的是有偿的经营服务，获取利润是物业服务企业存在的理由和动力。这有别于传统房屋管理的行政和福利性质。

(3) 专业性。物业服务企业必须具有承接物业、管理和服务物业的能力，从业人员必须具备相应的专业技能，具备房地产行政主管部门规定的技术等级或上岗资质。

(4) 平等性。物业服务企业与业主的法律地位是平等的，双方是平等的民事主体，双方是等价交换关系。双方对是否建立服务契约均具有自主选择权。

(三) 物业服务企业的分类

按照不同的标准，物业服务企业可以进行不同的分类。

(1) 按不同投资主体，物业服务企业可分为全民、集体、联营、私营、合资等类型。

(2) 按不同股东出资形式，物业服务企业可分为有限责任公司、股份合作公司、股份有限公司等。

(3) 按不同经营服务方式，物业服务企业可分为代理租赁服务型公司和委托管理服务型公司。

(4) 按照不同隶属关系，物业服务企业可分为开发商成立的物业服务公司、单独成立的物业服务公司、房地产管理部门附属房管所改制的物业服务公司、机关企事业单位房管部门改制的物业服务公司。

(四) 物业服务企业的成立

成立物业服务企业要做好物业服务企业的可行性研究、筹备和注册登记工作。

1. 物业服务企业的可行性研究

(1) 市场调查。物业服务企业提供的是物业管理的服务，即劳务服务，需要针对这种劳务服务的需求和供给进行分析和比较。物业需求调查的主要内容包括：某地域现有物业的总量、每年增加的物业量、对未来物业发展趋势的预测。物业供给调查的主要内容包括：现有物业服务企业的数量、规模和经营状况，国家和政府有关物业管理的法律和法规。

(2) 综合分析。综合分析是指对物业服务企业的市场分布及物业管理服务的需求状况进行考察，分析物业服务企业建立的可行性。

(3) 撰写报告。在综合分析的基础上撰写可行性报告。可行性报告的主要内容有：需求调查及预测研究、竞争企业的调查分析、当前所具备的条件分析、公司设立的前景预测、经济效益分析和基本结论等。

2. 物业服务企业的筹备

(1) 人才储备。按照有关规定，物业服务企业的成立需要一定数量具备相应管理知识和技能的专业人员。在筹建期间，物业服务企业可通过现有人员培训或市场招聘等方式做好人才的储备工作。一旦企业开始运作，各类人员，特别是骨干人员应能迅速到位。

(2) 管理章程制定。管理章程是物业服务企业依法制定的用于规定企业名称、住所、经营范围、经营管理制度等重大事项的基本文件。管理章程是企业组织和活动的基本准则与宪章。其主要内容包括：企业的名称和住所、经营的目的和范围、注册资本、法定代表人以及股东的权利和义务等。管理章程一经有关部门批准，即产生法律效力。

3. 物业服务企业的注册登记

物业服务企业须向工商行政管理部门申请注册登记，领取营业执照后，方可开业。物业服务企业注册登记时需要提交以下资料：

(1) 企业法人代表签署的设立登记申请书。

(2) 全体股东指定代表或者共同委托代理人的证明。

(3) 公司管理章程。

(4) 具有法定资格的验资机构出具的验资证明。

(5) 股东的法人资格证明或者自然人身份证明。

(6) 载明公司董事、监事、经理的姓名、住所的文件以及有关委派、选举或聘用的证明。

(7) 公司法定代表人的任职文件和身份证。

(8) 企业名称预先核准通知书。

(9) 公司住所证明。

二、物业服务企业的组织机构

(一) 物业服务企业组织机构设置原则

物业服务企业的经营管理服务主要由职能机构实施。组织机构的设置是组建物业服务企业时的一项重要工作，也是物业管理的计划、组织、指挥、协调、控制等职能的要求。因此，物业服务企业机构设置是否合理，将直接影响到物业服务企业的正常运转。物业服务企业机构设置一般遵循以下基本原则。

(1) 目标任务原则。物业服务企业机构设置必须从目标任务出发，按实际需要配置部门和人员，并根据目标任务的变动及时调整机构设置。

(2) 合理分工与密切协作相统一的原则。物业服务企业在机构设置中要使各部门有明确的分工和协作。分工就是把公司的目标任务进行层层分解落实到每个部门和每位员工身上。分工要合理，既不能苦乐不均，又不能出现工作重叠或无人负责的现象。在分工的同时，必须强调协作。协作就是要求各部门要有公司一盘棋的思想，对其他部门的工作也要认真对待，密切配合。分工是协作的基础，合理的分工有利于明确职责，提高管理的专业化程度。只有密切地协调配合，企业才能充分发挥分工的优势，从而提高工作效率。

(3) 统一领导与分级管理相结合的原则。物业服务企业的管理层次与权限划分要适当，在目标管理上，要统一领导，逐级负责，管理幅度要适中，集权与分权相结合。

(4) 人事相宜与责权统一的原则。物业服务企业在人事配置与责权划分的过程中必须注意因事设职、因职选人、人事相宜；同时，对于一定的责任赋予相应的权利，使得人人明确自己的责权，能负责、敢负责，充分发挥每一名员工的主观能动性。

(5) 精干、高效、经济原则。物业服务企业不仅要将约定项目的服务工作完成好，而且要以最小的代价和最低的成本来完成。这是一个企业在竞争激烈的市场上站稳脚跟、不断发展壮大的关键因素之一。随着社会的发展和科技的进步，人力成本在企业经营成本中所占的比重越来越大，这就要求组织机构的设置精干。

(二) 物业服务企业的组织形式

企业组织形式，是指企业内部管理组织整体设置的方式，主要涉及纵向行政层次的划分及行政部门的设立、横向专业管理职能机构的设置及管理职能的划分。通常，物业服务企业的组织形式有以下四种。

1. 直线式

直线式是一种按垂直方向自上而下建立的管理机构的组织形式，是最早的企业管理组织形式，如图 2-1 所示。其特点是各级职能由各级主管人员实施，不设专门的职能部门。优点是机构精简、指挥统一、决策迅速、易于管理；缺点是主管人员难以应对复杂的管理，人力资源分散，不适用于大范围的管理。

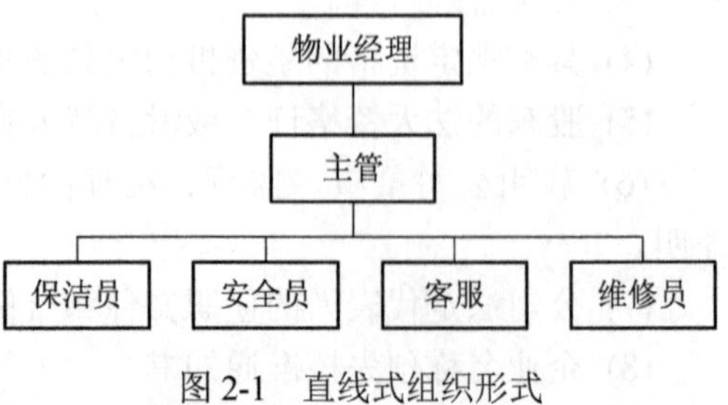

图 2-1 直线式组织形式

2. 职能式

职能式是在直线式的基础上为各级管理者设置职能指挥机构的组织形式，如图 2-2 所示，各级管理者可在规定的职能范围内下达任务和布置工作，有权直接指挥下属部门。这种组织形式适合规模不是很大，但管理难度较高的物业服务企业。其优点是可以管理复杂的物业，能减轻领导者的工作负担；缺点是容易造成多头指挥，不利于健全责任制。

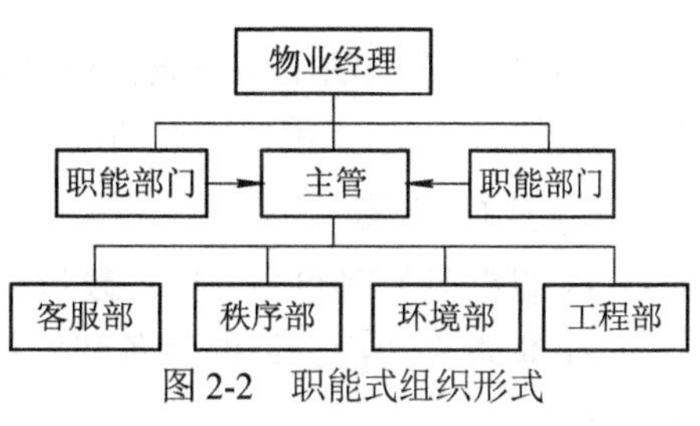

图 2-2　职能式组织形式

3. 直线职能式

直线职能式又名直线参谋式，它是在直线式的基础上吸收了职能式的长处，把垂直指挥职能与职能部门的专业管理职能相结合的一种组织形式，如图 2-3 所示。

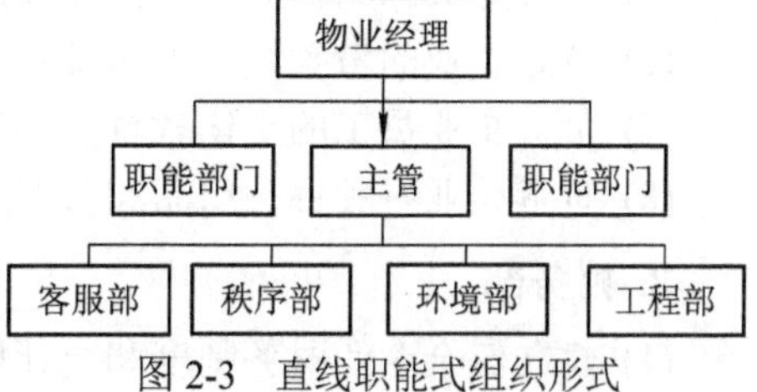

图 2-3　直线职能式组织形式

该组织形式既保持了统一领导和指挥的特点，又具有职能分工的长处，对于减轻主管领导的负担、弥补主管领导专业上的不足起到了重要作用。

直线职能式的优点是各级领导人员都有相应的职能人员做参谋或助手，因而能对本部门的管理、技术、经济活动进行有效的指挥，而每一个部门都由领导人员统一领导和指挥，可以满足企业经营、管理活动的统一指挥和实行严格责任制度的要求。其缺点是下级缺乏必要的自主权，各个职能部门之间缺乏横向联系，容易产生脱节和矛盾，信息反馈速度缓慢，效率较低。目前大多数物业服务企业都采用这种组织形式。

4. 事业部式

事业部式是较为现代的一种组织形式，是管理产品种类复杂、产品差异较大的大型集团公司所采用的一种组织形式，如图 2-4 所示。事业部式按照“集中决策、分散经营”的原则，在总公司下设事业部。各事业部在总公司制定的政策、目标、计划的指挥和控制下，根据物业经营管理的需要设置组织机构。每个事业部在总公司的领导下，实行独立核算、自主经营，都对公司负有完成利润计划的责任，同时在经营管理上拥有自主权。

事业部式的优点主要体现在以下四个方面：一是强化决策机制，公司最高领导能摆脱繁杂的行政事务，着重于公司重大事情的决策；二是能调动各事业部的积极性、责任性和主动性，增强企业的活力；三是促进内部的竞争，提高公司的效率和效益；四是有利于复合型人才的考核与培养，便于优秀人才的选拔。其缺点是事业部之间的协调困难，机构重叠，人员过多。

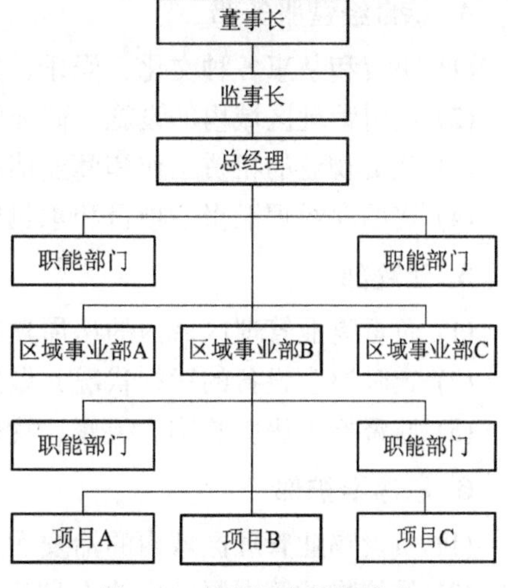

图 2-4　事业部式组织形式

(三) 物业服务企业的主要职能机构及职责

物业服务企业的主要职能机构包括行政办公室、财务部、市场拓展部、综合经营服务部、工程部、秩序维护部和保洁绿化部等。各部门的职责如下。

1. 行政办公室

(1) 贯彻党的路线、方针、政策和上级指示。

(2) 负责企业级会议的筹备和安排，协调会议期间各部门工作的开展并督促和检查会议决定。

(3) 根据领导的布置和要求及时准确地起草和打印、复印各类文件资料。

(4) 做好文书档案和有关资料的管理工作。

(5) 保管好员工的档案，根据需要做好人力资源管理工作。

(6) 做好企业的考勤统计工作及企业员工工资的管理工作。

(7) 负责企业员工的文化教育、知识更新、思想政治教育的有关管理工作。

(8) 负责企业有关办公用品和劳保用品的购买、保管和发放工作。

2. 财务部

(1) 建立健全企业财务制度和会计核算制度。

(2) 监督企业资金运行状况，定期作出财务分析报告，为总经理决策提供财务依据。

(3) 组织拟定物业管理各项费用标准的预算方案，做好成本控制。

(4) 组织会计凭证、报表的编制和审核。

(5) 负责各类收费工作。

(6) 负责与财务、税务、工商、银行等部门和客户的沟通联络。

3. 市场拓展部

(1) 扩大企业的物业管理业务。

(2) 负责房屋租售和招标、投标工作。

(3) 负责市场调研和开发工作。

4. 综合经营服务部

(1) 决策和从事各种文化、娱乐、生活、商业等公共性服务经营项目。

(2) 利用管理区域内的设施、商业网点、会所开展综合便民经营服务。

(3) 负责物业的租赁工作和商业信息的整理工作。

(4) 定期向经理汇报各项目和承包单位的经营状况。

5. 工程部

(1) 负责物业管理区域内的房屋建筑和设施设备的维修管理。

(2) 定时巡查设备的运行状况并做好记录。

(3) 监督检查房屋装饰、装修、管理等工作。

6. 秩序维护部

(1) 负责物业管理区域内的治安保卫及车辆和消防的安全管理。

(2) 维护物业管理区域内的人身和财产安全。

(3) 保证物业管理区域内正常的工作生活秩序。

7. 保洁绿化部

(1) 负责物业的清洁卫生、环境美化，如公共区域的清扫。

(2) 为业主和使用人创造一个优美舒适的生活、工作和学习环境。

三、物业服务企业的权利与义务

(一) 物业服务企业的权利

物业服务企业的主要权利有：

(1) 根据有关法规，针对物业服务合同以及区域内物业共用部位和设施设备使用、公共秩序和环境卫生维护等方面的要求，结合实际情况，制定管理办法。

(2) 按照物业服务合同和管理办法实施管理。

(3) 按照物业服务合同和有关规定收取物业服务费用。

(4) 制止并向有关行政主管部门报告违反治安、环保以及物业装饰、装修和使用等方面法规制度的行为。

(5) 要求业主委员会协助履行物业服务合同。

(6) 根据业主的委托提供物业服务合同约定以外的服务项目。

(7) 接受供水、供电、供热、通信、有线电视等单位的委托代收相关费用。

(8) 将物业管理区域内的专项服务业务委托给专业服务企业。

(9) 经业主大会允许，可实行多种经营。

(10) 法律、法规规定的其他权利。

(二) 物业服务企业的义务

物业服务企业应履行的义务包括：

(1) 按照物业服务合同的约定，提供相应服务。

(2) 接受业主、业主大会和业主委员会对物业服务合同履行情况的监督。

(3) 重大的管理措施应当提交业主大会审议决定。

(4) 接受房地产等相关行政主管部门及所在地人民政府的监督和指导。

(5) 法律、法规规定的其他义务。

以案说理

2020 年 7 月 9 日下午，某大楼 A 座 21 楼有一名推销人员在进行推销活动，这严重影响了该楼层客户的正常办公。物业管理秩序维护人员及时到场并果断采取了行动，成功阻止了该推销行为。

秩序维护人员在例行巡查时发现了这名推销人员。他们立即制止了他的推销行为，并礼貌地引导他前往物业办公室进行处理。在物业办公室，秩序维护人员对他的身份进行了核实，并询问了他去过哪些楼层以及都做了些什么。同时，他们还仔细检查了推销人员的随身物品，并与监控室人员和相关楼层的客户进行了核实。

在全面了解情况后，秩序维护人员要求推销人员填写来访人员登记表，并没收了他的推销材料。同时，秩序维护人员向他明确告知了该大楼关于禁止推销活动的管理规定。最后，秩序维护人员将这名推销人员带出了该大楼。

这个案例突显了物业管理秩序维护人员对于维护楼栋安全和保障客户权益的重视。他们以专业素养和果断行动，保障了客户的正常办公环境。

任务实施

一、学习目标

(1) 掌握成立物业服务企业的流程。

(2) 熟悉物业服务企业的权利与义务。

二、实施方法

查阅《物业管理条例》《中华人民共和国民法典》和相关文献资料，了解物业服务企业的权利和义务；到当地的工商行政管理部门了解注册一家物业服务企业的具体流程和需要提交的资料；也可以到物业服务企业进行实地调查，了解其成立的具体措施和步骤。

三、任务流程

(一) 法规精读与案例对照

1. 核心法条学习

重点研读《物业管理条例》第三十五条(服务义务)、第四十六条(违规处理权)；结合【以案说理】中秩序维护人员制止推销行为，理解《中华人民共和国民法典》第九百四十二条(安保义务)与第一千零三十二条(隐私权)的平衡应用。

2. 案例法律分析

针对以下问题进行分组讨论：秩序维护人员的行为是否符合《中华人民共和国行政处罚法》第十二条的授权范围？没收推销材料是否构成《中华人民共和国民法典》第一千一百六十五条规定的侵权责任？

完成讨论后，制作案例-法规对照表，标注每个处置环节的法律依据。

(二) 企业注册实践调研

通过各地区市场监管局官网获取企业登记注册指南，整理关键步骤；记录所需材料清单。

任务小结

(1) 物业服务企业是指按合法程序成立，具备独立的企业法人资格，根据合同接受业主或业主委员会的委托，依照有关法律、法规的规定，对物业实行专业化管理的经济实体。

(2) 物业服务企业的特征是服务性、经营性、专业性、平等性。

(3) 物业服务企业的组织形式主要有直线式、职能式、直线职能式、事业部式四种。

(4) 物业服务企业的主要职能机构包括行政办公室、财务部、市场拓展部、综合经营服务部、工程部、秩序维护部和保洁绿化部等。

(5) 根据相关法律、法规，物业服务企业有相应的权利与义务。

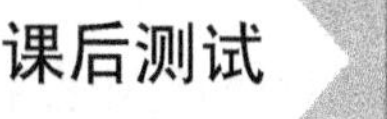

课后测试

某物业服务企业成立以来，经过几年的努力，已经成功地在A城市获得六个项目的管理权。公司上下经过开会研讨，决定继续采用原来的直线式组织形式。经过一段时间的运行，公司发现以下问题：

(1) 物业服务企业项目主管天天忙于在各个项目间来回奔走，直接指导绿化、安保、工程维修等多个项目，忙得焦头烂额。

(2) 物业服务企业下辖六个项目的主管由于难以及时沟通，出现工作执行标准不一、执行力度不足等诸多问题；同时由于各项目主管对公司资源分配不满意，消极怠工现象蔓延，工作质量出现下滑。

(3) 不同小区业主需求差异较大，项目主管向经理反馈的信息得不到及时回复，也难以及时处理，导致业主不满情绪上升。

针对以上情况，如果你是物业服务企业经理，你认为应该怎么做？

任务二　了解业主大会与业主委员会

任务导入

物业服务企业所拥有的物业管理权是通过与业主签订物业服务合同而获得的。现实中物业管理模式可分为由业主自行管理和委托物业服务企业或者其他管理人管理两种。可见，业主在物业管理活动中具有举足轻重的地位。知晓业主的含义、权利与义务以及业主大会的运行规范，对于规范业主行为、提升业主参与物业管理水平有着重要意义。

理论先行

一、业主

(一) 业主的含义

在物业管理中，所谓“业主”就是指“物业的主人”。根据《物业管理条例》的规定，业主就是指房屋的所有权人。在法律上，只有办理了产权过户手续，在房地产行政主管部门进行了产权人登记的才可称为业主。因此，已经办理了商品房预售合同登记的购房者，还不能算是业主，享有使用权的公房承租人也不是业主。

业主按所有权的状况，可分为区分所有权人和独立所有权人。区分所有权人是指数人区分一块土地上同一建筑物而各有其专有部分，并就共有部分按应有份额持有所有权者，多见于居住物业。独立所有权人是指某土地上的建筑物属于某一业主，业主一般是一个团体或组织，多见于非居住物业，如用于出租的办公楼或独立的花园别墅。

业主对财产享有完全的占有、使用、收益和处置的权利。业主所拥有的物业权利有两种形态：一是业主独立拥有的物业；二是业主与同幢或同区域的其他业主共同使用的物业，即公共部位。其中，公共部位在产权上属于该楼或该区域全体业主共有，但在使用上又是不可分的。显然，在私有产权和共有产权混合在一起的共同体中，对公共部位物业管理的决策不是某一个业主所能决定的，决策权应该属于全体业主。

(二) 业主的权利和义务

1. 业主的权利

业主在物业管理活动中，享有下列权利：

(1) 按照物业服务合同的约定，接受物业服务企业提供的服务。业主交纳了物业管理费，就应该享有与所交纳物业管理费相符的各项服务。

(2) 提议召开业主大会，并就物业管理的有关事项提出建议。业主可以依据管理规约请求召开业主大会，并在业主大会上发言；请求修改物业管理规约；选举或者罢免业主委员会委员；请求分配物业公共部位应得的利益；请求停止侵犯共同利益的行为等。

(3) 提出制定或修改管理规约、业主大会议事规则的建议。业主可以通过参加业主大会，参与制定或修改管理规约、业主大会议事规则及业主委员会的章程等。

(4) 参加业主大会会议，行使投票权。

(5) 选举业主委员会委员，并享有被选举权。业主大会由全体业主组成，作为物业区域的常设机构，业主委员会只能由业主代表组成，业主可通过行使选举权选举自己的代言人，也可以通过享有被选举权而加入业主委员会，行使更为直接的管理职权，为全体业主服务。

(6) 监督业主委员会的工作。每一个业主都有权监督业主委员会的工作，有权知晓业主委员会的运作程序，有权了解业主委员会作出各项决定的理由，有权监督业主委员会和物业服务企业管理的财务情况，有权查询物业管理档案，有权对业主委员会和物业服务企业进行审计，有权制止并要求纠正其不符合法律和约定的行为。

(7) 监督物业服务企业履行物业服务合同。业主对物业服务企业提供服务的水平和收费情况享有监督的权利，有权制止并要求其纠正不符合法律和约定的行为。

(8) 对物业公共部位、公共设施设备和相关场地使用情况享有知情权和监督权。

(9) 监督物业公共部位、公共设施设备专项维修资金的管理和使用。

(10) 法律、法规规定的其他权利。

业主对物业管理权利的行使是非直接的，是通过业主大会和业主委员会实现的，并通过聘请物业服务企业进行管理。

2. 业主的义务

权利和义务是相对应的，业主在享有一定权利的同时，也要承担一定的义务。按照《物业管理条例》的规定，业主在物业管理活动中应履行以下义务：

(1) 遵守管理规约、业主大会议事规则。

(2) 遵守物业管理区域内物业公共部位和公共设施设备的使用、公共秩序和环境卫生的维护等方面的规章制度。

(3) 执行业主大会的决定和业主大会授权业主委员会作出的决定。

(4) 按照国家有关规定交纳专项维修资金。

(5) 按时交纳物业服务费用。

(6) 法律、法规规定的其他义务。

(三) 业主自治管理

业主自治管理的概念有广义和狭义两种。广义的业主自治管理是指特定物业的区分所有权人，一方面根据个体利益和自主意志对自己专有部分进行自治性管理，另一方面组成业主团体对共有部分的共同事务进行统一管理，形成的一种业主个体自治管理和业主团体自治管理相结合的物业管理方式和制度。狭义的业主自治管理仅指业主团体对共有部分的统一管理。

1. 业主自治管理的组织形式

(1) 业主大会。业主大会是由特定物业管理区域内的全体业主组成的群众自治组织，是物业管理区域内有关物业管理事务的最高决策机构和权力机构，代表和维护有关物业管理区域内全体业主在物业管理活动中的合法权益。业主人数较多的，可以按照一定的比例推荐代表组成业主代表大会，业主代表大会和业主大会具有同等的法律地位。

(2) 业主委员会。业主委员会是由业主大会选举产生的，并在业主大会授权下开展工作和负责向其汇报工作的执行机构。

(3) 业主小组。业主小组是在物业管理区域内，为了方便工作和联系，较小范围内的业主组成的自治小组。它是业主团体内部的基层组织，不具有独立承担民事责任的能力，不能直接对外发生民事法律关系。

2. 业主自治管理的方式

(1) 自主管理。自主管理是指区分所有权人自行管理或成立一个管理团体进行管理。一般当区分所有权人人数较少时，可实行自行管理或直接管理；而当区分所有权人人数较多时，则可成立一个管理团体进行管理。不论是自行管理还是成立管理团体进行管理，区分所有权人都可以根据需要聘请管理人进行管理。管理人与区分所有权人是雇佣关系，管理人获得的是工资。因此聘请管理人管理本质上属于自主管理方式。

(2) 委托管理。委托管理是指区分所有权人将物业管理业务委托给管理公司或第三方进行管理。委托双方通过委托合同形成委托关系，来规定双方的权利和义务。委托与雇佣的差别是受委托人获取的是佣金，而受雇人获得的是工资。

二、业主大会

(一) 业主大会的含义和成立条件

1. 业主大会的含义

《物业管理条例》规定："物业管理区域内全体业主组成业主大会。业主大会应当代表和维护物业管理区域内全体业主在物业管理活动中的合法权益。"业主大会是由物业管理区域内全体业主组成的，维护物业区域内全体业主的公共利益，行使业主对物业管理的自治权的业主自治机构。

2. 业主大会的成立条件

一个物业管理区域成立一个业主大会。但是，只有一个业主，或者业主人数较少且经全体业主一致同意，决定不成立业主大会的，由业主共同履行业主大会和业主委员会的职责。

(二) 业主大会会议召开的程序和形式

1. 业主大会会议召开的程序

(1) 筹备会议。业主委员会做好开会前的准备工作。根据业主的提议，草拟议案，制定征询意见表或表决票(选票)，核实业主情况。

(2) 发布公告。业主大会会议召开前 15 日，由业主委员会将会议的时间、地点、内容以书面形式向物业管理区域内的全体业主公告。

(3) 征询意见或投票表决。业主委员会可采用书面形式征求意见，发放征询意见表或表决票(选票)，征询物业管理区域内业主对于业主大会会议议事内容的意见或由业主投票表决。

(4) 回收意见并统计。业主委员会通过投票箱或者专人送达等方式回收业主意见，进行意见汇总或者票数统计。

(5) 通报会议议事决定。业主委员会在公告栏通报征询意见或者投票统计结果，接受业主的查询和监督。业主委员会根据征询意见或投票统计结果形成会议的议事决定，并以书面形式在物业管理区域内公告，同时应当做好业主大会会议书面记录并存档。

2. 业主大会会议召开的形式

业主大会会议可以采用集体讨论的形式，也可以采用书面征求意见的形式。业主大会会议以集体讨论的形式召开的，可以以幢、单元、楼层等为单位，推选业主代表参加。业主代表因故不能参加业主大会会议的，可以另外推选业主代表参加。业主代表推选其他代表参加的，参会业主代表应于会议 3 日前，就大会拟讨论的事项书面征求所代表业主的意见。业主大会会议凡需要投票表决的事项，业主赞同、反对及弃权的表决票经业主本人签字后，由业主代表在业主大会会议投票时如实反映。

(三) 业主大会的运作

1. 业主大会的职责

业主大会的职责包括：

(1) 制定和修改业主大会议事规则。

(2) 制定和修改管理规约。

(3) 选举业主委员会或者更换业主委员会成员。

(4) 选聘和解聘物业服务企业或者其他管理人。

(5) 使用建筑物及其附属设施的维修资金。

(6) 筹集建筑物及其附属设施的维修资金。

(7) 改建、重建建筑物及其附属设施。

(8) 改变共有部分的用途或者利用共有部分从事经营活动。

(9) 决定并执行有关共有和共同管理权利的其他重大事项。

业主共同决定事项，应当由专有部分面积占比2/3以上的业主且人数占比2/3以上的业主参与表决。决定前款第(6)项至第(8)项规定的事项，应当经参与表决的专有部分面积占比3/4以上的业主且人数占比3/4以上的业主同意。决定前款其他事项，应当经参与表决的专有部分面积过半数的业主且人数过半数的业主同意。

2. 业主大会会议的运作规定

业主大会会议的运作规定有下列几条：

(1) 业主大会会议分为定期会议和临时会议。定期会议应当按照业主大会议事规则的规定由业主委员会组织召开。

(2) 有下列情形之一的，业主委员会应当及时组织召开业主大会临时会议。

① 20%以上业主提议的。

② 发生重大事故或者紧急事件需要及时处理的。

③ 业主大会议事规则或者管理规约规定的其他情形。

(3) 发生应当召开业主大会临时会议的情况，业主委员会不履行召开会议职责的，区、县人民政府房地产行政主管部门应当责令业主委员会限期召开。

(4) 业主委员会应当在业主大会会议召开15日前将会议通知及有关材料以书面形式在物业管理区域内公告，并同时告知相关的居民委员会。

(5) 业主大会会议可以采取集体讨论的形式，也可以采用书面征求意见的形式，但应当由专有部分面积占比2/3以上的业主且人数占比2/3以上的业主参加。

(6) 业主可以书面委托代理人参加业主大会会议。物业管理区域内业主人数较多时，可以幢、单元、楼层等为单位，推选一名业主代表参加业主大会会议，业主代表应当于参加业主大会会议3日前，书面征求其代表的业主的意见，并将需要表决事项的各个业主的赞同、反对及弃权的具体票数经业主本人签字后带到会场如实反映。

(7) 业主大会会议应当由业主委员会作书面记录并存档。

(8) 业主大会会议的决定对物业管理区域内的全体业主具有约束力。业主大会会议的决定应当以书面形式在物业管理区域内及时公告。

(四) 业主大会制定、修改的主要文本

1. 管理规约

管理规约，是指由业主承诺的、对全体业主具有普遍约束力的，规定业主在物业管理

区域内有关物业使用维护、管理以及业主的公共利益等权利与义务关系的自治规范。管理规约的主要内容有以下几方面：

(1) 物业的名称、地点、面积及户数。

(2) 公共场所及公用设施状况。

(3) 业主大会会议的召集程序及决定物业区域内重大事项的方式。

(4) 业主使用物业和物业管理区域内公共场所及公用设施的权益。

(5) 业主参与物业管理的权利。

(6) 业主对业主委员会及物业服务企业的监督权。

(7) 物业各项维修、养护和管理费用的交纳规则。

(8) 业主在本物业管理区域内应遵守的行为准则。

(9) 违反管理规约的责任。

(10) 其他有关事项。

2. 业主大会议事规则

业主大会议事规则，是指业主共同决定制定的用于规范业主大会组织与行为的法律文件。业主大会议事规则应当对下列事项作出规定。

(1) 业主大会名称及相应的物业管理区域。

(2) 业主委员会的职责。

(3) 业主委员会议事规则。

(4) 业主大会会议召开的形式、时间和议事方式。

(5) 业主投票权数的确定方法。

(6) 业主代表的产生方式。

(7) 业主大会会议的表决程序。

(8) 业主委员会委员的资格、人数和任期等。

(9) 业主委员会换届程序、补选办法等。

(10) 业主大会、业主委员会工作经费的筹集、使用和管理。

(11) 业主大会、业主委员会印章的使用和管理。

业主、业主大会以及业主委员会均应遵守业主大会议事规则。议事规则的修改，由业主大会决定。

三、业主委员会

业主委员会是业主大会的执行机构，由业主大会选举产生，在业主大会的授权下开展工作，向业主大会负责并报告工作。业主委员会是代表业主行使业主自治管理权的机构，是业主自我管理、自我教育、自我服务以及业主集体事务民主管理的组织，是办理本辖区涉及物业管理的公共事务和开展公益事业的自治组织。业主委员会的宗旨是代表本物业的合法权益，实行业主自治与专业化管理相结合的管理体制，保障物业的合理、安全使用，从而维护该物业的公共秩序，创造整洁、优美、安全、舒适、文明的环境。

(一) 业主委员会产生

1. 业主委员会候选人的产生

筹备组应当在街道办事处、乡镇人民政府和房地产管理部门的指导下，根据物业管理区域的规模及业主委员的代表性、广泛性和物权的比例，确定委员的分布和人数(一般由 5～10 名成员组成)，并实行差额或等额选举。业主委员会候选人可采用下列办法之一予以产生：

(1) 筹备组直接听取业主意见，经汇总后提出业主委员会候选人名单。

(2) 筹备组向业主发放推荐表，根据得票情况，产生业主委员会候选人。

(3) 筹备组书面告知业主到指定地点领取推荐表，根据得票情况，产生业主委员会候选人。业主委员会候选人名单产生后，筹备组应当在物业管理区域内予以书面公告。

2. 业主委员会选举

业主委员会选举包含下列工作。

(1) 公布选举的时间、地点。在投票日期 7 日前，筹备组应采取直接送达或者邮寄送达等方式将选票送达业主，并保存送达凭证。

(2) 确定监票人、计票人、唱票人及其他选举工作人员(监票、计票、唱票人员应当由非业主委员会候选人的其他人员担任)。

(3) 准备选票箱和选票。业主委员会的选举应当由物业管理区域内持有投票权的 1/2 以上业主参加；业主委员会委员的当选应经持投票权 1/2 以上的与会业主通过。业主委员会选举时，经与会业主过半数投票同意的人数超过应选名额时，得票多的当选；若票数相等，不能确定当选人时，应当对得票相等的被选举人再次投票，得票多的当选。业主委员会选举时，经 1/2 以上与会业主投票同意的被选举人少于应选名额时，应当及时就不足的名额另外选举。投票结束后，采取公开验票的方式，由唱票、计票人员在监票人员的监督下，认真核对，计算票数，当场公布投票结果，并由唱票人、计票人和监票人做好记录。业主委员会应当在选举工作开始日起的 3 日内召开首次业主委员会会议，推选产生业主委员会主任和副主任。业主委员会备案的有关事项发生变更的，应当重新备案。

(二) 业主委员会委员

1. 业主委员会委员的产生

业主委员会委员由业主大会在全体业主中选举产生，任期 5 年，可连选连任。在任期内，委员的撤换、增减，经业主委员会会议通过后，由业主大会确认。

2. 担任业主委员会委员的条件

根据《业主大会和业主委员会指导规则》的规定，业主委员会委员应当是物业管理区域内的业主，并符合下列条件：

(1) 具有完全民事行为能力。

(2) 遵守国家有关法律、法规。

(3) 遵守业主大会议事规则、管理规约，模范履行业主义务。

(4) 热心公益事业，责任心强，公正廉洁。

(5) 具有一定的组织能力。

(6) 具备必要的工作时间。

3. 业主委员会委员的权利和义务

业主委员会委员享有以下权利：

(1) 参加业主委员会组织的有关活动。

(2) 具有业主委员会选举权、被选举权和监督权。

(3) 参与业主委员会有关事项的决策。

(4) 具有对业主委员会的建议和批评权。

业主委员会委员的义务包括以下几方面：

(1) 遵守业主委员会章程。

(2) 执行业主委员会的决议，完成业主委员会交办的工作。

(3) 参加业主委员会组织的会议、活动和公益事业。

(4) 为业主委员会的工作提供有关资料和建议。

(三) 业主委员会运作

1. 业主委员会的职责

业主委员会是业主大会的执行机构，履行以下职责：

(1) 召开业主大会会议，报告物业管理的实施情况。

(2) 代表业主与业主大会选聘的物业服务企业签订物业服务合同。

(3) 及时了解业主、物业使用人的意见和建议，监督和协助物业服务企业履行物业服务合同。

(4) 监督管理规约的实施。

(5) 督促违反物业服务合同约定逾期不交纳物业管理服务费用的业主，限期交纳物业管理服务费用。

(6) 业主大会赋予的其他责任。

2. 业主委员会的运作要求

经 1/3 以上业主委员会委员提议或者业主委员会主任认为有必要的，应当及时召开业主委员会会议。

业主委员会会议应当由过半数委员出席，作出决定必须经全体委员人数半数以上同意。业主委员会会议的决定应当以书面形式在物业管理区域内及时公告。业主委员会会议应当作书面记录，由出席会议的委员签字后存档。

业主委员会任期届满 2 个月前，应当召开业主大会会议进行业主委员会的换届选举；逾期未换届的，房地产行政主管部门可以指派工作人员指导其换届工作。原业主委员会应当在其任期届满之日起 10 日内，将其保管的档案资料、印章及其他属于业主大会所有的财务账目移交新一届业主委员会，并办好交接手续。

经业主委员会或者 20%以上业主提议，认为有必要变更业主委员会委员的，由业主大会会议作出决定，并以书面形式在物业管理区域内公告。

业主委员会委员有以下情形之一的，经业主大会会议通过，终止其业主委员会委员资格。

(1) 因物业转让、灭失等原因不再是业主的。

(2) 无故缺席业主委员会会议连续 3 次以上的。

(3) 因疾病等原因不能履行职责能力的。

(4) 有犯罪行为的。

(5) 以书面形式向业主大会提出辞呈的。

(6) 拒不履行业主义务的。

(7) 因其他原因不宜担任业主委员会委员的。

业主委员会委员资格被终止的，应当自终止之日起 3 日内将其保管的档案资料、印章及其他属于业主大会所有的财物移交给业主委员会。

因物业管理区域发生变更等原因导致业主大会解散的，在解散前，业主大会、业主委员会应当在区、县人民政府房地产行政主管部门和街道办事处(乡镇人民政府)的指导监督下，做好业主共同财产的清算工作。

以案说理

2020 年 4 月 7 日晚上 7：00 左右，某物业公司楼管张某接到了一通来自其管理的某广场 A 座 2104 业主王女士的电话。接通电话后，电话那头的王女士非常生气地向楼管张某反映，称自己被大楼的疫情扫码牌给砸伤了。

原来，王女士这天下午在进大堂门时，放置在旋转门外的疫情扫码牌突然被大风吹了起来，落下时恰好砸到了王女士的左腿，当时王女士的孩子(7 岁左右)走在她右侧，王女士庆幸扫码牌没有砸到孩子。她原本不想麻烦别人，于是就没有告知物业工作人员，直接回办公室了。但是，王女士下班回到家后，发现左腿被砸得挺严重的，淤青了很大一片，而且还有点浮肿，于是想到打电话给楼管，准备向物业讨个说法。

楼管张某听完王女士的叙述后，先是安慰了王女士，并表达了深刻的歉意，同时告知她可以先去医院看病，等到明天上班后会当面给她回复。

第二天上午，物业公司主管和楼管张某带着果篮和鲜花去看望了王女士，并代表物业公司诚恳地向王女士表达了歉意。物业公司主管当面对王女士作出了保证，表示以后一定会加强安全防范意识，避免此类事件再发生。

王女士表示自己的腿伤不是很重，于是就没有去医院，而且昨天晚上已经抹过药了，只是腿伤会给她的生活和工作造成很多不便。

此后，该物业公司楼管张某又多次询问了王女士的腿伤情况。最终张某以热情周到的服务和诚恳的态度取得了王女士的谅解。在上半年满意度调查时，王女士还对物业作出了很高的评价。

这个案例中的突发事件显示了物业公司处理应急事件的能力。这同时也给物业公司和业主委员会敲响了警钟：要建立明确的突发事件应急处理流程；同时，当小区内设施需要维修更换时，应具备明晰的专项维修资金的使用流程。

任务实施

一、学习目标

(1) 掌握物业管理中突发事件的应急处理流程；
(2) 理解《中华人民共和国民法典》中关于建筑物管理人责任的规定；
(3) 熟悉专项维修资金的筹集与使用流程。

二、实施方法

(一) 法规研读法

对照《中华人民共和国民法典》第一千二百五十三条、《物业管理条例》第五十五条进行案例分析。

(二) 情景模拟法

分组扮演楼管、业主委员会成员、受伤业主，模拟事件处理全流程。

(三) 实地调研法

访问社区事务受理中心，了解专项维修资金申请的具体窗口与材料要求。

三、任务流程

(一) 案例分析与法规对照

1. 事件责任认定

就以下问题进行分组讨论：根据《中华人民共和国民法典》第一千二百五十三条，分析物业是否尽到安全保障义务；结合《物业管理条例》第三十五条，判断扫码牌设置是否符合规范。制作法律责任对照表，标注关键条款。

2. 应急处理流程设计

参照《生产安全事故应急条例》，设计突发伤人事件处理标准作业程序。

(二) 专项维修资金实践操作

1. 使用流程模拟

模拟业委会申请流程：
第一步，召开业主大会；
第二步，向房管部门提交材料(含维修方案、预算明细等)；
第三步，公示维修资金使用情况。

2. 推演筹集流程

第一步，分组设计维修资金筹集方案；
第二步，制定分摊标准；

第三步，设计催交通知模板；

第四步，模拟业主沟通会，练习说服业主交纳维修资金的技巧。

(三) 业主自治机制学习

1. 业主委员会会议角色扮演

模拟【以案说理】中王女士事件发生后的业主委员会整改会议，会议有两个议题：修订安全管理规约和审议专项维修资金使用计划。会议应按照业主大会议事规则规范进行。

2. 应急预案制定

结合案例，制定极端天气防范预案，同时明确扫码牌等临时设施的加固标准，并建立“大风预警-设施巡查-应急响应”三级机制。

任务小结

(1) 业主是指房屋的所有权人。业主拥有自身的权利和义务。

(2) 业主自治管理的方式包括自主管理和委托管理。业主自治管理的组织形式包括业主大会、业主委员会和业主小组。

(3) 业主大会是由物业管理区域内全体业主组成的，维护物业区域内全体业主的公共利益，行使业主对物业管理的自治权的业主自治机构。

(4) 业主大会会议的召开形式有集体讨论和书面征求意见两种。

(5) 业主大会制定、修改的主要文本包括管理规约和业主大会议事规则。

(6) 业主委员会是代表业主行使业主自治管理权的机构，是业主自我管理、自我教育、自我服务以及业主集体事务民主管理的组织，是办理本辖区涉及物业管理的公共事务和开展公益事业的自治组织。

课后测试

某小区投入使用已经满 15 年，很多设施设备已经老化，部分房屋结构也出现了问题，需要更新或大修。该小区的业主委员会向物业服务企业提出，从小区的专项维修资金中申请部分资金对房屋及附属设施设备进行更新或维修。

如何使用建筑物及其附属设施的专项维修资金？具体流程是什么？如果该小区的专项维修资金需要继续筹集，筹集建筑物及其附属设施的专项维修资金的具体流程又是怎么样的？

任务三　认识物业管理相关机构

任务导入

物业管理是市场经济的产物，体现的是市场机制，受相关行政主管部门的监督和管理。

社区管理是政府管理和居民自我管理相结合的产物，体现的是行政管理和自治管理的机制。现实中，物业服务企业在为业主提供服务的同时，也是社区建设的重要组成部分，在流动人口管理、计划生育、劳动就业等方面发挥着积极作用。

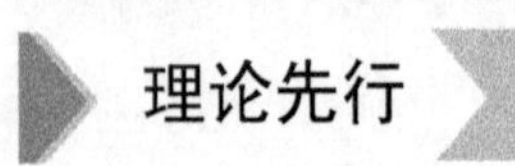

一、行政主管部门

(一) 行政管理的含义和工作内容

1. 行政管理的含义

物业管理的行政管理是指国家或国家行政机关依据有关法律、法规，对物业管理实施的行业管理。其实质是国家通过法律和行政手段，建立物业管理的正常秩序，促使物业管理行业健康有序地发展。

2. 行政管理的工作内容

(1) 政策指导。物业管理的行政主管部门要把物业管理的政策传达给广大人民群众，包括物业业主、使用人、业主委员会和物业服务企业，也包括地区街道、居委会和相关部门；要把宣传政策作为执行政策的基础条件，加大宣传力度，通过各种形式普及物业管理和相关的法律知识；要培训业主委员会和物业服务企业的有关人员，让他们学习物业管理法，懂得物业管理法，用好物业管理法。

(2) 行政立法。物业管理的行政主管部门要根据国家法律规定的基本原则，以及国家关于房地产和物业管理方面的方针、政策，针对物业管理中出现的新情况和遇到的新问题，拟订和制定各种物业管理法规、政府规章及规范性文件、制度等。

(3) 协调服务。物业管理的行政主管部门应对物业管理中出现的业主之间、业主与业主委员会之间、业主与物业服务企业之间，业主、业主委员会、物业服务企业与各行政管理部门之间的关系进行协调，对物业服务企业与房地产、建筑装修、市政环保、金融等行业组织之间的关系进行协调。同时，物业管理的行政主管部门还要提供各种服务，包括政策咨询，人才交流、培养，信息沟通和有关房地产税费、登记备案等。

(4) 执法监督。行政主管部门要根据行政法规赋予的行政执法权进行行政执法，接受业主和有关各方的投诉，对物业管理中出现的纠纷依法进行行政监督管理和处理。

(5) 市场调控。行政主管部门还可通过地价、房价、税收、信贷、服务费用等经济手段，来调节物业管理中的经济活动，扶助和培育物业管理市场，推动其健康规范发展。

(二) 主要行政主管部门

物业管理按照不同的行政区域划分有着不同的行政主管部门。和其他行政主管部门相同，物业管理的行政主管部门也是采取分级领导体制。下面以市为代表介绍物业管理活动的主要行政主管部门及其主要职责。

1. 房地产行政主管部门

房地产行政主管部门负责物业管理的行业政策制定和物业管理活动的指导、监督管理工作。主要工作包括以下几个方面：

(1) 对物业管理招标和投标活动实施监督管理。建设部《前期物业管理招标投标管理暂行办法》规定，国务院建设行政主管部门负责全国物业管理招标和投标活动的监督管理。省、自治区人民政府建设行政主管部门负责本行政区域内物业管理招标和投标活动的监督管理。直辖市、市、县人民政府房地产行政主管部门负责本行政区域内物业管理招标和投标活动的监督管理。

(2) 对日常物业管理活动实施监督管理。《物业管理条例》规定，国务院建设行政主管部门负责全国物业管理活动的监督管理工作，县级以上地方人民政府房地产行政主管部门负责本行政区域内物业管理活动的监督管理工作。违反《物业管理条例》规定的各种行为应进行行政处罚或行政处分。

(3) 组织物业服务企业参加考评和评比。根据建设部《全国物业管理示范住宅小区(大厦、工业区)标准及评分细则》，各省、自治区、直辖市的房地产行政主管部门负责组织辖区内的物业服务企业参加考评和评比，并通过实地考察、听取汇报、查阅资料、综合评定等方法，对申请达标的物业管理区域进行考评。

2. 工商、税务和物价等行政主管部门

工商、税务和物价等行政主管部门对物业服务企业实施监督和指导，主要体现如下：物业服务企业必须接受工商行政主管部门的监督与指导；物业服务企业要依法向国家纳税；物业服务企业应接受物价行政主管部门的物价管理；物业安全管理工作要接受当地公安局或派出所的监督和指导；物业服务企业的环境管理要接受环卫部门和园林部门的监督和指导。

3. 规划局

规划局负责组织编制、审查、报批和实施城市总体规划、分区规划、详细规划、专项规划、体系规划和城市设计；负责编制历史文化名城保护规划、风景名胜区规划及相关工作；负责建设项目的选址，参与立项、可行性研究论证，核发建设项目选址意见书；负责城市规划区内的建设用地和建设工程的规划管理，审查设计方案，核发建设用地规划许可证和建设工程规划许可证；负责城市规划区内建设验线、跟踪管理、规划验收；监督、检查、查处各种违法占地和违法建设行为，负责办理规划管理的行政诉讼。

4. 国土资源局

国土资源局为市政府职能部门，负责宣传贯彻、执行《中华人民共和国土地管理法》《中华人民共和国矿产资源法》《中华人民共和国测绘法》，依法管理全市土地、矿产等自然资源。其主要职责如下：

(1) 宣传贯彻上级有关土地、矿产等自然资源管理的法律、法规，依法管理全市土地、矿产等自然资源。

(2) 代表市政府行使全市国有土地的所有权，依法征用农村集体土地并进行合理补偿；依法向用地单位出让国有土地，按法定权限审批各类非农业建设用地。

(3) 负责全市城乡地籍管理工作，组织土地资源调查、土地统计和动态监测；依法确定全市各类土地的所有权、使用权，并进行登记、发证；承办并组织调查土地权属纠纷，查处违法用地和破坏土地行为。

(4) 组织实施土地使用权出让、租赁、作价出资、抵押、转让和交易管理，规范土地

二级市场，审核评估机构及其从事土地评估的资格。

(5) 受市政府委托研究制定土地收购、储备及出让的有关政策，并对全市存量土地实施收购、储备及出让的前期开发准备工作，规范土地交易市场，防止国有土地资产流失。

5. 房管局

房管局作为市政府行使物业行政管理的主要职能部门，职责如下：

(1) 贯彻执行国家、省、市有关房产管理和住房制度改革的法律、法规、规章草案和政策，研究拟定全市房产管理和住房制度的地方性政策措施，拟定行业发展战略和中长期发展规划，推进行业信息化进程。

(2) 拟定深化住房制度改革的规划、实施方案及有关政策，并组织实施；负责协助市住房公积金中心编制房改资金的投向和使用计划及住房专项贷款计划；负责住房分配货币化方案和单位住房补贴方案的审批工作及实施情况的监督检查。

(3) 参与研究制定城镇住宅建设发展规划；组织实施城区范围内危旧房改造，并协调改造中的有关问题；开展城镇住房状况和中长期住房供求情况的调查；参与住宅小区总体规划方案的评审和建成区的综合验收。

(4) 负责拟定廉租住房管理的地方性政策，负责廉租住房的建设和日常管理工作，建立廉租住房供应体系；负责经济适用住房政策和建设的统筹协调及日常管理工作；负责公房的租赁、经营、维修与管理工作；负责指导单位自管房和城市私有住房的房政管理工作；负责落实城镇房屋纠纷的调处和有关政策工作。

(5) 负责城市房屋权属管理与房地产交易市场管理的有关工作，研究培育和发展房地产交易市场的政策措施；确认房屋权属，办理房屋所有权总登记和初始登记、转移登记、变更登记、注销登记及他项权利登记，颁发房屋权属证书，管理产籍资料；负责商品房预售、现房销售和商品房面积管理；负责房地产转让管理、房屋租赁管理、房地产抵押管理和房地产中介服务机构的管理与监督，参与国有土地使用权出让有关方案的制定。

(6) 负责城市房屋的拆迁管理工作，核发城市房屋拆迁许可证，调解拆迁纠纷，组织行政强制拆迁，负责拆迁单位的管理与监督。

(7) 负责物业管理工作；负责物业服务企业的管理和监督；负责物业管理从业人员资格的监管工作；负责协调处理物业管理纠纷投诉工作；负责指导城市房屋专项维修资金的归集、使用和监督管理工作。

(8) 负责房屋安全鉴定和管理工作，制定房屋安全管理措施，负责房屋装修结构安全管理和白蚁防治管理工作。

(9) 负责全市房政执法检查工作，查处违法违章行为。

二、物业建设单位

物业建设单位也称为业主单位或项目业主，是指建设工程项目的投资主体或投资者，它也是建设项目管理的主体。例如：房地产开发公司是专门从事房(地)产开发的企业，其通过投标获得土地使用权，然后建设楼盘出售，这就是房地产开发公司的经营项目。楼盘未出售之前，公司是业主；出售以后，住户是业主。一般来说，业主是指房产的拥有者。房地产公司对楼盘的设计由设计院承担。设计院是专门从事各种设计的企业，设计对象包括桥梁、住宅、厂房、机器设备以及房地产开发公司的楼盘等。房地产开发公司的设计一般是由建筑设计院承担。物业的建筑由建设单位承担(一般采取总承包办法)，建设单位与房地产公司是合同关系。建设单位再把工程分解，分别承包给施工单位或施工队，双方是合同关系。物业建设单位应当向物业的所有人或物业服务企业提供物业的使用说明书和工程质量保证书，也可以在一定条件下将其与施工单位签订的工程质量保证书转给物业服务企业，由物业服务企业直接与施工单位交涉具体的保修事宜。

总之，物业建设单位、房地产开发公司、施工单位或施工队是一个彼此由分工关系和利益关系结成的共同体。物业建设单位在物业管理中应履行的职责主要体现在前期物业管理活动中：在业主、业主大会选聘物业服务企业之前，建设单位选聘物业服务企业的，应当签订书面的前期物业服务合同；物业建设单位应当在销售物业之前，制定业主临时公约，对有关物业的使用、维护、管理，业主的共同利益，业主应当履行的义务，违反公约应当承担的责任等事项依法作出约定；物业建设单位应当在物业销售前将业主临时公约向物业买受人明示，并予以说明，物业买受人在与建设单位签订物业买卖合同时，应当对遵守业主临时公约予以书面承诺。国家提倡建设单位按照房地产开发与物业管理相分离的原则，通过招投标的方式选聘具有相应资质的物业服务企业。物业建设单位与物业买受人签订的买卖合同应当包含前期物业服务合同约定的内容。前期物业服务合同可以约定期限；但是，期限未满，业主委员会与物业服务企业签订的物业服务合同生效的，前期物业服务合同终止。物业服务合同应当对物业管理事项、服务质量、服务费用、双方的权利与义务、专项维修资金的管理与使用、物业管理用房、合同期限、违约责任等内容进行约定。

三、街道办事处和居民委员会

(一) 街道办事处

街道办事处是区人民政府的派出机关，受区人民政府领导，行使区人民政府赋予的职权。其基本职能如下：

(1) 贯彻执行党和国家的路线、方针、政策以及市、区关于街道工作方面的指示，制定具体的管理办法并组织实施。

(2) 指导并做好辖区内居委会的工作，支持、帮助居民委员会加强思想、组织、制度建设，向上级人民政府和有关部门及时反映居民的意见、建议和要求。

(3) 抓好社区文化建设，开展文明街道、文明单位、文明小区建设活动，组织居民开展经常性的文化、娱乐、体育活动。

(4) 负责街道的人民调解和治安保卫工作，加强对违法青少年的帮教转化，保护老人、妇女、儿童的合法权益。

(5) 协助有关部门做好辖区拥军优属、优抚安置、社会救济、殡葬改革、残疾人就业等工作，积极开展便民利民的社区服务和社区教育工作。

(6) 会同有关部门做好辖区内常住人口和流动人口的管理及计划生育工作，完成区下达的各项相关任务。

(7) 协助武装部门做好辖区民兵训练和公民服兵役工作。

(8) 负责在辖区开展普法教育工作，做好民事调解，开展法律咨询、服务等工作，维护居民的合法权益，做好辖区内社会治安综合治理工作。

(9) 负责本辖区的城市管理工作，发动群众开展爱国卫生运动，绿化、美化、净化城市环境，协助有关部门做好环境卫生、环境保护工作。

(10) 负责研究辖区经济发展的规划，协助有关部门抓好安全生产工作。

(11) 配合有关部门做好辖区内三防、抢险救灾、安全生产检查、居民迁移等工作。

(12) 承办区委、区政府交办的其他工作。

(13) 对物业服务企业的物业管理活动进行协调、指导和监督。

物业服务企业应当充分利用社区资源，加强自身建设，积极配合街道办事处开展社区建设工作，主动争取街道办事处在工作上的指导和支持，自觉接受街道办事处的协调和监督，依靠街道办事处协调解决物业管理中的各种矛盾，促进物业管理经营服务活动的顺利进行。

(二) 居民委员会

居民委员会简称居委会，是居民自我管理、自我教育和自我服务的基层群众性自治组织。不设区的市、市辖区的人民政府或者其派出机关对居民委员会的工作给予指导、支持和帮助。居民委员会协助不设区的市、市辖区的人民政府或者其派出机关开展工作。

居民委员会的职能如下：

(1) 宣传宪法、法律和国家的政策，维护居民的合法权益，教育居民依法履行应尽的义务，爱护公共财产，开展多种形式的社会主义精神文明建设活动。

(2) 办理居住地区居民的公共事务并开展公益事业。

(3) 调解民间纠纷。

(4) 协助维护社会治安。

(5) 协助人民政府或者其派出机关做好与居民利益有关的公共卫生、计划生育、优抚救济、青少年教育等工作。

(6) 向人民政府或者其派出机关反映居民的意见、要求并提出建议。

四、行业协会

1993 年 6 月 28 日，全国第一个地方物业管理行业协会——深圳市物业管理协会成立，此后广州、海南、上海、青岛、常州等地相继成立了物业管理协会。中国物业管理协会于 2000 年 10 月 15 日在北京成立。据不完全统计，全国已成立的省(自治区)市一级的具有独立社团法人资格的物业管理协会有 80 余个，遍布全国 31 个省、自治区和直辖市。物业管理协会的主要职能包括：协助政府贯彻执行国家的有关法律、法规和政策；协助政府开展行业调研和行业统计工作，为政府制定行业改革方案、发展规划、产业政策等提供预案和建议；协助政府组织、指导物业管理科研成果的转化和新技术、新产品的推广应用工作，促进行业科技进步；代表和维护企业合法权益，向政府反映企业的合理要求和建议；组织制定并监督本行业的行规行约，建立行业自律机制，规范行业自我管理行为，树立行业的良好形象；进行行业内部协调，维护行业内部公平竞争；为会员单位的企业管理和发展提供信息与咨询服务；组织物业管理优秀示范项目的达标考评和从业人员执业资格培训工作；促进国内、国际行业交流与合作。

以案说理

当今社会中，物业服务已经逐渐地融入了人们的日常生活，成为了城市生活的一个重要组成部分。无论是住宅小区、商业大厦还是公共设施，都离不开物业服务。然而，随着物业服务行业的不断发展和壮大，其在管理过程中所面临的风险也随之增加。

某大型住宅小区内，楼上业主的疏忽导致了楼下业主的空调被损坏，由此引发了一系列纠纷。出现这些问题后，小区物业服务人员第一时间进行了调解，最终也得到了业主的一致好评。

由此可见，物业服务企业在管理过程中可能会遇到各种风险事件。这些事件处理不好不仅会影响物业服务企业的声誉，也会影响小区的和谐稳定。因此，物业服务企业必须充分认识到管理风险的存在，并采取有效的措施来防范和应对这些风险。

任务实施

一、学习目标

(1) 识别物业管理过程中常见的风险类型，理解其产生的原因和影响；
(2) 掌握应对物业管理风险的有效措施，提升风险防范和解决能力；
(3) 了解物业管理行政主管部门的职责，以及它们在物业管理风险管控中的作用。

二、实施方法

(一) 案例分析法

收集多个类似物业管理风险案例，深入剖析风险发生的过程、原因及解决方式，总结经验教训。

(二) 法规研读法

查阅《物业管理条例》《中华人民共和国民法典》等相关法律法规中涉及物业服务风险责任界定、纠纷处理的条款，从法律角度理解风险防控要点。

(三) 访谈调研法

与物业服务企业管理人员、业主代表、物业管理行政主管部门工作人员进行访谈，了解他们在实际工作中遇到的风险问题及应对策略。

(四) 实地考察法

到不同类型的物业项目实地观察，了解其在日常管理中采取的风险防范措施及效果。

三、任务流程

(一) 案例深度剖析

(1) 案例收集整理：通过网络、行业报告和学术文献等渠道，收集至少 5 个物业管理风险案例。案例应涵盖不同风险类型，如设施设备损坏纠纷、安全事故、服务质量投诉等；对案例进行详细整理，包括事件背景、发生经过、涉及主体、最终结果等内容。

(2) 案例分析讨论：将收集的案例分组，组织小组讨论；分析每个案例中风险产生的原因，如业主行为不当、物业管理制度漏洞、设施老化等；探讨风险事件对物业服务企业声誉、小区和谐稳定以及业主权益的影响；总结案例中解决风险问题的方法和措施，评估其有效性。

(二) 法规全面学习

(1) 法规条款梳理：仔细研读《物业管理条例》《中华人民共和国民法典》等相关法律法规，梳理出与物业服务风险相关的条款；重点关注物业服务企业的责任义务、业主的权利义务、纠纷处理程序、损害赔偿规定等内容；制作法规条款摘要，标注关键要点。

(2) 法规应用研讨：结合收集的案例，分析法规条款在实际风险事件中的应用；讨论如何依据法规界定责任主体、确定赔偿标准、解决纠纷；组织模拟法庭活动，模拟物业管理风险纠纷的法律处理过程，加深对法规的理解，并提高法规的应用能力。

(三) 多方访谈调研

(1) 访谈计划制订：确定访谈对象，包括物业服务企业经理、项目经理、客服人员、业主委员会成员、房地产行政主管部门工作人员、工商行政主管部门工作人员等；制定详细的访谈提纲，围绕物业管理风险识别、防范措施、纠纷处理、行政管理主体作用等方面设计问题。

(2) 访谈实施与总结：按照访谈计划，通过面对面访谈、电话访谈或线上访谈等方式进行访谈；记录访谈内容，整理访谈资料；总结不同访谈对象对物业管理风险的看法、经验和建议，分析各方在风险管控中的角色和作用。

(四) 实地考察实践

(1) 考察项目选择：选择 3～5 个不同类型的物业项目，如住宅小区、商业写字楼、工业园区等；与物业项目负责人沟通，确定考察时间和内容。

(2) 实地观察与交流：实地考察物业项目的设施设备管理、安全防范措施、服务流程、环境维护等方面；观察是否存在潜在的风险隐患，了解物业项目采取的风险防范措施及执行情况；与物业工作人员和业主交流，了解他们对物业服务风险的感受和意见；撰写实地考察报告，总结考察发现的问题。

任务小结

(1) 物业管理的行政管理是指国家或国家行政机关依据有关的法律、法规，对物业管理实施行业管理。

(2) 物业管理行政管理的内容包括政策指导、行政立法、协调服务、执法监督和市场调控。

(3) 物业管理行政主管部门主要包括房地产行政主管部门，工商、税务和物价等行政主管部门，规划局，国土资源局，房管局。

(4) 物业建设单位也称为业主单位或项目业主，是指建设工程项目的投资主体或投资者，它也是建设项目管理的主体。

(5) 街道办事处是区人民政府的派出机关，受区人民政府领导，行使区人民政府赋予的职权。

(6) 居民委员会简称居委会，是居民自我管理、自我教育和自我服务的基层群众性自治组织。

课后测试

2023 年 7 月 27 日晚上 9 点多，郑州市某小区 2 号楼 2 单元发生了一起突发事件：该楼 10 楼的业主老婆婆准备外出倒垃圾，与下楼的外卖员同乘一部电梯。没想到，电梯运行中途竟然停了下来，悬于半空。这让老婆婆与外卖员的心都提到了嗓子眼，业主婆婆急忙给丈夫张先生拨打求救电话，张先生随即联系了物业服务中心客服。

在张先生拨打求救电话的同时，监控室值班人员小刘也发现了异常情况。客服与小刘先后联系了维修人员鲍师傅，鲍师傅了解情况后，迅速赶往现场。

鲍师傅尚在路上，张先生再次联系物业，这次接听电话的是小刘，张先生在电话里焦急地询问维修师傅为何还没到现场，小刘回复说已与负责电梯维修的鲍师傅联系过了。但张先生依然着急地表示虽然通知过了，但人还没到。这时，小刘有点情绪失控，回答说：“人没到，和我有什么关系？”随即他挂断电话。

当晚 9 点 19 分，业主婆婆和外卖员被鲍师傅救出。然而事情并未到此结束。当晚，张先生将与小刘的通话录音发到了业主群里，业主群里群情激愤，很多业主声援张先生夫妇，让他们打物业总部电话投诉。张先生于当晚拨打物业总部电话完成了投诉。

第二天，物业服务中心领导上班之后，通过多方问询，详细了解了当时情况，并认真检查了当时的录像、录音。随后，他们对当事工作人员小刘进行了处罚，同时安排客服人员入户向张先生夫妇道歉。张先生夫妇表示不接受道歉，正在准备起诉物业的材料。随后几天，物业多次安排工作人员上门沟通，张先生夫妇最终提出减免物业费的诉求，双方未能达成一致……

在该案例中，业主权利的依据是什么？案例中相关人员应该如何处理？

项目三 物业管理项目的组织与实践

知识目标

(1) 掌握物业管理招标、投标的概念和原则。

(2) 了解物业管理招标、投标的方式。

(3) 在掌握物业管理招标、投标程序的基础上，能够针对物业招标项目，确定投标的相关策略。

(4) 初步具备物业管理投标文件编写的能力。

学前热身

1994 年 1 月 10 日，以大型住宅区“××南村”为试点，某市住房和城乡建设局在系统内部实行管理招标，通过平等竞争确定物业服务企业，并于 1995 年开始在全市范围内试行物业管理招标投标。1996 年 11 月 1 日，该市住房和城乡建设局在新闻媒介上刊登公告，将大型住宅区“××南村”的物业管理权在全社会范围内公开招标，并于 12 月 3 日通过竞标成功地选聘了物业服务企业。“××南村一体化物业管理”社会化招标投标拉开了我国物业管理招标投标市场的序幕，成为我国物业管理市场首例通过社会化招标投标的项目。如今，该市的物业服务企业已经将一体化、专业化、企业化的物业管理服务通过招标投标这一市场化的方式成功地推向全国的物业管理领域。

任务一 物业管理招标的组织与实践

任务导入

物业管理招标投标是招标投标双方运用价值规律和市场竞争机制，通过规范有序的招标投标行为确定物业管理权的活动。它不仅打破了长期以来物业管理市场“谁开发、谁管理”的沉滞局面，而且还明确了业主和物业使用人以及物业管理双方的权利和义务，使物业管理服务更加规范。招标方在“高性价比”的基础上能够选择最合适的物业服务企业，使业主和物业使用人享受到优质的物业管理服务，以维护业主和物业使用人的合法权益。

理论先行

一、物业管理招标的概念与原则

(一) 物业管理招标的概念

物业管理招标，是指物业所有权人、房地产开发商或者业主委员会在为其物业选择管理者时，通过向社会公开其所制定的管理服务要求和标准的招标文件，由多家物业服务企业竞投，从中选择最佳物业管理者，并与之订立物业服务合同的过程。

目前，我国物业管理招标单位包括以下几类。

(1) 开发建设单位：必须有独立的法人资格，且只能对前期物业管理进行招标。

(2) 代表业主大会行使招标委托权的业主委员会：必须按照法定程序成立，招标要向全体业主公告，并由业主大会表决通过授权。

(3) 各级国家机关、事业单位和团体组织：使用财政性资金采购的物业服务项目的主体。

(二) 物业管理招标的原则

物业管理招标行为是一种通过市场化方式实现的双向选择。《中华人民共和国招标投标法》第五条规定：“招标投标活动应当遵循公开、公平、公正和诚实信用的原则。”

(1) 公开原则。公开原则要求招标文件、投标文件、中标原则等要向投标企业公开，或者在开标、评标、定标等过程中要实行行业和社会的监督，增加招标的透明度，不得暗箱操作或私下交易。

(2) 公平原则。公平原则是指在招标文件中向所有潜在投标企业提出的投标条件都是一致的，即所有的投标企业都在相同的基础上进行投标。公平原则要求招标单位不得以不合理条件限制或者排斥潜在投标企业，不得对潜在投标企业实行歧视待遇，不得对潜在投标企业提出与物业管理项目实际要求不相符的、过高的资格等要求。

(3) 公正原则。公正原则要求用同样的标准、同样的尺度来衡量所有的投标文件。招标单位要采用科学的方法，按照平等竞争的原则，进行实事求是的分析、打分，不偏不倚，投标企业不得行贿、走后门、拉关系，应保证招标投标过程的公正性和严肃性。

(4) 诚实信用原则。诚实信用原则要求所有的招标投标资料应该真实、可靠，投标企业不得发布和提供虚假的资料，不得提出脱离实际市场情况的、过高的管理服务要求和过低的收费标准，也不得为了中标而作出虚假承诺，或者提出大大低于正常管理服务成本的报价。

二、物业管理招标的类型与方式

(一) 物业管理招标的类型

物业管理招标可依据物业类型、项目服务内容的实施情况和招标单位的要求、招标主体的类型及项目服务的方式进行不同的分类。

(1) 按物业类型分类。根据不同的物业类型，物业管理招标可分为住宅项目招标和非住宅项目招标两大类。其中，非住宅项目又可分为商业区项目、写字楼项目、工业区项目、公共基础设施项目(如机场、医院、地铁、学校、码头、步行街)等。

(2) 按项目服务内容的实施情况和招标单位的要求分类。根据物业管理项目服务内容的实施情况和招标单位的不同要求，物业管理招标可分为整体物业管理项目的招标、单项服务项目的招标和分阶段项目的招标等类型。如规划用地为 54 万平方米的某大学城的物业管理项目，其招标单位将该项目的房屋本体与设施设备的维护管理、清洁卫生、环境绿化、综合服务等分别招标。在房屋本体与设施设备的维护管理这一单项招标中，招标单位又将重要设备如电梯、空调冷水机组的管理分离出来，由招标方负责指定专业公司作为分包商；在清洁卫生、环境绿化分项的招标中，不仅有具备专业资质的物业管理公司参与，也有清洁、绿化等专业公司参与。

(3) 按招标主体的类型分类。根据物业管理招标主体的不同类型，物业管理招标可分为以物业建设单位为主体的招标、以业主大会为主体的招标和以物业产权人为主体的招标等类型。前期物业管理一般以物业建设单位为招标主体；物业管理正常运作后，一般以业主大会为招标主体；若物业性质为重点基础设施或大型公用设施、政府办公设施，招标主体则为物业产权人、管理使用单位或政府采购中心。

(4) 按项目服务的方式分类。根据物业管理项目服务的不同方式，物业管理招标可以分为全权管理项目招标、顾问项目招标等类型。

(二) 物业管理招标的方式

根据招标项目的不同特点，招标单位有权选择不同的方式进行招标。现行国际市场上通用的物业管理招标方式可分为三种：公开招标、邀请招标和议标。

(1) 公开招标。公开招标是指招标单位以招标公告的方式邀请不特定的法人或者其他组织投标。招标单位可以通过网络、电视及其他渠道公开发布招标公告，邀请有愿意参加投标的物业服务企业参加投标。

(2) 邀请招标。邀请招标又称有限竞争招标、选择性招标，是指招标单位以投标邀请书的方式邀请特定的法人或者其他组织投标。招标单位可以不公开刊登广告而直接邀请某些特定的、有承担能力的单位投标。邀请招标主要适用于标的规模较小(即工作量不大，总管理费报价不高)的物业管理项目。公开招标的工作量大、招标时间长、费用高，而邀请招标在这些方面弥补了公开招标的不足，因此成为公开招标不可缺少的补充方式，并深受一些私营业主和开发商的喜爱。

(3) 议标。议标又称谈判招标、协商招标，是指招标单位不公开发布招标公告，而是选择其认为有能力承担的投标单位，邀请其投标，然后通过平等协商，最终达成协议。实质上，议标可以看作更小范围的邀请招标，是目前一种不可或缺的物业管理招标方式，较适合于具有一定业务联系和相互比较熟悉的物业服务企业，或具有特殊管理要求的中小规模的物业管理招标项目。议标的特点在于招标单位与投标单位之间可以互相协商，投标单位通过不断地修改标价来与招标单位达成一致。这种方式更加接近传统的商务方式，是招标方式与传统商务方式的结合，兼具两者的优点，节省了时间和招标成本。

(三) 物业管理招标的时间

根据国家相关规定，前期物业服务通过招标投标方式选择物业服务企业的，招标单位(建设单位)应当按照下面规定的时限完成物业管理的招标投标工作：

(1) 新建现售商品房项目应当在现售前 30 日完成。

(2) 预售商品房项目应当在取得商品房预售许可证之前完成。

(3) 非出售的新建物业项目应当在交付使用前 90 日完成。

以案说理

某城市的新兴大型住宅小区“阳光新城”占地面积达 15 万平方米，拥有 30 栋高层住宅，共计 2000 户居民。小区开发商决定通过招标的方式选聘一家专业的物业服务企业，以确保小区交付后具备高质量的物业服务。

开发商作为招标单位，在招标前期积极筹备。他们首先依据小区的规模、建筑特点、配套设施以及业主的潜在需求等，着手编制招标文件。招标文件中详细规定了物业服务的标准，包括但不限于：小区公共区域的卫生清洁频次与质量要求，如每日至少清扫 2 次主干道，垃圾桶须每日清理并消毒；安保服务方面，要求每 2 小时巡逻一次，配备先进的门禁系统和监控设备，且监控资料须保存至少 30 天；绿化养护方面，要求根据不同季节进行合理修剪、施肥和病虫害防治等。同时，招标文件中明确了投标企业的资质要求，即投标企业必须具备二级及以上物业服务资质，近 3 年内有管理同类型小区的成功经验，且无重大投诉记录。

在招标程序上，开发商严格遵循法律规定，在当地知名的房地产网站、报纸以及物业管理行业平台上发布了招标公告，公告中清晰地说明了招标项目的基本信息、报名截止时间、投标文件递交的截止日期等关键内容。

报名截止后，共有 8 家物业服务企业提交了报名材料。开发商组织了专业的资质审查小组，对这 8 家企业的资质进行了严格审核。其中，有一家企业因资质证书过期未及时更新，不符合招标要求，被取消投标资格。

剩下 7 家企业进入投标环节。在投标截止日期前，各企业按时递交了投标文件。开标当天，在公证人员的监督下，开标过程公开透明。在唱标环节，各企业的投标报价、服务方案亮点等信息一一公布。

在评标阶段，开发商邀请了物业管理专家、行业协会代表以及小区业主代表组成评标委员会。评标委员会依据招标文件中设定的评标标准，对各企业的投标文件进行了综合评审。其中，一家企业的服务方案虽然较为全面，但在人员配置方面未能满足招标文件中关于专业技术人员数量的要求，最终得分较低。

经过激烈的评审，“和谐物业”凭借其合理的报价、详细且可行的服务方案以及丰富的同类型项目管理经验脱颖而出，被确定为中标人。

然而，在中标结果公示期间，排名第二的“卓越物业”质疑评标过程存在不公平现象，他们声称评标委员会在评审过程中对某些企业的投标文件打分存在主观偏差。开发商随即组织复查，经复查，评标过程严格按照既定程序和标准进行，并无违规操作。开发商随即向“卓越物业”详细解释了评标过程和打分依据，同时提供了相关的评审记录。最终，“卓越物业”认可了复查结果。

通过此次招标，“阳光新城”成功选聘到了合适的物业服务企业，为小区后续的良好运营和业主的优质生活提供了有力保障。

这个案例充分体现了规范的物业招标程序和恰当的招标文件编制在物业管理招标中的重要性。任何违反程序或文件编制不当的行为，都可能引发纠纷，影响招标的公正性和最终结果。

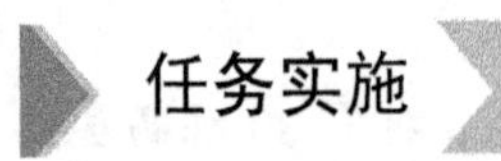

一、学习目标

(1) 掌握物业管理招标从筹备到结束各阶段的关键程序，能够独立完成物业管理招标工作的整体规划与执行。

(2) 理解招标程序中各环节的法律依据与规范要求，确保招标工作合法合规进行。

(3) 学会编制全面、恰当的招标文件，能够有效筛选出符合项目需求的优质物业服务企业。

二、实施方法

(一) 理论学习法

研读《物业管理条例》《中华人民共和国招标投标法》等相关法律法规，以及相关资料中关于物业管理招标的章节，构建扎实的理论基础。

(二) 案例分析法

剖析如“阳光新城”等典型物业管理招标案例，分析其成功经验与可能存在的问题，加深对招标程序的理解。

(三) 模拟实践法

分组模拟物业管理招标全过程，从成立招标机构、编制招标文件，到开标、评标、定标，在实践中熟悉操作流程。

(四) 专家指导法

邀请物业管理行业专家、资深招标代理人员开展讲座并进行指导，解答实践过程中的疑难问题。

三、任务流程

物业管理招标流程如图 3-1 所示。

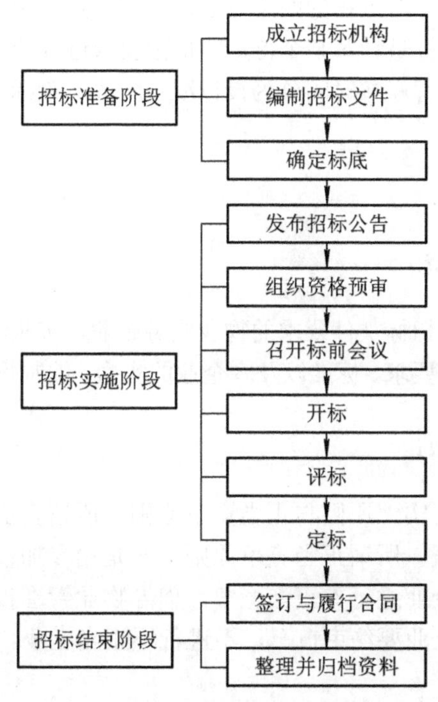

图 3-1　物业管理招标流程

任务小结

(1) 招标是按法律规定的程序进行的一种经济活动。物业管理招标作为招标的一种类型，其过程也必然要严格依照法律的有关规定，遵循一定的程序进行，否则就有可能引起某些纠纷。为了保证物业管理招标遵循公开、公平、公正和诚实信用原则，必须规范好招标的程序，任何人不得违反此程序，这样才能真正具有法律效力。

(2) 物业管理招标工作程序繁多、内容缜密。招标单位应当根据物业管理项目的特点和需求，在招标前认真完成招标文件的编制。招标文件编制得恰当与否，直接关系到投标单位投标文件制作，甚至决定招标单位能否甄选到合适的中标单位。

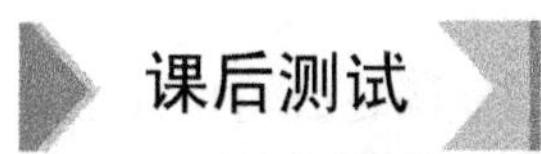

以自己居住的小区或者就读的学校为标的，拟写一份招标文件。

任务二 物业管理投标的组织与实践

任务导入

物业管理招标与投标是一个过程的两个方面，其实质是一种市场双向选择行为。有招标才会有投标，物业管理的投标是针对某个特定的招标要求进行的，投标过程中要遵守真实性原则和正当竞争原则。投标程序按时间分为投标准备阶段、投标实施阶段和投标结束阶段。

理论先行

一、物业管理投标的概念

物业管理投标是指符合招标文件要求的物业服务企业，按照法律、法规的要求，根据招标文件确定的各项管理服务要求、标准以及本企业的实力，编制投标文件，参与投标的活动。

二、物业管理投标的原则

物业管理投标应遵守真实性原则与正当竞争原则。所谓真实性原则，是指投标文件的内容要真实，不能弄虚作假。所谓正当竞争原则，一是指参加投标的物业服务企业要反对其他参与竞投的物业服务企业进行不正当竞争，倡导物业管理投标企业遵守商业道德；二是指参加竞投的物业服务企业要约束自己，不进行不正当竞争。

三、物业管理投标的开展

物业管理投标的开展按照时间的先后顺序可以划分为投标准备阶段、投标实施阶段、投标结束阶段。

(一) 投标准备阶段

1. 取得从业资格

从业资格是物业服务企业从事正常营业活动所必须具备的条件，也是物业服务企业参与投标前必须首先考虑的基本因素。物业服务企业作为独立经营、独立核算的法人机构，在国内从事投标业务，必须取得工商行政管理局颁发的企业法人营业执照，以证明其具有合法经营资格。

2. 筹措资金

物业服务企业的财务状况也是衡量其实力的重要因素，资金必须能满足公司投标全过程及中标后的管理需要。投标公司应根据自身财务状况及招标物业的管理所需资金，做好资金筹措准备。投标企业可以考虑的资金来源渠道主要有自有资金积累和银行贷款。

其中，自有资金积累取决于物业服务企业的经营与盈利状况，而银行贷款则取决于企业的融资政策与信用状况。投标公司要根据招标物业规模、自身收益情况及成本来分析资金来源构成。

3. 收集招标物业相关资料

招标物业相关资料是物业服务企业进行投标可行性研究必不可少的重要因素，因此物业服务企业在投标初期应多渠道、全方位搜寻第一、二手资料，如招标公司和招标物业的具体情况、投标竞争对手的情况等。资料来源大致有报纸杂志、网络信息、行业内交流等。工作人员应对资料的重要性进行分类，以便得出最有价值的信息供投标使用。

4. 进行投标可行性分析

物业服务企业应对招标物业条件、招标公司自身条件、竞争对手及风险进行分析。

1) 招标物业条件分析

(1) 物业性质。不同性质的物业所要求的服务内容不同，所需的技术力量不同，物业服务企业的优劣势也有明显差异，因此了解、区分招标物业的性质非常重要。不同的服务内容必然对物业服务企业提出不同的服务要求和技术要求，与此相适应，物业服务企业采取的措施、制定的方案也自然不同。

(2) 特殊服务要求。有些物业可能会由于其特殊的地理环境、特殊的服务对象及某些特殊功用等，需要一些特殊服务。这些特殊服务很可能会成为某些投标公司的竞投优势，甚至可能导致竞标过程中出现“黑马”。因此，投标公司必须认真对待，考虑其支出费用、自身的技术力量以及可寻找的分包伙伴，从而形成优化的投标方案；如果不能满足要求，则应放弃竞标。

(3) 物业招标背景。有时招标文件会由于招标单位的利益趋向而呈现出某种明显偏向，这对其他投标公司而言是极为不利的。因此，在阅读招标文件时，物业服务企业应特别注意招标公告中的一些特殊要求，作出优劣势判断。

(4) 物业开发商状况。这包括开发商的技术力量、信誉度等。物业的质量取决于开发商的设计、施工质量。因此，物业服务企业应通过对开发商已建物业质量的调查，以及有关物业服务企业与之合作的情况，分析判断招标物业开发商的可靠性，并尽量选择信誉较好、易于协调的物业开发商，尽可能在物业开发的前期介入，这样既能保证物业质量，又便于日后管理。

2) 招标公司自身条件分析

(1) 以往类似的物业管理经验。已接管物业往往可使公司具有优于其他物业管理公司的管理方法或合作经验，这在竞标中极易引起开发商的注意；从成本角度考虑，以往的管理经验可以在管理人员、设备或固定的业务联系方面节约许多开支。因此，投标人应针对招标物业的情况，分析本公司以往类似经验，确定公司的竞争优势。

(2) 人力资源优势。分析内容主要包括公司是否有人才储备，在已接管物业中是否具有熟练且经验丰富的管理人员，以及是否进行了人员培训，是否与其他在物业管理方面有丰富经验的专业服务公司有密切的合作关系。

(3) 技术优势。分析内容主要包括公司能否利用高新技术提供高品质服务或特殊服务，如智能大厦等先进的信息管理技术、绿色工程以及高科技安全防盗设施。

(4) 财务管理优势。分析内容主要包括公司在财务管理方面是否有完善的核算制度和先进的分析方法，是否拥有优秀的财务管理人才，是否能多渠道筹集资金，并合理开支。

(5) 劣势。分析内容主要包括在与竞争者的优势对比方面所显示出的自身弱势条件。

3) 竞争对手分析

(1) 潜在竞争者。有时在竞标中可能会出现某些新获得物业服务从业资格的公司参与竞标的情况，它们可能没有成熟的管理经验，但在某一方面(如特殊技术、服务等)却具有绝对或垄断优势。对于这些陌生的竞争者，投标公司不可掉以轻心。

(2) 同类物业服务企业的规模及其现接管物业的数量与质量。通常大规模的物业服务企业拥有成熟的经验、先进的技术和优秀的品质，它们用规模向人们展示雄厚的实力。此外，企业现有的正在接管的物业数量、所提供服务的质量则可从另一方面更加真实地反映出其实力。

(3) 当地竞争者的地域优势。物业管理提供的是服务，其质量的判定在很大程度上取决于业主的满意程度。当地的物业服务企业可以利用其对当地文化、风俗的熟悉提供令业主满意的服务。

(4) 经营方式差异。现有物业服务企业的组织形式有两种：一是实体形式，内部分为两个层次，即管理层和作业层，管理层由有经营头脑的人组成，作业层由与服务内容相关的操作人员组成；二是只有管理人员，他们通常不带工人队伍，而是通过合同的形式与社会上各类专业服务企业形成松散的联合，将物业管理内容发包给相关的服务企业。投标公司可针对招标物业的具体情况对其区别对待，权宜从事。

4) 风险分析

(1) 通货膨胀风险。这主要是指通货膨胀引起的设备、人工等价格上升，导致其中标后实际运行成本费用大大超过预算，甚至出现亏损。

(2) 经营风险。物业服务企业由于自身管理不善，或缺乏对当地文化的了解，不能提供高质量服务，导致亏损或遭业主辞退。

(3) 自然风险。当水灾、地震等自然灾害发生而又不能构成合同规定的不可抗力条款时，物业服务企业将承担部分损失。

(4) 其他风险。如分包公司不能履行合同规定义务，而使物业服务企业遭受经济损失甚至影响信誉。此外，当物业服务企业从事国际投标时，还可能面临政治风险。这些因素都可能导致物业服务企业即使竞标成功也会发生亏损。物业服务企业必须在决定投标之前认真考虑这些风险因素，并从自身条件出发，制定出最佳方案规避风险，尽可能地减小风险发生的概率和造成的损失。

(二) 投标实施阶段

在对是否参与投标进行细致的调研论证后，投标企业应及时按照招标机构公示的有关招标文件的要求，递交相关文件资料，接受资格预审。预审合格后，才真正进入投标的实施阶段。投标实施阶段主要包括购买并阅读招标文件、现场考察、编制投标文件、封送投标文件和投标保函。

1. 购买并阅读招标文件

投标企业要想取得招标文件必须向招标企业购买，而取得招标文件之后如何阅读，成为关系到投标成败的重要环节。

投标企业必须认真仔细地阅读招标文件，并尽可能地找出疑点，再按性质与重要性，将其划分为“招标前由招标企业明确答复”和“计入索赔项目”两类。招标文件可能会由于篇幅较长而出现前后文不一致、某些内容表述不清的情况，若不能发现或发现了却不予重视，将可能影响投标文件的编制和投标的成功，甚至影响中标后合同的履行。

投标企业还应注意要对招标文件中的各项规定，如开标时间、定标时间、投标保证书等进行充分了解，尤其是对图样、设计说明书和管理服务标准、要求和范围予以足够重视，并仔细研究。

2. 现场考察

招标企业应按照招标程序组织投标企业统一参观现场，并向他们作出相关的介绍，帮助投标企业充分了解物业情况，以合理计算标价。在考察过程中，投标企业必须就以下几方面进行细致了解。

(1) 若在物业竣工前期介入，投标企业应现场查看工程土建构造、内外安装的合理性，尤其是消防安全设备、自动化设备、安全监控设备、电力通信设备等，必要时做好日后养护维护要点记录、图样更改要点记录，并交与开发商商议。为了有利于接管后的管理，物业服务企业应尽量利用这一机会，认真准备、仔细查看，参与项目的设计开发，甚至可以就设计不合理之处提出修改意见，或提出更好的设计建议。

(2) 若在竣工后期介入，投标企业则应注意考察以下项目：工程项目施工是否符合合同规定与设计图样要求，经检验是否达到国家规定的质量标准，能否满足使用要求；竣工工程是否达到窗明、地净、水通、电亮及采暖通风设备是否运转正常；设备调试、试运转是否达到设计要求；外在质量是否确保无重大问题；周围公用设施分布情况。

(3) 业主主要情况，包括收入层次、主要服务要求与所需特殊服务等。

(4) 当地的气候、地质、地理条件等，这些条件与接管后的服务密切相关，物业服务企业应安排人员与时间进行调查。企业只有充分了解这些差异，提供的服务才能有的放矢。

3. 编制投标文件

1) 物业管理投标文件的组成

物业管理投标文件是投标企业须知中规定的投标企业必须提交的文件，它是对投标公司前述准备工作的总结，是投标公司的投标意图、报价策略与目标的集中体现，其编制质量的优劣将直接影响投标竞争的成败。由于不同物业具有不同性质，不同招标项目具有不同要求，其投标文件的内容要求也相应地呈现出差异，投标公司在实践中可根据具体情况自行发挥。

物业管理投标文件主要包括投标致函和附件。其中，投标致函又叫投标综合说明，实际上就是投标企业的正式报价信，主要内容有：

(1) 表明投标企业完全愿意按招标文件中的规定承担物业管理服务任务，并写明总报价金额；

(2) 表明投标企业接受该物业整个合同的委托管理期限；

(3) 表明本投标如被接受，投标企业愿意按招标文件规定金额提供履约保证金；

(4) 说明投标报价的有效期；

(5) 表明本投标文件连同招标企业的书面接收通知均具有法律约束力；

(6) 表明对招标企业接受其他投标的理解。

附件的数量及内容按照招标文件的规定确定，但应注意各种商务文件、技术文件等均应依据招标文件的要求备全，缺少任何必需文件的投标将被排除在中标对象之外。这些文件主要包括：

(1) 公司简介，概要介绍投标公司的基本情况、以往业绩等情况。

(2) 公司法人地位及法定代表人证明，包括资格证明文件(营业执照、税务登记证、企业代码、授权书、代理协议书等)、资信证明文件(保函、已履行的合同及商户意见书、中介机构出具的财务状况书等)。

(3) 公司对合同意向的承诺，包括对承包方式、价款计算方式、服务款项收取方式、材料设备供应方式等情况的说明。

(4) 物业管理专案小组的配备，简要介绍主要负责人的职务、以往业绩等。

(5) 物业管理组织实施规划等，说明对该物业管理运作中的人员安排、工作规划、财务管理等内容。

2) 物业管理投标文件的主要内容

物业管理投标文件除按规定格式要求回答招标文件中的问题外，最主要的内容是介绍物业管理要点和物业管理服务内容、服务形式和费用。

(1) 介绍本物业服务企业的概况和经历。除介绍本企业的概况外，物业管理投标文件主要介绍本企业以前管理过或正在管理物业的名称、地址、类型、数量，要指出类似此次招标物业的管理经验和成果，并介绍主要负责人的专业、物业管理经历和经验。

(2) 分析投标物业的管理要点。物业管理投标文件还应主要指出此次投标物业的特点和日后管理上的特点、难点，可列举说明，还要分析业主对此类物业及管理上的期望、要求等。以下分别对不同性质物业管理中的重点、难点作出分析。

① 住宅小区。对于住宅小区而言，舒适便捷是业主最基本的要求，高档次的优质服务则是其更高的享受追求，因此物业管理应当突出以下几方面。

a. 环境管理：要求物业管理能维护规划建设的严肃性，定期进行检查维修，禁止乱凿洞、乱开门窗的破坏性行为，禁止个别业主随意改动房屋结构或乱搭建行为，保证业主的居住安全。

b. 卫生绿化管理：定时对小区公共场所进行清扫保洁，及时清运垃圾，并对卫生用具进行清洁消毒；加强小区绿化养护，派专人管理绿化带、花草树木，禁止人为破坏行为。

c. 治安管理：成立保卫处，负责小区内的治安巡逻与防范，确保住户财产安全。

d. 市政设施管理：市政道路、下水管道、客井与消防等公共设施的管理、维修、保养等工作。

e. 便利服务：为特殊住户提供各种专业有偿服务和特约服务。

② 写字楼。写字楼作为办公场所，要求环境应保持安静、清洁、安全，其物业管理重点应放在以下几方面。

a. 安全保卫工作：保证防盗及安全设施运作良好，坚持出入登记制度和24小时值班守卫制度。

b. 电梯、中央空调、水电设施维护：保证工作时间这些设备正常工作，不允许出错。

c. 清洁卫生服务：应当天天擦洗门窗，清扫走廊，做到无杂物、无灰尘，同时保证上班时间的开水供应。

③ 商业大厦。在商业大厦管理中，公司形象、顾客购物方便程度是考虑的首要因素，

其管理重点在于以下几方面。

a. 安全保卫工作：通常商业大厦客流量较大，容易发生安全问题，故应保证 24 小时专人值班巡逻，以及便衣保安人员场内巡逻。

b. 消防工作：管理维护消防设施，制定严格的消防制度。

c. 清洁卫生工作：有专职人员负责大厦内巡回保洁、垃圾清扫，随时保持大厦环境卫生。

d. 空调或供热设备管理：设立专职操作及维护人员，保证设备正常运转。

以上是针对各类型物业列举的其物业管理中普遍存在的重点和难点，但在具体编制投标文件时，投标公司应针对物业具体性质与业主情况，就最突出的问题作详细分析。

(3) 介绍提供管理服务的内容及功能。

① 开发设计和建设期间的管理服务内容包括：

a. 为投标物业的设计图纸提供专业意见。投标公司应从物业建成后管理的角度出发，考虑设计图纸是否具有操作的可行性，是否方便用户，甚至可以就物业的发展趋势提出一些有利于日后运用先进技术管理的设计预留建议。

b. 为投标物业的设施提供专业意见。投标公司应从使用者的角度考虑设施的配置能否满足用户的普遍需要。

c. 为投标物业的建筑施工提供专业意见并进行监督。这包括参与开发商重大修改会议，向业主提供设备保养、维护等方面的建议。

d. 提出本投标物业的特别管理建议。这主要指就先前所分析的管理难点有针对性地提出施工方面的建议，以利于日后管理。

② 物业竣工验收前的管理服务内容包括：

a. 制订员工培训计划。投标文件应详细说明员工培训的课程内容，以及经培训后员工应具备的素质。

b. 制定租约条款、管理制度和租用户手册。

c. 列出财务预算方案。投标文件应指出日常运作费用支出，确定日后收费基础。

③ 用户入住及装修期间的管理服务内容包括：

a. 住户入住办理移交手续的管理服务。投标文件应说明物业服务企业在用户入住时应向用户解释的事项，及其应当承办的工作。

b. 住户装修工程及物料运送的管理服务。投标文件应规定用户装修时应注意的问题及应提交的文件。

c. 迁入与安全管理服务。投标文件应说明物业服务企业应当采取的措施，规定业主应遵守的规章制度。

(4) 说明管理运作服务内容。

① 物业管理人力安排：编制物业管理组织运作图，说明各部门人员职责及其相互关系。

② 安保服务：包括为聘任与培训员工、设立与实施安保制度等而应采取的措施。

③ 清洁服务：包括拟定清洁标准、分包清洁工作的措施，监督清洁工作及保证清洁标准的其他措施。

④ 维修保养服务：编制维修计划，安排技术工程师监督保养工作的实施。

⑤ 财务管理服务：包括制定预算方案、代收管理费、处理收支账目、管理账户等。

⑥ 绿化园艺管理服务：包括配置园艺工、布置盆栽、节日的装饰工作等。

⑦ 租赁管理服务：针对承租用户的管理工作，包括收取租金、提供租约、监督租户遵守规章等工作。

⑧ 与租用方联系及管理情况报告：包括通知、拜访用户，了解情况，并定期向业主大会报告管理情况等工作。

⑨ 其他管理服务内容：补充说明由于招标物业的特殊功用或业主特殊要求而需要的其他特定服务。

(5) 说明将提供的服务形式、费用和期限。

① 管理服务期限：通常自接受委托开始至楼宇发放执照为止。

② 管理运作服务期限：自楼宇发放执照起，至合同到期为止。

3) 物业管理投标文件编写的注意事项

(1) 物业管理投标文件的基本要素。物业管理投标文件作为评标的基本依据，必须具备统一的编写基础，以便评标工作的顺利进行。因此，投标公司必须对投标文件的基本要素有所了解。

① 计量单位。计量单位是投标文件中必不可少的衡量标准之一。因此，统一计量单位是避免在定标和履约中出现混乱的有力手段。投标文件中必须使用国家统一规定的行业标准计量单位，不允许混合使用不同的度量制。

② 货币。国内物业管理投标文件规定使用的货币应为“人民币”，而国际投标中所使用货币则应按招标文件的规定执行。

③ 标准规范。编制投标文件应使用国家统一颁布的行业标准与规范，如果某些业主由于特定需要要求提供特殊服务，也应按照国家正式批准的统一的服务行业标准规范，严格准确地行事。若采用国外的服务标准与规范，应将所使用的标准与规范译成中文，并在投标文件中说明。

④ 表述方式。投标文件的文字与图纸是投标公司借以表达其意图的语言，它必须能准确地表达投标公司的投标方案，因此，简洁、明确、文法通畅、条理清楚是投标文件文字必须满足的基本要求。投标文件切忌拐弯抹角、废话连篇、用词模棱两可，应尽量做到言简意赅、措辞准确达意，最大限度地减少招标单位的误解和可能出现的争议。图纸、表格较之于文字在表达上更直接、简单明了，但同样要求其编写前后一致、风格统一，符合招标文件的要求。图纸、表格最好能以索引查阅的方式装订成册，并和投标文件中的文字表述保持一致。

⑤ 理论技巧。投标文件不仅应做到投标目标明确、方案可行，编写人员还应熟练掌握与投标文件内容相关的法律、技术和财务知识，并以服务为出发点，综合运用心理学、运筹学、统计学等方面的理论和技巧。

⑥ 资料真实性。投标文件应对招标文件的要求作出实质响应，其内容应符合招标文件的所有条款、条件和规定，且无重大偏离与保留。投标企业应按招标文件的要求提供投标文件，并保证所提供全部资料的真实性，以使投标文件对应招标文件的要求。否则，投标将被拒绝。

(2) 物业管理投标文件编写中应注意的事项。投标公司除应以合理报价、先进技术和优质服务为其竞标成功打好基础外，还应学会包装自己的投标文件，在投标文件的编制、装订、密封等方面给评委留下良好的印象，以争取关键性评分。

① 确保填写无遗漏、无空缺。投标文件中的每一空白都需填写，如有空缺，则被认为放弃意见；重要数据未填写，可能被作为废标处理。因此投标公司在填写时务必要小心谨慎。

② 不得任意修改填写内容。投标方所递交的全部文件均应由投标方法人代表或委托代

理人签字；若填写中有错误而不得不修改时，则应由投标方负责人在修改处签字。

③ 填写方式规范。投标文件最好用打字方式填写，或者用墨水笔工整地填写；除投标方对错处作必要修改外，投标文件中不允许出现加行、涂抹和改写的痕迹。

④ 不得改变投标文件格式。若投标公司认为原有投标文件格式不能表达投标意图，可另附补充说明，但不得任意修改原投标文件格式。

⑤ 计算数字必须准确无误。投标公司必须对单价、合计数、分步合计、总标价及大写数字进行仔细核对。

⑥ 报价合理。投标公司应对招标项目提出合理的报价。高于市场的报价难以被接受，低于成本的报价将被作为废标，即使中标也无利可图。因唱标一般只唱正本投标文件中的开标一览表，所以投标公司应严格按照招标文件的要求填写开标一览表、投标价格表等。

⑦ 包装整洁美观。投标文件应保证字迹清楚、文本整洁、纸张统一，装帧美观大方。

⑧ 报价方式规范。凡是以电报、电话、传真等形式进行的投标，招标方概不接受。

⑨ 严守秘密，公平竞争。投标公司应严格执行各项规定，不得行贿、徇私舞弊；不得泄露自己的标价或串通其他投标公司哄抬标价；不得隐瞒事实真相；不得做出损害他人利益的行为。否则，该投标公司将被取消投标或承包资格，甚至受到经济和法律的制裁。

4. 封送投标文件和投标保函

1) 封送投标文件

封送投标文件的一般做法是：投标企业将所有投标文件按照招标文件的要求，准备正本和副本(通常正本一份，副本两份)。投标文件的正本及每一份副本应分别包装，而且都必须用内外两层封套分别包装与密封，密封后打上“正本”或“副本”的印记(正本和副本有差异，以正本为准)，两层封套上均应按投标邀请书的规定写明投递地址及收件人，并注明投标文件的编号、物业名称、“在某日某时(指开封日期)之前不要启封”等。内层封套是用于原封退还投标文件的，要写明投标企业的地址和名称。若外层封套上未按上述规定密封及做标记，则招标企业对于把投标文件放错地方或过早启封概不负责。

2) 投标保函

投标企业一旦中标就必须履行相应的义务，为防止投标企业违约给招标企业带来经济损失，在报送投标文件时，招标企业通常要求投标企业出具一定金额和期限的保证文件，以确保在投标企业中标后不能履约时，招标企业可通过出具保函的银行，用全部或部分保证金额赔偿经济损失。投标保函的主要内容包括：担保人、被担保人、受益人、担保事由、担保金额、担保货币、担保责任、索赔条件等。投标保函通常由投标企业开户银行或其主管部门出具。投标保函的期限、索赔及返还条件通常在投标企业须知中规定。办理投标保函通常应经过以下程序。

(1) 向银行提交投标文件中的有关资料，包括投标企业须知、保函条款、格式及法律条款等。

(2) 填写要求开具保函申请书及其他申请所要求填写的表格，按银行提供的格式填写一式三份。

(3) 提交详细材料，说明物业管理服务工作量及约定合同期限。

除办理投标保函外，投标企业还可以保证金的形式提供违约担保。此时，投标企业的保证金将作为投标文件的组成部分之一。投标企业应于投标截止之日前将保证金交至招标机构指定处。投标保证金可以银行支票或现金形式提交，保证金额依据招标文件的规定确定。未按规定提交投标保证金的投标，将被视为无效投标。

(三) 投标结束阶段

1. 中标后合同签订与履行

经过评标与定标之后，招标方将及时发函通知中标公司。中标公司自接到通知后，应做好准备进入合同的签订阶段。同时，物业服务企业还应着手组建物业管理专案小组，制定工作规划，以便在合同签订之后及时进驻物业。物业委托管理合同自签订之日起生效，业主与物业服务企业均应依照合同规定行使权利、履行义务。

2. 未中标的总结

未中标的企业应在收到通知后及时对本次失利的原因作出分析，避免重蹈覆辙。分析可从以下几方面进行。

(1) 准备工作是否充分。投标企业应分析在前期收集的资料是否不够充分，致使对招标物业的主要情况或竞争者了解不够，因而采取了某些不当的策略，导致失利。

(2) 估价是否准确。投标企业还可分析报价与中标标价之间的差异，并找出存在差异的根源，分析是工作量测算得不准确，还是服务单价确定得偏高，或是计算方法不对导致的。

(3) 报价策略是否有失误。这里包含的原因很多，投标企业应视具体情况具体分析。

对于以上分析得出的结果，投标企业应整理并归纳，以备在下次投标时借鉴参考。

3. 资料整理与归档

无论是否中标，投标企业在竞标结束后都应将投标过程中的重要文件进行分类归档保存，以备核查。这些资料主要包括招标文件、招标文件附件及图样、对招标文件进行澄清和修改的会议记录与书面文件、投标文件、同招标方的来往信件以及其他重要资料等。

物业管理投标程序如图 3-2 所示。

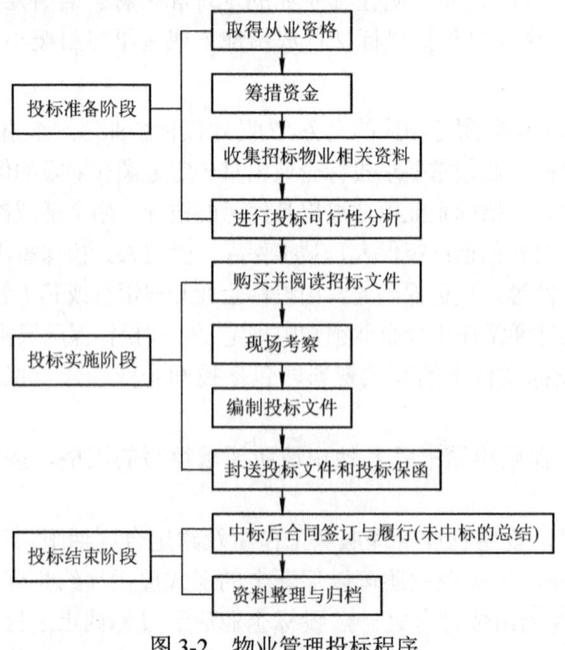

图 3-2 物业管理投标程序

以案说理

一家注册于上海市的物业公司，为拓展业务前往苏州投标。由于过度自信，投标人员错误地预估了从上海公司总部开车至苏州投标地点的时间，他们认为整个车程无需 4 小时，然后实际却用时超 5 小时。最终因错过截标时间，他们连投标文件都未能送出，被拒之门外。

此案例表明，在物业管理投标过程中，对投标程序关键时间节点的精准把握以及严谨的态度至关重要。任何环节的疏忽，哪怕是看似简单的路途时间预估失误，都可能导致投标失败，使之前投入的大量准备工作付诸东流。

任务实施

一、学习目标

(1) 掌握物业管理投标从准备到完成的全流程，包括各个环节的具体操作与时间要求。

(2) 学会制订合理的投标计划，能够有效应对投标过程中的各类情况，确保投标工作顺利推进。

(3) 理解投标过程中严谨的态度和精准把控时间节点的重要性，避免因疏忽导致投标失败。

二、实施方法

(一) 理论研读法

仔细研读《物业管理条例》《中华人民共和国招标投标法》等相关法律法规中涉及投标的条款，以及专业教材中关于物业管理投标程序的内容，构建完整的理论知识体系。

(二) 案例剖析法

深入分析【以案说理】中案例及其他类似成功和失败的投标案例，总结经验教训，明确投标过程中的关键要点与潜在风险。

(三) 模拟演练法

分组模拟物业管理投标全过程，过程应涵盖获取招标信息、编制投标文件、安排行程和递交投标文件等环节，在实践中熟悉操作流程，提升应对问题的能力。

(四) 经验交流法

邀请资深物业管理投标人员分享经验，解答学习过程中遇到的疑难问题，借鉴实际工作中的有效做法。

三、任务流程

(一) 投标前期准备

(1) 获取招标信息：通过政府招标平台、物业管理行业网站、招标代理机构等渠道，收集物业管理招标信息，筛选符合公司业务方向与能力范围的项目。

(2) 项目评估：对目标招标项目进行全面评估，包括项目规模、服务要求、招标方背景、竞争对手情况等，判断项目的可行性与盈利空间。

(3) 组建投标团队：挑选公司内经验丰富的物业管理人员、财务人员、法务人员等组成投标团队，明确各成员职责，确保投标工作高效开展。

(二) 投标文件编制

(1) 研究招标文件：投标团队应仔细研读招标文件，明确投标要求、技术规范、评标标准、时间节点等关键信息，确保投标文件完全响应招标文件。

(2) 制定物业服务方案：根据项目特点与招标要求，制定详细、可行的物业服务方案，包括服务内容、标准、人员配置、费用预算等，方案应突出公司优势与特色。

(3) 编制投标文件：按照招标文件规定的格式与内容要求，编制投标文件，内容应涵盖商务(公司资质、业绩、财务状况等)、技术(物业服务方案)、报价等部分，同时应确保文件内容准确、完整、规范。

(三) 投标文件递交

(1) 行程规划：根据投标地点与公司所在地的距离、交通状况等因素，提前规划前往投标地点的行程，选择合适的交通工具，预留足够的时间以应对突发情况，如交通堵塞等。

(2) 文件审核与封装：在递交投标文件前，再次对文件进行审核，确保无误后按要求进行封装，贴上密封条，并注明项目名称、投标企业名称等信息。

(3) 按时递交：在规定的截标时间前，将投标文件送达指定地点，获取递交凭证，完成投标文件递交工作。

(四) 投标后续跟进

(1) 关注开标信息：及时关注招标方发布的开标时间、地点等信息，安排人员参加开标会议，了解开标情况。

(2) 答疑与澄清：若招标方或评标委员会对投标文件提出疑问，投标团队应及时、准确地进行答疑与澄清，并提供必要的补充材料。

(3) 中标结果查询：在规定时间内查询中标结果。若中标，积极与招标方沟通，准备后续合同签订等工作；若未中标，分析原因，总结经验，为下一次投标提供参考。

任务小结

物业管理招标与投标是一个过程的两个方面，其实质是一种市场双向选择行为。有招标才会有投标，物业管理的投标是针对某个特定的招标要求进行的。物业管理投标过程中要遵守真实性原则和正当竞争原则。投标程序按时间分为投标准备阶段、投标实施阶段和投标结束阶段。投标企业要按照招标文件的要求准备投标文件。

课后测试

以自己居住的小区或者就读的学校为标的，进行投标实施阶段的现场考察活动。

项目四

物业管理早期介入与前期物业管理

知识目标

(1) 了解物业管理早期介入的概念和意义。
(2) 掌握物业管理早期介入的方式。
(3) 掌握物业管理早期介入与前期物业管理之间的联系与区别。
(4) 掌握前期物业管理中承接查验、入住和装修管理的有关内容。

学前热身

由于所住的房屋将要拆迁，张先生打算用拆迁补偿款和自己多年的积蓄购买一套新房。在与家人讨论买房事宜时，在南方工作的孩子告诉了他一些买房的经验，特别强调要选那些有物业管理早期介入的房产。张先生感到比较疑惑，他对于物业管理早期介入不太了解，也认为介入没有什么意义。这种想法存在于很多业主心中。你知道物业公司早期介入的房地产对于业主有哪些切实的好处吗？

任务一　物业管理早期介入与前期物业管理的区分

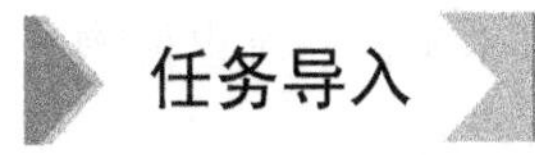

任务导入

早期和前期在日常物业从业人员的口中并没有特别大的区别，但是物业管理理论一般将早期和介入结合在一起，而将前期和物业管理结合在一起，目的就是为了将两者进行区分。

理论先行

一、物业管理早期介入

(一) 物业管理早期介入的概念

物业管理早期介入，是指物业服务企业在接管物业之前，就参与物业的规划、设计和建设，从物业管理服务的角度提出意见和建议，以使建成后的物业能满足业主或使用人的要求。

(二) 物业管理早期介入的意义

专业的物业服务企业介入物业开发建设项目，将对我国今后整体物业建设质量的提高，保证人民生活质量和物业管理质量，建设和谐社会，产生极大的促进作用，这具有深远的现实意义。总的来说，物业管理早期介入的意义体现在：

(1) 提升物业的价值，有利于物业的销售。我国的房地产开发经过多年的发展，从以抓建设为主的生产导向阶段，到以抓促销为主的销售导向阶段，逐步发展到综合开发的营销导向阶段。在物业销售前，物业服务企业可以配合开发商进行周密策划，制定出人性化的符合业主和使用人需要的物业开发方案，同时站在潜在购房者的角度，制定出新颖、实用、合理的物业管理方案，以高品质、专业化的物业管理，作为房屋销售新的卖点，吸引更多的潜在业主。物业管理早期介入，也能让消费者真切地感受到房地产开发商对物业管理的重视。

(2) 体现物业管理"全过程"管理理念，提升物业管理品质。物业管理的立足点是充分发挥物业的最大使用功能，使其保值增值，但在一定程度上忽略了物业管理在房地产开发全过程中的积极作用。早期介入则真正体现了物业管理的"全过程"管理理念，使物业管理的服务质量得到进一步的提高，也使物业管理"以人为本、业主第一"的宗旨得到了进一步贯彻，最终使业主受益，物业管理也得以更加顺畅。

(3) 提前处理好与各方的关系，有利于提升物业公司的形象。物业服务企业通过早期介入，可以在与开发商、监理方、施工方等共同协作中，充分展示自身的专业素质。物业服务企业可以从物业使用管理的角度、从业主的角度、从降低管理费用的角度在规划、设计、监理施工等方面提出合理化建议，从而完善物业，减少日后物业管理中的问题和矛盾。同时，通过早期介入，物业服务企业可以同施工单位形成良好的合作关系，有助于在今后物业保修期内双方的紧密合作，从而提高物业的维修及时率。

(4) 为日后的物业管理打下良好基础，有利于后续物业管理工作的顺利开展。通过早期介入这种建管结合的服务，物业服务企业可以有效地避免因规划设计缺陷和施工质量等问题给今后的物业管理和业主使用带来不必要的麻烦，使物业开发有一个良好的开端，也为进一步争取到前期物业管理创造有利条件，为日后的物业管理打好基础，同时也使物业所有人、使用人的权益得到保障。

(三) 物业管理早期介入的内容

物业服务企业为了有效地管理物业，更好地给客户提供周到、便捷的优质服务，在项目决策立项、规划设计、施工安装、竣工验收和销售的前期阶段就应当充分介入，以保障物业管理连续、有效的实施。以住宅物业为例，物业服务企业早期介入的工作应包括以下内容。

1. 了解项目周边情况

物业管理行为的实质是服务。然而要服务得好，使业主满意，物业服务企业就必须对物业的周边进行全面的了解。一个物业不是一座孤岛，工作、生活在这里的人不仅需要物业服务人员的管理与服务，还需要电、水、燃气等市政的供给及周边社会机构的服务，这涉及许多问题。

(1) 周边常住人口受教育的程度往往决定了该地区的治安情况及人与人之间的关系安定。而了解当地的饮食习惯、风俗习惯等可以帮助新入住小区的业主与周边常住人口更加融洽地生活在一起。前期周边人文情况调查的范围，以一个街道办事处所管辖的范围或步行半径 30 分钟为宜。调查内容主要有：调查范围内的主要民族构成；主要生活习惯(饮食习惯、风俗习惯等)；周边的主要公司、单位及其性质；周边的主要住宅区及其产权情况；公司、单位、住宅区内人员受教育情况；调查范围内暂住人员情况等。

(2) 物业服务企业在一个城市接管住宅项目，其从业人员应居住在距该项目 1.5 小时车程左右的周边地区。物业服务企业要了解当地的工资标准、最低生活保障、当地劳动局的劳动人事规定等。调查内容包括：被调查机构的情况；当地其他物业管理机构的工资标准；当地其他物业管理机构的人员素质及管理情况；当地劳动局的劳动人事规定；当地最低生活保障等。

(3) 物业管理是把分散的社会分工集合为一体并理顺关系，建立通畅的服务渠道，以充分发挥物业作用的一项综合管理工程。一个小区的供电、供水、供暖、供气、下水等公共设施都是由社会各专业机构提供的，从社会各专业机构经过物业服务企业最终到业主，中间任何一个环节出现问题都会给业主的生活带来影响。了解这些公共设施的具体情况，就是为了提前做好准备工作，以避免突发事件的发生。调查的主要项目有：供电、供水、供暖、供气、下水等。调查的主要内容有：被调查机构的名称、地点，被调查机构负责人的姓名及联系方式；被调查机构的设备使用情况、年限、大修情况；被调查机构设备容量是否可以满足要求；被调查机构设备若容量有限，在业主大量入住前是否能增容；设备管线突发故障需维修处理时，相应社会机构的联系方法等。

(4) 住宅小区的管理工作包括行政管理和物业管理两个方面，其管理与服务的内容相当丰富，住宅小区的管理也可以说是一种社会化的管理。和住宅小区管理有关的部门包括工商局、物价局、劳动局、街道、村委会及县市机构、派出所、交通队等；和住宅小区服务有关的部门包括医院、购物场所、学校、幼儿园等。掌握以上情况可以使住宅小区的管理者加强与政府部门的沟通，及时了解政府部门的法律法规，提升对住宅小区业主的管理与服务水平。调查的主要内容有：被调查机构的名称、地点，被调查机构负责人的姓名及联系方式；被调查机构的职能设置；户口迁移手续；周边服务机构的服务内容、服务范围、接待能力、档次；学校、幼儿园的入学、入园手续等。

(5) 国家的法律法规是管理住宅小区的法律保障，是物业管理行为可靠的依据，规范了物业管理市场，明确了物业服务企业的权利和义务，同时使业主的利益得到保障。各地方政府根据实际情况不同，制定了符合当地实际情况的地方性管理规定。在收集这些法律法规和管理规定时，物业服务企业应力求详尽，以保障物管工作的顺利进行，收集的法律法规包括：《中华人民共和国民法典》《物业管理条例》《前期物业管理招标投标管理暂行办法》以及各地方政府颁布的相关物业管理法律法规和规章制度等。

2. 了解项目本身情况

物业管理与房地产开发是紧密相连的，一个物业项目存在着开发—经营—管理三个阶段。从表面上看，物业管理是对物业的使用过程进行管理，然而从物业管理的实践来看并非如此。设计和开发建设是各物业辖区日后能否形成完整、舒适、便利的功能区域的先天制约因素。建设单位在规划设计中较多考虑的是房屋和配套设施建造时的方便和节约，而没有与房屋建成后的管理联系起来，这往往造成建成后物业管理上的矛盾和漏洞，如常见的车位拥挤、住宅使用功能不全等问题。如果物业服务企业能够凭借丰富的实际经验和专业知识对规划设计提出修改意见，会使规划设计更符合使用、管理的要求，为以后的实际管理工作奠定坚实的基础。物业服务企业修改意见的提出是以项目本身资料的准备为前提的。项目本身资料包括以下几个方面。

(1) 政府对项目的审批手续及文件的收集。一个房地产项目手续的完备不仅影响项目开发，也将给今后的物业管理工作带来重大影响。因此物业管理部门在物业管理前期介入时，就应从政府部门工作对今后物业管理可能产生影响的各种因素出发进行分析，逐项地收集政府部门对项目的审批手续及文件。对有可能产生影响而未收集到的手续或文件，物业服务企业应及时提请建设单位申报相关政府部门，并及时提供给物业管理部门。收集的手续及文件包括：建设单位营业执照、投资许可证、国有土地使用证、开工证、商品房销售(预售)证、建设用地规划许可证、卫星电视播放许可证等。

(2) 建设单位开发一个住宅项目，主要考虑的是项目是否美观适用，是否可以满足现代人的消费需求，大部分设计都是围绕着经营销售进行的。而物业服务企业接管一个住宅物业项目，考虑的是房屋的各种管线是否容易维修，各种备品备件是否为标准件、易购件等。物业服务企业介入物业项目重要的一项工作就是收集设计资料，根据物业管理经验提出改进方案。主要收集的资料有：房屋户型及面积、户内装修、设施配置情况；建筑内部结构、配套设施设备的情况；小区商业及办公等配套用房的情况(包含办公用房的面积、位置、户型，商业配套用房的位置、面积、户型)等。

(3) 建设单位开发一个住宅项目都有相对应的市场定位和消费群，其会根据市场定位、住宅项目的位置等情况设计相应的销售卖点。物业服务企业接管住宅项目都希望做出自己的物业管理特色，管理特色的一个重要方面就是地产商的开发。因此，对于物业服务企业而言，了解项目经营和策划情况是物业管理前期介入的一个重要工作。主要收集的资料及需要了解的问题有：开发项目的项目策划书；选定施工单位的情况；选用施工材料的情况；销售时对客户的承诺；建设单位对物业服务企业的基本要求；建设单位提供给业主的房屋使用说明书、房屋质量保修书等。

3. 对项目提出建议

房地产开发是为物业管理提供硬件建设，物业服务企业对物业进行的是软件管理。前者是形成物业，后者是发挥物业的功能作用，它们虽有区别，但又相互关联。物业服务企业在了解了项目的情况后就必须从物业管理的角度给房地产开发部门提出建议，以避免在施工中增减设计，减少不必要的投入，保证今后物业管理的顺畅。提出的建议主要包括以下几个方面。

(1) 环境、户型、内部结构的建议。规划设计住宅小区各区域能否形成完整、舒适、便利的功能是开发商需考虑的首要问题。但是设计人员仅从设计角度考虑问题，往往忽视了之后的管理和使用问题。例如，整体环境、户型、内部结构的排布是否合理，是否符合安保的需要；整体环境、户型、内部结构的排布是否可以达到在有自然灾害发生时可将住户快速疏散。对于这些具体问题，只有具有实际经验的物业服务企业才能提出切合实际的前瞻性意见和建议。

(2) 合理利用能源的建议。公共场所一切能源费用的最终结算是由物业服务企业与相关部门进行的，而公共场所费用经预算后是要平摊到管理费中的，所以利用好公共场所的能源对于物业服务企业是一个相当大的问题。

(3) 物业管理方案的议案。此议案的提出是为了保障建设单位的利益及建设单位在此项目上对业主后期服务承诺的实现。议案主要包含以下几方面：对项目的可行性、可靠性、盈利性进行分析，以保证物业服务企业的利益；物业服务费用的测算；进行物业管理需设置的各职能部门的运行方案；业主及使用人的管理方案；可开展的服务项目及方案；服务质量标准等。

二、前期物业管理

(一) 前期物业管理的概念

从物业开始销售(预售)起，至业主大会、业主委员会成立，业主、业主大会选聘物业服务企业之前，由建设单位选聘物业服务企业实施的物业管理，被定义为前期物业管理。《物业管理条例》第二十一条规定：在业主、业主大会选聘物业服务企业之前，建设单位选聘物业服务企业的，应当签订书面的前期物业服务合同。

(二) 前期物业管理的意义

1. 制约开发、售房主体和物业服务企业的经营行为

在前期物业管理阶段，由于先期入住业主的出现，形成了开发主体、受托的物业服务企业以及入住业主三个权利主体共存的法律关系。对于物业服务企业与先期入住业主间的行为规范，根据前期物业管理的有关行政管理条例规定，开发主体与物业服务企业之间达成的前期物业服务合同须向行业主管部门备案，同时开发主体与物业买受人签订物业转让合同时，应将前期物业服务合同作为物业转让合同的附件，买受人如果拒绝接受拟定的前期物业服务合同，也就意味着物业买卖无法成交，这是对建设单位和物业服务企业最有效的制约。

2. 是开发企业经营理念的活广告

做好前期物业管理不仅是开发企业责无旁贷的职责，更是其经营理念的具体化。在实践中，一些开发企业急功近利，对不得已而为之的前期物业管理敷衍了事，以至于给日后的常规物业管理造成诸多隐患。可以说，前期物业管理是开发企业经营理念的活广告，消费者在现场选择物业时会切身感受并逐渐认识到前期物业管理的重要性和影响力，前期物业管理质量直接影响他们的消费行为。

3. 有利于物业服务企业树立良好的形象

就物业服务企业而言，在前期物业管理中能否形成良好的管理秩序，满足业主或使用人不断增长的服务需求，通过自身努力在业主或使用人中间树立管理者的良好形象，对于能否顺利地促成业主大会与物业服务企业正式委托管理服务合同关系重大。实践证明，物业服务企业唯有兢兢业业地做好前期管理与服务工作，才能获得业主的信任和再次聘任。这是物业服务企业不断拓展业务范围、努力塑造企业形象的必由之路。

(三) 前期物业管理的基本内容

1. 管理机构设立与人员培训

前期物业服务合同一经签订，物业服务企业应立即落实该物业的管理机构以及管理人员。机构的设置应根据委托管理服务的内容以及物业的用途、面积等确定，人员的配备除考虑管理层人员选派外，还要根据实际管理情况考虑。管理人员与操作人员一旦确定，就应根据各自的职责进行培训，以便对所管理物业、服务对象、职责范围有所了解。

2. 规章制度制定

没有规矩，不成方圆，必要的规章制度是物业管理顺利运作的保证。物业服务企业应依据国家和政府有关部门的法律、法令、条例和文件，结合该物业的实际情况，制定必要的适用制度和管理细则。这是物业管理逐步成熟并走向规范化、程序化、科学化、法治化的重要前提，也是实施和规范管理行为的当务之急。这里的规章制度包括管理机构的职责范围、各类人员的岗位责任、物业区域内的管理规定、用户手册等，这些规章制度的制定最好在业主和使用人入住前完成。

3. 物业接管验收

物业接管验收是依据住房和城乡建设部颁布的《物业承接查验办法》对已建成物业进行的以主体结构安全和满足使用功能为主要内容的再检验，它是物业服务企业在接管物业前不可缺少的重要环节。物业接管验收不仅包括主体建筑、附属设备、配套设施的查验，而且还包括道路、场地和环境绿化等的查验，应特别重视对综合功能的查验。

4. 业主入住管理

前期物业管理阶段业主的入住是物业实质性管理运作启动的标志，是受托物业服务企业的一项具体工作。物业服务企业应根据在接管验收过程中了解和掌握的物业实际状况，预先制定入住管理工作方案，拟定合理的入住程序，使物业管理区域的起始运作处于一种有序、规范的良好状态，保证业主能有序、便捷地办完相应手续，顺利入住。

5. 装修管理

装修管理是前期物业管理的另一项重要工作，也是容易产生房屋质量投诉的重要环节，处理不好就可能产生矛盾。首先，物业服务企业在业主装修之前要制订周密的管理计划，将业主必须遵守的规则和要求公布上墙，以便业主了解和执行。一些高档住宅小区对装修的材料，如沙子、水泥、木材、板材等可组织统一装卸，以免分散装卸时碰坏墙壁、楼梯等公用部位和设施。其次，物业服务企业要抓好装修方案的审核，对违反房屋装饰装修规定的方案要及时发现并纠正，做好说服解释。最后，物业服务企业要不断巡查装修施工现场，及时制止违规装修行为。在巡查装修施工过程中，重点是巡查瓦工、水电工阶段，防止业主擅自更改装修方案、拆改房屋墙体等，造成安全隐患。

6. 卫生保洁

卫生状况是小区管理最直观的体现，前期物业管理的卫生保洁应根据收费标准来确定保洁的方法和任务。通常情况下，前期物业管理的卫生管理会出现这类情况：由于装修的住户比较集中，前边扫了后边倒，保洁无法达到应有的效果，小区始终处于脏乱状态；另外还存在装修工人随地大小便，个别业主图方便，从楼上向下抛杂物和垃圾等的现象。针对这些情况，前期物业管理的卫生保洁应重点做好以下工作：一是必须抓好装修垃圾的集中堆放和及时清运，减少灰尘污染；二是加强宣传和督查力度，严禁装修施工人员随地大小便和从楼上向下抛杂物的行为；三是抓好生活垃圾袋装化，防止生活垃圾随处放的现象；四是适当加强保洁力度、增加保洁次数，使业主从入住小区就感受到环境的整洁。

7. 小区安全秩序维护

前期物业管理的安全秩序维护工作主要包含以下几方面：一是要抓好以防盗窃为主的安全防范，由于进出小区人员比较多且杂，加之小区安全防范的配套设施没有到位，容易给一些偷盗者可乘之机，因此物业服务企业要加强小区的巡查次数，记录好巡查情况，可疑情况一经发现要及时处置，发现失窃案件要及时报案；二是要对进出小区的人员及时进行登记，装饰装修人员凭证进出，杜绝闲散人员进入小区；三是要充分利用好已有的安全设施，如防盗门、窗，电子对讲系统等，减小失窃案件发生的概率；四是要抓好小区进出车辆的管制和疏导，特别是各种运送装修材料的车辆，要及时装卸，避免长时间停留，以减少小区交通压力，维护好小区生活秩序。

8. 矛盾协调

前期物业管理各种问题比较多，比如房屋质量问题、购房合同规定内容的兑现问题、小区配套设施到位问题、卫生保洁问题、小区安全秩序问题等，甚至还有因装饰装修引起的邻里纠纷等问题。对此，物业服务企业既不能将所有问题推给开发商，也不能大包大揽全部承诺解决，尤其是一些涉及工程质量的问题更不能擅自做主，承诺解决的具体时间。物业服务企业对业主反映的问题，要分清性质，弄清情况，做好解释工作和矛盾协调，以使业主了解事情真相和解决处理的程序，并根据问题的大小和难易程度，以最短的时间解决业主反映的问题。

三、物业管理早期介入与前期物业管理的联系与区别

(一) 联系

物业管理早期介入、前期物业管理以及后期物业管理(或称日常物业管理)之间既有区别，在工作内容上又有一定程度联系。早期介入是前期物业管理的重要铺垫，早期介入工作越主动、越扎实，对物业服务企业正式按照服务合同实施前期物业管理越有利。前期物业管理是后期物业管理的基础，后期物业管理是前期物业管理工作的延续，二者一脉相承，好的前期物业管理工作有利于后期物业管理工作的顺利进行。

(二) 区别

1. 发生时段不同

物业管理早期介入与前期物业管理的发生时段如图 4-1 所示。

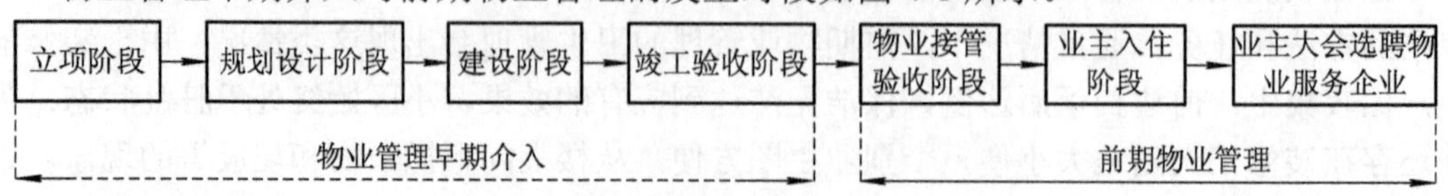

图 4-1 物业管理早期介入与前期管理

2. 合同关系不同

物业管理早期介入的物业服务企业不一定与建设单位确定管理合同委托关系，而主要作为建设单位在开发建设物业项目阶段引入的物业管理专业技术支持；而前期物业管理必须有委托关系，管理者已依法拥有该物业的管理经营权，物业服务企业对各物业项目实施物业管理服务。

3. 服务对象不同

物业管理早期介入一般还未确定物业与业主等具体管理对象，服务对象主要是建设单位，并由建设单位根据约定支付早期介入的费用；而前期物业管理有明确的管理对象，服务对象是全体业主，并按规定向业主收取物业管理服务费。

4. 物业服务企业的地位不同

在物业管理早期介入工作中，对物业的管理，物业服务企业只是起辅助作用；而在前期物业管理和后期物业管理中，物业服务企业起主导作用。

以案说理

王某大学时学的是物业管理专业，毕业后从事物业管理工作 6 年有余。现在公司通过投标方式中标了一个写字楼项目，公司有意让王某担任该项目的项目经理。但是由于刚中标，写字楼发展商要求物业公司提供物业管理前期顾问服务。公司随后组建了由管理、土建、机电、智能化等方面 6 名专业人士组成的物业管理早期介入工作组，以开始前期顾问服务工作。

本案例中，物业公司通过组建多专业团队开展早期介入，提供物业管理前期顾问服务。物业公司运用全生命周期管理理论，通过参与规划设计、施工监管和竣工验收，可以实现预防性管理；借助风险评估矩阵与知识管理平台，将隐性经验转化为显性标准，既降低了后期运营成本，又通过专业服务提高了发展商信任度，为后续服务续约创造了条件，验证了物业管理服务第一原则的实践价值。

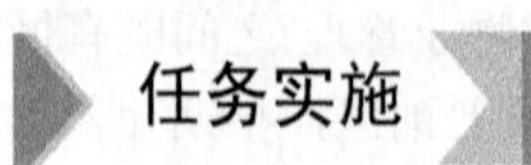

任务实施

一、学习目标

(1) 认识物业管理早期介入和前期物业管理两项工作的重要性；

(2) 掌握开展这两项工作的方法。

二、实施方法

通过分析市场、阅读图纸、勘验现场和比较测算，从满足物业管理服务需求、保证物业管理质量、控制物业管理经济成本等角度出发，提供物业管理早期介入和前期物业管理活动的基本内容。

三、任务流程

(一) 物业管理早期介入的一般程序

(1) 组成早期介入工作小组(小组成员可兼职，但至少应包含安全、房屋本体、设施设备、绿化景观专业的 4 名人员)。

(2) 物业管理早期介入工作小组与建设单位双方确定工作内容以及要求。

(3) 物业管理早期介入工作小组制订工作计划。

(4) 计划实施，早期介入工作小组应重点关注安保系统、智能化系统、车位配置、交通系统、绿化配置、常见施工质量问题、机电设备、空调安置、工程设备的售后服务、物业管理用房、物业管理方案和服务合同的确认。

(5) 早期介入工作小组与建设单位双方每次的协调研讨应形成书面资料，以备复查。

(6) 涉及物业利益的文件最终应由物业顾问和地产管理层确认，如物业服务费、前期物业服务协议、销售中涉及物业的承诺、设施设备合同中的售后服务等。

(二) 前期物业管理的一般程序

(1) 建立管理机构，招聘人员。
(2) 制定管理制度，培训员工。
(3) 深入现场，熟悉物业和业主的基本情况。
(4) 接管验收，加强物业档案管理。
(5) 进行日常的客服管理工作。
(6) 配合建设单位和业主召开首次业主大会。

任务小结

(1) 物业管理早期介入，是指物业服务企业在接管物业之前，就参与物业的规划、设计和建设，从物业管理服务的角度提出意见和建议，以使建成后的物业能满足业主或使用人的要求。

(2) 物业管理早期介入的工作内容主要是了解项目周边情况和项目本身情况，从而给房地产开发部门从物业管理的角度提出建议，以避免在施工中增减设计，减少不必要的投入，保证今后物业管理的顺畅。

(3) 从物业开始销售(预售)起，至业主大会、业主委员会成立，业主、业主大会选聘物业服务企业之前，由建设单位选聘物业服务企业实施的物业管理，被定义为前期物业管理。

(4) 物业服务企业在进行前期物业管理时，工作内容主要是以下几个方面：设立管理机构与培训员工，结合物业的实际情况制定必要的适用制度和管理细则，对所接管的物业进行综合性的接管验收，协助开发商办理业主入住手续，对业主的装修进行管理，做好物业管理区域内的卫生保洁、秩序维护等工作，积极协调各种矛盾。

(5) 物业管理早期介入和前期物业管理既有联系又有区别，早期介入是前期物业管理的基础，但两者发生时段不同、合同关系不同、服务对象不同、物业服务企业地位不同。

课后测试

某小区尚处于施工阶段，开发商委托物业公司早期介入。物业公司根据管理经验，发现以下几个问题：

(1) 该小区高层或多层住宅楼道、走廊两边的墙上，补丁般地布满了有线电视、水表、电表、电子保安、电话等。

(2) 小区设计图纸的垃圾房设计不够合理。

(3) 有几幢楼的楼板内无任何预埋管道，这将影响今后的穿线工作。

针对这种情况，如果你是早期介入工作小组的成员，你可以提出哪些意见和建议？

任务二 组织接管验收

任务导入

新建物业的接管验收是前期物业管理工作的重要一环。接管验收后，物业的管理与责任主体将发生转移，即由开发建设单位转移给物业服务企业。做好接管验收，在验收中发现问题并督促开发建设单位及时整改，确保接管物业的质量合格，减少今后管理中出现的问题，已成为前期物业管理的重点。原有物业的接管验收也是物业管理工作中的重要环节，原有物业的很多设施设备都过了保修期，如何对旧房屋、设施设备等进行评估也显得尤为重要。本任务主要讨论新建物业的接管验收工作。

理论先行

一、接管验收的概念

(一) 接管验收的含义

接管验收又称承接查验，是物业服务企业接管开发企业、建设单位或个人委托管理的新建房屋或原有房屋时，以物业主体结构安全和满足使用功能为主要内容的接管检验。

(二) 接管验收与竣工验收的区别

接管验收与竣工验收的区别主要体现在以下几个方面：

(1) 验收目的不同。接管验收是在竣工验收合格的基础上，以主体结构安全和满足使用功能为主要内容的再检验；竣工验收的目的是检验房屋工程是否达到设计文件所规定的要求。

(2) 验收条件不同。接管验收的首要条件是竣工验收合格，并且供电、采暖、给排水、卫生、道路等设备和设施能正常使用，房屋幢、户编号已经有关部门确认；竣工验收的首要条件是工程按设计要求全部施工完毕，达到规定的质量标准，能满足使用。

(3) 交接对象不同。接管验收是由物业服务企业接管建设单位移交的物业；竣工验收是由建设单位验收建筑施工方移交的物业。

(4) 验收性质不同。接管验收是企业行为；竣工验收则是政府行为。

(5) 验收方式不同。竣工验收需要由政府机构组织专家小组从结构、建筑、设施设备安装运行、消防安全等方面对工程的各个项目作具体、专业的验证，被验收方提供的数据只能作为参考，验收方需自行取样测试、分析，然后得出独立的结果；而接管验收中，对于结构、基础、建材标号等隐蔽性较强的项目只需要另一方提供竣工验收合格证明，验收方不再作专项验收，重点是对表面可见项目是否符合建设单位给予业主的购房合同承诺及通常用途作仔细验收。

二、接管验收的意义

对新建房屋，接管验收是竣工验收的再验收，接管验收的对象不仅包括主体建筑、附属设备、配套设施，而且还包括道路、场地和环境绿化等。接管验收的主要意义体现在以下几个方面。

(1) 明确交接双方的责、权、利关系。通过接管验收和接管合同的签订，开发建设单位和物业服务企业之间可以实现权利和义务的转移，在法律上界定清楚各自的义务和权利。

(2) 确保物业具备正常的使用功能，充分维护业主的合法权益。物业服务企业的接管验收能进一步促使开发企业或施工单位按标准进行设计和建设，减少日后管理中的麻烦和开支。同时，接管验收能够弥补部分业主专业知识的不足，从总体上把握整个物业的质量。

(3) 为日后的管理创造条件。接管验收一方面使工程质量达到要求，减少日常管理过程中维修、养护等工作量；另一方面，根据接管验收中有关物业的文件资料，物业服务企业可以摸清物业的性能和特点，预防管理中可能出现的问题，计划安排好各项管理，发挥社会化、专业化、现代化的管理优势。

三、接管验收中应注意的事项

物业的接管验收是直接关系到今后物业管理工作能否正常开展的重要环节，物业服务企业通过接管验收，从对物业的前期管理转入到对物业的具体管理之中。因此，为确保今后物业管理工作能顺利开展，物业服务企业在接管验收时应注意以下几个方面。

第一，物业服务企业应选派素质高、业务精、对工作认真负责的管理人员及技术人员参加验收工作。

第二，物业服务企业既要从今后物业维护保养的角度进行验收，也要站在业主的立场上，对物业进行严格的验收，以维护业主的合法权益。

第三，物业服务企业应落实好物业的保修事宜。根据建筑工程保修的有关规定，保修可由建设单位负责，其向物业服务企业交付保修保证金，或由物业服务企业负责，开发商一次性拨付保修费用。

第四，物业正式接管验收后、交付给业主前，无论建设单位基于何种考虑对物业进行改建、增建时，接管小组组长均需要求建设单位事先提供改建、增建设计资料及委托施工单位的证明和施工计划等，并在施工完毕时对改建、增建部分按要求进行补充验收。

第五，物业服务企业接受的只是对物业的经营管理权以及政府赋予的有关权利。

四、物业接管验收的程序

(1) 开发建设单位向物业服务企业发出接管验收通知书。

(2) 物业服务企业收到接管验收通知书后，与开发建设单位约定验收时间。

(3) 物业服务企业会同开发建设单位对物业的质量和使用功能进行检查和验收。

(4) 对验收中发现的质量问题，如果其属于影响房屋结构安全和设备使用安全的质量问题，应约定期限由建设单位负责进行加固、补强、返修，直至合格；如果其属于影响相邻房屋安全的问题，由建设单位负责处理；对于不影响房屋结构安全和设备使用安全的质量问题，可约定期限由建设单位负责维修，也可采取费用补偿的办法，由物业服务企业处理。

(5) 经检验符合要求的物业，物业服务企业签署验收合格凭证，签发接管文件。

五、物业接管验收的主要内容和技术标准

(一) 楼宇主体硬件设施接管验收标准

(1) 主体结构：外墙不得渗水；屋面排水畅通、无积水、不渗漏；出水口、檐沟、落水管安装牢固、接口严密、不渗漏。

(2) 楼地面：面层与基层黏结牢固，不空鼓；整体面层平整，无裂缝、脱皮和起砂；块料面层表面平整，接缝均匀顺直、无缺棱掉角、粘贴牢固，色泽均匀一致、无明显色差。

(3) 内墙面：抹灰面平整，面层涂料均匀，无渗漏、无面层剥落、无明显裂缝、无污渍；块料面层粘贴牢固，无缺棱掉角、裂纹和损伤，色泽一致；对缝砂浆饱满，线条顺直。

(4) 顶棚：抹灰面平整，面层涂料均匀，无渗漏、无脱皮、无裂纹、无霉点、无渗水痕迹、无污渍。

(5) 卫生间、阳台：卫生间、阳台地面应低于相邻地面 2 厘米左右，不应有积水、倒泛水和渗漏。

(6) 木地板：平整牢固、接缝密合、色泽均匀、油漆完好光亮。

(7) 门、窗：门开启自如，无晃动和裂缝，零配件齐全，位置准确，无翘曲变形；门

锁、窗销连接牢固，开启灵活；玻璃安装牢固，胶封密实，无明显刮花痕迹、无损伤；漆均匀，色泽光亮新鲜、完整；电子防盗门通话清晰、完好、无锈迹；不锈钢防盗门表面光亮、无刮花、变形；高档装饰门装饰完整。

(8) 楼梯、扶手：钢木楼梯安装牢固，无锈蚀、弯曲，油漆完好，色泽均匀，表面光滑；楼梯无裂缝，无表皮剥落。

(9) 木装修工程：表面光洁，线条顺直，对缝严密、牢固。

(10) 饰面砖：表面平整，无空鼓、裂缝、起泡和缺角，对缝平直。

(11) 油漆、刷浆：色泽一致，无脱皮、渗漏现象。

(12) 电器：插座安装牢固，符合“左零右火”规定，电源已正常接通。

(13) 有线电视：已开通，收视良好。

(14) 开关：安装牢固，开关灵活，接触良好。

(15) 灯具：安装牢固，完好无损，反应灵敏，发光正常。

(16) 水表、电表、气表：安装牢固，读数正常，无损伤。

(17) 卫生洁具：安装牢固，配件齐全，无污渍和刮花，接口密实，无渗漏现象，无堵塞，排水通畅。

(18) 供水设施：安装牢固，接口密实，无渗漏、锈迹，流水通畅，有足够压力。

(19) 地漏、排水管道：安装牢固，配件齐全，接口密实，无渗漏、堵塞，排水通畅，完好无损。

(20) 门铃、对讲电话：安装牢固，操作灵活，效果良好。

(21) 防盗网、晾衣架：安装牢固，焊接密实，面漆完好均匀，无脱皮、锈迹、裂纹、折损。

(22) 其他配备设施：齐全、完好，型号与设计相符，功能正常。

(二) 公共配套设施接管验收标准

(1) 天台：天沟、落水口畅通完好；隔热层、防水层完好。

(2) 散水坡：无下陷、断裂，与墙体分离；坡度适宜、平整。

(3) 屋面避雷设施：连接牢固。

(4) 路灯、装饰灯：安装牢固，完好无损，工作正常；灯柱安装牢固，油漆完好。

(5) 绿化：符合设计要求，不缺株少苗，无死株，无大面积杂草；绿化水管布局合理，阀门开关灵活，安装牢固。

(6) 道路：路面平整，无水泥块，无起砂、断裂；路牙石砌筑整齐，灰缝饱满，无缺角损伤；块料面层拼砌整齐、平整牢固，无明显裂缝、缺棱掉角；交通标识线、路牌清楚完好。

(7) 室外消防栓：消防箱标识清楚，玻璃完好；消防设施配件齐全；消防管安装牢固，标识明显，阀门完好，无渗漏水，水压充足。

(8) 楼宇门牌、楼栋号牌：安装牢固，标识清楚。

(9) 垃圾中转站：密封完好，外表装饰完整、油漆完好，使用方便。

(10) 保安岗亭：安装牢固，配件齐全，标识清晰。

(11) 保安道闸：安装牢固，开启灵活，标识清楚。

(12) 停车场：地面平整，照明充足，标识清楚，安全设施、排水设施良好。

(13) 单车、摩托车棚：安装牢固，照明充足，标识清楚，安全防护和排水设施良好。

(14) 明沟、暗沟：排水畅通，无积水，无断裂，盖板安装牢固、平稳。

(15) 沙井、检查井、化粪池：排水畅通，池壁无裂缝，池内无杂物。

(16) 护坡、挡土墙：泄水通畅，砌筑牢固。

(17) 台阶、踏步：砌筑平实、牢固，无裂缝。

(18) 水池、水箱：卫生清洁、无渗漏。

(19) 信报箱：安装牢固，完好无损，标识清楚，表面光洁平整。

(20) 雕塑小品：牢固，完好，安全。

(21) 招牌和广告牌：安装牢固、安全，表面平整光洁。

(三) 机电设备接管验收标准

(1) 电梯设备型号、数量与移交清单相符，运行平稳，安装符合规范；有电梯准运证；机房设置合理，配件安全，标识清楚，表面光洁平整明亮。

(2) 变配电设备型号、数量与移交清单相符，工作状态良好，安全防护装置齐全，标识清楚；机房配置齐全，通风、采光良好，设备表面油漆完好、无损伤。

(3) 中央空调设备型号、数量与移交清单相符，工作性能达到设计指标，配置齐全，标识清楚；机房通风、采光、降温良好，设备表面油漆完好、无损伤。

(4) 发电机型号与移交清单相符，工作状态良好，配件齐全、标识清楚；设备表面油漆完好、无损伤，设备安装牢固；机房隔音、防护设置完好，通风、采光良好。

(5) 消防监控设备型号与移交清单相符，工作性能良好，反应敏捷，标识清楚，表面完好无损，设备安装牢固，机房干燥，通风、采光良好。

(6) 给排水设备型号、数量与移交清单相符，工作状态良好，标识清楚，设备表面油漆完好无损，安装牢固，无渗漏现象，机房配置齐全。

(7) 保安监控设备型号与移交清单相符，工作性能良好，反应敏捷，标识清楚，表面完好无损，设备安装牢固，机房干燥，通风、采光良好。

以案说理

某写字楼是开发商C新开发的项目，作为建设单位的开发商依法聘请了物业公司D进驻写字楼提供物业管理服务。公司D在接管验收的过程中，一直要求开发商将相关的物业资料移交过来，但开发商一直没有答复，公司D多次催促无果。那么，建设单位是否应当将相关资料移交给物业公司呢？

根据《物业管理条例》及《中华人民共和国民法典》规定，建设单位负有法定资料移交义务，未移交将导致物业保修责任难以界定，并违反《建设工程质量管理条例》相关要求。物业公司可依据《中华人民共和国民法典》主张继续履行，通过行政投诉和民事诉讼实现权利救济。资料移交是物业管理全生命周期管理的关键环节，既保障服务质量，也为防范法律风险提供基础，体现了《社区服务指南 第9部分：物业服务》(GB/T 20647.9-2006)对履约能力的规范要求。

任务实施

一、学习目标

明确接管验收楼宇、共用设施设备和相应场地时必须依据的标准，从而有理有据地顺利完成接管验收工作，明确交接双方的责、权、利关系，确保物业具备正常使用功能，充分维护业主及物业服务企业的合法权益，为后期开展物业管理服务工作奠定良好的基础。

二、实施方法

(一) 查阅相应技术标准

1. 国务院《物业管理条例》

第二十八条　物业服务企业承接物业时，应当对物业共用部位、共用设施设备进行查验。

第二十九条　在办理物业承接验收手续时，建设单位应当向物业服务企业移交下列资料：

(1) 竣工总平面图，单体建筑、结构、设备竣工图，配套设施、地下管网工程竣工图等竣工验收资料；

(2) 设施设备的安装、使用和维护保养等技术资料；

(3) 物业质量保修文件和物业使用说明文件；

(4) 物业管理所必需的其他资料。

物业服务企业应当在前期物业服务合同终止时将上述资料移交给业主委员会。

第三十一条　建设单位应当按照国家规定的保修期限和保修范围，承担物业的保修责任。

2. 住房和城乡建设部《物业承接查验办法》

第十一条　实施承接查验的物业，应当具备以下条件：

(1) 建设工程竣工验收合格，取得规划、消防、环保等主管部门出具的认可或者准许使用文件，并经建设行政主管部门备案；

(2) 供水、排水、供电、供气、供热、通信、公共照明、有线电视等市政公用设施设备按规划设计要求建成，供水、供电、供气、供热已安装独立计量表具；

(3) 教育、邮政、医疗卫生、文化体育、环卫、社区服务等公共服务设施已按规划设计要求建成；

(4) 道路、绿地和物业服务用房等公共配套设施按规划设计要求建成，并满足使用功能要求；

(5) 电梯、二次供水、高压供电、消防设施、压力容器、电子监控系统等共用设施设备取得使用合格证书；

(6) 物业使用、维护和管理的相关技术资料完整齐全；

(7) 法律、法规规定的其他条件。

第十二条　实施物业承接查验，主要依据下列文件：

(1) 物业买卖合同；

(2) 临时管理规约；

(3) 前期物业服务合同；

(4) 物业规划设计方案；

(5) 建设单位移交的图纸资料；

(6) 建设工程质量法规、政策、标准和规范。

第十四条 现场查验20日前，建设单位应当向物业服务企业移交下列资料：

(1) 竣工总平面图，单体建筑、结构、设备竣工图，配套设施、地下管网工程竣工图等竣工验收资料；

(2) 共用设施设备清单及其安装、使用和维护保养等技术资料；

(3) 供水、供电、供气、供热、通信、有线电视等准许使用文件；

(4) 物业质量保修文件和物业使用说明文件；

(5) 承接查验所必需的其他资料。

(二) 综合运用观感、使用、检测、试验等查验方法进行现场查验

1. 观感查验

观感查验是对查验对象外观的检查，一般采取目视、触摸等方法进行。

2. 使用查验

使用查验是通过启用设施或设备直接检验被查验对象的安装质量和使用功能，以直观地了解其符合性、舒适性和安全性等。

3. 检测查验

检测查验通过运用仪器、仪表、工具等对检测对象进行测量，以检测其是否符合质量要求。

4. 试验查验

试验查验通过必要的试验方法(如通水、闭水试验)测试相关设施设备的性能。

三、任务流程

(一) 接管验收的准备工作

(1) 新建物业竣工验收后、业主入住前，物业服务企业应及时组建接管验收小组，对所接管的物业进行综合性的接管验收，以确保所接管的物业质量合格。接管验收时，公司各相关部门应按要求抽调业务骨干组成接管小组；人事部门抽调档案管理人员负责物业产权、工程、设备资料的验收移交；物业服务部抽调业务骨干负责业主资料的验收移交及楼宇的验收移交；物业机电部抽调业务骨干负责房屋本体、公共设施和机电设备的验收移交。

(2) 接管验收开始前，接管验收小组应做好以下准备工作：与开发商联系好交接事项、交接日期、进度、验收标准等；选派技术人员到现场摸底，制订好接管验收计划；参与开发商申请的项目竣工验收和机电设备安装、调试工作，对有关情况做到心中有数；准备好接管验收记录表格：接管资料移交清单(见表4-1)、房屋接管验收表(见表4-2)、公共配套设施接管验收表(见表4-3)、机电设备接管验收表、房屋接管验收遗留问题统计表(见表4-4)、

房屋及共用设施竣工和接管验收交接表以及物业整体移交验收表等。

表 4-1　接管资料移交清单

序号	移交资料名称	单位	数量	备注

接收人：　　　　　　　　　　　　　　　移交人：

表 4-2　房屋接管验收表

栋号：　　　　　　　　　　　接管验收时间：　　年　　月　　日

编号	存在的问题					备注
	土地建设	照明	给排水	门窗	其他	

验收人：　　　　　　　　　　　　　　　移交人：

表 4-3　公共配套设施接管验收表

接管验收时间：

设施名称	存在问题简述	备注

验收人：　　　　　　　　　　　　　　　移交人：

表 4-4　房屋接管验收遗留问题统计表

遗留项目名称：　　　　　　　　统计人：　　　　　　　　日期：

栋号及房号	遗留问题简述	整改期限	备注

(二) 图纸资料的验收

(1) 物业产权资料：项目开发批准报告、规划许可证、投资许可证、土地使用合同、建筑开工许可证、用地红线图。

(2) 综合竣工验收资料：竣工图(包括总平面布置图，建筑、结构、水、暖、电、气、设备、附属工程各专业竣工图及地下管线布置竣工图)；建设工程竣工验收证书；建设消防验收合格证；公共配套设施综合验收合格书；供水合同；供电协议书、许可证；供气协议书、许可证；光纤合格证；通信设施合格证；电梯准运证。

(3) 施工设计资料：地质报告书；全套设计图纸；图纸会审记录；设计变更通知单；工程预决算报告书；重要的施工会议纪要；隐蔽工程验收记录；沉降观测记录；其他可能会影响将来管理的原始记录。

(4) 机电设备资料：机电设备出厂合格证；机电设备使用说明书(要求中文)；机电设备安装、调试报告；设备保修卡、保修协议。

(5) 业主资料：已购房业主姓名、位置、面积、联系电话等；已购房业主的付款情况或付款方式。

图纸资料验收后，验收责任人填写接管资料移交清单，并与移交单位人员共同核实无误后，双方签字，即完成验收。接管资料移交清单由验收责任人交接管验收小组组长审阅后归档。

(三) 物业现场的验收

验收责任人结合图纸资料尽快熟悉物业现场，按通知时间与项目工程人员、施工单位和工程监理单位共同参与验收。

物业现场验收后，验收责任人填写房屋接管验收表、公共配套设施接管验收表、机电设备接管验收表、房屋接管验收遗留问题统计表等，并与移交单位代表确定整改期限。房屋接管验收遗留问题统计表由移交单位代表和验收人签字后，副本交移交单位代表并督促整改，正本由验收责任人和接管验收小组组长存底备查。

(四) 善后工作

验收责任人对自己签发的房屋接管验收遗留问题统计表的执行情况及时监督，并在期限届满时知会移交单位重新进行验收。验收合格后，在备注栏内注明，并签字；验收不合格的，要求其继续整改。验收责任人在自己签发的房屋接管验收遗留问题统计表全部完成后，将其提交接管验收小组组长审核并归档。接管验收小组组长根据物业接管验收项目和验收责任人提交的楼宇接管资料移交清单、房屋接管验收表、公共配套设施接管验收表、机电设备接管验收表、房屋接管验收遗留问题统计表等记录对物业接管验收工作进行监督，发现有遗漏项目时，及时要求验收责任人进行验收。

(五) 正式接管

对物业项目的图纸资料、物业现场完成验收后，填写房屋及共用设施竣工和接管验收交接表以及物业整体移交验收表。其中，物业整体移交验收表一式三份，由施工单位、建设单位和物业公司三方签章后各执一份。当物业服务企业签发了接管文件，办理了必要的手续之后，整个物业验收与接管工作即完成。

任务小结

(1) 接管验收工作是前期物业管理工作的重要一环，是物业服务企业接管开发企业、建设单位或个人委托管理的新建房屋或原有房屋时，以物业主体结构安全和满足使用功能为主要内容的接管检验。

(2) 接管验收涉及很多工程方面的知识，是一项技术活，作为物业管理人才，掌握必备的建筑工程和机电工程知识是必需的；同时接管验收又是依据相应的法律法规和技术标准对竣工验收合格的房屋进行的再验收，作为物业管理人员，必须掌握接管验收的程序和相应的查验方法，如此才能避免将来物业管理中的麻烦。

课后测试

物业公司B在接管某住宅小区项目时，没有解决开发商遗留下来的一系列问题，比如没有预留足够的会所面积、将业委会用房改为员工宿舍等，导致物业公司和业主之间的矛盾愈演愈烈。如果你是公司物业经理，你该如何处理这种情况？

任务三　办理业主入住

任务导入

当物业服务企业的接管验收工作完成以后，物业即具备了入住条件，物业服务企业应按程序进入物业业主入住手续的办理阶段。业主入住是物业服务企业与其服务对象——业主接触的第一阶段，这一阶段除了有大量的接待工作和烦琐的入住手续外，各种管理与被管理的矛盾也会在短时期内集中地暴露出来。所以，在这一阶段，物业服务企业在做好物业管理宣传和讲解工作的同时，应切实地为业主着想办事，以树立物业服务企业的良好形象，取得广大业主的信任。

理论先行

一、入住的概念

入住是指物业服务企业向业主发出入住通知后，业主前来办理入住手续，验房收房直到搬入新居开始正常生活工作的这一阶段，也就是业主领取钥匙、物业公司发放钥匙的阶段。物业服务企业应该根据物业的实际情况，制定详细的入住服务流程，做好业主入住手续办理的准备工作，及时地将相应的入住文件寄给业主，以方便业主按时顺利地办好入住手续。

二、入住的相关文件

入住的相关文件主要有入住手续文件、入住发放文件和入住记录文件。

(一) 入住手续文件

入住手续文件包括入住通知书、入住手续书、房屋验收单、住宅使用公约、房屋质量整改通知书等。下面列出几份主要的入住手续文件示例以供参考。

1. 入住通知书

入住通知书是关于业主在规定的时间办理入住事宜的通知。现在常用的方式是电话通知和在物业入口(或销售处)公开张贴通知，也有在媒体上发布广告的通知方式。入住通知书须提前发(贴)出，一般以提前一周为宜。入住通知书没有固定的格式或样式。物业服务企业在制作入住通知书时应注意以下问题：第一，一般情况下，一个物业辖区内入住的业主不是一家或几家，而是几百家甚至上千家，如果都集中在同一时间内办理，必然会使手续办理产生诸多困难，因此在通知书上应注明各幢、各层分期分批办理的时间，以方便业主按规定时间前来办理；第二，如业主因故不能按时前来办理，应在通知书上注明补办的办法。

下面是一份入住通知书示例。

入住通知书

________女士/先生：

您好!我们热忱地欢迎您入住××花园!

您所认购的××花园________区________栋________单元________室楼宇，经市有关部门验收测量合格，现已交付使用准予入住。

(1) 请您按入住通知书、收楼须知办理入住手续，办理地点在______楼______室。在规定的日期内，房地产开发公司和物业管理公司各有关部门将到场集中办公。

(2) 为了您能顺利而快捷地办理好入住手续，请按各楼各层办理入住手续时间分配表(表略)时间前来办理入住手续。

如您届时不能前来办理入住手续，请及时与我公司联系，以落实补办的办法。

特此通知。

××房地产开发公司

××物业管理公司

年 月 日

2. 入住手续书

入住手续书是办理入住手续的程序和安排，其目的是让业主明了入住手续办理的顺序，使整个过程井然有序。

下面是一份入住手续书示例。

入住手续书

________女士/先生：

您所认购的××花园________区________栋________单元________室楼宇，现已交付使用具备入住条件。请您仔细阅读入住须知，按下列顺序办理入住手续。

(1) 在房地产公司财务部付清房款，与销售部一起前往验楼，签署验楼文件。

盖章： 签字：

(2) 在房地产公司地产部进行入住资格审查，审查合格后出具证明。

盖章： 签字：

(3) 在物业服务公司财务部交付各项入住费用，结清手续，出具证明。

盖章： 签字：

(4) 在物业服务公司管理处签订物业管理公约，领取和查验钥匙，办理完毕，签字证明。

盖章： 签字：

××房地产开发公司

××物业管理公司

年 月 日

3. 房屋验收单

物业服务企业为方便业主对房屋验收，会向业主提供房屋验收单，如表 4-5 所示。

表 4-5　房屋验收单

地址：　　区　　楼　　号　　　　　　　　　　　　验收日期：

序号	项　目	单位	数量	验收情况
1	入户门	扇		
2	门锁	把		
3	可视对讲机	个		
4	户内总电源开关箱	个		
5	灯开关	个		
6	电源插座	个		
7	室内电控制箱(接地、控制箱配置)	个		
8	塑钢门窗	扇		
9	空调室外机预留孔	个		
10	空调室外机预留位置	个		
11	顶面	平方米		
12	墙面	平方米		
13	地平面	平方米		
14	油烟机排烟口	个		
15	水龙头	个		
16	坐便器水箱	只		
17	坐便器	个		
18	立管检修孔	个		
19	地漏	个		
20	排污管	根		
21	废水管	根		
22	电表底数	度		
23	水表底数	度		
24	燃气表底数	立方米		
备注				
问题整改期限				
业主验收签名		接待人签名		
整改后业主验收签名		接待人签名		

注：1. 项目部负责验房，物业管理处、经营部配合。

2. 隐蔽设施除外。

3. 计量表有底数的费用，业主入住前由项目部处理解决，业主入住后的计量表读数由业主自理。

4. 无需修理的在验收情况栏内打“√”，需修理的写明具体要求。

(二) 入住发放文件

入住发放文件包括：业主手册、入住须知、装修管理办法、委托服务项目表等。

1. 业主手册

小区各项管理规定应于业主入住前在业主手册上详细说明。业主手册包括前言，常用电话号码，小区管理，装修程序，水、电管理，电梯管理，清洁绿化管理，电通信管理，智能化设施管理，物品进(出)管理，安全防范，停车场管理，火警及消防管理，业主/用户守则，特约有偿服务等内容。以下是业主/用户守则示例。

业主/用户守则

(1) 进出××物业区域的各位业主/用户，不得以任何理由占用或阻碍物业内各栋楼宇的大堂、通道、电梯、楼梯及公共活动场地。所有公共场所物业管理权统归××物业管理处。

(2) 未征得××物业管理处的书面同意，不得在物业区域范围内的任何地方竖立、悬挂或张贴旗帜、旗杆、天线、招牌、广告等标识物。

(3) 不得在所住/租楼层的门口私自放置陈列柜或其他向外伸展物。

(4) 未经××物业管理处的书面同意，不得钻凿构筑物的重要部位。

(5) 因业主/用户或其雇员、访客等违反本守则而导致物业区域内物业设施的任何损坏，其维修费用应由责任人全部承担。

(6) 业主/用户不得在××内从事以下活动：

① 导致其他业主/用户财产遭受损失的活动。

② 引起其他业主/用户不便或承受烦扰的活动(如噪声、异味、震动等)。

③ 与市政府法令、法规相抵触的行为。

(7) 在任何情况下，不得携带或储存下列物品：

① 易燃、易爆、剧毒、放射性物品。

② 军火武器。

(8) 未经××物业管理处同意，业主/用户不得携带大宗货物、沉重包裹、大数量食物器皿或其他侵占空间的物品搭乘客用电梯。

(9) 禁止在住宅区内进行兜售及推销商品。

(10) 未经××物业管理处同意，不得在物业公共区域进行招聘工作。

(11) 办公单位需要延时工作的，应向××物业管理处告知，以便提供相关的物业服务。

(12) 除经××物业管理处同意外，××物业管理处的员工不得以个人名义接学。

(13) 未经××物业管理处审批同意，业主/用户不得擅自在物业公共区域内为业主/用户提供有偿服务。

(14) 业主/用户每日出门时，应注意以下几点：

① 锁好房门。

② 财务票证、财物、重要文件等应锁好。

③ 保险柜钥匙随身带走。

④ 关闭一切电源开关。

⑤ 室内无影响消防安全的隐患物。

⑥ 关闭窗户。

⑦ 关闭卫生间、茶水间的水龙头。

(15) 为保证物业管理工作的持续进行，请各位业主/用户按照××物价局批准的××物业管理收费标准，自觉交纳物业管理费和自用的水费、电费及其他费用。逾期不交者，按每天 3‰加收滞纳金；超过一个月不交费的业主/用户，××物业管理处将公布欠费的业主/用户和金额。

(16) 任何违反上述条款的业主/用户，均应承担由此而产生的一切责任。

(17) ××物业管理处根据物业的实际需要制定的其他管理制度与本守则有同等效力，请业主/用户共同遵守。

××物业管理有限公司

××物业管理处

年 月 日

2. 入住须知

物业服务企业应在入住须知中载明业主或使用权人在办理入住手续过程中须留意的事项及应携带的各种有效证件、合同文书及款项，避免客户遗漏及由此造成的不便。业主或使用权人应仔细阅读入住须知，遇到不明事项及时向在场的工作人员询问。

以下是一则入住须知示例。

入 住 须 知

××女士/先生：

欢迎您成为××小区的新业主!我公司为提供良好的管理服务，兹先介绍有关入住事项和收楼程序，防止您在接收新楼时，产生遗漏而导致不便。

(1) 请您在接到入住通知书后，按约定的日期来办理入住手续，以便我们及时为您提供服务。

(2) 您来办理入住手续时请带齐以下物件：

① 购房预售合同。

② 业主身份证(或护照)及印章。

③ 公司购买的还应带公司法人证件和公章。

④ 入住通知书。

⑤ 已交款项的收据(换取正式发票)。

⑥ 未交的购房款和物业管理应交的款项。

(3) 如委托他人来办理，还应带以下材料：

① 您(业主)的委托书，应由律师见证。

② 您(业主)的身份证(或护照)复印件。

③ 代理人的身份证或护照。

(4) 您办理手续时请按入住手续书的顺序依次进行。

(5) 收楼时，请认真检查室内设备、土建、装修是否有损坏或未尽妥善之处，如有问题，请填入房屋验收单中，管理处将代表业主与开发商协商解决。

(6) 根据物业的保修规定，在物业的保修期内如有因工程质量所导致的问题，开发商将为业主免费修理。如因业主使用不当导致的问题，则由业主自行支付修理费用。

(7) 您(业主)可以对所购的房屋进行室内装修，但应保证绝对不影响物业结构和公共设施。装修前，须向物业管理公司提出申报，获准后方可让施工队进场装修。

祝您顺利入住!

××物业管理有限公司
××物业管理处
年　　月　　日

3. 装修管理办法

以下是装修管理办法示例。

装修管理办法

1) 装修管理原则

为了加强住宅小区的管理，维护业主的合法权益和公共秩序，保护小区的优美环境和卫生，避免业主在室内装修过程中因违反政府规定而损及邻居的利益而引起纠纷，以不损坏小区住宅建筑结构、外形、设备、设施为原则，特制定本管理办法。

业主在办完入住手续进行装修之前，应认真阅读业主手册中的有关规定和装修指引。按照装修指引中的要求到物业管理公司管理处办理装修施工手续。管理处的工作人员将根据物业管理的有关规定加强对装修施工人员的管理，以配合业主住宅装修的顺利开始和圆满结束，为创造一个良好的住宅环境而共同努力。

2) 装修指引

为了保证住宅小区的完整、安全、安静、整洁，维护全体业主的共同利益，促进物业的保值升值，请您在装修前仔细阅读以下规定。

(1) 装修前

① 住户应明确，您只能对自己名下的住宅自用部位进行装修(户门之内的四壁、地面顶面)，不要对室外公用部位、走道进行任何改、移、加、拆施工。

② 请事先明白下列禁止行为：在承重墙上凿、拆、打洞、开门、开窗、开槽；凿、挖地坪、顶面；随意封闭阳台；侵占公共部位、走道；在指定以外的位置安装空调机、排放冷凝水；在阳台、外墙、门外搭建、加建、悬挂任何建筑物及晾衣架；随意改变或移动电话、电视、天然气、水管、电线管等设施。

③ 填写装修申报表、施工人员登记表并将装修图纸、施工单位资质证书一并提交至物业管理公司管理处审验备案。签订装修管理协议及办理其他有关手续。

(2) 装修施工中

① 随时接受物业管理公司管理处工作人员上门检查、监督，核实是否严格按照装修图纸的要求施工，施工人员是否办理了有关手续及是否有违章装修行为。

② 业主应随时检查施工人员是否将装修材料以次充好，工艺是否简单粗糙，质量能否得到保证。

③ 装修施工应在每天 8:00—22:00 进行，并确保 20:00—次日 8:00 不发出影响他人休息的噪声。

④ 施工人员应佩证施工，其活动仅限于住户室内，不允许到别处游逛。

⑤ 施工活动仅限于住户室内进行，不允许在公用走道拌浆、堆物。

⑥ 不允许使用超大、超重、噪声大、振动强的施工机械设备。

⑦ 装修垃圾应用袋装好，按规定时间送到指定地点堆放。

⑧ 如污染公用地面、墙面，要及时清除。

⑨ 按规定时间使用电梯装运材料和垃圾。

⑩ 不要在室内存放过量的易燃、易爆、挥发性强的材料和物品。

⑪ 不允许将生活垃圾和建筑垃圾投入排污管道。

⑫ 明火作业须遵守消防管理有关规定，做好防范措施。

⑬ 发生事故(伤、亡、火灾)要积极自救，及时报告公安和消防部门，并告知管理处。

(3) 竣工后

① 业主应自行与施工队按装修申报表进行验收。

② 通知管理处派人员对装修进行验收。

③ 建筑垃圾应清运完毕，借用物品应按时归还。

④ 检查是否造成公用部位和邻居住户损坏，如有则需负责整修。

⑤ 业主与施工单位结算费用时应扣留必要的保修金，以保证其负责返修。

⑥ 施工单位收齐装修施工人员出入证和施工许可证，到物业管理处办理退证手续，如有遗失，应按章赔款。

⑦ 管理处将业主的有关装修资料整理、归档，以备复查。

3) 装修申报程序

业主办完所有入住手续并仔细阅读本办法中“装修指引”章节、携带装修方案、图纸到管理处填写装修申报表，签订装修管理协议，管理处审验业主、施工单位装修资料，如有不妥，则要求业主、施工单位修改；如无不妥，则告知业主准予施工，并请业主通知施工单位办理准许施工手续。施工单位带好施工人员身份证、近期一寸照片及施工单位资质证书复印件到管理处办理准许施工手续，交纳办证工本费，领取装修施工人员出入证，业主、施工单位按规定施工。

(三) 入住记录文件

入住记录文件包括业主登记表、入住资料登记记录表、钥匙领取记录表、委托服务登记表、入住收费记录表、房屋验收单等。以下列出几份主要的入住记录文件示例供参考，如表 4-6～表 4-8 所示。房屋验收单如表 4-5 所示。

表 4-6 业主登记表

楼号： 房号：

称谓	姓名	性别	出生年月	民族	籍贯	身份证号码	工作单位详细地址	职务职称	联系电话	备注

业主户口所在地派出所	户型比	建筑面积	购房合同号	入住通知单号	房屋性质	房屋用途

注：1. 称谓指与业主的关系。

2. 身份证复印件和照片贴在此表背面。

表 4-7 入住资料登记记录表

楼号：

序号	项目	单位	数量	备注
1	业户手册	本	1	
2	装修管理协议	份	1	
3				

表 4-8 钥匙领取记录表

楼号：

防盗铁门/把	室内门/把	对讲门/把	信箱钥匙/把	业主签名	领取时间	发放人签名

以案说理

以下为某小区一期交房策划方案。

1. 主标题：和谐交房

2. 副标题：沟通、共享、互助、和睦

3. 时间：4 月 26 日开展交房业主联谊活动

4 月 27～29 日进行 3 天交房活动

4. 业主联谊会内容设置

(1) 业主走星光大道。

(2) 交钥匙仪式。

(3) 参观小区。

(4) 新业主亮灯仪式。

(5) 星级自助餐。

(6) “友邻节”启动仪式——交房面对面访谈。

(7) 家庭摄影比赛。

(8) 找邻居活动。

(9) 绘画比赛、节目表演、画家画像等。

5. 交房现场设置

交房现场设置签到处、开发单位服务处、咨询处、验房接待处、物业管理公司服务处、市政单位服务处、装修单位服务处、业主投诉处、法律咨询处和临时休息区。

6. 道具清单

道具包括儿童玩具 300 份、交房资料手提袋 1000 份、钥匙盒和交房流程宣传单页。

7. 费用预算

费用预算如表 4-9 所示。

表 4-9　费 用 预 算

区域及类别划分	物 料 明 细	费用预估/元
会所接待区	大厅易拉宝、接待台、主题签言板、交房小礼品、交房流程平面手册(交房资料手提袋 1000 份)	13 000
出入口及参观路线	花卉、指示系统、三个凯旋门装饰、彩虹门、立柱布幅、主干道亲情道旗、气球、星光大道装饰、事务咨询区展示装饰	20 000
中心仪式区	仪式区装饰、节目演出费、钢琴租赁费	30 000
交钥匙仪式	象征性大金钥匙一把、交房精致钥匙盒	5 000
友邻节	友邻节章程、友邻节大徽章揭幕、和谐十大公约章程、签名画卷	2 000
其他类	邀请画家、友邻节礼品等物料	5 000
临时及不可预见费用		20 000
总费用		95 000

该交房策划方案严格遵循《物业管理条例》的规定，物业服务企业通过“交房资料手提袋”实现了服务信息公开；活动中装修单位服务处与法律咨询处的设置，符合应急处理与专业咨询的规范。物业服务企业通过“友邻节”启动仪式等互动环节，既践行了业主自治原则，又运用客户关系管理理论提升了业主归属感，为后续服务奠定基础，体现了物业

管理服务第一原则。

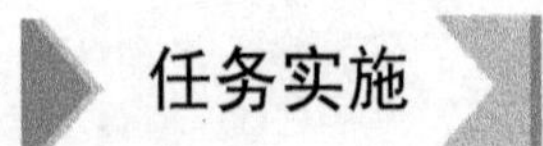

任务实施

一、学习目标

掌握业主入住办理的方法与流程。

二、实施方法

(一) 头脑风暴法

在群体决策中，由于群体成员心理相互作用影响，群体成员易屈于权威或大多数人的意见，形成所谓的群体思维。群体思维削弱了群体的批判精神和创造力，损害了决策的质量。为了保证群体决策的创造性，提高决策质量，管理上发展了一系列改善群体决策的方法，头脑风暴法是较为典型的一个。在入住办理工作中，运用头脑风暴法可以借助群体的力量，各部门群策群力准备入住方案，最终给业主呈现一个完美的入住现场。

(二) 业主代表座谈会法

早期介入的物业服务企业在前期售楼过程中就已经和部分业主熟识，其可以利用这项优势，召开业主代表座谈会，听取他们的意见，从业主的角度对物业服务企业的入住办理工作提出宝贵的建议。

三、任务流程

(一) 入住办理前的准备工作

1. 管理及服务人员的准备

物业服务企业根据所接物业的规模(面积及户数)、构成(多层、高层、别墅等)、档次(高、中、低)、要求(开发商对购房人的承诺和物业管理行业规定)筹建管理处。管理处主任和部分管理人员应首先到岗到位，其他管理人员根据工作进展情况可分步到岗到位。管理处主任和部门负责人及管理骨干，必须持有物业管理从业人员岗位证书方能上岗。各类服务人员要在业主入住前配齐到位。所有的服务人员上岗前必须经过培训和实际操作考核，培训考试和实际操作考核合格者方允许上岗。所有考试和考核应有记录并留存。

2. 管理服务设施设备、工具及标识的准备

为了使业主入住即获得热情服务和良好的生活(工作)环境，物业服务企业应在业主入住前做好各种管理服务设施设备、工具及标识的准备。

1) 物业内各种设施设备模拟运行

物业内设施设备主要有：电梯、水泵、路灯、读卡识别系统、监控系统、停车系统、共用部位照明系统、排(通)风系统、消防系统等。物业服务企业应通过模拟运行，观察和

发现设施设备存在的问题，并在业主入住前解决。

2) 各种维护工具及设备准备

维护工具及设备主要有：下水疏通机系列，小区用电用水维护所需工具，绿化用剪草机、树墙机(锯)、喷雾(药)器等，水(电)焊机系列，其他房屋维护用工具及设备等。

3) 消防、安全设施及用具准备

消防、安全设施及工具主要有：灭火器、灭火弹、消防沙箱、消防专用钩、锹、斧、消防水带、门卫岗亭、对讲机、警棍、强力手电筒等。

4) 物业内各种标识准备

(1) 服务性标识：主要包括企业标志或吉祥物、人员胸牌、桌牌、管理人员服装、服务人员服装、保安服装、管理处职能部门的门牌标识等。

(2) 物体标识：带物体名称或单位名称的物品，如垃圾箱(桶)标识、保洁车标识、消防井(栓)标识、楼栋号牌、设备铭牌等。

(3) 警示标识：带有警告或限制内容的标识，如请勿靠近、正在作业、请勿合闸、油漆未干、此处危险、禁止泊车、禁止烟火等标识。

(4) 提示标识：主要有爱护花草类(如“小草也有生命，请足下留情”的标牌)、注意卫生类(如“园区整洁，人人有责”的宣传板等)、车辆管理类(如“请按位停车”“请慢速行驶”等提示牌)、消防安全类(如防火、防盗图标或宣传板等)。

(5) 引导(也称指示)标识：主要有物业区域平面图、各分区域或楼栋指示牌、物业区域行车线、车场出入指示牌等。

3. 管理综合服务收费规定的制定和收费许可的申办

无论何种物业，办理业主入住时应收取的各项管理服务费用都必须到物价管理部门备案审批，办理收费许可证、领取物业管理服务收费标准价目板，并于入住前在办理业主入住地点予以公布，明码实价收费，否则就是违规收费。

4. 文件准备

根据物业的实际情况及管理标准，物业服务企业要制定各种规范、制度、文件、表格等入住手续文件，在入住时及时交到业主手中，这有利于物业管理各主体之间相互了解、相互支持与和谐相处，从而为进一步管理打好基础。

5. 交接准备

为与业主做好交接，物业服务企业应进行如下准备：

(1) 熟悉了解该物业的具体情况，拟定需要改进的意见和整改措施。

(2) 加强安保与服务力量，提供足够的服务，保证入住时安保人员能及时疏导、处理纠纷。

(3) 做好环境卫生清洁工作，认真清扫室内外的卫生，为业主入住建立良好的外部环境。

(4) 安排业主入住具体的接待人员、接待位置和入住手续导向等。

(5) 做好与开发商、供水公司、供电公司、供气公司、环卫部门、电信部门、公安部门等相关单位的联系与沟通，保证业主一旦入住各项工作都能正常开展，避免发生矛盾。

(二) 入住办理的程序

物业服务企业在办理业主入住时，应让业主充分体会到物业服务人员的规范服务、礼貌、热情。业主入住办理的流程如图 4-2 所示。

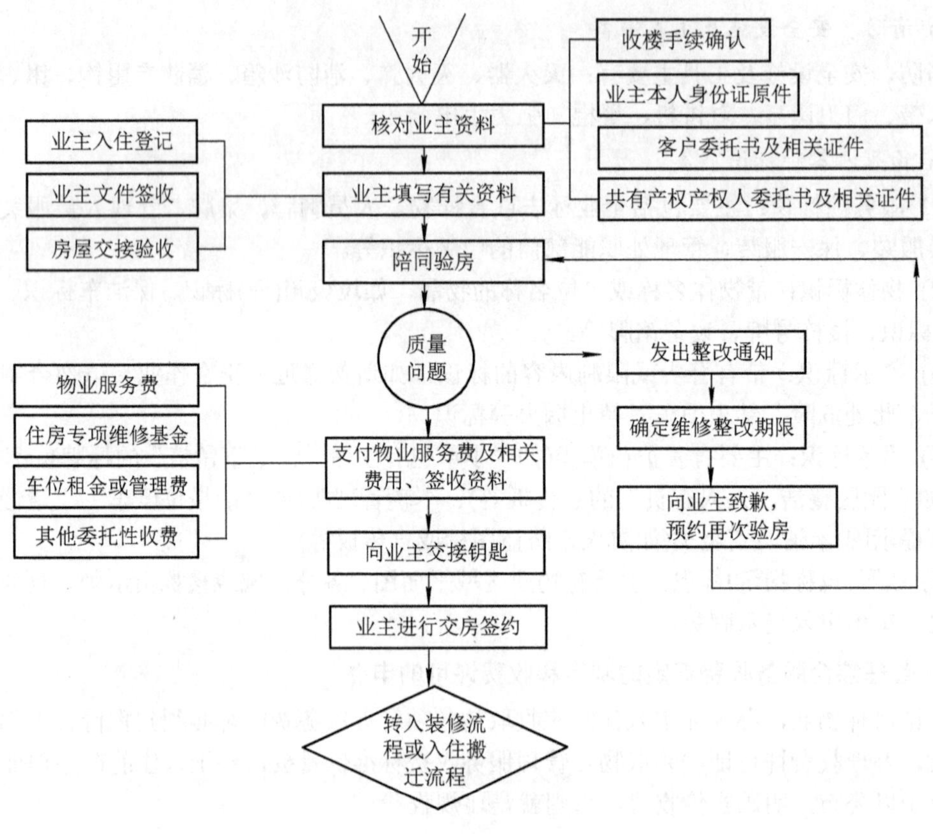

图 4-2 客户入住服务流程

1. 查验文件资料

物业服务企业应按物业交接程序，查验业主入住通知书、结清余款通知书、售房合同、业主身份证明及其他应具备的文件资料。

2. 签署文件资料

引导业主签署业主手册、装修责任书、安全及防火责任书、业主登记表等。

3. 陪同业主验收

业主交纳费用后，物业服务人员应陪同业主验收房屋并做好验收记录，验收合格后填写房屋验收单，请业主签收；如有需要整改的项目，及时通知开发商和有关施工单位或产品供应商进行整改，必要时通知业主复验。

一般物业应重点检查以下几个方面。

(1) 给排水系列：水管、水龙头、水表是否完好，下水道是否有建筑垃圾堵塞，马桶、地漏、浴缸排水是否畅通，有无泛水现象等。

(2) 门窗系列：框架是否平整、牢固、安全，门窗是否密封、贴合，门锁、窗钩有无质量问题，玻璃是否防水密封等。

(3) 供电系列：电灯、电线(管线)是否有质量问题，开关所控是否为火线，电表的流量大小能否满足空调等家用电器的需求等。

(4) 墙面、屋顶、地板系列：墙面、屋顶、地板是否平整、起壳、起砂、剥落，有无裂缝、渗水，瓷砖、墙砖、地砖贴面的平整、间隙、虚实等。

(5) 公共设施及其他：包括垃圾桶、扶梯、电梯、防盗门、防盗窗花、天线、信箱等。

4. 收取各种费用

业主应交纳住房专项维修资金，以及按规定交纳一定时间(一般不超过一年)的物业服务费和其他费用。物业服务人员应按规定将当天收取的现金存入银行专用账户。

5. 办理交接手续，发放钥匙

验收合格后办理交接登记，物业服务企业要记录业主物业的水表、电表初始读数，交接各种卡(如果有交接钥匙，记录钥匙类型、数量，包括房屋进户门、户内门、信箱、水表箱、电表箱等)。如验收不合格，待整改合格后，再由业主验收认可，届时再发放钥匙。

任务小结

(1) 当物业服务企业的接管验收工作完成以后，物业即具备了入住条件。业主入住是物业服务企业与其服务对象——业主接触的第一阶段，为树立物业服务企业良好形象，取得广大业主的信赖，物业服务企业要做好入住办理工作。

(2) 物业服务企业需做好充足的准备，入住方案的编写、入住流程和入住现场的把控都体现了物业管理人员的专业素质，也体现了物业服务企业的服务水平。

课后测试

2020 年 12 月 12 日 15:18，某物业服务中心前台值班人员小李接到了一通来自 17-2-502 业主的投诉电话，电话那一头愤怒地对其进行斥责：“把你们领导叫来，我要投诉 17 号楼楼管！怎么搞的？说是在接待别的业主，让别的同事来给我交房，他一会儿就来！结果房都验完了，又说来不了了，什么情况，别的业主是业主，我就不是业主了，一句话就把我放一边了！我要投诉他，你们物业负责人是谁，让他给我回电话！”

小李忙回复：“业主您消消火，我这记下了，稍后物业这边相关负责人给您回复！感谢您的包容！”电话另一头没有了声音。

前台立即向楼管小张说明了情况，小张懊恼地向领班反馈事件的来龙去脉。经了解，他没有置之不理，只是因为周六接待业主太多，回复信息不及时，造成业主的不满。

原来，业主是中午来交的房，交房时小张正在接待另一组业主，所以临时安排了不太忙的同事接待。小张给业主回复的是：接待完业主就立马过去。结果接待完后楼上另一组业主又来了。小张认为，目前有同事帮忙接待着，自己先接待新来的业主，给 17-2-502 业主报备一下应该没事。

就是这个想法造成业主觉得小张说话不算数，而且中间回复不及时，他一气之下就投诉到物业服务中心了。

如果你是物业服务中心工作人员，你该如何处理入住中的这些矛盾？

任务四 监督业主装修行为

任务导入

业主在收楼后有权对自己所购物业进行装修，业主或者住宅使用人(以下简称装修人)对住宅室内进行装饰装修的建筑活动即为住宅室内装饰装修。住宅室内装饰装修应当保证工程质量和安全，符合工程建设强制性标准。国务院建设行政主管部门负责全国住宅室内装饰装修活动的管理工作；省、自治区人民政府建设行政主管部门负责本行政区域内住宅室内装饰装修活动的管理工作；直辖市、市、县人民政府房地产行政主管部门负责本行政区域内住宅室内装饰装修活动的管理工作。

理论先行

一、装修管理相关要求

(一) 装修人的要求

住宅室内装饰装修活动，禁止下列行为：未经原设计单位或者具有相应资质等级的设计单位提出设计方案，变动建筑主体和承重结构；将没有防水要求的房间或者阳台改为卫生间、厨房；扩大承重墙上原有的门窗尺寸，拆除连接阳台的砖、混凝土墙体；损坏房屋原有的节能设施，降低节能效果；其他影响建筑结构和使用安全的行为。

装修人从事住宅室内装饰装修活动的，未经批准，不得有下列行为：搭建建筑物、构筑物；改变住宅外立面，在非承重外墙上开门、窗；拆改供暖管道和设施；拆改燃气管道和设施。上述行为的实施应当经城市规划行政主管部门、供暖管理单位、燃气管理单位的批准。

住宅室内装饰装修超过设计标准或者规范增加楼面荷载的，应当经原设计单位或者具有相应资质等级的设计单位提出设计方案。改动卫生间、厨房防水层的，应当按照防水标准制定施工方案，并做闭水试验。

装修人经原设计单位或者具有相应资质等级的设计单位提出设计方案，变动建筑主体和承重结构的，或者装修活动涉及防水工程的，必须委托具有相应资质的装饰装修企业承担。

装修人和装饰装修企业从事住宅室内装饰装修活动，不得侵占公共空间，不得损害公共部位和设施。装修人在住宅室内装饰装修工程开工前，应当向物业服务企业申报登记。非业主的住宅使用人对住宅室内进行装饰装修的，应当取得业主的书面同意。

(二) 装饰装修企业的要求

承接住宅室内装饰装修工程的装饰装修企业，必须经过建设行政主管部门的资质审查，取得相应的建筑业企业资质证书，并在其资质等级许可的范围内承揽工程。装修人委托企业承接其装饰装修工程的，应当选择具有相应资质等级的装饰装修企业。

物业服务企业应当将住宅室内装饰装修工程的禁止行为和注意事项告知装修人和装修人委托的装饰装修企业。装修人对住宅进行装饰装修之前，应当告知邻里。装修人或者装饰装修企业，应当与物业服务企业签订住宅室内装饰装修管理服务协议。

装饰装修企业必须按照工程建设强制性标准和其他技术标准施工，不得偷工减料，确保装饰装修工程质量。装饰装修企业从事住宅室内装饰装修活动，应当遵守施工安全操作规程，按照规定采取必要的安全防护和消防措施，不得擅自动用明火和进行焊接作业，以保证人员和周围住房及财产的安全。

装饰装修企业从事住宅室内装饰装修活动，应当严格遵守规定的装饰装修施工时间，降低施工噪声，减少环境污染。住宅室内装饰装修过程中所形成的各种固体、可燃液体等废物，应当按照规定的位置、方式和时间堆放和清运。严禁违反规定将各种固体、可燃液体等废物堆放于住宅垃圾道、楼道或者其他地方。住宅室内装饰装修工程使用的材料和设备必须符合国家标准，有质量检验合格证明和中文标识的产品名称、规格、型号、生产厂名、厂址等。禁止使用国家明令淘汰的建筑装饰装修材料和设备。装修人委托企业对住宅室内进行装饰装修的，装饰装修工程竣工后，空气质量应当符合国家有关标准。装修人可以委托有资格的检测单位对空气质量进行检测。检测不合格的，装饰装修企业应当返工，并由责任人承担相应的损失。

(三) 物业服务企业的要求

物业服务企业应当按照住宅室内装饰装修管理服务协议实施管理，发现装修人或者装饰装修企业有不当行为时应当立即制止；已造成事实后果或者拒不改正的，应当及时报告有关部门依法处理。对装修人或者装饰装修企业违反住宅室内装饰装修管理服务协议的，物业服务企业应追究违约责任。主管部门接到物业服务企业关于装修人或者装饰装修企业有违反协议行为的报告后，应当及时到现场检查核实，并依法处理。

物业服务企业禁止向装修人指派装饰装修企业或者强行推销装饰装修材料。装修人不得拒绝和阻碍物业服务企业依据住宅室内装饰装修管理服务协议的约定，对住宅室内装饰装修活动进行监督检查。任何单位和个人对住宅室内装饰装修中出现的影响公众利益的质量事故、质量缺陷以及其他影响周围住户正常生活的行为，都有权检举、控告、投诉。

(四) 其他要求

装修人与装饰装修企业应当签订书面住宅室内装饰装修合同，明确双方的权利和义务。住宅室内装饰装修合同应当包括下列主要内容：委托人和被委托人的姓名或者单位名称、住所地址、联系电话；住宅室内装饰装修的房屋间数、建筑面积，装饰装修的项目、方式、规格、质量要求以及质量验收方式；装饰装修工程的开工、竣工时间；装饰装修工程保修的内容、期限；装饰装修工程价格、计价和支付方式、时间；合同变更和解除的条件；违约责任及解决纠纷的途径；合同的生效时间；双方认为需要明确的其他条款。

住宅室内装饰装修工程发生纠纷的，可以通过协商或者调解解决。不愿协商、调解或者协商、调解不成的，可以依法申请仲裁或者向人民法院起诉。

住宅室内装饰装修工程竣工后，装修人应当按照工程设计合同的约定和相应的质量标准进行验收。验收合格后，装饰装修企业应当出具住宅室内装饰装修质量保修书。物业服务企业应当按照装饰装修管理服务协议进行现场检查，对违反法律、法规和装饰装修管理服务协议的，应当要求装修人和装饰装修企业改正，并将检查记录存档。住宅室内装饰装修工程竣工后，装饰装修企业负责采购装饰装修材料及设备的，应当向业主提交说明书、保修单和环保说明书。在正常使用条件下，住宅室内装饰装修工程的最低保修期限为2年，有防水要求的厨房、卫生间和外墙面的防渗漏期限为5年。保修期自室内装饰装修工程竣工验收合格之日起计算。

二、违规责任

因住宅室内装饰装修活动造成相邻住宅的管道堵塞、渗漏水、停水停电、物品毁坏的，装修人应当负责修复和赔偿；属于装饰装修企业责任的，装修人可以向装饰装修企业追偿。装修人擅自拆改供暖、燃气管道和设施造成损失的，由装修人负责赔偿。装修人因住宅室内装饰装修活动侵占公共空间，对公共部位和设施造成损害的，由城市房地产行政主管部门责令改正，造成损失的，依法承担赔偿责任。装修人未申报登记而进行住宅室内装饰装修活动的，由城市房地产行政主管部门责令改正，并处500元以上1000元以下的罚款。装修人违反《住宅室内装饰装修管理办法》规定，将住宅室内装饰装修工程委托给不具有相应资质等级企业的，由城市房地产行政主管部门责令改正，并处500元以上1000元以下的罚款。装饰装修企业自行采购或者向装修人推荐使用不符合国家标准的装饰装修材料，造成空气污染超标的，由城市房地产行政主管部门责令改正，造成损失的，依法承担赔偿责任。

住宅室内装饰装修活动有下列行为之一的，由城市房地产行政主管部门责令改正，并处罚款：将没有防水要求的房间或者阳台改为卫生间、厨房的，或者拆除连接阳台的砖、混凝土墙体的，对装修人处500元以上1000元以下的罚款，对装饰装修企业处1000元以上10000元以下的罚款；损坏房屋原有节能设施或者降低节能效果的，对装饰装修企业处1000元以上5000元以下的罚款；擅自拆改供暖、燃气管道和设施的，对装修人处500元以上1000元以下的罚款；未经原设计单位或者具有相应资质等级的设计单位提出设计方案，擅自超过设计标准或者规范增加楼面荷载的，对装修人处500元以上1000元以下的罚款，对装饰装修企业处1000元以上10000元以下的罚款。

未经城市规划行政主管部门批准，在住宅室内装饰装修活动中搭建建筑物、构筑物的，或者擅自改变住宅外立面、在非承重外墙上开门窗的，由城市规划行政主管部门按照《中华人民共和国城乡规划法》及相关法规的规定处罚。装修人或者装饰装修企业违反《建设工程质量管理条例》的，由建设行政主管部门按照有关规定处罚。装饰装修企业违反国家有关安全生产规定和安全生产技术规程，不按照规定采取必要的安全防护和消防措施，擅自动用明火作业和进行焊接作业的，或者对建筑安全事故隐患不采取措施予以消除的，由建设行政主管部门责令改正，并处1000元以上10000元以下的罚款；情节严重的，责令停业整顿，并处10000元以上30000元以下的罚款：造成重大安全事故的，降低其资质等级或者吊销资质证书。

物业服务企业发现装修人或者装饰装修企业有违反规定的行为而不及时向有关部门报告的，由房地产行政主管部门给予警告，可处以装饰装修管理服务协议约定的装饰装修管理服务费2～3倍的罚款。有关部门的工作人员接到物业服务企业对装修人或者装饰装修企业违法行为的报告后，未及时处理、玩忽职守的，依法给予行政处分。

三、装修管理的相关文书

下面给出几份常见的装修管理相关文书示例供参考，如表4-10～表4-14所示。

表4-10　装修申请表

编号：

房间号码		业主姓名		联系电话	
装修负责人		身份证号		联系电话	
施工单位				营业执照	
主要装修项目					
申请时间	年　月　日		装修期限	年　月　日至　年　月　日	
延期施工记录					

表4-11　住宅装修审批表

姓名		房号		工作单位		联系电话	
申请装修内容(包括装修项目、范围、标准、时间等)							
施工队名称		施工队预付押金		业主垃圾清运费			
责任事务助理签字		责任工程师签字		管理处审批意见			
管理处验收意见							
本业主和施工队保证装修内容不超过以上范围、标准，按期完成，严格遵守《装修管理协议》。 业主签名： 施工队负责人签名：							
装修管理协议 甲方：(物业服务企业) 乙方：(装修业主) 为了共同维护本物业的房屋完好，环境整洁、优美，维护广大业主的利益，甲、乙双方根据《物业管理条例》和住宅使用公约，特制定本管理协议。 1. 甲方作为本物业的管理单位，有责任对业主的装修工作进行检查、监督和管理。 2. 乙方在实施装修过程中，愿意接受物业服务企业的监督和管理，遵守住宅使用公约。							

续表

3. 乙方应严格按照管理处审验备案的装修方案施工，不得擅自增加项目、改变施工图纸，不得擅自变动户内原有的设备及设施，严禁损坏承重墙。

4. 乙方装修施工期为________天，自______年______月______日起，至______年______月______日装修施工结束。

5. 乙方把装修建筑垃圾袋装后，集中堆放至小区处，并保持周边环境的整洁。

6. 乙方应督促所委托装修房屋的施工队到管理处办理施工许可证和装修施工人员出入证。

7. 管理处的服务人员有权查验装修施工人员的出入证和身份证，如发现伪造、冒用证件或证件过期、无证作业，甲方可向施工单位罚款100元/人次，同时禁止违规者进场作业。

8. 乙方装修施工时间为8:00—22:00，并确保20:00—次日8:00期间不发出影响他人休息的噪声；提倡使用绿色涂料，在周围业主休息或做饭时，不宜进行污染性涂料施工。

9. 乙方搬运装修材料，须听从甲方的指挥，搬运时间为周一至周五10:00—15:00。节假日不可搬运装修材料。

10. 乙方装修施工时禁止下列行为。

(1) 在外墙上开门、窗，在承重墙上凿、拆、打洞，扩大承重墙上原有的门窗尺寸，拆除连接阳台的砖、混凝土墙体。

(2) 凿、挖地坪、顶面。

(3) 随意封闭阳台。

(4) 侵占公共部位、走道。

(5) 在非指定位置安装空调机、排放冷凝水。

(6) 在阳台、外墙、门外搭建、加建、悬挂任意建筑物及晾衣架。

(7) 随意改变或移动电话、电视、燃气、水管、电线管等设施。

(8) 将没有防水要求的房间改为卫生间、厨房。

(9) 损坏房屋原有节能设施，降低节能效果。

(10) 其他影响建筑结构和使用安全的行为。

11. 乙方装修施工而造成的漏水、渗水等，应立即整改修复，并作相应赔偿。

12. 乙方应督促施工队在搬运建筑材料和建筑垃圾时保护楼内公共设施、设备，不损坏、不污染楼梯、台阶、扶手栏杆，如有违反，甲方可作出处罚。

13. 遵守甲方制定的电梯使用规定，甲方发现乙方在电梯中装运超重、超宽、超长物品，将从重处罚。

14. 甲方有责任向乙方提供业主房屋内预埋水、电暗管的走向，乙方在装修施工时严禁在这些管道周边范围内撞击、打孔，如不按规定操作，造成管线损坏的，责任自负。

15. 乙方须告知装修施工队，严禁将电源线直接接在漏电开关上，严禁用电炉做饭，施工(木工、油漆)现场严禁抽烟，需明火作业时要事先向甲方提出申请，经批准后方可施工。

16. 甲方应随时检查装修工作情况，发现有违章情况要及时制止。

17. 甲、乙双方应共同遵守《物业管理条例》和《住宅室内装饰装修管理规定》。

18. 甲方有权停止违规施工人员的装修工作，由此产生的误工，由责任方自负。

19. 甲、乙双方应共同遵守本协议，如有违反，应承担相应的法律责任。

20. 本协议一式两份，经签字盖章后生效，具同等法律效力。

甲方：

乙方：

签订日期：　年　月　日

表 4-12　施 工 许 可 证

编号：

经过装修方案审验，同意____对其拥有的____号____室房屋进行室内装修。			
施工单位		施工负责人	
施工起止日期			
备注			

××物业管理公司

××管理处

年　　月　　日

表 4-13　装修施工人员出入证发放记录

编号：　　　　　　　　　　　　　　　　序号：

姓名										
证件类别号码										
籍贯										

工作单位		电话		负责人		联系电话	
装修房间		装修期限	年 月 日至 年 月 日	业户姓名		联系电话	
延期施工记录				证件签发			
备注							

表 4-14　装 修 验 收 表

房号	业主姓名	施工负责人姓名	楼管员	初验时间	备注
初验情况： 业主：　　　　日期： 施工队负责人：　　　　日期： 楼管员：　　　　日期：					
正式验收时间		备注			
正式验收情况： 业主：　　　　日期： 施工队负责人：　　　　日期： 楼管员：　　　　日期：					

以案说理

9 月 7 日上午 10 时，24-2-29 户业主打电话给物业楼管，说家里吊顶多处开裂。楼管立即到达现场，发现开裂的原因是 24-2-30 的装修人员在装修过程中开凿地坪，并且在未防水的地面上直接倒水等违规装修行为，导致 24-2-29 客厅漏水，石膏板起皮，主卧、客厅、书房出现多处裂纹。

24-2-29 业主明确表示在之前验房的过程中并没有发现裂缝的痕迹，楼管联系了楼上装修负责人出面处理。但是，楼上装修负责人只是敷衍地将裂缝进行了修补，不愿意赔偿其他费用。24-2-29 业主是即将临盆的孕妇，她明确表示要求恢复吊顶原状并赔偿宝宝出生后的月子房费用，并强烈要求楼上业主停工处理，并且禁止动工。经过管家多次协调沟通后，双方业主定于 9 月 19 日下午在物业办公室当面协调解决措施。

当天，经过物业长达 2 个小时的协调后，楼上业主同意赔偿 24-2-29 业主 4000 元并且将裂缝及漏水起皮部位进行维修。维修工作于 9 月 26 日全部结束。

本案例中，23-2-30 业主装修行为违反《住宅室内装饰装修管理办法》及《物业管理条例》相关规定。物业对双方业主进行协调，并确定了赔偿方案，又通过停工整改措施落实了关于安全管理的要求，体现了物业管理预防为主的风险管理理念和服务第一的原则。

任务实施

一、学习目标

掌握装修管理工作方法和流程。

二、实施方法

为了更好地完成物业装修管理工作，避免异议和纠纷的出现，物业服务企业要加强相关法律法规和文件的学习，如《中华人民共和国民法典》《物业管理条例》《建设工程质量管理条例》《物业服务收费管理办法》《住宅室内装饰装修管理办法》《建筑设计防火规范》《建设部关于加强商品房销售、房改售房与物业管理衔接工作的通知》等，严格按照法律法规开展工作。

三、任务流程

业主在装修前必须向物业服务企业申请登记，包括填写装修申请表、领取装修管理规定，签订装修管理服务协议，根据约定在申请表上签字，交纳装修垃圾清运费，经批准后方可动工。业主在装修完成以后，物业服务企业应组织验收，如验收不合格，应要求业主整改或返工，直至合格。物业服务企业对业主装修的管理程序如下。

(一) 受理房屋室内装修申请

装修人在房屋室内装饰装修工程开工前，应当向物业服务企业申报登记，填写装修申请表。根据《住宅室内装饰装修管理办法》的规定，进行住宅室内装饰装修。申报登记应当提交下列材料：

(1) 房屋所有权证(或者证明其合法权益的有效凭证)。

(2) 申请人身份证件。

(3) 装饰装修方案。

(4) 变动建筑主体或者承重结构的，须提交原设计单位或者具有相应资质等级的设计单位提出的设计方案。

(5) 有关部门的批准文件、设计方案或者施工方案。

(6) 委托装饰装修企业施工的，须提供该企业相关资质证书的复印件。

(7) 非业主的住宅使用人，还须提供业主同意装饰装修的书面证明。

在进行其他类型房屋室内装饰装修申报登记时，应提交的材料可参照以上执行。装修较大的建筑物之前，必须依照消防部门规定的内容和要求提出申报，装修时还需提供消防部门的审批文件。

(二) 审批房屋室内装修申请

1. 审核装修申请

装修申请要依据业主手册的装修管理规定条款进行审核，审核内容主要包括以下几个方面：

(1) 装修设计是否对房屋结构、外墙立面、共用设施设备造成改动、破坏。

(2) 装修设计是否有严重的消防隐患。

(3) 是否有其他违章情况。

(4) 是否签订了消防安全协议书。

2. 批准装修申请

在确认装修设计不会对楼宇安全、共用设施设备使用及房屋外观造成不良影响时，物业服务企业给予批准。

3. 告知注意事项

物业服务企业应当将房屋室内装饰装修工程的禁止行为和注意事项告知装修人和装修人委托的装修企业。

4. 签订装修管理服务协议

装修人或者装修人和装饰装修企业，应当与物业服务企业签订房屋室内装饰装修管理服务协议。房屋室内装饰装修管理服务协议一般包括下列主要内容：① 装饰装修工程的实施内容；② 装饰装修工程的实施期限；③ 允许施工的时间；④ 废弃物的清运与处置；⑤ 房屋外立面设施及防盗窗的安装要求；⑥ 禁止行为和注意事项；⑦ 管理服务费用；⑧ 违约责任；⑨ 其他需要约定的事项。

(三) 监督管理房屋室内装修施工过程

装修施工过程的监督管理是装修管理的关键，物业服务企业应派人对施工现场进行定时的监督检查。

(1) 张贴××号××室装修公告，注明装修工期及对周围业主有所打扰的道歉言语。

(2) 审查施工人员的情况，严格执行凭证出入制度。

(3) 每天去装修施工现场了解装修情况、建筑垃圾堆放情况，保持周边环境整洁。

(4) 施工现场不准吸烟，施工队动用明火时进行现场检查、监督。

(5) 及时阻止装修施工队不合时宜地进行有大声响和污染性气味的操作。

(6) 装修竣工后业主和物业服务企业管理部门一起按施工申报资料和住宅使用公约进行验收，验收后，双方在装修验收表上签字确认。

(7) 收回施工队的临时出入证，对遗失的出入证，双方应在装修施工人员出入证发放记录上做好登记并通知保安负责人。

(8) 装修材料运出小区应经业主签字，并经管理处确认。

(四) 做好装修管理的日常记录

物业服务企业管理部门应做好装修管理的日常记录，记录要如实地反映装修管理实际情况，并将记录归入业主档案中。

(1) 分户记载管理日志。

(2) 分户登记整改通知书。

(3) 分户记载施工人员管理记录。

(4) 分户登记装修施工人员出入证收发记录。

(五) 检查装修作业

(1) 物业服务企业管理部门经理每月不定期抽查两次装修管理情况。

(2) 物业服务企业管理部门经理对违章装修业主的处理情况，每天到现场复查一次，直至整改完毕。

(3) 设备主管对装修中损坏房屋承重结构、公共设施，超量用电等违规行为应及时发现并予以阻止，要求施工队限期修复损坏部位。

(4) 对于检查中发现的问题书面通知相关人员整改，属于多次出现的问题，须分析原因并开具纠正/预防措施实施通知单加以完善。

任务小结

(1) 业主或者住宅使用人(简称装修人)对住宅室内进行装饰装修的建筑活动即为住宅室内装饰装修。

(2) 根据有关法律法规，物业管理行政主管部门对物业装饰装修作出了相关规定。物业服务企业应对住宅室内装饰装修活动实施监督管理，装修人与装饰装修企业应当遵守这些规定。物业服务企业应该按照相应的法律法规规定，对装修人的装修行为进行监督，这样才能确保房屋、共用设施设备等不会因为装修人的违法装修行为造成威胁，同时也保护了大多数业主的合法权益。

课后测试

陈厚酒业于 2020 年 9 月 18 日与××装修公司签订了装修手续，开始对 1501、1507、1508 室进行装修。在随后的装修过程中，装修公司未能准确预测到 1408 室正云筑邦的位置，导致三次打穿了正云筑邦的墙顶。

第一次事件发生后，装修公司未向物业报告，且未进行修复。正云筑邦发现问题后，与物业和陈厚酒业进行沟通，要求陈厚酒业进行修复并赔偿损失。然而，陈厚酒业与物业均未给出明确解决方案。

第二次和第三次事件发生后，物业介入并要求装修公司立即停止施工，同时要求其进行修复。然而，陈厚酒业并未积极配合，导致修复工作拖延。

在此期间，正云筑邦提出拒绝交纳物业费的要求，其认为物业公司未能有效管理装修公司的行为。同时，他们要求对装修公司进行处罚，并要求其赔偿损失。

经过多次沟通和协商，物业公司对陈厚酒业进行了处罚，并要求其承担修复工作。同时，物业公司对装修公司进行了罚款，并要求其承担部分修复工作。

对于正云筑邦的损失，物业公司进行了评估并提出了赔偿方案。最终，陈厚酒业和装修公司同意了物业公司的赔偿方案，并承诺之后遵守物业管理和装修规定。

根据《物业管理条例》和《住宅室内装饰装修管理办法》，分析陈厚酒业和装修公司在本案例中的违法行为及应承担的法律责任。

项目五
房屋及附属设施设备的养护与维修

知识目标

(1) 了解房屋完损标准、房屋日常养护的类型与内容。
(2) 了解物业设施设备的分类和房屋设备的养护与维修分类。
(3) 掌握房屋的完损等级划分及评定方法。
(4) 掌握房屋日常养护的程序和房屋维修的分类。
(5) 掌握给排水系统，供电系统，风、暖、空调系统，电梯的养护与维修。

学前热身

玉龙小区是一个居民入住率较高的小区，小区最近出现了居民普遍关注的主管道频繁返水问题。这一问题引起了许多居民的不满和担忧。为了解决这一问题，物业管理处采取了一系列措施，以确保居民正常的生活用水供应。

首先，物业管理处成立了专门的工作组来负责调查和解决主管道返水问题。其次，他们聘请了专业的维修队伍，对受损的管道进行了修复工作，并对堵塞的管道进行了疏通。同时，为了提高楼层的水压，物业管理处安装了增压设备。除了修复和改进管道系统，物业管理处还与居民保持着密切的沟通，以做好业主思想工作。此外，物业管理处还制订了定期检查和维护计划。这些措施有效地减少了主管道返水问题的发生率，并保证了小区供水系统的正常运行。

物业管理处在解决主管道返水问题时，需要遵守相关法律法规的规定，并确保居民的用水权益和生活质量。同时，居民也应了解相关法律法规，以保护自身的合法权益，在遇到问题时可以依法维权。玉龙小区主管道频繁返水是一个涉及供水和居民生活的重要问题。通过针对性的调查、修复、沟通和教育等综合措施，物业管理处尽力解决了这一问题，并提升了居民的生活质量和满意度。在整个过程中，与居民的紧密合作和透明沟通是至关重要的，这可以帮助物业管理处与居民建立良好的工作信任关系。同时，物业管理处应保持对供水系统的定期检查和维护，预防类似问题的再次发生。

任务一　房屋的日常养护与维修

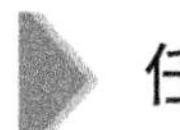

任务导入

房屋的养护与维修是物业管理的一项基础性工作，是为了确保房屋正常使用、减少由于各种因素对房屋造成损坏、改善房屋的使用条件、延长房屋的使用寿命而进行的各种检修、维护和保养活动。房屋的日常养护和维修服务可降低房屋的损坏程度，最终达到物业保值、增值的目的。

理论先行

一、房屋维修的概念和特点

(一) 房屋维修的概念

房屋维修是指房屋自竣工到停止使用的整个经济寿命过程中，为了修复由于自然因素和人为因素造成的房屋损坏，维护和改善房屋使用功能，延长房屋使用寿命而采取的各种维修活动。维修可降低房屋的损坏程度，最终达到物业保值、增值的目的。

(二) 房屋维修的特点

维修和新建的对象都是房屋，在设计和施工的基本理论上是相同的。但是，与新建相比，房屋维修有其自己的特点。

(1) 限制性。房屋维修是在已有房屋的基础上进行的，工作上受到原有条件的限制，设计和施工只能在一定范围内进行，如受到原有房屋资料、环境以及原有建筑风格、建筑艺术的限制。

(2) 经常性。房屋使用期限长，在长期使用过程中，同一结构的房屋，其各个组成部分使用功能的衰减速度和损坏程度不同，因此，房屋维修要经常进行。

(3) 广泛性和分散性。随着时间的推移，房屋的各个部分会有不同程度的损坏，需要根据损坏的程度进行小修、中修和大修等，因此，房屋维修具有广泛性。同时，由于损坏的部分往往分散在房屋的各个方面，维修规模通常较小而且分散。

(4) 技术性。房屋维修活动与一般建筑施工不同，它本身具有特殊的技术要求，既要保持原有的建筑风格和设计意图，又要与周围环境相协调，因此技术性要求较高。

(5) 生产和服务的双重性。生产性是指房屋维修过程中必然会增加设备，改进装饰装修，改善结构等，维修可使房屋增值。服务性是指房屋维修的基本目的是为住户服务，维修要保持房屋的物质形态完好无损，保证住户对房屋的正常和安全使用。

(三) 房屋维修的分类

按照房屋完损状况，其维修工程分为翻修、大修、中修、小修和综合维修五类。

1. 翻修工程

凡需全部拆除、另行设计、重新建造或利用少数主体构件在原地或移动后进行更新改造的工程均为翻修工程。翻修工程应尽量利用旧料，其费用应低于该建筑物同类结构的重建造价。翻修工程一般投资大、工期长。翻修后的房屋必须符合完好房屋标准的要求。

翻修工程主要适用于：主体结构严重损坏、丧失正常使用功能，有倒塌危险的房屋；因自然灾害破坏严重，不能再继续使用的房屋；地处陡峭易滑坡地区的房屋或地势低洼长期积水无法排出地区的房屋；无维修价值的房屋和基本建设规划范围内需要拆迁恢复的房屋。

2. 大修工程

大修工程针对无倒塌或只有局部倒塌危险的房屋，其主体结构和公用生活设备(包括给排水、通风、采暖等)已严重损坏，虽不需全面拆除但必须对其进行牵动、拆换、改装、新装，以保证其基本完好或完好。

大修工程一次费用在该建筑物同类结构新建造价的 25%以上。大修后的房屋必须符合基本完好或完好标准的要求。大修工程施工地点集中，项目齐全，具有整体性，主要适用于严重损坏房屋。

3. 中修工程

因房屋少量主体构件损坏或不符合建筑结构的要求，需要牵动或拆换少量主体构件以保持原房的规模和结构的工程为中修工程。中修工程一次费用在该建筑物同类结构新建造价的 20%以下。中修后的房屋必须符合基本完好或完好标准 70%以上的要求。中修工程项目较小而工程量比较大，有周期性，主要适用于一般损坏房屋。

4. 小修工程

为确保房屋正常使用，对房屋使用中的较小损坏进行及时修复以保持房屋原有完损等级的预防性的日常养护工程为小修工程。这种工程用工少、费用少，综合年均费用占房屋现时造价的 1%以下，具有很强的服务性，要求经常持续地进行。

5. 综合维修工程

凡成片多幢(大楼为单幢)大、中、小修一次性应修尽修的工程为综合维修工程。综合维修工程一次费用在该片(幢)建筑物同类结构新建造价的 20%以上。这类维修工程应根据当地情况、条件，考虑一些特殊要求，如抗震、防灾、防风、防火等，在维修中一并解决。综合维修后的房屋必须符合基本完好或完好标准的要求。

(四) 房屋损坏的原因

房屋建筑自竣工验收使用后便开始损坏，这是自然规律。房屋建筑的损坏有两种：自然损坏和人为损坏。

(1) 自然损坏。房屋因经受自然界中风、霜、雪、雨、冰冻、地震等的作用，受空气中有害气体的侵蚀与氧化作用，或者受蛀蚀而造成各种结构、装饰部位的建筑材料老化、损坏，均属自然损坏。

(2) 人为损坏。房屋在生活和生产活动中，因各种结构、装饰部位受到磨损、碰撞、撞击，或使用不当、不慎，如不合理地改变房屋用途造成房屋结构破坏或超载，改装、搭建不合理，居住使用不爱护等，以及设计不当和施工质量低劣、维修保养不善而造成的各种结构、装饰部位的损伤或损坏，均属人为损坏。

(五) 房屋结构的分类

房屋结构主要分为以下几类。

(1) 砖木结构：承重的主要结构是用砖木建造的。

(2) 砖混结构：竖向承重结构的墙、柱等采用砖或砌块砌筑，柱、梁、楼板、屋面板等采用钢筋混凝土结构。

(3) 钢筋混凝土结构：主要承重结构如墙、柱、梁、楼板、楼体、屋面板等用钢筋混凝土制成，非承重墙用砖或其他材料填充。这种结构抗震性能好，整体性强，耐火性、耐久性、抗腐蚀性强。

(4) 钢结构：主要承重结构用钢制成。钢结构自重轻，适用于超高层建筑和大跨度建筑。随着我国高层和大跨度建筑的发展，采用钢结构的趋势日益显著。

二、房屋维修管理

(一) 房屋维修管理的概念

房屋维修管理是指物业服务企业根据国家房屋维修的技术标准，按照科学、合理的程序，针对房屋的日常维护、维修、保养而进行的技术管理，是物业管理中的一项基础性工作。物业服务企业通过制订合理的维修周期和科学的维修计划，以及确定合理的维修范围和维修方案来进行房屋维修管理，以合理使用人、财、物，从而节省费用、缩短工期，取得更好的经济效益、社会效益和环境效益。房屋维修管理无论是在房屋的再生产过程方面，还是在改善业主或使用人的工作、居住条件方面，都有重要意义。

(二) 房屋维修管理的原则

1. 为业主服务的原则

坚持为业主服务是房屋维修管理的一项基本原则。房屋维修的目的是为业主或使用人创造优良的生活环境与工作环境，以及提高物业的综合效益。因此房屋维修管理应该树立为业主服务的思想，把业主的需要和利益放在首位，切实维护业主的合法权益，建立良好的服务规范，改善服务态度，提高服务质量。

2. 经济、合理、安全、实用的原则

经济，就是要节约人力、财力和物力，尽可能少花钱、多维修，实现维修资金投资效果最大化；合理，就是要制订科学、合理的维修计划与方案，按国家的规定与标准以及用户的合理要求维修房屋，不任意扩大维修范围和内容；安全，就是要坚持质量第一和房屋

完好标准的要求，通过维修使房屋主体结构牢固、功能运转正常，满足用户安全使用的需求；实用，就是要从实际出发，因地制宜、因房制宜地进行维修，以满足用户在房屋质量与使用功能方面的需要。

3. 区别对待的原则

房屋维修管理的对象大体可分为新建房与旧房两类。在房屋的维修与改造过程中，须因房制宜，针对不同情况采取不同的维修方案。对于新建房，重点是做好房屋的日常养护，使房屋保持完好状态，并力求保持原貌。对于城市中占较大比例的旧房，要做好分类工作。对于有保存价值的房屋，要加强维修，合理使用。对尚可利用的旧房，要通过有计划的维修与适当的改建，尽可能改善其居住条件，保证安全与正常使用。对于结构简陋、破旧老朽的旧房、危房，鉴于其已失去再维修的价值，要全部或大部分进行有计划的拆建，即进行旧房的更新与再开发。

4. 明确责任的原则

实践证明，物业的维修责任不明确会导致物业长久失修，出现严重的安全隐患，甚至可能发生安全事故，造成财产损失。因此，通过有关法律法规明确物业维修的法律责任是十分必要的。

(三) 房屋维修管理的意义

1. 延长房屋使用寿命

在长期的使用过程中，由于使用不当以及自然因素等原因，房屋的使用功能会下降，如果不及时维修保养，势必影响业主或使用人的生产和生活。房屋严重损坏还可导致倒塌事故的发生，直接影响到业主或使用人的生命和财产安全。维修管理可介入性地修复房屋损伤，提高使用功能，延长房屋使用寿命。

2. 创造良好的经济效益、环境效益和社会效益

房屋使用寿命越长，业主的使用时间就越长。房屋维修工程可充分挖掘现有房屋的潜力，用少量的投资就可改善居民的居住、生活条件，同时还能保持城市房屋良好的建筑形象，起到美化城市环境、美化生活、加快城市建设的作用。

3. 实现物业服务企业自负盈亏和自我发展的基本前提

物业管理是微利行业，物业服务企业要想走自负盈亏和自我发展的道路，首先要做好房屋维修管理。只有做好房屋维修管理，物业服务企业才能在广大业主和用户心中建立良好的企业形象，从而可创造多种经营收入，弥补管理费的不足，使企业走上自负盈亏和自我发展的道路。

三、房屋完损等级评定

(一) 房屋完损等级划分

房屋的完损等级划分是指对现有房屋的完好或损坏程度划分等级。房屋完损等级是以我国 1985 年制定并试行的《房屋完损等级评定标准》为依据，该标准按完损等级将房屋分

成五类。

1. 完好房

完好房是指房屋结构完好，屋面或板缝不漏水，装修和设备完好、齐全，管道畅通，现状良好，使用正常，虽有陈旧迹象或个别分项有允许值之内的轻微损毁，但不影响居住安全和正常使用，经过小修即可恢复的房屋。

2. 基本完好房

基本完好房是指房屋结构基本完好牢固，少量部件有稍微超允许值的轻微损坏，但已稳定，屋面或板缝局部渗漏，装修和设备有个别零部件有影响使用的破损，但通过维修可以恢复使用功能的房屋。

3. 一般损坏房

一般损坏房是指房屋局部结构构件有变形、裂缝、腐蚀或老化、强度不足，屋面或板缝局部漏雨，装修局部有破损，油漆涂料老化，设备管道不够畅通，水、电、照明、管线等器具和零部件有部分老化、损坏和残缺，需要进行中修或局部大修更换部件的房屋。

4. 严重损坏房

严重损坏房是指严重失修的房屋，部分结构构件有明显或严重倾斜、开裂、变形、强度不足，个别构件已处于危险状态，屋面或板缝严重漏雨，设备陈旧不齐全，管道严重堵塞，水、电、照明、管线等器具和零部件残缺及严重毁损，需局部整修、更新等大修的房屋。

5. 危险房

危险房是指房屋承重结构已属危险构件，主体构件强度严重不足，稳定性很差，丧失了承载能力，随时有倒塌的可能，采用局部加固的维修仍不能保证安全，已经丧失了维修价值，因结构严重损毁需要拆除、翻修的整幢房屋。

(二) 房屋完损标准

1. 完好标准

1) 结构部分

(1) 地基基础：有足够承载能力，无超过允许范围的不均匀沉降。

(2) 承重构件：梁、柱、墙、板、屋架平直牢固，无倾斜变形、裂缝、松动、腐朽、蛀蚀等。

(3) 非承重墙：预制墙板节点安装牢固，拼缝处不渗漏；砖墙平直完好，无风化破损；石墙无风化；木、竹、芦帘、苇箔等墙体完整无破损。

(4) 屋面：不渗漏，基层平整完好，积尘少，排水畅通。

(5) 楼地面：整体面层平整完好，无空鼓、裂缝、起砂；木楼地面平整坚固，无腐朽、下沉，无较多磨损和裂缝；砖、混凝土块料面层平整，无碎裂；灰土地面平整完好。

2) 装修部分

(1) 门窗：完整无损，开关灵活，玻璃、五金齐全，纱窗完整，油漆完好(允许个别钢门窗轻度锈蚀，其他结构门窗无油漆要求)。

(2) 外抹灰：完整牢固，无空鼓、剥落、破损和裂缝(风裂除外)，勾缝砂浆密实。

(3) 内抹灰：完整、牢固，无破损、空鼓和裂缝(风裂除外)。

(4) 顶棚：完整牢固，无破损、变形、腐朽和下垂脱落，油漆完好。

(5) 细木装修：完整牢固，油漆完好。

3) 设备部分

(1) 水、卫：上、下水管道畅通，各种卫生器具完好，零件齐全无损。

(2) 电照：电器设备、线路、各种照明装置完好牢固，绝缘良好。

(3) 暖气：设备、管道、烟道畅通、完好，无堵、冒、漏，使用正常。

(4) 特种设备：现状良好，使用正常。

2. 基本完好标准

1) 结构部分

(1) 地基基础：有承载能力，稍有超过允许范围的不均匀沉降，但已稳定。

(2) 承重构件：有少量损坏，但基本牢固。

(3) 非承重墙：有少量损坏，但基本牢固。

(4) 屋面：局部渗漏，积尘较多，排水基本畅通。

(5) 楼地面：整体面层稍有裂缝、空鼓、起砂；木楼地面稍有磨损和裂缝，轻度颤动；砖、混凝土块料面层磨损起砂，稍有裂缝、空鼓；灰土地面稍有磨损、裂缝。

2) 装修部分

(1) 门窗：少量变形，开关稍不灵，玻璃、五金、纱窗少量残缺，油漆失光。

(2) 外抹灰：稍有空鼓、裂缝、风化、剥落，勾缝砂浆少量松酥脱落。

(3) 内抹灰：稍有空鼓、裂缝、剥落。

(4) 顶棚：无明显变形、下垂，抹灰层稍有裂缝，面层稍有脱钉、翘角、松动，压条有脱落。

(5) 细木装修：稍有松动、残缺，油漆基本完好。

3) 设备部分

(1) 水、卫：上、下水管道基本畅通，卫生器具基本完好，个别零件残缺损坏。

(2) 电照：电器设备、线路、照明装置基本完好，个别零件损坏。

(3) 暖气：设备、管道、烟道基本畅通，稍有锈蚀，个别零件损坏，基本能正常使用。

(4) 特种设备：现状基本良好，能正常使用。

3. 一般损坏标准

1) 结构部分

(1) 地基基础：局部承载能力不足，有超过允许范围的不均匀沉降，对上部结构稍有影响。

(2) 承重构件：有较多损坏，强度有所减弱。

(3) 非承重墙：有较多损坏，强度减弱。

(4) 屋面：局部漏雨，木基层局部腐朽、变形、损坏，钢筋混凝土屋板局部下滑，屋面高低不平，排水设施锈蚀、断裂。

(5) 楼地面：整体面层有部分裂缝、空鼓、剥落，严重起砂；木楼地面部分有磨损、蛀蚀、翘裂、松动、裂缝，局部变形下沉，有颤动；砖、混凝土块料面层磨损，部分破损、裂缝、脱落，高低不平；灰土地面坑洼不平。

2) 装修部分

(1) 门窗：木门窗部分翘裂，榫头松动，木质腐朽，开关不灵；钢门窗部分膨胀变形、锈蚀，玻璃、五金、纱窗部分残缺；油漆老化翘皮、剥落。

(2) 外抹灰：部分有空鼓、裂缝、风化、剥落，勾缝砂浆部分松酥脱落。

(3) 内抹灰：部分空鼓、裂缝、剥落。

(4) 顶棚：有明显变形、下垂，抹灰层局部有裂缝，面层局部有脱钉、翘角、松动，部分压条脱落。

(5) 细木装修：木质部分腐朽、蛀蚀、破裂；油漆老化。

3) 设备部分

(1) 水、卫：上、下水道不够畅通，管道有积垢、锈蚀，个别滴、漏、冒；卫生器具零件部分损坏、残缺。

(2) 电照：设备陈旧，电线部分老化，绝缘性能差，少量照明装置有损坏、残缺。

(3) 暖气：部分设备、管道锈蚀严重，零件损坏，有滴、冒、跑现象，供气不正常。

(4) 特种设备：不能正常使用。

4. 严重损坏标准

1) 结构部分

(1) 地基基础：承载能力不足，有明显不均匀沉降或明显滑动、压碎、折断、冻酥、腐蚀等损坏，并且仍在继续发展，对上部结构有明显影响。

(2) 承重构件：明显损坏，强度不足。

(3) 非承重墙：有严重损坏，强度不足。

(4) 屋面：严重漏雨，木基层腐烂、蛀蚀、变形损坏，屋面高低不平，排水设施严重锈蚀、断裂、残缺不全。

(5) 楼地面：整体面层严重起砂、剥落、裂缝、沉陷、空鼓；木楼地面有严重磨损、蛀蚀、翘裂、松动、裂缝、变形、下沉，有颤动；砖、混凝土块料面层严重脱落、下沉、高低不平、破碎、残缺不全；灰土地面严重坑洼不平。

2) 装修部分

(1) 门窗：木质腐朽，开关普遍不灵，榫头松动、翘裂；钢门窗严重变形锈蚀；玻璃、五金、纱窗残缺，油漆剥落见底。

(2) 外抹灰：严重空鼓、裂缝、剥落，墙面渗水，勾缝砂浆严重松酥脱落。

(3) 内抹灰：严重空鼓、裂缝、剥落。

(4) 顶棚：严重变形，木筋弯曲翘裂、腐朽、蛀蚀，面层严重破损，压条脱落，油漆见底。

(5) 细木装修：木质腐朽、蛀蚀、破裂，油漆老化见底。

3) 设备部分

(1) 水、卫：下水道严重堵塞、锈蚀、漏水；卫生器具零件严重损坏、残缺。

(2) 电照：设备陈旧残缺，电线普遍老化、零乱，照明装置残缺不齐，绝缘不符合安全用电要求。

(3) 暖气：设备、管道锈蚀严重，零件损坏、残缺不齐，跑、冒、滴现象严重，基本上已无法使用。

(4) 特种设备：严重损坏，已无法使用。

(三) 房屋完损等级评定方法

1. 钢筋混凝土结构、混合结构房屋完损等级评定方法

(1) 凡符合下列条件之一者可评为完好房：结构、装修、设备部分各项完损程度符合完好标准；在装修、设备部分中有一至二项完损程度符合基本完好标准，其余符合完好标准。

(2) 凡符合下列条件之一者可评为基本完好房：结构、装修、设备部分各项完损程度符合基本完好标准；在装修、设备部分中有一至二项完损程度符合一般损坏标准，其余符合基本完好以上标准；结构部分除基础、承重构件、屋面外，可有一项完损程度符合一般损坏标准，装修或设备部分中一项完损程度符合一般损坏标准，其余符合基本完好以上标准。

(3) 凡符合下列条件之一者可评为一般损坏房：结构、装修、设备部分各项完损程度符合一般损坏标准；在装修、设备部分中有一至二项完损程度符合严重损坏标准，其余符合一般损坏以上标准；结构部分除基础、承重构件、屋面外，可有一项符合一般损坏标准，装修或设备部分中一项完损程度符合严重损坏的标准，其余符合一般损坏以上标准。

(4) 凡符合下列条件之一者可评为严重损坏房：结构、装修、设备部分各项完损程度符合严重损坏标准；在结构、装修、设备部分中有少数项目完损程度符合一般损坏标准，其余符合严重损坏标准。

2. 其他结构房屋完损等级评定方法

(1) 结构、装修、设备部分各项完损程度符合完好标准的，可评为完好房。

(2) 结构、装修、设备部分各项完好程度符合基本完好标准，或者有少量项目完损程度符合完好标准的，可评为基本完好房。

(3) 结构、装修、设备部分各项完损程度符合一般损坏标准，或者有少量项目完损程度符合基本完好标准的，可评为一般损坏房。

(4) 结构、装修、设备部分各项完损程度符合严重损坏标准，或者有少量项目完损程度符合一般损坏标准的，可评为严重损坏房。

(四) 危险房屋等级划分

危险房屋简称为危房，危房分整幢危房和局部危房。整幢危房是指随时有整幢倒塌可能的房屋；局部危房是指随时有局部倒塌可能的房屋。危房以幢为鉴定单位，按建筑面积进行计算。根据《危险房屋鉴定标准》(JGJ 125-2016)的规定，房屋危险性等级的划分从地基基础、上部承重结构和围护结构三个组成部分的危害程度考虑，划分成四个等级，具体如下：

(1) A 级。无危险构件，结构能满足安全使用要求。

(2) B 级。个别结构构件评定为危险构件，但不影响主体结构安全，基本满足安全使

用要求。

(3) C 级。部分承重结构不能满足安全使用要求，房屋局部处于危险状态，构成局部危房。

(4) D 级。承重结构已不能满足安全使用要求，房屋整体处于危险状态，构成整幢危房。

在进行房屋危险性评定时，应以整幢房屋的地基基础、结构构件危险程度的严重性为鉴定基础，结合历史状态、环境影响以及发展趋势，全面分析、综合判断。

四、房屋日常养护的类型与内容

房屋日常养护是物业服务企业为确保房屋完好和正常使用进行的经常性的日常修理、季节性的预防保养以及维护管理等工作，是物业服务企业房屋维修管理的重要环节。

五、房屋日常养护

(一) 房屋日常养护的原则

房屋日常养护的原则是：因地制宜，合理养护；对不同类型的房屋要制定不同的养护标准；定期检查，及时养护；加强对二次装修的管理，确保安全，保证正常使用；最有效、合理地使用维修基金；最大限度地发挥房屋的有效使用功能。

(二) 房屋日常养护的类型

1. 零星养护

房屋的零星养护是指结合实际情况确定或因突发损坏进行的小修，如补漏屋面、修补屋面、修补泛水、修补屋脊等；整修钢木门窗、拆换五金、配玻璃、换窗纱等；修补楼地面面层，抽换个别楞木等；修补内外墙、抹灰、窗台、腰线等；拆(砌、挖补)局部墙体、个别拱圈，拆换个别过梁等；抽换个别檩条，抽换个别木梁、屋架、木柱，修补木楼等；维修和更换水、电气、暖气等设备的零部件等；疏通下水管道，修补明沟、散水、落水管等；临时加固、维修房屋检查发现的危险构件等。

零星养护的特点是范围广，项目零星分散，时间紧，要求及时，具有经常性的服务性质。零星养护应力争做到“水电急修不过夜，小修项目不过三，一般项目不过五”。

2. 计划养护

房屋的各种构部件均有其合理的使用年限，超过这一年限，构部件一般就开始不断地出现问题。物业服务企业要做好房屋养护，不能等到问题出现后再采取补救措施，而应该制定科学的养护制度，以保证房屋的正常使用，延长其整体的使用寿命，这就是房屋的计划养护。

计划养护从性质上看是一种房屋保养工作，它强调定期对房屋进行检修保养，以减少房屋的问题，延长房屋的使用寿命，从而更好地为业主和使用人服务。计划养护一般安排在报修任务不多的淡季。房屋计划养护是物业服务企业通过平时掌握的检查资料或房屋完损等级状况，从物业管理角度提出的养护。

3. 季节性养护

季节性养护工作主要是在特殊季节来临前对房屋的预防保养工作，如防汛、防台风、防梅雨、防冻、防治白蚁、防锈等。季节和气候的变化会给房屋的使用带来影响，房屋的季节性养护，关系着业主或使用人的居住和使用安全以及房屋设备的完好程度。所以季节性养护也是房屋养护的一个重要方面。季节性养护应注意与房屋建筑的结构种类及其外界条件相适应，如砖石结构的防潮，木结构的防腐、防潮、防蚁，钢结构的防锈等，各有各的要求和方法，必须结合具体情况进行。

(三) 房屋日常养护的内容

1. 地基基础的养护

地基基础属于隐蔽工程，发现问题后采取补救措施很困难，因此应给予足够的重视。地基基础养护主要应从以下几方面进行。

(1) 坚决杜绝不合理荷载的产生。地基基础上部结构使用荷载分布不合理或超过设计荷载，会危及整个房屋的安全；同时，在基础附近的地面堆放大量材料或设备，也会形成较大的堆积荷载，使地基由于附加压力而产生附加沉降。所以，物业服务企业应从内外两方面加强对地基基础日常情况的技术监督，防止出现不合理荷载状况。

(2) 防止地基浸水。地基浸水会使地基基础产生不利的工作条件，因此，对于地基基础附近的用水设施，如上下水管、暖气管道等，物业服务企业要注意检查其工作情况，防止漏水；同时要加强对房屋内部及四周排水设施如排水沟、散水等的管理与维修。

(3) 保证勒脚完好无损。勒脚位于基础顶面，它将上部荷载进一步扩散并均匀地传递给基础，同时起到基础防水的作用。勒脚破损或严重腐蚀剥落，会使基础受到传力不合理的间接影响而处于异常的受力状态，也会因防水失效而产生基础漫水的直接后果。所以，勒脚的养护不仅是美观的要求，更是地基基础养护的重要部分。

(4) 防止地基冻害。季节性冻土地区要注意地基基础的保温工作。

2. 楼地面工程的养护

楼地面工程常见材料多种多样，如水泥砂浆、大理石、水磨石、地砖、塑料、木材、马赛克等。水泥砂浆及常用的预制块地面的受损情况有空鼓、起壳、裂缝等，而木地板容易被腐蚀或蛀蚀。物业服务企业应针对楼地面材料的特性，做好相应的养护工作，通常需要注意以下几个主要方面。

(1) 保证经常用水房间的有效防水。厨房、卫生间等经常用水的房间，一方面要注意保护楼地面的防水，另一方面要加强对上下水设施的检查与保养，防止管道漏水、堵塞，造成室内长时间积水而渗入楼板，发生侵蚀损害。一旦发现问题应及时处理或暂停使用，切不可将就使用，以免形成隐患。

(2) 避免室内受潮与虫害。由于混凝土防潮性有限，在邻接土壤的楼层或房间，水分会通过毛细作用透过地板或外墙渗入室内；在南方，空气湿度经常维持在较高的水平，室内常因选材不当而产生返潮(即结露)现象。建筑虫害包括直接蛀蚀与分泌物腐蚀两种。由于虫害通常出现在较难发现的隐蔽部位，所以更需做好预防工作。如常见的白蚁，会造成房屋结构的根本性破坏，导致无法弥补的损伤，所以对虫害预防工作应予以足够的重视。

(3) 加强二次装修的科学管理。个别业主在使用过程中因对房屋的使用要求发生变化以及为提高装修档次，会对所拥有的物业进行二次装修。二次装修容易改变房屋结构，拆改设备或明显加大荷载的破坏性装修会影响房屋的安全性能及使用性能。因此物业服务企业应加强对二次装修的科学管理。

3. 墙、台面及吊顶工程的养护

墙、台面及吊顶工程一般由下列装饰工程中的几种或全部组成：抹灰工程、油漆工程、刷(喷)浆工程、裱糊工程、罩面板及龙骨安装工程等。养护时一般应满足以下几点要求。

(1) 定期检查，及时处理。定期检查一般不少于每年一次。对容易出现问题的部位重点检查，尽早发现问题并及时处理，防止产生连锁反应，造成更大的损失。对于使用频率较高、易磨损的工程部位，要缩短定期检查周期，如台面、踢脚、护壁以及细木制品。

(2) 加强与其他工程衔接处的保护。墙、台面及吊顶工程经常与其他工程相交叉，在相接处要注意，如水管穿墙加套管保护，与制冷、供热管相接处加绝热高强度套管。

(3) 保持清洁，合理选用清洁方法。保持墙、台面及吊顶清洁，不仅是房间美观卫生的要求，也是保证材料处于良好状态所必需的。灰尘与油腻等积累太多，容易吸潮、生虫并会直接腐蚀材料。所以，应做好经常性的清洁工作。清洁时需根据不同材料的性能，采用适当的方法，如防水、防酸碱腐蚀等。

(4) 注意日常工作中的防护。进行各种操作时要注意防止擦、划、刮伤墙、台面，防止撞击。对于可能损伤台面材料的情况，要采取预防措施。对于日常工作中难以避免的损伤台面的情况，如台面养花、使用腐蚀性材料等，要加设防护措施，有保护垫层。

(5) 注意材料所处的工作环境。对于潮湿、油烟、高温、低湿等非正常工作环境要注意墙、台面及吊顶材料的性能，防止受损。如不可避免，则应采取有效的防护措施，或在保证可复原条件下更换材料，但均须由专业人员操作。

(6) 定期更换部件，保证整体协调性。由于墙、台面及吊顶工程中各部件的使用寿命不同，因此，为保证整体使用效益，可通过合理配置，使各工程各部件均能充分发挥其有效作用，并根据材料部件的使用期限与实际工作状况，及时予以更换。

4. 门窗工程的养护

门窗是保证房屋使用正常、通风良好的重要工具，在管理使用中应根据不同类型的特点注意养护，使之处于良好的工作状态。例如，木门窗易出现门窗扇下垂、弯曲、翘曲、腐朽、缝隙过大等问题；钢门窗则有翘曲变形、锈蚀、断裂损坏等问题；铝合金门窗易受到酸雨及建材中氢氧化钙的侵蚀。在门窗工程养护中，应重点注意以下几个方面。

(1) 严格遵守使用常识与操作规程。门窗是房屋中使用频率较高的部分，要注意在使用时轻开轻关；大风及雨雪天，要及时关闭并固定；开启后，门窗应固定，严禁撞击或悬挂物品。

(2) 经常清洁检查，发现问题及时解决。门窗的构造比较复杂，应经常清洁，防止残垢影响正常使用，如关闭不严等。发现门窗变形或构件短缺、失效等现象，应及时修理，防止对其他部分造成破坏或发生意外事件。

(3) 定期更换易损部件，保持整体状况良好。对使用中损耗大的部件应定期检查、更换。对于轴心或摩擦部位，要经常采取润滑措施，如有残垢，要定期清除，以减少直接损耗。

(4) 北方地区外门窗冬季应妥善使用管理。北方地区冬季气温低，风沙大，外门窗易受侵害，养护时可采用外封式门窗，以有效控制冷风渗透与缝隙积灰。长期不用的外门窗也要加以封闭，卸下的纱窗要清洁干燥，妥善保存，防止变形或损坏。

5. 屋面工程的养护

屋面工程的作用主要是防水、保温、隔热等，随着建筑水平及要求的提高，屋面工程又增加了许多新的功能，如采光、绿化、活动以及太阳能采集利用等。屋面工程施工工艺复杂，最容易受到破坏的是防水层，它直接影响房屋的正常使用，对其他结构及构造层起着保护作用。所以，防水层养护也就成为屋面工程养护中的重点内容。屋面防水层受到大气温度变化的影响，风雨侵蚀、冲刷及阳光照射等都会加速其老化；此外，排水受阻或人为损害以及不合理荷载，会造成局部先行破坏和渗漏；同时防水层维修难度大。所以，防水层需要有一个完整的保养制度，以养护为主，及时维修，以延长其使用寿命。

(1) 定期清扫，保证各种设施处于有效状态。一般非上人屋面每季度清扫一次，防堆积垃圾、杂物及非预期植物如青苔、杂草的生长，遇有积水或大量积雪时，应及时清除。秋季要防止大量落叶、枯枝堆积。上人屋面要经常清扫，在使用与清扫时，应注意保护重要排水设施如落水口等防水关键部位，检修变形缝的泛水问题等。

(2) 定期检查、记录，并及时处理发现的问题。定期组织专业技术人员对屋面各种设施的工作状况按规定的项目内容进行全面详查，并进行检查记录。对非正常损坏的，要查找原因，防止产生隐患；对正常损坏的，要详细记录其损坏程度。检查后，对发现的问题及时汇报处理，并适当调整养护计划。

(3) 建立大修、中修、小修制度。在定期检查、养护的同时，根据屋面综合工作状况，进行全面的小修、中修或大修，可以保证其整体协调性，延长整体使用寿命，以发挥最高的综合效能。

(4) 加强屋面使用的管理。在屋面的使用中，要防止产生不合理荷载与进行破坏性操作。上人屋面在使用中要注意污染、腐蚀等问题，在使用期间应有专人管理。屋面增设的各种设备，首先要保证不影响原有功能(包括上人屋面的景观要求)，其次要符合整体技术要求，如对屋面产生荷载的类型与大小应符合标准。施工过程要有专业人员负责，并采用合理的构造方法与必要的保护措施，以免对屋面产生破坏或形成其他隐患。

(5) 建立专业维修养护队伍。屋面工程维修养护具有很强的专业性与技术性，检查与维修养护都必须由专业人员来完成。同时屋面工程的养护频率相对较低，为减轻物业服务企业的负担，并充分保证维修养护达到较高的技术水平，更有效、更经济地做好屋面工程养护工作，应设立由较高水平专业技术人员组成的专业团队。

6. 通风道的养护

通风道在房屋建设和使用过程中容易被忽略而又容易出问题，因此通风道的养护应该作为一个专项加以重视。首先在设计时就要尽量选用坚固耐久的钢筋混凝土通风道、钢筋网水泥砂浆通风道等，淘汰砖砌通风道、胶合板通风道。在房屋接管验收时，一定要将通风道作为一个单项进行验收，确保通风道畅通、安装牢固、不留隐患。

在房屋通风道使用和养护过程中，应注意以下几个方面。

(1) 住户在安装抽油烟机和卫生间通风器时，必须小心细致地操作，不要乱打乱凿，避免对通风道造成损害。

(2) 不要往通风道里扔砖头、石块或在通风道上挂东西，避免挡住风口，堵塞通道。

(3) 物业服务企业应每年逐户对通风道的使用情况及裂缝、破损、堵塞等情况进行检查，发现不正确的使用行为要及时制止，发现损坏要认真记录，及时修复。

(4) 检查时可用铁丝悬挂大锤放入通风道，检查其是否畅通。

(5) 通风道发现小裂缝应及时用水泥砂浆填补，严重损坏的应在房屋大修时彻底更换。

以案说理

某老旧小区内有一栋砖混结构的居民楼，建成已有30多年。近期，小区物业在日常巡检中发现该楼的部分外墙面出现了瓷砖脱落的情况，脱落位置集中在3至5层，且脱落面积有逐渐扩大的趋势。经初步检查，物业发现由于长期的风吹日晒、雨水侵蚀，加之原本的瓷砖粘贴工艺存在一定缺陷，瓷砖与墙面的黏附力下降。同时，该楼的屋顶也出现了局部渗漏现象，每逢雨天，顶层住户家中的天花板就会出现水渍，部分区域甚至开始掉灰。

物业立即采取了应急措施。一方面，他们在楼下拉起了警戒线，设置警示标识，提醒住户注意安全，避免在危险区域停留；另一方面，迅速组织专业维修人员对墙面和屋顶的损坏情况进行详细勘查，制定维修方案。维修人员经过评估，确定需要先对脱落瓷砖的墙面进行清理，铲除松动的瓷砖和基层，重新进行墙面基层处理后，再选用质量合格的瓷砖进行粘贴；对于屋顶渗漏问题，则需先查找渗漏点，对防水层进行修补或重新铺设。

在维修过程中，物业与住户积极沟通，告知维修进度和注意事项，争取住户的理解和配合。经过一周的紧张施工，外墙面瓷砖修复和屋顶防水工程顺利完成。维修完成后，物业还安排了回访，确保住户对维修效果满意，并提醒住户在日后使用过程中若发现问题及时反馈。

在这个案例中，该小区居民楼出现外墙面瓷砖脱落和屋顶渗漏问题，是自然与人为因素共同作用的结果。物业发现问题后迅速组织勘查并制定维修方案，并积极与居民沟通，施工完成后还进行回访，符合房屋维修管理程序，践行了安全第一和为业主服务的原则。从维修工程分类看，该案例中的维修属中修工程且维修后房屋恢复正常。案例也警示物业，应强化老旧房屋日常养护，增加对易损部位巡检，做好预防性维修和养护，以降低房屋损坏程度，延长使用寿命，实现物业保值增值。

任务实施

一、学习目标

(1) 掌握房屋维修分类管理；

(2) 明确房屋维修管理工作流程。

二、实施方法

(一) 房屋维修分类管理

1. 小修项目管理

(1) 需求收集：建立“三位一体”报修机制，通过走访查房、智能报修系统和物业服务站接待收集小修项目。

(2) 计划编制：运用 PDCA 循环制订维修计划，优先处理影响安全的项目。

(3) 质量控制：执行《民用建筑修缮工程施工标准》(JGJ/T 112—2019)，建立“三检制”(自检、互检、专检)。

2. 大、中修项目管理

(1) 鉴定评估：依据《危险房屋鉴定标准》(JGJ 125—2016)，由注册结构工程师出具鉴定报告。

(2) 资金申请：按《住宅专项维修资金管理办法》，召开业主大会表决。

(3) 施工监管：采用建筑信息模型工具进行施工过程监控。

(二) 维修全流程管理

1. 查勘鉴定

完成房屋完损等级评定，区分自然损坏与人为损坏。

2. 方案制定

参照《民用建筑修缮工程施工标准》(JGJ/T 112—2019)，明确大修、中修、小修标准。

3. 招标投标

符合《中华人民共和国招标投标法》规定的强制招标范围的项目，应优先选择有资质的维修单位。

4. 施工监理

执行《建设工程监理规范》(GB/T 50319—2013)，重点监督隐蔽工程。

三、任务流程

为了做好房屋维修工作，物业服务公司要开展不同层次的维修管理工作，一般程序如下。

(一) 房屋查勘鉴定

为了掌握房屋的使用情况和完损等级，根据房屋的用途和完损情况进行管理，在确保业主居住安全的基础上，尽可能地提高房屋的使用价值并合理延长房屋的使用寿命，物业服务企业必须做好房屋的查勘鉴定工作。查勘鉴定一般可分为定期查勘鉴定、季节性查勘鉴定及工程查勘鉴定等。

(二) 房屋维修计划管理

房屋维修计划管理是物业服务企业计划管理的重要内容，是指为做好房屋维修工作而进行的计划管理。房屋维修计划管理的内容一般包括房屋维修计划的编制、检查、调整及总结等一系列环节，积极做好计划工作的综合平衡是房屋计划管理的基本工作。

(三) 房屋维修质量管理

保证质量是房屋维修管理的重要目标之一，为保证和提高产品质量而开展的企业管理工作即质量管理。房屋维修质量管理是指为保证维修工程质量而进行的管理工作，它是物业服务企业质量管理的重要组成部分。房屋维修质量管理的内容一般包括对房屋维修质量的理解(管理理念)、建立企业维修工程质量保证体系以及开展质量管理基础工作等。

(四) 维修工程预算编制

维修工程预算编制是物业服务企业开展企业管理的一项十分重要的基础工作，同时也是维修工程管理中核算工程成本、确定和控制维修工程造价的主要手段。工程预算编制工作可以在工程开工前事先确定维修工程预算造价，可以依据预算工程造价组织维修工程招标投标并签订施工承包合同。

(五) 维修工程招标投标

招标投标是物业服务企业对内分配维修施工任务、对外选择专业维修施工单位，确保实现维修工程造价低、质量高及进度快目标的有效管理模式。组织招标投标是物业服务企业的一项重要管理业务。一方面，物业服务企业可以通过组织招标投标构建企业内部市场，通过市场竞争来实现施工任务在企业内部各施工班组之间的分配；另一方面，物业服务企业可以通过邀请企业外部专业施工单位参加竞争，充分发挥市场公平竞争的作用，实现生产任务分配的最优化，从而为提高整个维修工程的经济效益、社会效益和环境效益打下基础。

(六) 房屋维修成本管理

成本管理是物业服务企业为降低企业成本而进行的各项管理工作的总称。房屋维修成本管理是物业服务企业成本管理的重要组成部分。房屋维修成本是指耗用在各个维修工程上的人工、材料、机具等要素的货币表现形式，即构成维修工程的生产费用，把生产费用归集到各个成本项目和核算对象中，就构成了维修工程成本。房屋维修成本管理是指为降低维修工程成本而进行的成本决策、成本计划、成本控制、成本核算、成本分析和成本检查等工作的总称。维修成本管理工作的质量直接影响到物业服务企业的经济效益及业务质量。

(七) 房屋维修要素管理

房屋维修施工活动离不开技术、材料、机具、人员和资金，这些构成了房屋维修要素。所谓房屋维修要素管理，是指物业服务企业为确保维修工作正常开展而对房屋维修中所需的技术、材料、机具、人员和资金等所进行的计划、组织、控制和协调工作。房屋维修要素管理包括技术管理、材料管理、机具管理、劳动管理和财务管理。

(八) 房屋维修施工项目管理

房屋维修施工项目管理属于物业服务企业的基层管理工作，主要是指物业服务企业所属基层维修施工单位(或班组)对维修工程施工的全过程所进行的组织和管理工作。房屋维修施工项目管理主要包括管理班子的组织，施工的组织与准备，施工过程中有关成本、质量与工期的控制，合同管理及施工现场的协调工作。

(九) 房屋维修施工监理

房屋维修施工监理是指物业服务企业将所管房屋的维修施工任务委托给专业维修单位，为确保实现原定的质量、造价及工期目标，以施工承包合同及有关政策法规为依据，对承包施工单位的施工过程所实施的监督和管理。房屋维修施工监理一般由物业服务企业的工程部门指派项目经理负责，其主要任务是在项目的施工中实行全过程的造价、质量及工期三大目标的控制，进行合同管理并协调项目施工各有关方面的关系，帮助并督促施工单位加强管理工作并对施工过程中所产生的信息进行处理。

任务小结

(1) 房屋的日常养护与维修是物业管理的一项基础性工作。

(2) 房屋建筑损坏有两种：自然损坏和人为损坏。

(3) 房屋按完损等级可分为完好房、基本完好房、一般损坏房、严重损坏房、危险房五类。

(4) 房屋日常养护可分为零星养护、计划养护和季节性养护。

(5) 按房屋完损状况，其维修工程分为翻修、大修、中修、小修和综合维修五类。

(6) 房屋维修工作的一般程序包括：房屋查勘鉴定、房屋维修计划管理、房屋维修质量管理、维修工程预算编制、维修工程招标投标、房屋维修成本管理、房屋维修要素管理、房屋维修施工项目管理和房屋维修施工监理。

课后测试

(1) 房屋损坏的原因有哪些？

(2) 房屋的完损等级有哪五类？

(3) 如何对房屋进行完损评定？

(4) 房屋日常养护的程序是什么？

(5) 按照房屋完损状况，房屋维修可分为哪几类？

(6) ××小区是一个繁华的居民社区，然而小区居民近期却频频受到损坏问题的困扰。在这个小区内，多处存在着地砖翘起、顶板爆筋、墙皮脱落以及室内和公共区域漏水的现象。这些问题的普遍存在给小区的居民和物业管理带来了诸多不便和困扰。

根据该小区工程质量维修管理办法，小区物业应对房屋进行必要的维修和养护，以确保居民的生活环境和安全。然而，由于维修需要耗费大量资金，物业无法负担如此高额的维修费用。这也直接影响了物业的盈利，使得物业难以达到公司规定的盈利标准，物业管理公司面临着考核不合格的风险。

问题：① 维修费用应该由谁出？

② 物业服务企业应如何处理此事？

任务二　物业设施设备的维修与管理

任务导入

物业设施设备是指附属于房屋建筑的各类设备的总称，它是构成房屋建筑实体的不可分割的有机组成部分，是发挥物业功能和实现物业价值的物质基础和必要条件。物业设施设备之所以属于房屋建筑实体不可分割的有机组成部分，是因为在现代城市里，没有水、电、燃气等附属设备配套的房屋建筑，不能算是完整的房屋；同时，设施设备的不配套，或配套的设施设备相对落后，也会降低房屋的使用价值和经济价值。

物业设施设备是构成房屋建筑实体的重要组成部分，如给水、排水、供暖、空调、通风、供电、电梯等系统。物业设施设备的设置是为了满足人们生产生活的需要，为人们干净而舒适的工作和生活环境提供保障。随着城市现代化水平的提高，人们对物业设施设备功能的要求越来越高。物业设施设备的维修与管理，直接关系到房屋的居住功能，影响到人们的生活质量，物业设施设备的维修与管理是物业管理工作的重点之一。

理论先行

一、物业设施设备的含义

物业设施设备是建筑物附属设施设备的简称，它包括室内设备与物业红线内的室外设备与设施系统，是构成物业实体的重要组成部分。随着经济和科学技术的高速发展，人们对现代物业功能的要求越来越高，智能化的建筑设施设备系统已经得到了广泛的应用，如给排水系统、供配电系统、通信网络系统、综合布线系统、电梯系统、中央空调系统、建筑设备自动化系统以及各种智能化的安全防范系统和消防管理系统等，这些系统给人们的工作、生活和学习创造了更加经济、舒适、方便和健康的环境，但同时也给物业管理工作带来了更新、更高的要求。

二、物业设施设备的分类

(一) 给水系统设施设备

给水系统是供应建筑内部和小区范围内的生活用水、生产用水和消防用水的系统，它包括小区给水系统和建筑内部给水系统。供水系统按照用途基本上可以分为生活用水供水系统、生产用水供水系统、消防用水供水系统三大类。其中涉及的设施设备主要有水箱、水池、水泵、水表、供水管网等。

(二) 排水系统设备

排水系统设备是指用来排除污废水及雨雪水的系统，包括小区排水系统和建筑内部排水系统。其中涉及的设备主要包括室内排水管道、通气管、清通设备、污水泵、室外小区检查窨井和排水管道等。

(三) 消防系统设备

消防系统设备是指建筑物内的火灾自动报警系统、室内消火栓、室外消火栓等固定设备。自动消防系统设备分为电系统自动设备和水系统自动设备，主要包括消防水箱、各式消防喷头、消防栓、消防泵、建筑防火及疏散设施、消防给水设施、防烟及排烟设施、电器与通信系统、自动喷水与灭火系统等。

(四) 卫生设备

卫生设备是指房屋建筑内部附属的卫生器具，包括洗脸盆、卫生器具等。

(五) 热水供应设备

热水供应设备是指房屋建筑中为人们提供生活用热水的设备，包括水加热器、给水泵、热水管道、热水表、淋浴器等。

(六) 供配电系统设备

供配电系统设备是指小区和建筑物供电、配电系统中的电气设备部分，主要包括变压器房内高压开关、变压器以及各种温控仪表和计量仪表、低压配电柜、空气开关、保护装置、电力电容器、配电干线、楼层配电箱等。

(七) 供暖系统设备

供暖系统设备一般由三部分组成：一是热源，即热量发生器，如锅炉、热电厂的余热等；二是热量输送管网，如室内外供暖管道及其相关附件；三是散热部分，即热量散发的设备，如散热器、暖风机等。

(八) 空调系统设备

空调系统分类方法很多，按空气处理设备的设置情况分可分为集中式空调系统、半集中式空调系统和分散式空调系统。空调系统设备主要包括冷水机组、冷却塔、风机盘管、送回风系统、水泵以及各类阀门、仪表、检测器件等。

(九) 通风系统设备

通风是改善室内空气质量的重要手段。通风包括从室内排出污浊的空气和向室内补充新鲜的空气两个方面。前者称为排风，后者称为送风或进风。为实现排风或送风而采用的一系列设备、装置的总体，称为通风系统。通风方式可分自然通风和机械通风两种。通风系统设备主要包括通风管道，室内送、排风口，室外进、排风装置，通风机，除尘器等。

(十) 电梯设备

电梯按用途可分为乘客电梯、载货电梯、客货两用电梯、病床电梯、杂物电梯、消防电梯、观光电梯和其他专用电梯等。尽管电梯的种类很多，但电梯设备都主要包括轿厢、井道、门系统、导向系统、对重系统和安全保护系统等。

(十一) 燃气设备

房屋的燃气设备包括燃气灶、燃气表、燃气管道、天然气管网等。

三、物业设施设备管理的特点

概括地讲，物业设施设备管理具有以下几个特点。

(一) 关系到业主的最根本利益

物业设施设备的产权属于全体业主，资产绝对值很大，视物业规模和档次不同，多则数亿元，少则几百万至上千万元。对于高层高档写字楼而言，设施设备占总投入的1/4～1/3。物业的正常使用决定于设施设备的正常运行，如管理不到位，不仅影响设施设备的使用寿命，还会影响整个物业的使用功能，甚至造成隐患和事故，最终影响物业的保值增值。

(二) 技术性强

随着技术全面进步，越来越多的高科技设施设备被应用到物业建筑中，种类繁多，涉及专业面广。通常的物业具有供配电系统、给排水系统、通风空调系统、自动消防系统、消防灭火系统、电梯系统、自动化控制系统、保安监控系统(含各类门禁识别系统)、楼内综合布线系统、通信系统、停车场管理系统以及有线电视系统等，而一些新型的高科技智能化物业，如北京的奥运鸟巢、水立方等，更是应用了最先进的科技成果。尽管物业管理仍具有劳动密集型的特征，但是物业设施设备管理却越来越显示出技术密集型的趋势。正因为如此，物业设施设备管理成为物业管理最本质、最需专业技术的核心内容。

(三) 是“显性服务”的基础

目前，很多物业服务企业由“管理公司”更名为“服务公司”，并在形象礼仪、保洁绿化、客户服务等“显性服务”方面下足功夫，突出为业主服务的宗旨，应该说，这是一种企业经营定位方面的进步。物业设施设备的安全正常运行，是安居的前提和保障，是物业服务的底线。尽管这项工作不为多数业主所见，具有“隐性管理”特点，但只有做好此项工作，其他各项“显性服务”才有意义。换言之，物业设施设备管理的水平从根本上决定了物业服务企业的管理水平和服务水准。

(四) 要求有可继承性和可延续性

物业使用寿命少则四五十年，长则上百年，即使由一家物业服务企业长期管理，也需要几代人的衔接，而且随着物业管理的市场化和招标投标制度的实施，物业服务企业的更换成为常态。在此情况下，设施设备管理就要求具有很好的可继承性和可延续性，由此也决定了物业管理的指导思想必须具有长期性和连续性。

四、物业设施设备管理的作用

(一) 充分发挥房屋住用功能的保障

物业设施设备的正常运行不仅是人们工作、生活和学习正常进行的物质基础，也是影响工业、商业发展和人民生活水平提高的因素。良好的设施设备管理确保了物业的正常运作，从而保证了人们各项活动的正常、有序进行。

(二) 设施设备延长使用寿命、安全运行的保证

物业设施设备在使用过程中，会因种种原因发生磨损、故障或毁坏，因此，良好的物业设施设备管理，不仅能保证设施设备运行安全和技术性能正常发挥，而且能及时发现隐患、排除故障，避免事故发生，将损失降到最低限度；同时还能延长设施设备的使用寿命，提高设施设备的使用效益。

(三) 推动房屋建筑设施设备现代化

随着社会经济的发展、科学技术的进步以及人们对高品质生活的追求，物业设施设备也向着先进、合理、完备、多样化、综合性和系统化的方向发展。例如，智能化建筑的建造，涉及通信系统、安全监控系统和设备监控系统等。这些高科技系统的应用，必须有良好的设施设备管理基础。因此，良好的物业设施设备管理，是推动房屋建筑设施设备现代化的基础。

(四) 提高业主的经济效益

物业设施设备的成本一直是物业成本的主要组成部分之一。现代化的物业设施设备管理，是对设施设备全过程的综合管理，也就是对设施设备的设计、制造、采购、安装、调试、使用、维护、保养、检修、更新改造和报废等整个过程的管理。这使得物业设施设备不仅在技术上要始终处于最佳运行状态，而且在经济上也要有最低的总生命周期成本。设施设备的正常高效运行能够改善物业的住用条件，优化住用环境，为物业的保值和增值奠定基础。

五、物业设施设备管理的现状与问题

目前，国内物业设施设备管理工作较国际先进水平有一定差距，原因在于以下几个方面。

(一) 市场经济环境不健全

建设方在设计、建设阶段较少考虑建成后的使用成本和便利性，而是过多地考虑如何减少一次投资，如何节省自身时间和精力以及如何使用流行的智能化设施设备吸引买方；设施设备供应商也较少考虑系统集成的协调和匹配；物业服务企业也很少进行工程前期介

入。各阶段工作的脱节为日后的管理工作埋下了隐患。

(二) 管理观念滞后

国内有些物业服务企业认为设施设备无故障、能运行便是物业设施设备管理的全部工作内容，而并没认识到物业设施设备管理的服务对象是人。保证物业用户的健康、舒适和效率，才是物业设施设备管理工作的最终目标。

(三) 管理技术含量不高

当前，国内多数物业服务企业经济实力不足，难以吸引高质量人才，凭经验、拼设备等手工作坊式的运作仍是国内很大范围内物业设施设备管理的主流。很多物业服务企业，包括一些高档物业的管理者，把维修看成设施设备管理工作的主要内容，很少在设施设备的运行效果和效率上下功夫，导致物业设施设备管理的专业性不强，服务质量较低。

(四) 人才匮乏

尽管近年来各种层次的培训相继举办，物业管理专业和物业设施设备管理专业等各层次的学历教育也相应设置，但无论是研究内容还是研究对象都还处于探索阶段，都有待总结提高，物业设施设备管理行业人才匮乏。

六、物业设施设备管理的内容

(一) 设施设备使用管理

设施设备使用管理主要通过制定、实施一系列规章制度来实现。使用管理制度主要有设备运行值班制度、交接班制度、操作使用人员的岗位责任制度等。房屋设施设备根据使用时间的不同，可分为日常使用设施设备(如给排水系统、供电系统、电梯等)、季节性使用设施设备(如供暖、供冷设备)、紧急情况使用设施设备(如消防、自动报警设备)。各类设施设备都要制定相应的运行使用制度。

(二) 设施设备养护与维修管理

设施设备养护与维修管理的主要依据包括定期检查制度、日常养护维修制度、维修质量标准以及维修人员管理制度等。

(三) 设施设备安全管理

设施设备安全管理在物业设施设备管理中占有重要位置。国家对安全性能要求高的设施设备实行合格证制度，要求维修人员参加学习培训，考核后持证上岗，同时要制定相应的管理制度，确保使用安全。

(四) 设施设备技术档案资料管理

设施设备技术档案资料管理的对象主要包括设施设备的验收文件、登记卡、技术档案、工作档案和维修档案等。

七、物业设施设备的养护与维修分类

(一) 物业设施设备养护的分类

(1) 日常养护：设施设备操作人员所进行的经常性的养护工作。它主要包括定期检查、清洁保养，发现小故障并及时排除，及时做好养护工作并进行必要记录等。

(2) 一级养护：由设施设备操作人员与维修人员按计划进行的养护工作。它主要包括对设施设备的某些局部进行解体、清洗、调整以及按照磨损规律进行定期养护。

(3) 二级养护：设施设备维修人员对设备进行全面清洗、部分解体检查和局部养护、更换或修复磨损零件，使设施设备达到完好状态。

(二) 物业设施设备维修的分类

设施设备维修是通过修复或更换零件、排除故障、恢复设施设备原有功能所进行的技术活动。根据设施设备的完损情况，其维修可分为以下五类。

(1) 零星维修：对设施设备进行日常养护、检修及为排除运行故障而进行的局部修理。

(2) 中修：对设施设备进行正常和定期的全面检修，包括部分解体修理和更换少量磨损零部件，保证能恢复和达到应有的标准和技术要求，更换率一般为 10%～30%。

(3) 大修：对设施设备进行定期全面检修，要进行全部解体，更换主要部件或修理不合格零部件，使设施设备基本恢复原有性能。

(4) 更新和技术改造：设施设备使用一定年限后，技术性能落后，效率低，耗能大，污染日益严重，需要更新设施设备，以提高和改善技术性能。这一过程也可通过技术改造完成。

(5) 故障维修：设施设备在使用过程中发生突发性故障而停止运行，检修人员应采取紧急修理措施，排除故障，恢复功能。

八、物业设施设备维修的特点

(一) 维修成本高

相对于房屋建筑本身而言，设施设备的使用年限较短：一方面，设施设备因使用而发生有形损耗，致使其使用年限缩短；另一方面，由于技术进步，性能更好、使用更舒适方便的新型设施设备出现，原有设施设备使用年限被动缩短。

(二) 维修技术要求高

物业设施设备的种类多，专业性强，对灵敏度和精确度的要求都较高，维修工作质量会直接影响设施设备在运行中技术性能的正常发挥。因此，物业设施设备维修技术要求高。设施设备维修管理必须配备专业技术人员。

(三) 随机性与计划性相结合、集中维修与分散维修相结合

物业设施设备因平时使用不当或其他原因，往往是突然发生故障，这就使物业设施设备的维修具有很强的随机性，很难事先确定故障究竟何时以何种方式发生。同时物业设施

设备又有一定的使用寿命和大修更新周期，因此，设施设备维修又有很强的计划性。此外，设施设备的日常养护、零星维修和突发性抢修是分散进行的，而大修更新又往往是集中地按计划进行的。因此，物业设施设备维修又具有集中维修与分散维修相结合的特点。

九、物业设施设备维修的岗位职责

(一) 工程部经理的岗位职责

工程部经理是对设施设备进行管理、操作、养护、维修，保证设施设备正常进行的总负责人。其职责如下。

(1) 负责设施设备的使用、维护、养护、更换整个过程中的管理工作，使设施设备始终处于良好的工作状态。

(2) 组织拟定设施设备管理、操作、维修等的规章制度和技术标准，并监督执行。

(3) 组织、收集、编制各种设施设备的技术资料，做好设施设备的技术管理工作。

(4) 组织编制各种设施设备的养护、检修计划，进行预算，在批准后，组织人员实施。

(5) 组织人力、物力，及时完成住户提出的报修申请。

(6) 组织全体工程部员工进行技术业务学习，提高解决技术难题的能力，树立“业主至上，服务第一”的思想。

(二) 各专业技术负责人(工程师或技术员)的岗位职责

各专业技术负责人在工程部经理的领导下，负责所管辖维修班组的技术和管理工作，并负责编制所分管设施设备的养护、维修计划、操作规程及有关资料，协助经理完成上级主管部门布置的工作。其具体职责如下。

(1) 负责编制所管设施设备的年、季度、月检修计划及相应的材料、工具预算计划，经工程部经理审批后负责组织计划的落实实施，并负责技术把关和检查。

(2) 负责检查所有分管设施设备的使用、维护和养护情况，并解决有关技术问题，以保证设施设备处于良好的工作状态。

(3) 负责制定所管理设施设备的运行方案，督导操作工严格遵守岗位责任制，严格执行操作规程，以保证设施设备的正常运行。

(4) 负责所管理设施设备的更新、改造计划，纠正原设计和施工遗留的缺陷，使各项设施设备正常运转，从而达到安全、可靠、经济、合理的目标。

(5) 组织调查、分析设施设备事故原因，提出处理意见及整改措施，以防同类事故再次发生。

(6) 具体负责培训所管辖设施设备的检修工、操作工的技术水平、工作能力。

(7) 积极完成上级领导布置的其他任务。

(三) 工程主管的岗位职责

(1) 负责本班组所管辖设施设备的运作、养护工作，严格做到“三干净”：设施设备干净、机房干净、工作场所干净；“四不漏”：不漏电、不漏水、不漏油、不漏气；“五良好”：使用性能良好、润滑良好、密封良好、紧固良好、调整良好。

(2) 以身作则，带领并督促全班组员工遵守岗位责任制、操作规程和公司制定的各项规章制度，及时完成上级下达的各项任务。

(3) 负责本班组的政治、业务学习，不断提高自身素质，负责本班组的日常工作安排。

(4) 严格考核全体员工的出勤情况，不允许擅离职守。

(5) 制订设施设备的检修计划和备件计划，报主管部门审核后组织实施。

(四) 技术工人的岗位职责

(1) 按时上班，不迟到早退。

(2) 认真执行公司制定的各种设施设备维护规程。

(3) 认真完成设施设备的日常巡检工作，发现问题及时处理。

(4) 定期对设施设备进行养护。

(5) 认真完成公司安排的设施设备大修任务。

(6) 正确、详细地填写工作记录、维修记录，建立设施设备档案。

(7) 爱惜各种设施设备、工具和材料，对日常维修消耗品要登记，严禁浪费。

(8) 加强业务学习，树立高度的责任心，端正工作态度。

(五) 保管员的岗位职责

(1) 负责统计材料、工具和其他备件的库存情况，根据库存数量及其他使用部门提出的采购申请，填写采购申请表，报送经理审批。

(2) 负责材料、工具和其他设施设备备件的入库验收工作，保证产品品种、规格、数量质量符合有关规定的要求。

(3) 负责库房的保管工作，保证设施设备的安全和质量。

(4) 负责材料、工具和其他设施设备备件的出库工作。

(5) 负责统计库房材料的工作，按时报送财务部门。

(6) 负责完成上级交办的其他任务。

以案说理

2023 年 5 月 16 日 18:10，××写字楼 A 座楼管接到 1902 客户报修，反映室内窗户位置吊顶上方漏水。楼管立即联系值班维修师傅上门查看。维修师傅上门看到 1902 室内吊顶正在滴水，随后立即来到该户楼上 2002 室内进行查看。

维修师傅至 2002 室时发现室内直饮水位置阀门未关，地面地毯均处于潮湿状态，关闭阀门并拍照后便返回楼下对漏水位置进行拍照，同时告知 1902 客户原因为楼上漏水，同时通知楼管漏水原因。5 月 17 日楼管关于漏水导致 1902 室部分电子设备进水及维修事宜与 2002 客户沟通时，2002 客户称需楼下出具清单。

楼管告知 1902 客户后，1902 随后出具一份 98 000 元的损失清单，楼管将该损失清单发给楼上客户，楼上客户随即改口称漏水与其无关，并称 2002 室内漏水位置与楼下渗水位置不一致，两者相距 10 多米远，并要求将室内地板揭开查看是否有漏水问题。随即维修人员将地板揭开，看到地板下地面干燥并无渗水痕迹。2002 客户据此称楼下漏水与其无关，并称物业栽赃，同时拒绝以后交纳室内物业费。

在这个案例中，物业公司未采取一定的预防措施，以避免房屋漏水问题的发生。首先，物业公司未能定期检查房屋管道与水管接口情况，进行修理或者更换。其次，物业公司也未能定期检查排水系统，清理积水和堵塞的管道。此外，物业公司未能定期检查业主的窗户、门框和墙体的密封情况，以防止漏水事件的发生。另一方面，物业服务人员未能认真处理业主房屋漏水问题。物业服务人员应当在接到投诉后，立即对相关问题进行详细考察与分析，包括整个事件的起因、过程以及结果。显然，在这个案例中，维修人员并未对漏水问题进行细致分析，这也导致了业主的不满。

任务实施

一、学习目标

(1) 掌握物业设施设备的分类与功能；
(2) 理解设施设备管理的核心职责；
(3) 掌握养护与维修策略；
(4) 具备风险防范与纠纷处理能力。

二、实施方法

物业设施设备管理工作要顺利实施，必须建立健全各项管理制度。管理制度是企业进行管理的重要依据，也是企业员工的工作准则。设施设备管理各项制度的制定必须符合国家各项有关规定，以保障物业设施设备的正常运行。物业设施设备的管理制度主要如下。

(一) 人员管理方面的制度

1. 岗位责任制度

根据岗位制定员工责任制，从制度上明确各工作岗位的工作内容和责任，保证设施设备的正常运行和良好状态。工程部的主要岗位有：工程部经理、技术主管、班组长、维修人员(技术工人)、库房保管员、资料统计员等。

2. 考勤和请假制度

考勤和请假制度主要规定工作时间，迟到、早退、旷工的处理办法，请假的手续和准假权限等方面的内容。

3. 交接班制度

交接班制度主要包括交接班时间、交接内容和程序等方面的内容。

4. 值班制度

设施设备的运行离不开人的管理，值班制度可以保证事故隐患的及时发现并排除，从而保证设施设备正常运行。值班制度的内容包括：值班纪律、值班工作内容、值班期间设施设备故障处理程序和要求等。

(二) 设施设备管理方面的制度

1. 物业设施设备接管验收制度

设施设备接管验收工作是设施设备安装或检修停用后转入使用的重要过程，因此在设施设备的运行管理和维修管理之前，首先要做好设施设备的接管验收工作。接管验收不仅包括对新建房屋附属设施设备的验收，也包括对维修后设施设备的验收以及委托加工或购置的更新设施设备的开箱验收。验收后的设施设备基础资料要保管好。

2. 物业设施设备的技术操作规程和安全操作规程

物业设施设备种类较多，维修手段各不相同，涉及水暖、电工电子、机械、消防、通信、计算机、电气焊等多个领域，只有针对性地进行相应的操作，才能保证设施设备的正常运转和维修的顺利进行。制定合理的技术操作规程和安全操作规程，可以保证设施设备的正常使用，同时也可以延长其使用寿命。

3. 物业设施设备的养护及维修制度

物业设施设备的养护及维修制度包括设施设备的日常养护制度和计划性检修制度。日常养护制度主要规定设施设备的养护部位、养护内容和养护程序；计划性检修制度主要规定维修计划，维修类别、等级、周期、内容，计划性检修制度的实施，以及监督检查等。

4. 设施设备运行管理制度

设施设备运行管理制度包括巡视抄表制度、安全运行制度、经济运行制度、文明运行制度等。此外，特殊设施设备还需另行制定一些制度，如电梯安全运行制度、应急发电运行制度等。

5. 设施设备事故分析制度

设施设备因非正常原因造成停水、停电、停暖、停气、停梯，以及消防系统等故障影响物业运转和正常使用时，管理部门应派人员紧急抢修，配合有关主管部门进行事故调查，并对事故的起因和发生做出客观、正确的分析，追究有关部门和责任人的责任。因此，设施设备事故分析处理要建立相应的制度。

(三) 物资管理方面的制度

物资管理方面的制度主要包括设施设备维修器材、工具、零配件的采购、保管和领用等方面。设施设备维修器材的采购、保管和领用要按照既定的程序和手续进行，并由专人负责。对于高值物品的管理应采用以旧换新的制度。

三、任务流程

(一) 给排水系统的养护与维修

1. 给排水系统设施设备管理范围的界定

1) 给水系统

一般以自来水总表为界，界线以外(含计费水表)的供水管线的设施设备，由城市供水部门负责维护管理，界线以内至用户的供水管线及设施设备由物业服务企业负责维护管理。室内消防给水还要接受公安消防部门的监督检查。

2) 排水系统

室内排水系统由物业服务企业维护管理。一般来说，住宅小区内道路和市政排水系统的管理职责以 3.5 米路宽为界。凡道路宽度在 3.5 米(含 3.5 米)以上的，其道路和埋设在道路下的市政排水系统由城市市政管理部门负责维护管理；道路宽度在 3.5 米以下的由物业服务企业负责维护管理。

2. 给排水系统设施设备养护与维修管理内容

1) 给排水系统设施设备的基础资料管理

给排水系统设施设备的基础资料主要有：产品与配套件的合格证、竣工图、给排水系统设施设备的检验合格证书、供水的试压报告、报修单、运行记录、检查记录、设施设备更新、技术改进措施等资料。

2) 给排水系统设施设备的日常巡视

日常巡视的工作内容主要包括：水泵房有无异常的声响或大的振动，压力表指示有无异常，电机温升是否正常，闸阀、法兰连接处是否漏水，水池、水箱水位是否正常，止回阀、浮球阀、液位控制器是否正常。

3) 室外给排水系统设施设备的维修养护

室外给排水管道每半年全部检查一次，水管阀门要求完好、无渗漏，水管通畅无阻塞，若有阻塞，应清除杂物。明暗沟每半年全面检查一次，沟体应完好，盖板齐全。雨水井、化粪池每季度全面检查一次，保持雨、污水井盖标识清楚。

室外消防栓每季度全面试放水检查，每半年养护一次，主要检查消防栓玻璃、门锁、栓头、水带、连接器阀门以及“119”“消防栓”等标识是否齐全，水带破损、发黑、发霉与插接头的松动，要进行修补、固定。维修养护时将水带展开、换边、折叠、卷好，将阀门杆上油防锈，抽取总数的 5%进行试水，清扫箱内外灰尘，将消防栓玻璃门擦净，最后贴上检查标识，标识内容包括检查日期、检查人、检查结果。

上下雨污水管每月检查一次，每次雨季前检查一次，每四年水管刷油漆一次，要求水管无堵塞、漏水或渗水，流水通畅，管道接口完好，无裂缝。

4) 水池、水箱的维修养护

水池、水箱的维修养护每半年进行一次，若遇特殊情况可增加清洗次数。清洗的程序如下。

(1) 关闭进水总阀，关闭水箱之间的连通阀门，开启泄水阀，抽空水池、水箱。

(2) 泄水阀处于开启位置，用鼓风机向水池、水箱吹 2 小时以上，排除水池、水箱中的有毒气体，吹进新鲜空气。

(3) 将点燃的蜡烛放入池底，观察蜡烛是否熄灭，以确定空气是否充足。

(4) 打开水池、水箱内照明设施或设临时照明。

(5) 清洗人员进入水池、水箱后，对池壁、池底洗刷不少于三遍，并对管道、阀门、浮球进行检修保养。

(6) 清洗完毕后，排出污水，然后喷洒消毒药水。

(7) 清洗工作彻底完成后，关闭泄水阀，注入清水，并加盖加锁。

5) 水泵房的管理

水泵房的管理主要涉及以下几个方面：保证水泵房通风、照明良好及应急灯在停电状态下的正常使用；水泵房内严禁存放有毒、有害物品，严禁吸烟；水泵房内应备齐消防器材并放置在方便、显眼处；非值班人员不准进入水泵房；每班打扫一次水泵房，每周清洁一次水泵房内的设施设备，确保水泵房地面和设施设备外表的清洁；水池的观察孔应加盖上锁，水泵房应当做到随时上锁，钥匙由当值水泵房管理员保管，不得私自配钥匙等。

6) 屋面雨水排水系统的维护管理

屋面雨水排水系统维护管理的目的是迅速排放屋面、地面积留的雨水，保证人们的正常工作和生活。因此，雨水排水系统入口部位的周边环境必须定期进行检查、清洁，以保证雨水能够顺畅地流入雨水管。

屋面雨水排水系统的日常检查一般结合小区室外排水系统的检查进行，两者类似故障的处理方法基本相同。屋面雨水排水系统的维护管理内容如下。

(1) 每年至少对屋面进行一次清扫，一般是在雨季来临前，清除屋顶落水口、雨水口上的积尘、污垢及杂物，并清除天沟的积尘、杂草及其他杂物，屋面及泛水部位的青苔杂草应及时清除。同时，检查雨水口、落水管、雨水管支(吊)架的牢固程度。

(2) 对内排水系统，要做一次通水试验，重点检查雨水管道及接头是否漏水，并检查检查井、放气井内是否有异物。

(3) 室外地面要定期冲洗，小区面积较大时，可每日进行冲洗。雨水口箅子及检查井井盖要完好无缺。做好宣传，制止行人、小孩随手往雨水口扔垃圾、杂物等，雨水口箅子上的杂物要随时清除。

(4) 每次大雨后，都要对小区室外雨水管道进行检查，清除掉入管中的杂物。另外为便于雨水利用，屋面等处的防水材料应具低污染性。对新建构筑物宜使用瓦质、板式屋面，已有的沥青油毡平屋面可以进行技术升级，代以新型防水材料，从源头控制雨水污染。

(二) 供电系统的养护与维修

1. 供电设施设备管理的内容和要求

供电设施设备管理的内容主要有安全管理、正常运行管理和维修管理。其中供电设施设备的安全管理占有重要的地位。该项管理的质量直接影响着物业小区内用电设施设备的安全和人员的生命安全。供电设施设备正常运行管理是供电设施设备安全可靠运行的保障，主要包括巡视监控管理、变配电室的设施设备运行管理和档案管理等内容。

供电设施设备管理的目的是使供电系统达到以下基本要求。

(1) 安全：在电能使用中不发生人身伤亡事故。

(2) 可靠：满足用户对电能可靠性的要求，不随意断电。

(3) 优质：满足用户对电压和频率的要求。

(4) 经济：使用费用要低。

2. 供电设施设备的安全管理

1) 加强安全教育普及安全用电常识

电能可造福人类，但如果使用和管理不当，也会给人们带来极大的危害，甚至伤及生命。因此，必须加强电气安全教育，使供电设施设备使用人员和管理人员树立“安全第一”的思想。

2) 供电设施设备的安全操作管理

供电设施设备的安全操作管理是指规范供电设施设备的操作程序，保证供电设施设备操作过程中的安全。供配电室的值班人员必须有强烈的安全意识，熟悉安全用电基本知识，掌握安全注意事项，按照操作规程操作电气设备。

3. 供电设施设备的档案管理

一般住宅区或高层楼宇以每幢楼为单位建立供电设施设备档案。档案内容主要有：电气平面图、设施设备原理图、接线图等图样；使用电压、频率、功率、实测电流等有关数据；运行记录、维修记录、巡视记录及大修后的试验报告等各项记录。供电设施设备的档案由物业服务企业工程部的供电设施设备管理员负责保管。

4. 供电系统的运行巡视管理

供电系统运行中的巡视管理是指根据物业服务企业工程部制定的运行巡视管理规范，值班人员定期对设施设备进行巡视、检查，主要包括变配电室巡视、配电线路巡视等。

1) 变配电室巡视

(1) 变压器的油位、油色是否正常，运行是否过负荷，变压器是否漏油。

(2) 配电柜有无声响和异味，各种仪表指示是否正常，各种导线接头是否有过热或烧伤的痕迹，接线是否良好。

(3) 配电室防小动物设施是否良好，各种标识物、标识牌是否完好，安全用具是否齐全、是否放于规定的位置。

2) 配电线路巡视

(1) 电杆有无倾斜、损坏、基础下沉现象，有则采取措施。

(2) 沿线有无堆积易燃物、危险建筑物，有应进行处理。

(3) 拉线和扳桩是否完好，绑线是否紧固。

(4) 导线接头是否良好，绝缘子有无破损，若有则更换。

(5) 避雷装置的接地是否良好，若有缺陷应设法处理。

(6) 电缆线路的电缆头、瓷套管有无破损和放电痕迹，油浸纸的电缆是否漏油。

(7) 暗敷电缆沿线的盖板是否完好，线路标识桩是否完整，电缆沟内是否有积水，接地是否良好。

5. 供电系统的养护与维修

1) 供电系统养护

供电系统养护的目的是消除事故隐患，防止出现较大故障，减少不必要的经济损失。通常低压配电柜的养护每半年一次，应检查母线接头有无变形、有无放电的痕迹，母线接头处有脏物时应清除，检查配电柜内各种开关是否良好，检查熔断器是否接触良好，有无烧损，养护完成后填写保养记录。

变压器的养护每半年一次，变压器在运行中应观察其声音、温度是否正常，电压、电流读数是否正常，在停电的状态下，清扫变压器外壳，检查变压器的油封垫圈是否完好，拧紧变压器的外引线接头，若有破损应修复后再接好，检查变压器绝缘子是否完好、接地线是否完好，并填写保养记录。

2) 供电系统维修

供电系统维修是指对供电设施设备出现的故障进行修复。较大的维修项目如变压器的内部故障修复和试验、高压断路器的调整和试验等，一般采用外委维修的方式。供电系统管理员应根据维修计划，委托供电公司对辖区内的变压器和高压断路器进行检修和试验。

3) 变配电室管理

变配电室的值班人员要严格执行变配电室的管理制度，主要内容有：变配电室的设备正常运行时，非值班人员不得入内；变配电室内禁止存放易燃、易爆物品，且消防器材齐全；每班打扫一次室内卫生，每周清扫一次设备卫生；值班人员还应履行交接班制度，按规定时间交接班。

(三) 供暖、空调和通风系统的养护与维修

1. 供暖系统的养护与维修

1) 供暖设施设备维修养护年度计划的制订

工程部管理组负责根据过去一年设施设备运行情况记录的总结，结合运行组与维修组的意见，组织制订供暖设施设备维修养护年度计划，工程部经理负责审核该计划并检查该计划的执行情况。供暖设施设备维修组负责该计划的具体实施。

2) 运行管理中的巡视监控

当供暖系统开始运行后，值班员每隔 2 小时巡视一次，巡视部位包括锅炉房及室外管网。锅炉房内要对锅炉本体、燃烧机组、水泵机组、电气控制系统及各种附属装置(如闸阀、油箱、热水箱)进行巡视。室外巡视主要是查看供暖沟有无大量渗漏水的现象。

3) 室内外供热管网的维修养护

室外供热管网每半年维修养护一次，检查内容包括保温层是否有脱落、漏水的现象，地沟内通风、照明设施是否完善正常，管道上阀门开启是否灵活，伸缩器是否动作可靠，地沟盖板是否断裂，出现问题应及时修补。

室内供热系统一般在采暖季到来之前进行维修养护，出现问题由用户报修，维修人员依程序进行维修处理。

采暖季结束、系统停运后，系统要进行全面检修；检修后要注满水进行湿保养，防止管道和设备氧化腐蚀；充水保养期间管道和阀门的漏水要及时修理，阀门要定期活动以免生锈；室外地沟内不允许存水。

4) 供暖用户的管理

供暖用户管理是供暖季的重要管理环节，主要内容包括以下几个方面。

(1) 订立供暖条款。订立供暖条款有利于管理供暖用户，防止不按规定取暖、到期不交或拖延交纳取暖费等不良行为。

(2) 制定供暖管理办法。供暖管理办法应明确并在用户手册中阐明，以增加管理的透

明度。设立24小时值班制度，公布接待电话，及时处理用户报修，在用户手册中还应说明供暖费的收费标准与交纳方式。

(3) 倡导用户经济取暖。其主要内容有：倡导用户自觉控制热水(汽)流通量，保持室内适当温度；用户家中暂时无人或长期无人居住时，自觉关闭散热器热水(汽)入口阀门，减少热量的无效耗散；检查房间的密封性能，加强保温措施；用户家庭装修需变动散热器位置型号时，要取得管理人员的现场认可，否则视为违约行为，用户承担由此造成的一切后果。

2. 空调系统的养护与维修

1) 空调设施设备维修养护计划的制订

空调设施设备的维修养护，技术性较强，因此每年的年底就要制订下一年的维修养护计划。为了使计划准确、合理、完整、明确，工程部主管经理与管理组及维修组人员应共同研究制订中央空调维修养护计划。计划应考虑中央空调的使用频率、中央空调的运行状况、有无故障隐患以及合理维修养护的时间(避开节假日、特殊活动日等)。维修养护计划的内容主要包括维修养护项目的内容、具体实施维修养护的时间、预计的费用以及所需备品备件等。

2) 空调设施设备的维修养护

空调设施设备的维修养护对象主要是冷水机组，冷却塔，冷却风机盘管，水泵机组，冷冻水、冷却水及凝结水管道及风道，阀类，控制柜等。具体的维修养护内容如下。

(1) 冷水机组的维修养护。冷水机组是把整个制冷系统中的压缩机、冷凝器、蒸发器、节流阀等设备以及电气控制设备组装在一起，提供冷冻水的设备。对于设有冷却塔的水冷式制冷机中的冷凝器、蒸发器，每半年由制冷空调的维修组进行一次清洁养护。压缩机由制冷空调维修组每年进行一次检测、保养。

(2) 冷却塔的维修养护。冷却塔应每半年进行一次清洁保养。检查内容包括电机风扇转动是否灵活，风叶螺栓是否紧固，转动是否有振动；布水器布水是否均匀，否则应清洁管道及喷嘴；风扇、风叶、补水源球阀功能是否正常，否则应修复；检查冷却塔架，金属塔架每两年涂漆一次。

(3) 风机盘管的维修养护。每半年对风机盘管进行一次清洁养护，每周清洗一次空气过滤网，清洁风机风叶、盘管、积水盘上的污物，同时用盐酸溶液清洗盘管内壁的污垢，然后拧紧所有的紧固件，清洁风机盘管的外壳。

(4) 水管道的维修养护。每半年对冷冻水管道、冷却水管、冷凝给水管道进行一次保养，检查冷冻水、凝结水管路是否有大量凝结水，保温层是否已有破损，若有破损应重新做保温层。

(5) 阀类、仪表的维修养护。每半年对中央空调系统所有阀门进行一次养护。对于管道中的节流阀及调节阀，应检查是否泄漏；检查阀门的开闭是否灵活，若开闭困难，则应加注润滑油；检查法兰连接处是否渗漏。对于常用的温度计、压力表、传感器，若仪表读数模糊不清应拆换，更换合格的温度计和压力表，检测传感器的参数是否正常并做模拟实验，对于不合格的传感器应拆换。

(6) 送回风系统的维修养护。每年初次运行时，送回风系统的通风干管内的积尘应清扫干净，设备应进行清洗、加油；风量调节阀，防火阀，送风口、回风口的阀板，叶片的开启角度和工作状态应仔细检查，若不正常应进行调整，若开闭不灵活应更换。

3. 通风系统的养护与维修

通风系统的养护与维修包括灰尘清理、巡回检查、仪表检定等方面。

通风系统灰尘来源主要是新风、漏风、风管内积尘以及回风从室内带出来的灰尘等，运行人员要针对灰尘来源进行清理，防止空气污染。其主要内容有：定期对通风系统进行清洁度检查；当系统出现污染以及系统性能下降现象，应进行清洗；清洗管道时应保持负压，发现老化或损坏部件要及时更换修理；经常检查和及时更换零件。

设施设备状态要进行巡回检查，出现问题及时维修。巡回检查的项目包括送回风机、电过滤器的电动机是否有异常声音，轴承发热程度，传动带松紧是否合适，风管是否有锈蚀脱漆现象，阀门、仪表动作是否正常等。

仪表检定是指定期检验和校正测量、控制仪表设备，保证它们测量控制准确无误。

(四) 电梯的养护与维修

1. 电梯的接管验收

电梯的安全性在很大程度上取决于电梯的建造和安装质量。所以加强电梯的安全管理就要把好电梯产品质量关和安装质量关，做好接管验收。

1) 电梯的验收管理

电梯由施工单位安装好后，要按国家规定的技术标准和质量标准进行验收。验收时，由施工单位向物业服务企业提交验收资料，包括电梯的出厂合格证、性能测试、运行记录、安装使用说明书、原理图、安装图等。物业服务企业的电梯管理员应邀请市级以上劳动局的有关专业技术人员进行检验和验收，验收合格后方可投入使用。

2) 电梯设施设备接管

电梯设施设备经验收合格后，划归物业服务企业管理，同时可投入使用。物业服务企业工程部的电梯管理员应建立电梯的档案并妥善保存。未经过验收合格的电梯，物业服务企业绝对不能接管，而应责令施工单位进行整修，限期再验收。

2. 电梯的运行管理

电梯的运行管理，就是保障电梯良好运行所实施的管理活动，主要内容包括电梯运行巡视监控管理、电梯机房管理和电梯档案管理等。

1) 电梯运行巡视监控管理

巡视监控管理是由电梯机房值班人员实施的，定时对电梯进行巡视、检查，发现问题并及时处理的管理方式。电梯机房值班人员每日对电梯进行一次巡视，根据巡视情况填写巡视记录。机房值班人员巡视时应注意：曳引机是否有噪声、异味，是否烫手；轴承螺栓是否松动；减速箱的油位、油色是否正常，联轴器是否牢固可靠；指示仪表、指示灯及各继电器动作是否正常；变压器、电抗器等是否过热；制动器是否正常；曳引轮、曳引绳、限速器等是否正常；通信设施、标识牌、盘车手轮、开闸扳手等救援工具是否放在指定位置；电梯运行有无振动，开关门是否顺畅；底坑限速器是否正常。

2) 电梯机房管理

电梯机房值班人员在工程部电梯管理员的领导下工作。电梯管理员负责制定电梯机房的管理制度。机房值班人员应严格执行电梯机房管理制度。电梯机房管理制度的主要内容有：非机房工作人员不准进入机房；机房应配备消防器材；禁放易燃易爆物品；保持机房清洁；机房要随时上锁等。

3) 电梯档案管理

为了解电梯的整体状况，工程部以高层楼宇为单位建立电梯档案。电梯档案包括电梯的原理图、安装图、电梯巡视记录、电梯维修记录等内容。档案中的电梯巡视记录，由机房值班组长每月初整理成册，交工程部电梯管理员保管。

4) 交接班制度

正常时，电梯机房值班人员按时交接班。交班人员应向接班人员讲清当日电梯的运行情况，接班人员应查看电梯巡视记录、工具等，确认无误后再在运行巡视记录上签名；当遇到接班人员未到岗时，交班人员不得离岗，而应请示工程部电梯管理员寻求解决；电梯发生事故未处理完时，应由交班人员继续负责事故的处理，接班人员协助处理。

5) 电梯的维修养护制度

为使电梯安全运行，电梯需要进行经常性的维修和养护。电梯管理员和电梯机房值班电工负责电梯发生故障时的紧急维修工作，公司工程部主管负责电梯故障维修的组织监控工作，并负责建立电梯维修管理制度。电梯维修管理养护制度主要包括以下内容。

(1) 月维修养护制度。月维修养护主要检查各种按钮是否灵活，开关是否正常，电梯有无噪声和异味，限速制动元件是否可靠。检修完成后填写电梯月维修养护记录。

(2) 季维修养护制度。季维修养护针对机房内的主要设备进行检修，如检查曳引电机运行时，有无异常响声；减速机是否漏油，减速机和曳引电机的温升是否超标；曳引电机制动器是否可靠；速度反馈装置的反馈信号有无变化，控制柜的电气元件动作是否可靠，限位开关的动作是否可靠。检修完成后填写电梯季度维修养护记录。

(3) 年维修养护制度。每年对电梯的整机性能和安全设施进行一次检查。整机性能包括乘坐的舒适感，运行的振动、噪声、速度和平层准确度。安全设施包括超速保护，断相、错相保护，撞底缓冲装置，超越上下限位置的保护，设备绝缘等。有条件的物业服务企业可自行组织维修养护，也可委托获得政府管理部门颁发电梯维修许可证的单位进行维修养护。整机维修养护完成后应填写电梯年维修养护记录。

(4) 电梯故障处理制度。电梯管理员和电梯值班电工接到电梯故障的通知后，应在 5 分钟内到达现场；根据现场情况作出正确判断，并对电梯被困人员进行解救；查看故障现象、分析故障原因，根据情况进行故障处理。对于一般故障，处理后填写电梯维修记录。电梯的重大故障应由公司工程部负责请电梯公司的技术人员进行维修，并经劳动局专业人员检验合格方可使用。

(5) 不定期维修养护。物业服务企业应不定期对电梯维修养护情况进行检查，发现问题视其情况给予责任人教育、批评或处罚。

(五) 室内消防给水系统的养护与维修

1. 室内消防给水系统养护与维修的内容

室内消防给水系统的养护与维修主要针对消防设施设备进行，消防设施设备的养护与维修需要专门的技术，特别是一些重要设备，一般请政府认可的专业公司进行养护维修。

1) 物业服务企业的职责

(1) 熟悉消防法规，了解各种消防设施设备的使用方法，制定物业的消防制度。

(2) 禁止擅自更改消防设施设备。

(3) 定期检查消防设施设备的完好情况，使用不当的应及时改正。

(4) 检查电器、电线、开关及燃气管道等有无发霉、生锈、氧化、熔化及堵塞等情况，防止短路或爆炸引起火灾。

(5) 制止任何违反消防安全的行为。

(6) 积极开展防火安全教育，提高全民防火意识。

2) 建筑物消防设施设备的管理

(1) 检查集中报警控制器。

(2) 检查消防泵、喷淋泵及稳压泵。

(3) 检查水泵接合器。

(4) 检查消防栓。

(5) 检查火灾探测器。

(6) 检查消防电源、消防卷帘。

(7) 检查联动控制设施设备。

(8) 检查防火门。

(9) 检查紧急广播设施设备系统。

(10) 检查防排烟系统、气体灭火系统。

2. 消防管理制度

物业服务企业管理部门要结合建筑物的实际情况，建立消防管理制度，而且要认真贯彻落实执行。

1) 消防控制中心值班制度

消防控制中心要建立24小时值班制度，值班人员要具备消防基本知识，对建筑物内的消防设施设备要有充分的了解，并懂得火灾事故处理程序，同时值班人员要有高度的责任心。

2) 防火档案制度

物业服务企业管理部门要建立防火档案制度，火灾隐患、消防设施设备状况(位置、功能、状态等)、重点消防部位、前期消防工作概况等要记录在案，以备随时查阅，还要根据档案记录的前期消防工作概况，定期进行研究，不断地提高防火、灭火的水平和效率。

3) 防火岗位责任制度

要建立各级领导负责的逐级防火岗位责任制，上至公司领导，下至消防员，都要对消防负有一定的责任。

3. 室内消防栓养护与维修

消防栓在使用过程中应保持清洁、干燥，防止锈蚀、碰伤或其他损坏。每半年至少进行一次全面的检查维修，检查的主要内容如下。

(1) 消防栓和消防卷盘供水闸阀是否有渗漏现象。

(2) 消防栓内各附件是否齐全良好，卷盘是否转动灵活；消防部件的外观有无破损，涂层有无脱落，箱门玻璃是否完好无缺。

(3) 报警按钮、指示灯及控制线路功能是否正常，有无故障。

(4) 消防栓、供水阀门及消防卷盘等所有转动部位是否定期加注润滑油。

4. 自动喷水灭火系统的养护与维修

自动喷水灭火系统所用的水源和水压、消防水泵的工作情况、报警系统的工作状态及干式系统自动充气装置的工作状态进行日常检查，保证火灾发生时系统能正常运行。

除日常检查外，还须对系统中的设施设备进行定期检查。定期检查的项目主要有：喷头的清洁情况；报警阀的状态；供水管路有无腐蚀渗漏，湿式系统中管路是否定期排空、冲洗；消防水箱、高位水箱及压力罐的工作状态；火灾探测报警装置和压力开关、水流指示器的工作状态。

自动喷水灭火系统养护与维修工作应由专人负责，并建立相关的管理制度。养护与维修人员应熟悉自动喷水灭火系统的原理、性能和操作规程。

自动喷水灭火系统的养护与维修工作内容及要求见表5-1。

表5-1　自动喷水灭火系统的养护与维修内容及要求

序号	部　位	工作内容及要求	周期
1	水源	测试供水能力，符合设计要求	每年
2	蓄水池、高位水箱	检测水位正常，消防储水有不被他用的措施	每月
3	消防气压给水设备	检测气压、水位符合工作条件要求	每月
4	设置储水设备的房间	检查室温，不低于5℃	寒冷季节每天
5	储水设备	检查结构材料完好，无锈蚀	每两年
6	电动消防水泵	启动试运转正常；水量、水压符合要求	每月
7	内燃机驱动消防水泵	启动试运转正常；水量、水压符合要求	每星期
8	报警阀	放水试验，启动性能正常	每季
9	水源控制阀、报警控制装置	目测状况完好，开闭位置正确	每日
10	系统所有控制阀门、电磁阀	检查铅封、锁链完好，状况正常	每月
11	室外阀门井控制阀门	检查开启状况正确	每季
12	水泵接合器	检查状况完好	每月
13	水流指示器	试验报警正常	每两月
14	喷头	检查状况、消除异物，重要场所还应定期实测动作性能	每月

(六) 燃气供应系统养护与维修

燃气供应系统是城市的基础设施之一，关系到国计民生、千家万户，因而必须保证系统的正常供气，使燃气管道畅通无阻，阀门开关灵活，燃气表计量准确。由于燃气是易燃、易爆、有毒的危险气体，因此必须保证燃气管道及设施设备严密、不漏气，避免发生燃气中毒或爆炸事故，保证系统的安全运行。此外，对用户要做好安全教育，以免发生安全事故。

1. 室内燃气供应系统的养护与维修

1) 燃气设施设备的检查和报修

燃气设施设备通常采用巡回检查和用户报修相结合的方法，以便及时了解燃气供应系统的运行状况，发现和处理燃气设施设备的故障。

2) 燃气设施设备的养护和维修

为减少管道的机械和自然损坏，提高燃气供应系统的安全可靠性，延长管道和设施设备中修、大修的周期，室内燃气设施设备应进行定期养护和维修。

3) 安全用气宣传

物业服务企业应通过各种方式宣传燃气安全使用知识，使用户了解燃气设施设备养护等方面的知识，自觉保护好室内燃气设施设备。

4) 室内燃气设施设备的安全管理

燃气供应系统的安全管理，是关系到国家和人民生命财产不受损失的重要环节，必须严格执行国家颁布的《城镇燃气管理条例》，从燃气和设备的使用、销售等方面，切实做好管理，杜绝燃气事故的发生。

2. 室内燃气管道及部件的维护

1) 室内燃气管道的外观检查

从外观上检查管道的固定是否牢固，管道有否锈蚀或机械损伤，管卡、托钩有否脱落以及管道的坡度、坡向是否正确。

2) 室内燃气管道漏气的检查和处理

当室内出现异味时，必须意识到有可能是燃气系统漏气，应立即对燃气管道进行泄漏检查，具体方法是：用肥皂水涂抹怀疑漏气点，如果出现连续气泡，则可以断定该处漏气。需要注意的是，必须严禁用明火查找漏气点。找到漏气点后，可用湿布将漏气点包好扎紧或将漏气点前的阀门关闭，并尽快报告燃气公司进行处理。

3) 燃气表的养护

燃气表的养护工作包括地区校验和定期检修。按照计量部门的要求，燃气表的地区校验每年进行一次，使用误差不大于 4%。当用户对燃气表的计量有疑问时也要经地区校验，以检查计量是否有误差。地区校验采用特制的标准喷嘴或标准表进行。

3. 室内燃气安全

1) 室内燃气作业的注意事项和安全措施

(1) 作业人员要严格遵守各项燃气操作规程，熟悉所维护的燃气系统情况。

(2) 室内燃气设施维修，通常不允许带气作业，要关闭引入管总阀门，并把管道中的燃气排到室外。维修作业过程中要加强室内的通风换气。

(3) 未经主管部门批准，已供气的室内燃气管道，一律不准采用气焊切割和电、气焊作业。必须采用时，要事先编制作业方案。

(4) 维修结束后，用燃气置换管道中的空气时，作业范围及周围严禁一切火种，置换时的混合气体不准在室内排放，要用胶管接出排到室外，并应注意周围环境和风向，避免发生人员中毒或其他事故。

(5) 室内管道重新供入的燃气在没有检验合格前，不准在燃气灶上点火试验，而应当从管道中取气样，在远离作业现场的地方点火试验。

(6) 带有烟道和炉膛的燃气用具，不准在炉膛内排放所置换的混合气体。燃气用具如果一次点火不成功，应当关闭燃气阀门，在停留几分钟后再进行第二次点火。

(7) 引入管的清通和总入口阀门的检修，是危险的带气作业，要严格按操作规程作业。

2) 使用燃气的注意事项

(1) 用户要有具备使用燃气条件的厨房，禁止厨房和居室并用；燃气灶不能同取暖炉火并用；厨房必须通风，一旦燃气泄漏能及时排到室外。

(2) 装有燃气设施的厨房切忌住人。

(3) 使用燃气的厨房里不准堆放易燃易爆物品。在燃气设施上禁止拴绑绳索、吊挂物品，以免造成燃气的泄漏。

(4) 点燃燃气灶时，要有人看守，防止沸水溢出，浇灭火焰。小火时，防止火被风吹灭。

(5) 要经常检查燃气胶管是否老化、破损。如有这种情况，应及时重新更换。

(6) 用完燃气后关闭燃气灶具开关，并将燃气表前(或后)的阀门关闭。

(7) 带有自动点火功能的灶具一次点不着时，应立即关闭灶具开关，开关的打开时间不能过长，以免燃气外漏。

(8) 教育儿童不要随意乱动燃气灶具开关，更不要在有燃气设施的房间内玩火。

(9) 燃气泄漏时，应立即打开门窗。对发现的泄漏点应及时处理，处理不了的立即报告燃气公司或有关部门。

任务小结

(1) 物业设施设备是构成房屋建筑实体的有机重要组成部分，如给水、排水、供暖、空调、通风、供电、电梯、燃气供应等。

(2) 物业设施设备养护可分为日常养护、一级养护、二级养护。

(3) 物业设施设备维修可分为零星维修、中修、大修、更新和技术改造、故障维修等。

(4) 要使物业设施设备管理工作能顺利实施，必须建立健全各项管理制度，物业设施设备的管理制度主要有人员管理方面的制度、设施设备管理方面的制度、物资管理方面的制度等。

课后测试

(1) 物业设施设备主要有哪些？

(2) 物业设施设备管理的内容有哪些？

(3) 物业设施设备维修分为哪几类？

(4) 物业设施设备维修的特点是什么？

(5) 物业设施设备管理制度主要有哪些？

(6) 结合实际谈谈设施设备的养护与维修应注意哪些问题。

(7) 某日，家住上海某区的李先生出门下楼的时候，手指被电梯门夹到，导致中指骨折并且错位。据李先生说，他所住的这栋楼，电梯门经常反应不灵敏，人进入轿厢后门不会自动关上，遇到这样的情况，人们通常会用手拉一下电梯门，让电梯门关上。当天，李先生进入电梯后，电梯门没有关上，他便像往常一样用手拉了一下电梯门，谁知这时电梯门突然快速地关上，李先生来不及将手收回，手指便被电梯门夹了。当时搭乘电梯的只有李先生一人，但现场监控拍下了他的手指被夹到的全过程。事发后，经医生检查，李先生右手中指骨折并且错位，日后需要手术，否则在手指骨骼长好后手指是弯的，预计后期手术等相关花费要数千元。李先生说："从出事到现在，我多次联系电梯厂家，对方也只是派了维修工人前来查看并维修电梯，我的医疗费等问题没有得到解决。"李先生所在居民楼共有 26 层，每层有 16 户，配 4 部电梯。部分居民反映，在早晚高峰时段，电梯的使用状况很紧张，电梯门无法自动关闭的情况时有发生。

问题：① 物业服务企业有无责任？

② 电梯生产厂家有无责任？

项目六

物业环境管理

知识目标

(1) 了解物业环境及物业环境管理的含义、类型。
(2) 了解物业绿化管理的含义和作用。
(3) 掌握物业环境管理的内容。
(4) 掌握保洁与绿化管理的实施措施。

学前热身

某高端小区交房半年后，物业为降低成本，悄然将每日两次的垃圾清运缩减为一次，并将中转站迁至距居民楼仅 5 米处。夏季高温下，垃圾腐败产生刺鼻异味，蚊蝇滋生，甚至出现老鼠乱窜现象。业主多次通过 App 投诉，物业仅回复“已协调处理”却迟迟不整改。业主代表与物业经理面谈时，物业经理称“合同未约定清运次数”，引发了业主强烈不满。次日，800 余户业主联名签署诉求书，要求罢免物业经理。数 10 名业主在广场悬挂横幅抗议，事件被短视频传播后登上热搜。

街道办与住房和城乡建设局介入后，责令物业 7 日内整改以下项目：恢复清运频率、加装除臭设备、调整中转站位置。事件导致小区房价下跌 8%，开发商品牌声誉受损。

任务一　初识物业环境管理

任务导入

物业环境管理作为物业管理的核心模块，旨在通过系统化的策略维护与优化物业区域的物理与人文环境。其理论基础涵盖环境科学、公共管理及可持续发展理念，实践目标则聚焦于提升业主生活质量、保障物业价值及促进城市生态平衡。

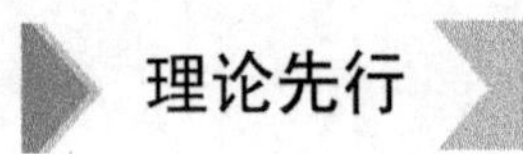

理论先行

一、环境

环境是人类进行生产和生活活动的场所，是人类生存和发展的物质基础。从广义上说，环境就是作用于人类这一主体的所有外界事物与力量的总和。环境有自然环境和社会环境之分。自然环境是指围绕人们周围的各种自然因素的总和，如大气、水、植物、动物、土壤等，这是人类赖以生存的物质基础。社会环境是人类通过长期有意识的社会活动，在自然环境的基础上，加工和改造了的自然物质、创造的物质生产体系、积累的物质文化等所形成的环境体系。社会环境按性质与规模可分为院落环境、村落环境和城市环境。

二、物业环境

(一) 物业环境的含义

物业环境是城市环境的一部分。城市环境是人群集中的聚落环境，主要是指一个城市范围内的大环境。物业环境则主要是指城市中某个物业管理区域内的环境，它是与业主和使用人的生活和工作密切相关的必需条件和外部因素的总和。

从自然环境和社会环境的不同角度来看，物业环境包括了硬环境和软环境。硬环境是指那些可以看得见、摸得着的物质环境，如物业管理区域的空气、水体、楼房、花草树木、人造景观等；软环境是相对硬环境而言的，它是指与业主和使用人有关或其所处的外部精神要素的总和，是一种心理上的感受，如邻里之间和睦相处的人文环境、行为良好的文明环境等。这两种环境是相互影响和相互促进的，硬环境是物业环境的基础和先决条件，软环境则是保持良好硬环境的指标与形象标准。

(二) 物业环境的类型

1. 居住环境

居住环境是指提供给人们居住的物业环境，包括内部居住环境和外部居住环境两个方面。内部居住环境是指居住建筑的内部环境。影响住宅内部居住环境的因素主要有：住宅标准(面积标准和质量标准)、住宅类型(别墅、公寓、多层、高层等)、隔声、隔热、保温、光照、通风和室内空气质量等。外部居住环境是指住宅和与住户生活密切相关的住宅外部环境。影响外部居住环境的因素主要有：住宅密度、公共建筑、公共设施、绿化和卫生状况、室外环境小品、大气环境、声环境等。

2. 生产环境

生产环境是指提供给企业及其生产者从事生产的相关设施与条件，主要包括基础设施、专用生产设施设备、通风状况、光照情况、隔声设备、绿化和卫生状况、交通条件等。

3. 商业环境

商业环境是指提供给商业经营者从事商业活动的物业环境，主要包括地理区位、建筑质量和标准、交通条件、噪声、室内小气候状况、绿化和卫生状况、环境小品、治安、消防、服务质量等。

4. 办公环境

办公环境是指用于行政办公目的的物业环境，主要包括办公室结构、隔声效果、隔热与保温、光照和日照、室内空气、室内景观布置、室外绿化、环境小品、声环境和视觉环境、环境卫生状况、治安状况、办公人员和服务人员的基本素质等。

三、物业环境管理

物业环境管理就是物业服务企业按照物业服务合同约定，运用科学的手段和先进的管理技术，对所管辖区域的物业环境进行维护和改善的一系列活动。物业环境管理是物业管理的专项内容，是物业管理系统中十分重要的一个环节。物业环境管理的主体一般是企业性质的物业服务企业，还包括物业服务企业聘用的一些专业清洁公司或园林绿化公司等。物业环境管理作为物业管理的一部分，也是一种市场行为和有偿活动。

物业环境管理的任务主要是保护、维持和改善物业区域的环境，防止人为破坏和减缓自然损坏，维持正常的生产、生活、工作和学习环境，保持物业的外观及整体形象，保证物业区域内业主和使用人的身心健康，提高物业服务企业的知名度和物业服务企业的形象。

以案说理

2023 年 8 月，某小区 3 号院 2 号楼裙楼商铺 3 楼正在装修。3 楼租户为河南某品牌餐饮管理有限公司，其与河南某置业公司签订合同租赁，将 3 层整层作为办公使用。商铺 3 楼无厨房烟道，该租户因需要做试吃及办公人员员工餐，需要加设厨房及烟道。

为避免厨房油烟排放至小区，商铺租户负责人与楼上 2-2-504 业主沟通后，决定将排烟管道由商铺平台引至平台最西端以远离住宅楼。厨房及烟道装修完成后，2-2-504 业主发现商铺租户厨房设置在自家卧室楼下，烟道从自家窗户处经过，她表达了严重的不满情绪。

面对这个问题，物业的负责人以及各个部门的主管都立即与业主和租户进行了有效的沟通。他们试图通过对话和协商来解决这个问题，希望能够找到一个双方都能接受的解决方案。

然而，尽管他们尽力去满足双方的需求，但是双方的要求并没有得到满足。这使得 2-2-504 业主感到非常不满，她开始采取一些过激的行动来表达她的不满情绪，甚至召集好友堵住了物业办公室的门，阻止了物业工作人员正常的办公工作。这种行为不仅影响了物业工作人员的工作效率，也使得其他业主无法正常办理业务。物业办公室是业主办理各种业务的地方，如交纳物业费、报修等，现在却被业主堵住，这无疑给其他业主带来了很大的不便。这种行为还严重影响了管理处的日常工作。管理处需要处理各种各样的问题，包括业主的各种需求和投诉。而现在，由于业主的行为，物业管理处的工作人员无法正常开展工作。

物业第一时间联系到了社区、商铺租户负责人以及 2-2-504 业主。后经过多次协商，商铺租户表示理解业主，将厨房重新改造至现在厨房东侧小间房屋内(此处对应楼上厨房位置)。此方案经 2-2-504 业主认可后，商铺租户联系装修人员重新改造水电，沿商铺东墙外立面重新铺设烟道，远离业主家窗户。最终，这件事得到了完美的解决，业主脸上也露出了往日的笑容，双方实现了共赢。

本案例中，物业未提前审核租户的烟道设计方案，导致出现厨房位置与烟道走向问题，引发了业主强烈不满，违反了预防为主原则。餐饮油烟排放须符合标准并安装净化设施，物业未要求商铺采取有效措施，构成环境管理失职。最终物业协商租户调整烟道走向，体现了物业服务专业高效的原则。事件警示物业服务企业需强化装修环节的审核，不使因装修影响物业环境而引发业主不满，实现多方共赢。

任务实施

一、学习目标

(1) 明确物业环境管理的主要内容；
(2) 理解物业环境管理的目标；
(3) 掌握物业环境管理的原则；
(4) 了解物业环境管理的意义。

二、实施方法

(一) 课堂学习

通过课堂学习，对物业环境管理的主要内容进行梳理。

(二) 案例讨论

针对典型案例，从物业环境污染防治、物业环境卫生管理、物业环境绿化美化、物业环境宣传几个方面展开讨论。

三、任务流程

物业环境管理的流程如下：

(一) 专业化管理体系构建

1. 组织架构优化

物业服务企业应设置独立的环境管理部门，配置专职环境管理员、绿化工程师、保洁主管等专业岗位，明确岗位职责(如污染防治监管、绿化养护、卫生巡检等)；同时，物业服务企业还可以与第三方专业机构(如环保公司、绿化公司)签订服务协议，引入虫害防治、垃圾分类等专项服务，确保技术支持。

2. 制度标准化建设

物业服务企业可以制定物业环境管理手册，手册内容应涵盖污染防治标准、卫生保洁频次、绿化养护规范、宣传教育计划等；此外，物业服务企业还可建立“日巡检、周评估、月总结”的监督机制，通过数字化平台(如环境管理 App)实时记录问题并追踪整改。

(二) 污染防治与环境维护

1. 污染源管控

(1) 大气与水体。物业服务企业应定期检测供暖设备废气排放、排水系统水质，确保达标；食堂应安装油烟净化装置，禁止污水直排。

(2) 噪声与辐射。物业服务企业应限制施工时段(如早 8 点前、晚 10 点后禁止噪声作业)，对电梯、泵房等设备采取隔音措施，避免电磁辐射干扰。

(3) 固体废弃物。物业服务企业应推行垃圾分类，设置智能回收箱，与环卫部门合作每日清运；建筑垃圾临时堆放点采取防尘网覆盖，定期清运。

2. 环境卫生精细化管理

(1) 保洁服务。物业服务企业应实行“一扫两保”(早间普扫，日间两次保洁)，重点区域(如楼道、电梯)每日消毒，公共设施(如健身器材、宣传栏)每周深度清洁。

(2) 四害防治。小区内应每月开展灭鼠、灭蟑行动；垃圾站、下水道等易滋生区域应喷洒药剂，设置诱捕装置。

3. 设施维护

物业服务企业应安排专人定期检修排水系统、路灯、消防设施，确保无积水、无破损，防止蚊蝇滋生。

(三) 绿化美化与生态建设

1. 绿化养护

物业服务企业应按季节制订养护计划(如春季修剪、夏季抗旱、秋季施肥、冬季防冻)，确保绿植存活率达 95%以上；在公共区域布置花卉景观，利用屋顶、阳台打造立体绿化，提升绿化率。

2. 环境小品管理

物业服务企业应定期维护儿童游乐设施、凉亭、喷泉等景观设施，保持外观整洁无破损；并增设环保标识牌、分类垃圾桶等便民设施，强化功能性与美观性结合。

(四) 环境宣传与业主参与

1. 多形式宣传教育

物业服务企业应通过社区公告栏、业主微信群、线下讲座等渠道普及环保知识，宣传《物业管理条例》《城市生活垃圾分类管理办法》；也可开展环保家庭评选、绿植领养等活动，鼓励业主参与环境维护。

2. 业主自治机制

物业服务企业可以成立业主环境监督小组，定期收集业主意见，共同制定环境管理优化方案(如减少使用一次性用品、推广电动车充电桩)；此外，还可在物业费使用中公开环境管理专项支出，增强透明度。

(五) 长效监督与持续改进

1. 量化考核机制

物业服务企业可制定环境管理 KPI 指标(如垃圾清运及时率≥98%、绿化完好率≥95%、业主满意度≥90%)，纳入员工绩效考核；并引入第三方评估机构，每季度对环境管理效果进行评分，公示结果并落实奖惩。

2. 智慧化升级

物业服务企业可以安装环境监测传感器(如空气质量、噪声监测设备)，实时数据同步至管理平台，自动预警超标问题；还可利用无人机巡查绿化区域、高空抛物等隐患，提升管理效率。

(六) 经济效益与社会效益协同

1. 开源节流

物业服务企业可开展绿植租赁、环境咨询等有偿服务，增加收入；通过节能改造(如LED 照明、雨水回收系统)降低运营成本；此外，还可争取政府环保补贴(如垃圾分类示范小区奖励)，提升经济效益。

2. 品牌价值提升

物业服务企业通过 ISO 14001 环境管理体系认证，打造绿色物业品牌，增强市场竞争力；也可联合开发商将环境管理纳入楼盘销售卖点，促进房屋增值，实现多方共赢。

任务小结

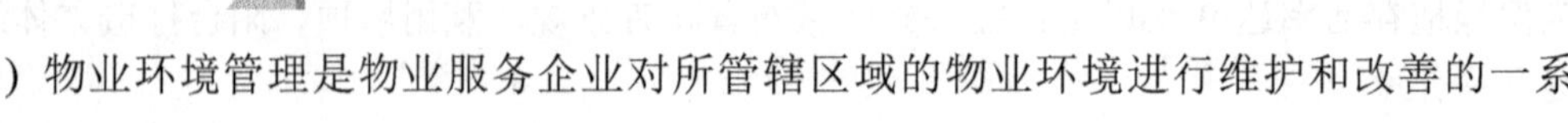

(1) 物业环境管理是物业服务企业对所管辖区域的物业环境进行维护和改善的一系列活动。

(2) 物业环境管理的内容主要有物业环境污染防治、物业环境卫生管理、物业环境绿化美化、物业环境宣传等。

课后测试

(1) 环境的概念是什么？
(2) 物业环境的概念是什么？
(3) 物业环境可分为哪些类型？
(4) 物业环境管理的概念是什么？
(5) 物业环境管理的主要内容有哪些？

任务二 认知保洁管理

任务导入

在物业区域中，整洁、舒适、优美是十分重要的评价指标。它具有视觉上的直观性，会进而影响人对物业的其他评价。因此，保洁管理是物业管理水平的重要象征和标志。

理论先行

一、保洁管理的概念

保洁管理是指物业服务企业对所管辖的区域有计划、有条理、有程序、有目标地，并按指定的时间、地点、人员进行的日常清洁服务。此外，保洁管理还应结合精神文明建设，依照规范服务的要求对业主(使用人)进行宣传教育、专业管理，使其能自觉养成良好的卫生习惯，遵守规章制度，保持物业区域容貌整洁，促进人们身心健康，以提高物业区域使用环境的效益。

二、保洁管理机构设置

1. 保洁服务委托管理的机构设置

物业服务企业可将所管物业区域的保洁工作委托给专业的保洁公司。委托的保洁公司一般通过招标方式来选择，物业服务企业只配备少数管理人员即可，负责对环境保洁的检查、监督和评议。

2. 保洁服务自主管理的机构设置

这种管理模式下物业服务企业可依据物业的类型、面积等不同而灵活设置机构。一般设置一个保洁部，下设几个分工不同的保洁班组，如根据实际业务状况，设置室内保洁班、室外保洁班和外围保洁班。对无力承担的保洁工作，如高层楼宇外墙清洗等可委托给专业的保洁公司。

三、保洁管理机构职责

1. 部门经理职责

(1) 制订工作计划和费用预算，提出管理方案，组织安排各项具体工作。

(2) 组织员工进行岗位培训和技术培训，控制保洁成本，提高服务水平。

(3) 积极接洽各类清洁服务业务，为公司创收。

(4) 每日检查督促各区域保洁任务完成情况，发现问题及时返工补做。

2. 班组长职责

(1) 定期制订工作流程计划，安排保洁任务和人员。

(2) 制订保洁用品和物料使用计划，控制保洁成本。

(3) 负责检查本班组保洁情况，并做记录，发现问题及时处理。

(4) 负责检查本班组员工出勤和各项制度执行情况，做好考核工作。

(5) 负责检查保洁工具的完好情况，督促员工保护和养护各种工具设备，减少物耗。

3. 保洁员职责

(1) 遵纪守法，严格执行各项规章制度，统一着装，挂牌上岗。

(2) 保质保量完成工作任务。

(3) 努力学习业务知识，正确掌握保洁设备和工具的使用方法，严格按照工作程序规范操作，定期维护保养工具设备。

(4) 维护企业利益，服从工作安排，做好本职工作。

4. 仓库保管员职责

(1) 严格遵守各项规章制度，服从工作安排。

(2) 认真做好仓库的安全、清洁工作。

(3) 负责清洁工具用品的收发工作。

(4) 严禁私用工具及用品。

(5) 做好月底盘点工作，上报主管。

(6) 做好每月物料库存采购计划，提前呈报主管。

四、保洁管理范围

1. 公共场所保洁管理

(1) 室内公共场所清洁和保养：主要包括楼内大堂、楼道、大厅、电梯等的卫生清扫、地面清洁、地毯清洗，门窗、玻璃、墙裙、立柱等物品的擦拭，卫生间清扫与清洁。

(2) 室外公共场所的清扫和维护：主要包括道路、花坛、绿地、停车场地、建筑小品、公共健身器材等的清扫和清洁维护。

(3) 楼宇外墙清洁和保养：主要指楼宇外墙清洁和墙面的保养，以及雨棚等楼宇附属设施的维护。

2. 生活垃圾管理

(1) 生活垃圾的收集和清运：包括合理布设垃圾收集设施的位置，制订日常的垃圾清运计划和时间安排。

(2) 装修建筑垃圾的收集和清运。

(3) 垃圾收集设施的维护和保养。

此外，还要对业主进行宣传教育，提高业主对公共场所环境卫生的爱护，避免随手乱扔垃圾、乱占公共场地、乱涂乱画等现象的发生。同时还要做好公共场所卫生防疫管理，减少疾病传播。

以案说理

2023 年 9 月 15 日，物业服务中心突然响起一阵急促的电话铃声，客服人员小刘立即接起电话，里面传来一阵焦急的呼声：“快来 15 栋 29 层 4 号，有人被隐翅虫咬了。”放下电话，小刘不做任何停留，当即打电话向主管汇报了此事。主管在电话里简单了解了一下，考虑到现场可能出现突发状况，迅速带领一位男同事和一位女同事前往现场。

主管迅速抵达现场，发现确有一名女业主被虫叮咬，腿部出现多处红肿、溃烂。正要进一步了解情况，女业主拿出了一张医院出具的诊断书，显示腿伤是被隐翅虫叮咬所致。

女业主称是在家中被咬，并同时表达了诉求："家中出现这种虫子，是物业公司消杀不及时引起的，我的损失应该由物业公司承担。"主管表示，害虫叮咬无法管控，属于意外事件，不应由物业承担。双方难以互相说服，主管表示要请示领导，事情告一段落。

返回物业服务中心的主管将此事进一步上报给了物业经理，物业经理了解之后，与主管商谈解决办法，最终决定再次上门与业主沟通。没想到，这次上门沟通成为了矛盾进一步深化的导火索。物业经理与主管同业主各执一词，互不相让，本来应该友好协商的双方，最终不欢而散。

随后的一天，业主突然来到物业服务中心，再次提出索赔主张。遭到拒绝后，业主开始在现场吵闹，物业服务中心的工作人员无法正常办公，原本上门办理业务的其他业主，也陆续离场。物业工作人员见此情况，选择报警处理。

对于案例中的情况，物业服务人员可以根据具体情况采取相应措施。例如，在面对业主被虫子咬伤的紧急情况时，物业服务人员可以立即派遣专业急救人员前往现场提供医疗援助，并尽快将被咬业主送至医院进行治疗；同时，需要对物业内的绿化和卫生情况进行全面检查，并与消杀公司合作，进行全面的消杀工作，以防止虫害蔓延。

在与业主沟通时，物业服务人员应当认真倾听其投诉和要求，并积极地采取措施解决问题。如果虫害确实是物业公司的责任所致，物业公司应当承担相应的责任，并积极与业主商讨赔偿事宜。如果虫害不是由物业公司引起的，物业公司也应当向业主做出解释和说明。

在处理纠纷时，物业服务人员应当公正和透明地对待每个业主的投诉和问题；及时向业主提供信息和解释，并确保处理过程公开，以增加业主的信任和满意度。

除此之外，物业公司还应该对物业环境定期巡检和维护，并进行虫害防控、紧急事件演练等，采取预防措施，减少紧急情况的发生，并提高处理能力和效率。如果纠纷无法通过沟通和协调解决，物业服务人员也可以寻求法律支持，如咨询律师或与相关法律机构合作，保护物业公司的权益。

任务实施

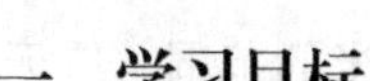

一、学习目标

明确保洁管理工作的主要内容。

二、实施方法

(一) 制定保洁管理制度

保洁管理制度是顺利进行各项保洁工作的保证。保洁管理应按照相关环境卫生管理的法律法规的规定，结合所管区域的具体特点，制定行之有效的各项制度，具体包括以下几个方面。

1. 劳动纪律规定

具体内容应包括员工在工作中应遵守的上下班制度、相关的工作纪律、考勤制度、工作责任、职业道德标准等。

2. 奖惩规定

主要内容应包括奖励的规定、惩罚的规定等奖惩可依据的条款，以做出不同的处分，如批评教育、警告、降职、记过、开除等。若违法乱纪，还要移交司法机关处理。

3. 保洁工作和保洁机具的操作规程

具体内容应包括各种地面、墙面的清洁处理程序，各种公共区域的保洁操作程序，各种设施设备的清洁保养程序，各种保洁工具和器械的养护操作程序等。

(二) 制定保洁服务的细则和考核标准

保洁服务的细则和考核标准包括：

(1)“五定”，即定人员、定地点、定时间、定任务、定质量。每一个保洁人员都应该明确具体的工作范围、内容、时间、频率和质量标准，以便于管理人员监督、检查和指导。

(2)“六净”“六无”“当日清”。“六净”即路面净、人行道净、路牙净、雨水口净、树坑墙角净、果皮箱净；“六无”即无垃圾污物、无人畜粪便、无砖瓦石块、无纸皮核、无明显污垢浮尘、无污水脏物；“当日清”即垃圾清运要及时，分类袋装，集中收集，日产日清。

(3)“三查”制度。“三查”包括员工自查、领班巡查和主管抽查。

① 员工自查。每个员工按照工具操作规范，对自己负责的岗位或区域不断进行自行检查，及时发现问题，及时解决问题。

② 领班巡查。领班应把巡回检查作为自己的主要工作之一，每天对自己物业服务区内的所有部位、项目进行巡回检查。

③ 主管抽查。由主管或会同有关人员联合检查，每日抽查不得少于两次，主管应协助物业管理处有关人员定期联合检查。

(4)“三检”手段。“三检”包括视检、手检、嗅检。

① 视检：凭眼睛检查，要达到光洁、清洁、视觉舒服。

② 手检：戴白手套擦拭或用白色餐巾纸擦拭被检查物体表面 0.5～1 米的范围，应无灰尘污迹。

③ 嗅检：凭嗅觉进行气味检查，要保持空气清新。

(三) 做好保洁设施建设

保洁设施是管理工作的基础，主要包括专用设施设备(如垃圾运输车、洒水车、清扫车等)、公共设备(如垃圾清运站、废物箱、公共厕所等)。物业服务企业应按照国家和所在地区的相关法律、法规规定，建设各项设施设备，并做好各项设施设备的保养和维修工作。

(四) 建立环境保洁管理标准

1. 卫生清洁标准

(1) 地面无杂物、纸屑、污迹、泥土、痰迹等。

(2) 踢脚线、消防排烟口、警铃、安全指示灯、壁灯、各种标识牌表面干净，无灰尘、水迹、污迹、斑点。

(3) 电梯厅墙面、地面、门框、电梯指示牌表面干净，无油迹、灰尘、杂物。

(4) 玻璃窗明净、光洁，无灰尘、污迹、斑点。

(5) 各种设施外表(如大厅前台、广告牌、信箱、消防栓箱、楼层分布牌等)清洁干净，无积尘、污迹。

(6) 楼梯无灰尘、杂物。

(7) 扶手、栏杆光洁，无积尘、污迹。

(8) 门(各卫生区域内的门)干净，无灰尘、污迹。

(9) 电梯内各部分外表干净，无污迹、积尘，电梯内无杂物。

(10) 所管区域地面和道路路面整齐干净，无垃圾、沙土、纸屑、油迹等，无脏物，无积水、青苔。

(11) 绿化带、花草盆无垃圾、杂物，花草叶无枯萎和明显灰尘，花盆无积水和异味，花草修剪整齐，摆放美观。

(12) 建筑小品、健身器材外表干净，无污迹、积尘，无损伤，表面油漆无脱落，无锈迹。

2. 物业管理区域垃圾存放标准

物业管理区域内各个场所应视情况分别设置垃圾袋、垃圾桶、垃圾箱、垃圾车、烟灰桶、字纸篓、茶叶筐等临时存放垃圾的容器，并注意以下几个方面。

(1) 存放容器要按垃圾种类和性质配备。

(2) 存放容器要按垃圾的产生量放置在各个场所。

(3) 存放容器要易存放、易倾倒、易搬运、易清洗。

(4) 重要场所的存放容器应加盖，以防异味散发。

(5) 存放容器及存放容器周围要保持清洁。

(6) 实行垃圾分类回收，并配备分类回收设施。

3. 垃圾临时存放房卫生标准

(1) 无堆积垃圾。

(2) 垃圾做到日产日清。

(3) 垃圾集中堆放的堆放点要做到合理、卫生，周围无散落堆积垃圾。

(4) 垃圾应实行分类存放。

(5) 垃圾间保持清洁、无异味，经常喷洒药水。

(6) 按要求做好垃圾袋装化。

(五) 制订日常保洁工作计划

工作计划是具体实施保洁管理的主要依据，因此，保洁工作计划应明确每日、每周、每月工作的安排，以便实施和检查，具体内容如下。

(1) 每日清洁工作的内容：管辖区域内道路清扫两次，整日保洁；管辖区域内草地、花木、灌丛、建筑小品等清扫一次；各楼宇电梯间地面清扫两次，墙身清抹一次；楼宇各层楼梯及走廊清扫一次，楼梯扶手清擦一次；收集住户生活垃圾，清除垃圾箱垃圾。

(2) 每周清洁工作的内容：高层楼宇的各层公共走廊拖洗一次；业主信箱清擦一次；天台、天井清扫一次等。

(3) 每月清洁工作的内容：天花板灰尘和蜘蛛网清除一次；高层楼宇各层的公用玻璃窗擦拭一次；公共走廊及住宅区内路灯清擦一次等。

(六) 做好岗位技能培训工作

保洁工作项目繁杂，工作对象不同，所遵循的操作程序和使用的工具也不同。因此，在员工上岗前，物业服务企业应对其进行相关的技能培训，使其尽快掌握规范化的操作程序，正确使用各种工具和物品，保证清洁工作的高质高效；同时，由于建筑材料、保洁工具、物品的不断更替，还应定期进行岗位培训，尽快学习掌握新技能，增强环卫意识，不断提高环境卫生管理的成效。

(七) 做好环境卫生宣传工作

环境卫生保洁工作，一是要保洁人员的经常及时清扫，二是要广大业主和使用人的维护保持。因此，物业服务企业要做好维护环境卫生的宣传教育工作，通过多种形式的环境卫生宣传活动，如组织卫生知识讲座、制作宣传画和宣传栏、开展各种文艺活动等，普及环境卫生知识，使广大业主和使用人养成良好的卫生习惯。

三、任务流程

物业保洁管理的实施如下。

(一) 室外公共场所保洁

1. 公共场地和道路保洁

(1) 对有污渍的路面和场地用水进行清洗。

(2) 雨停后，要把道路上的积水、泥沙扫干净。

(3) 每天打扫两到三次。

(4) 公共场地无泥沙，无明显垃圾，无积水、污渍。

2. 绿地保洁

(1) 仔细清扫绿地上的果皮、纸屑、石块等垃圾。

(2) 在清扫绿地的同时，仔细清理绿篱下面的枯枝落叶。

(3) 每天早晨、上午、下午各清扫一次以上。

(4) 目视无枯枝落叶，无果皮，无饮料罐，无厘米以上石块等垃圾和杂物，每隔 100 米烟头数量少于 1 个。

3. 散水坡和排水沟保洁

(1) 清扫散水坡上的泥沙、果皮、纸屑等垃圾。

(2) 清扫排水沟里的泥沙、纸屑等垃圾，拔除沟里生长的杂草，保证排水沟的畅通。

(3) 用铲刀、钢丝刷清除散水坡及墙壁上的青苔等。

(4) 目视干净，无污渍，无青苔，无垃圾和沙石。

4. 雕塑装饰物、宣传栏、标识牌、宣传牌保洁

(1) 雕塑装饰物的保洁：打扫装饰物上的灰尘，用湿布从上往下擦抹一遍，如有污渍用保洁剂涂在污渍处，用抹布擦抹，然后用水清洗。不锈钢装饰物按不锈钢的保洁保养方法操作。

(2) 宣传栏的保洁：用抹布将宣传栏里外周边全面擦抹一遍，玻璃用玻璃刮保洁。

(3) 宣传牌、标识牌的保洁：有广告纸时，需先撕下纸，然后用湿抹布从上往下擦抹，最后用干抹布抹一次。

(4) 宣传牌每周保洁一次，室内标识牌每天保洁一次，雕塑装饰物每月保洁一次，保洁后检查无污渍、积尘。

5. 喷水池保洁

(1) 平时保洁：每天对喷水池水面漂浮物进行打捞保洁。

(2) 定期保洁：打开喷水池排水阀门放水，用长柄手刷加适量的保洁剂由上而下刷洗水池瓷砖。用毛巾抹洗池内的灯饰、水泵、水管、喷头及电线表层的青苔、污垢。排尽池内污水并对池底进行拖抹。注入新水，投入适量的硫酸铜以净化水质，并清洗水池周围地面污渍。

(3) 目视水池清澈见底，水面无杂物，池底洗净后无沉淀物，池边无污渍。

(4) 清洗时应断开电源；擦洗电线、灯饰不可用力过大，以免损坏；保洁时，不要摆动喷头，以免影响喷水观赏效果。

6. 垃圾的清运和垃圾中转站保洁

(1) 每天早上 8 点以前，将垃圾收集装车运送到垃圾中转站。

(2) 冲洗中转站地面，打扫墙壁。

(3) 用水冲洗中转站外通道及地面，油污处用去污粉或洗洁精刷洗。

(4) 目视垃圾站内外清洁，无明显垃圾，水沟无积污水，无臭味。

(5) 要做到日产日清。

(二) 室内公共场所保洁

1. 地下车库保洁

地下车库保洁标准为：地面无油污、污渍，无纸等杂物，墙面无污渍。根据这一标准，地下车库保洁必须做到：

(1) 每天早晨和下午各清扫一次，冲刷地面的油污、油渍；

(2) 每隔 2 小时巡回保洁一次，清除杂物；

(3) 每周冲刷地面一次，并打开地下车库的集水坑和排水沟盖板，彻底疏通、清理一次；

(4) 每 2 个月用干毛巾擦拭灯具一次；

(5) 地下车库管线每 2 个月清扫灰尘一次。

2. 大堂保洁

大堂保洁标准为：地面无烟头、纸屑等杂物，无污渍；大理石地面、墙面有光泽；公共设施表面用纸巾擦拭无明显灰尘；不锈钢表面光亮无污渍；玻璃门无水迹、手迹、污渍；天棚、通风口目视无污渍、灰尘。

根据这一标准，大堂保洁必须做到以下几点：

(1) 每天上午上班前及下午分两次重点清理大堂，平时每小时保洁一次，重点清理地面和电梯轿厢内的垃圾杂物。

(2) 清扫大堂地面垃圾，清除地面污渍，用拖把拖地面一次。

(3) 每天循环拖抹、推尘、吸尘。

(4) 清扫电梯轿厢后，用湿拖把拖两遍轿厢内地板。

(5) 用干毛巾和不锈钢油轻抹大堂内各种不锈钢制品，包括门柱、电梯厅门轿厢等。

(6) 用湿毛巾拧干后，擦抹大堂门窗框、防火门、消防栓柜、内墙面等设施。

(7) 清理不锈钢垃圾桶，洗净后放回原处。

(8) 用湿拖把拖二至三遍台阶，出入口的台阶每周用洗洁精冲刷一次。

(9) 用干净毛巾擦拭玻璃门，并每周清刮一次，每周地面补蜡及磨光一次。

(10) 每月擦抹灯具、风口、烟感器、消防指示灯一次。

(11) 每月对大理石地面打蜡一次，每月彻底刷洗地面一次。

3. 公共卫生间保洁

公共卫生间保洁标准为：地面无烟头、污渍、积水、纸屑、果皮，天花板、墙角、灯具目视无灰尘、蜘蛛网，目视墙壁干净，便器洁净，室内无异味、臭味。

为达到上述标准，必须坚持做到以下几点：

(1) 每天上午和下午上班前分两次重点清理，并不断巡视。

(2) 如条件允许，保洁时，关闭卫生间，暂不让公众使用，但必须放置告示牌，打开窗户通风。

(3) 用水冲洗大小便器，并用夹子夹出小便器内烟头等杂物。

(4) 用洁厕精洗刷大小便器，然后用清水冲净。

(5) 用湿毛巾和洗洁精擦洗面盆、大理石台面、墙面、门窗。

(6) 清洗垃圾桶和烟灰缸，并内外擦干。

(7) 用湿拖把拖干净地面，然后再用干拖把拖干。

(8) 喷适量香水或空气清新剂，小便器内放樟脑丸。

(9) 每 2 小时保洁一次，主要清理垃圾桶里的垃圾、地面垃圾、地面积水等。

(10) 每月用干毛巾擦灯具一次，清扫天花板一次，杀虫一次。

4. 楼层通道地面保洁

楼层通道地面保洁要达到的标准为：大理石地面目视干净、无污渍、有光泽，水磨石地面和水泥地面目视干净、无杂物、无污渍。

根据这个标准，保洁必须做到以下几点：

(1) 每天上午对各楼层通道地面拖抹、推尘、吸尘一次。

(2) 每月对污渍较重的地面彻底清刷一次。

(3) 每月用拧干的湿毛巾抹净墙根部分踢脚线。

(4) 大理石地面每周抛光一次，每月打蜡一次。

5. 瓷砖和大理石墙面保洁

瓷砖和大理石墙面保洁要达到的标准为：目视墙面干净无污渍，清洗后用纸巾擦拭墙面 50 厘米无明显污染。为达到这个标准，必须要做到以下几点：

(1) 墙面清抹每周一次，墙面清洗每月一次。

(2) 瓷砖外墙每 4 年清洗一次，马赛克墙面每 6 年清洗一次。

(3) 外墙面的高空保洁作业，可由专业保洁公司负责。

6. 地毯保洁与保养

地毯保洁要达到的标准为：无污渍、无斑点。具体保洁办法如下：

(1) 地毯保洁最重要之处在于吸尘，每周用吸尘器彻底吸尘二至三次。

(2) 地毯上的油污、水溶性污渍，可分别用除油剂和保洁剂清。

(3) 每季度应定期清洗一次。

7. 灯具保洁

灯具保洁的标准为：保洁后的灯具无灰尘，灯具内无蚊虫，灯盖、灯罩明亮。

具体保洁保养办法如下：

(1) 关闭电源，取下灯罩；

(2) 先用湿抹布擦抹灯罩内外污渍，再用干抹布抹干水分；

(3) 将灯罩装上，但不要用力过大，防止损坏灯罩；

(4) 保洁灯管时，应先关闭电源，打开盖板，取下灯管，用抹布分别擦抹灯管及盖板，然后重新装好。

8. 玻璃门窗保洁

玻璃门窗保洁要达到的标准为：玻璃面上无污渍、水渍，保洁后用纸巾擦拭 50 厘米无灰尘。要达到这个标准，保洁必须有计划地进行，以防止尘埃堆积。

(三) 公用设施保洁

1. 值班室、岗亭保洁

保持值班室、岗亭的清洁能为上岗人员创造一个良好的工作环境。保洁作业程序、标准和注意事项如下：

(1) 按从上往下、由里到外的程序进行保洁。

(2) 扫去墙上的灰尘和蜘蛛网，再扫去桌椅上的灰尘。

(3) 擦抹值班室桌椅、门、窗及岗亭外墙。

(4) 用干净拖把拖抹地面及过道。

(5) 值班室如有其他办公设备，应同时保洁。

(6) 保洁岗亭后，用抹布擦抹道闸。

(7) 目视无灰尘、无污渍、无烟头、无杂物，门窗玻璃透明，无污渍。

(8) 每天保洁一次。

(9) 保洁道闸时应注意行驶车辆，防止撞人。

2. 自行车和电瓶车房(棚)保洁

(1) 清扫车房(棚)内的果皮、纸屑、灰尘、垃圾等。

(2) 将车房(棚)顶上、墙上的蜘蛛网、灰尘清除。

(3) 擦抹棚架、车房门窗。

(4) 将车房(棚)内的车按顺序摆放整齐。

(5) 对没有使用、积尘明显的自行车和电瓶车，每周打扫车上灰尘一次；长期停放超出规定时限且又影响观瞻的车按相应的车辆管理规定处理。

(6) 每天打扫两次，目视无果皮、纸屑、蜘蛛网，墙面无灰尘。

3. 游乐场保洁

(1) 用抹布抹干净秋千、跷跷板上的灰尘。

(2) 将沙坑外的沙扫入坑内，同时清扫游乐场内及周围的纸屑、果皮等垃圾。

(3) 滑梯每半月清洗一次，其他设施每周抹一次，保洁后保持无灰尘、污渍。

(4) 目视游乐场周围整洁干净，无果皮、纸屑等垃圾。

(5) 发现游乐设施损坏，要及时报告。

4. 机动车停车场保洁

(1) 地面垃圾扫除干净。

(2) 若发现地面有油渍和污渍时，要及时清理。

(3) 清扫排水口，保证排水畅通。

(4) 目视地面无垃圾、果皮、纸屑，无积水，无污渍和杂物。

(5) 每天清扫两次，每周用水冲洗地面一次。

(6) 保洁时应小心细致，垃圾车和工具不要碰坏车辆。

任务小结

(1) 保洁管理是一项服务性很强的工作，是指物业服务企业对所管辖的区域有计划、有条理、有程序、有目标地，并按指定的时间、地点、人员进行的日常清洁服务。

(2) 保洁管理范围包括公共场所保洁管理、生活垃圾管理两个方面。

(3) 保洁管理的实施主要包括相关制度的建设和服务范围内的各处设施、场所的保洁。

(4) 保洁服务的作用包括：是衡量物业管理水平的重要标准之一；是对建筑及其设施设备维护保养的需要。

课后测试

在校园内观察校园物业保洁工作，指出校园物业保洁管理做得好的地方，同时指出校园物业保洁管理做得不规范、不到位的地方，并形成调查报告。

任务三　认知绿化管理

任务导入

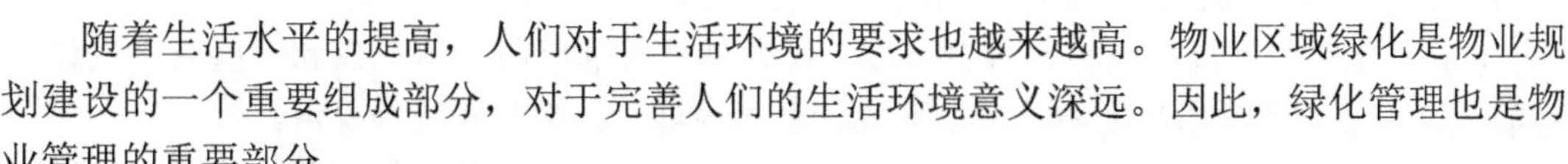

随着生活水平的提高，人们对于生活环境的要求也越来越高。物业区域绿化是物业规划建设的一个重要组成部分，对于完善人们的生活环境意义深远。因此，绿化管理也是物业管理的重要部分。

理论先行

一、物业绿化管理的含义

物业绿化管理是指绿地建设和绿化养护管理。绿地建设包括新建小区绿地建设、绿地恢复整顿和绿地级别提高三方面的内容。新建小区绿地一般由房地产开发公司建设，物业服务企业应争取早期介入，参与建设并了解和掌握建设情况，以便日后更好地管理。绿地恢复整顿主要是对原有绿地的因自然或人为因素严重损坏部分进行的整顿和修复工作。绿地级别提高就是对原有绿地进行的全面升级改造。绿化养护管理主要是对辖区内的绿地进行的经常性的浇水、施肥、除草、灭虫、修剪、松土、维护等活动，以及巡视检查、保护绿地等工作。按照我国城市绿化分工的有关规定，居民小区道路建筑红线之内的部分归房管部门或物业服务企业管理。

二、物业绿化管理的特点

1. 经常性

绿化植物的习性特点决定了绿化的养护管理必须经常进行，也就是人们常说的“三分种七分管”。绿化设计、施工完成后，要保持绿化布置的成果，保证绿化植物的正常生长，就要建立一套严格的绿化管理制度，落实专业养护队伍，确保开展经常性的绿化管理，防止失管失养，形成放任自流的局面。

2. 针对性

花草树木都有不同的特点和品性，管理不同的花草树木，需要根据它们赖以生存的外界条件采取不同的方式，外界条件包括土壤、气候、温度、地理环境、人为因素等，做到“适地适树”，以便“适者生存”。

3. 动态性

植物是有生命之物，它们都处于生长变化中。随着季节的变化、时间的推移，花草树木从发芽、长叶、开花、结果到凋落，年复一年，循环往复，在每个生长时期所需要的养护管理也不是一成不变的，而是随着阶段的变化而变化，因此不同时期的绿化管理要掌握不同的重点。

三、物业绿化管理的作用

绿化管理是一项功能与美观相结合的工作，对改善业主和使用人的工作和生活质量，提升城市环境具有重要作用。具体地说，良好的绿化管理可以实现以下功能。

(1) 防风、防尘，保护生态环境。绿化和树木具有降低风速、阻挡风沙、吸附尘埃的作用。据测算，一亩树林一年可以回收各种灰尘 20～60 千克。

(2) 净化空气，降低噪声，改善环境。绿色植物能够吸收二氧化碳和一些有害气体，释放氧气，灌木和乔木搭配种植可以形成绿色“声屏”，吸收和隔挡噪声。

(3) 改善小气候，调节温度，缓解城市“热岛效应”。绿色植物在蒸发水分的过程中能够提高周围空气的相对湿度，吸收热量，降低温度，对于缓解因人造热源过多，人口、车辆密集，建筑物集中等原因造成的“热岛效应”具有一定作用。

(4) 美化物业区域和城市环境。良好的园林绿化不仅可以使城市充满生机，赋予其生命的内涵，全方位提升城市景观效应，而且能够为业主和使用人的工作、学习、生活创造清新、优美、舒适的环境。

(5) 提供休闲健身场所，陶冶人们的道德情操。在绿化区域中，儿童游戏，成人休闲娱乐，老人锻炼身体，良好的绿化管理可以起到丰富生活、陶冶情操、消除疲劳、增进人们彼此联系与交往的作用。

(6) 提升房产价值。商业建筑、居住小区的绿化状况和环境质量直接影响房地产物业的价值，绿化对房地产价值的提升甚至会超过其本身固有价值的提升。

四、物业绿化系统的构成

物业绿化是城市绿化的重要部分，具体包括地面(水平)绿化系统和立面(垂直)绿化系统两部分。

1. 地面绿化系统

地面绿化系统主要由以下几部分构成。

(1) 公共绿地：物业居住区范围内公共使用的绿化用地，如居住区公园，居住小区中心花园，居住区的小块绿地、林荫道等。

(2) 道路绿地：物业居住区范围内各种道路布置的绿地。道路绿地是为了绿化、净化道路周边环境而布置的，是沟通物业居住区各级绿地的纽带。

(3) 宅旁和庭院绿地：住宅周围与庭院的绿地，一般是供住户使用的绿地。

(4) 公共建筑和公共设施专用绿地：物业居住区内学校、幼儿园、医院等单位周围的绿地。

2. 立面绿化系统

立面绿化系统亦称垂直绿化系统，是在建筑物、建筑设施的外墙面、阳台、屋顶等上面布置的绿化植物，具体包括建筑物墙面绿化、阳台和屋面绿化、护坡绿化、栅栏棚架绿化等。立面绿化系统可以充分发挥城市有限的空间，提高含绿量，创造更好的生态环境。

(1) 墙面绿化。利用爬藤植物装饰建筑物或构筑物的墙面称墙面绿化。用于墙面绿化的爬藤植物基本上属于攀附型爬藤植物。墙面绿化要根据建筑物的高度以及艺术风格选择植物，一般要求植物具有吸盘或吸附根，以便于攀附墙面，如爬山虎、常春藤、五叶地锦、凌霄等。在炎热的夏季，墙面爬满爬藤植物的建筑，其室内温度比没有墙面绿化的建筑低2～4℃。墙面绿化的种植形式主要有地栽和容器栽植两种。在有条件的情况下，应尽量采用地栽形式，这样有利于植物的生长，也便于日常养护管理。一般沿墙种植带宽度为50厘米，种植点离墙20厘米左右，种植株距50～60厘米。

(2) 阳台绿化。阳台绿化必须考虑到建筑立面的整体效果，布置力求整洁、美观、有序，以营造出丰富多彩的空中小花园。阳台绿化一般采用盆栽的形式，同时爬藤植物应选择抗旱性强的中小型草本或草本爬藤植物。

(3) 屋面绿化。空中平面是城市绿化中最易被人忽视的地方。目前小区屋顶基本上是空置的，积满厚厚的灰尘和堆放的废弃杂物，人从空中俯瞰，只有一片灰蒙蒙的感觉。顶层空间是小区绿化的最大死角，也是大有可为的地方。屋面绿化是指将植物种植在排水坡度小于5%的平面屋顶上。屋面绿化的特点是对屋面的防水要求较高，必须解决好屋面漏水的问题；同时受屋面承载力的限制，屋面供种植的土层很浅，土壤有效含水量小，易干燥；另外，屋面风力比较大，因此屋面绿化应以小型的花、灌木、草坪等浅根系的植物为主，以中型盆栽花卉为辅来进行布置。

五、物业绿化的布局形式

1. 块状绿化布局

这种布局形式较常见，其绿化布局以块状为主，绿地分布均匀，造型规整，可利用性良好。

2. 带状绿化布局

这种布局多利用各种水系、道路形成纵横绿化带、放射绿化带与环状绿化带交织的绿化网。带状绿化布局变化较多、形式新颖，对提升居住区整体景观作用较大。

3. 楔形绿化布局

结合居住区道路布局，在居住区交通枢纽地带及特殊地域，形成的由宽到窄的绿化，称为楔形绿化。这种绿化布局能适应地势条件，方便灵活，对区域绿化景观是必要的补充和调节。

4. 混合式绿化布局

混合式绿化布局是前三种绿化布局形式的综合，可以点、线、面绿化相结合，形成较为完整的绿化布局体系，最大限度地满足人们接触绿地、方便游憩的需要，有利于丰富区域整体景观效果。

六、物业绿化的基本要求

1. 物业居住区绿地规划布置的基本要求

(1) 布局合理、功能齐全。物业居住区绿地要采用集中与分散，重点与一般，点、线、面相结合，大中小相结合的布局方式，与城市总体绿化系统相协调，形成完整的居住绿化系统。并且绿地分布要均匀，方便居民活动和使用，要体现休闲娱乐和环保等多种功能。

(2) 面积合理，节约用地。物业居住区绿地要因地制宜，合理规划面积和指标，特别要充分利用自然地形和地势条件进行规划布置，要注意利用和合理保护原有树木，把人工营造的绿地环境和自然环境有机地结合起来。

(3) 美化环境，便于管理。物业居住区绿地规划布置要以美化环境为出发点，给人以美的享受，具有审美和观赏价值。在绿化植物配置和种植方式上，要力求投资少、见效快、有效期长、便于管理。

2. 绿化植物配置的基本要求

(1) 因地制宜，适地适树。绿化植物配置要根据本地区的自然条件，选择有地方特色的树种，以本土植物为主，也可引进适合当地环境、有较高观赏价值的树种，创造景观、美化环境。

(2) 树草结合，合理搭配。绿化植物配置要采取立体绿化的方式，乔木、灌木、花草合理搭配，形成平面上成丛成群、立面上层次丰富、季相多变的植物群落。

(3) 适应特点，合理配置。首先，不同绿地要配置不同树种，以满足生活、休闲、环保的需要，如宅旁绿地适合配置低矮灌木，道路绿地适合配置乔木，而公园则适合以乔、灌、花草结合的形式进行配置；其次，配置要速生与慢生相结合，以速生树为主，适当配置慢生树种；此外还要考虑四季景色变化，常绿和落叶树相结合，不同树姿、不同叶色、不同花期的树种相结合，力求取长补短，四季常青，鲜花常开，以丰富绿地的景观内容，达到美化、优化环境的目的。

七、物业绿化管理机构设置

管理机构可根据实际情况具体设置，一般来讲分两种情况：一是物业管理区域的绿化工作委托给专业的绿化公司负责，物业服务企业只需配备少数管理人员即可，负责对承包的专业公司的工作进行检查、监督和评议；二是由物业服务企业自行负责绿化工作，这就要求成立专门的绿化机构，对于规模较小的物业区域，一般设立一个绿化养护组即可；如果物业管理区域较大，绿化类型较多，就要建立一个比较完备的绿化管理机构。

八、物业绿化管理机构职责

1. 绿化管理部门经理的主要职责

(1) 负责本部门的全面工作，及时制定工作规划，安排落实到班组。

(2) 负责绿化管理工作的检查、监督、验收和考核。

(3) 负责组织绿化管理人员的岗位培训和技术培训工作。

(4) 负责编写绿化设计要求、建议，制订花草树木的种植、购买计划。

2. 绿化技术组的主要职责

(1) 对部门经理负责，主持部门内的技术培训、管理指导工作。

(2) 负责制定绿化技术管理规定和措施。

(3) 负责绿化管理人员培训的实施。

(4) 定期向部门经理汇报日常工作情况。

(5) 负责对外的绿化经营、技术和业务工作。

3. 综合管理组的主要职责

(1) 协助部门经理做好各项绿化管理工作。

(2) 协调各部门之间的关系，做好各项对外宣传和经营管理活动。

(3) 及时检查和监督各项绿化工作的完成情况，管理好各种绿化档案资料，做好各项资金管理工作，管理好各种库房。

4. 苗圃组的主要职责

(1) 负责培育各种花卉苗木，改良和引进培育新品种。

(2) 负责各种绿地苗木的培育种植工作。

(3) 负责维护、保养各种工具和材料。

5. 养护组的主要职责

(1) 负责各种绿地的日常养护管理工作，保证各种花草树木、园林小品、雕塑等完好美观。

(2) 负责各种绿地的保护管理工作，防止人为破坏。

(3) 保管和保养好各种工器具、肥料、药品等绿化养护物品。

以案说理

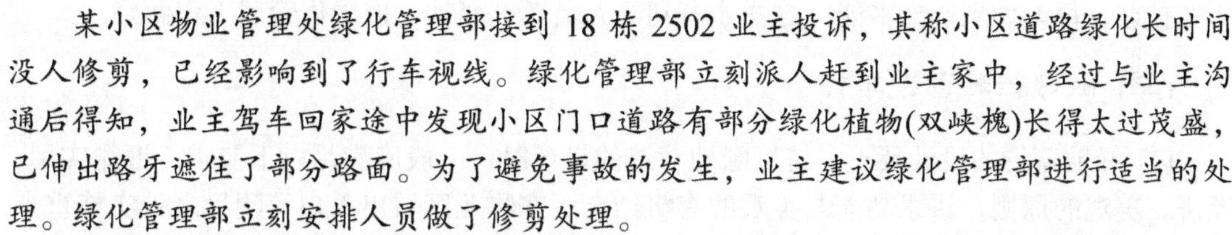

某小区物业管理处绿化管理部接到 18 栋 2502 业主投诉，其称小区道路绿化长时间没人修剪，已经影响到了行车视线。绿化管理部立刻派人赶到业主家中，经过与业主沟通后得知，业主驾车回家途中发现小区门口道路有部分绿化植物(双峡槐)长得太过茂盛，已伸出路牙遮住了部分路面。为了避免事故的发生，业主建议绿化管理部进行适当的处理。绿化管理部立刻安排人员做了修剪处理。

物业服务企业深刻意识到，绿化在美化物业区域的同时也会给业主生活带来不便。绿化管理日常工作应注意细节，只有工作细致、认真，绿化才可以更好地为业主服务，物业服务企业也才能真正体现以业主为关注焦点的理念。

任务实施

一、学习目标

明确物业绿化管理工作的主要内容。

二、实施方法

(一) 建立绿化管理档案

绿化档案管理是一项重要的基础工作，从绿化工程接管验收开始，就要开始资料的收集、整理和保管工作。绿化管理档案主要包括原始设计图样、接管验收资料、绿化管理手册和日常养护情况记录表等。

(1) 接管验收资料。接管验收资料主要有：土地和水质化验报告、设计以及设计变更文件、工程中间验收报告、竣工图和工程决算、购进外地苗木检验报告、附属设备用材合格证或试验报告、施工总结报告等。

(2) 绿化管理手册。绿化管理手册一般分大、小两种，两种手册具有不同的要求和作用。绿化大手册中最主要的一项内容是绿化平面图，它根据每一处绿地的现场估测资料，按照 1:200～1:500 的比例用植物图例绘制，并标明主体树、骨干树的位置，填明树木的品种规格、数量、建筑小品、绿化设施等，定期记录绿化动态。绿化大手册作为物业基础资料留存在物业服务企业，以提供管理的依据和参考。绿化小手册是绿化养护工人经常使用的工作手册，小手册没有绿化平面图，其他内容与大手册相同。小手册必须经常与实地核对，以便及时、准确、全面反映绿化管理的现状，处理随时发生的问题。

(3) 日常养护情况记录表。在日常的养护工作中，要做好相应的工作记录，并及时整理、分析、归档，保存好基础资料。

(二) 培训绿化管理养护员工

绿化管理养护员工不是一次性配备的，而是随着物业服务企业业务的开展和绿化工作的需要而逐步到位的。物业服务企业在培训绿化管理养护员工时要注意，首先应招收热爱绿化工作、思想素质好的人员，其次要有一定的试用期(一般为三个月)。绿化工作工种多，不同工种技术要求不同，在培训时应要求本部门员工全面掌握有关绿化方面的知识，学会所有技艺，每人做到一专多能，这样才有利于人员调剂变动，把绿化管理工作做好。

(三) 做好绿地营造工作

(1) 绿地营造的设计要求。进行绿地营造的设计时，一般应满足以下要求：遵循实用、经济、美观的原则，讲求功能与美观的有机结合；在物业区域出入口等醒目之处实施重点美化；与物业气氛及周边环境相协调等。

(2) 进行树木的选择与配置。选择与配置绿化树木时应注意以下问题：绿化树木生命周期较长，抗病虫害能力较强；道路旁的树木树干高大、树冠浓密、清洁无臭；绿地上的树木不应带刺、有毒；水池边的树木落叶少、不产生飞絮等。

(3) 完成园林小品的建造。物业区域的绿化虽然是以植物为主，但园林小品也是其中的重要组成部分，能对进一步提升绿化的美化功能起到画龙点睛的作用。物业区域内的各种园林小品，一般应简单、小型，其种类、造型、规格、质地等要根据功能与需要因地制宜地进行选择，不宜面面俱到。

(四) 制定绿化管理规章制度

做好绿化管理工作，不仅仅是绿化部门的职责，同时也是每一位业主和使用人的职责。如果只有绿化部门的养护管理，而没有业主和使用人的支持、配合，绿化管理工作是做不好的。为此，物业服务企业应加大宣传，制定规章制度，规范人们的行为，主要有以下几个方面：

(1) 加强绿化宣传，培养绿化意识。要使业主和使用人认识到绿化管理的重要性，绿化管理直接关系到业主和使用人能不能拥有一个安静、清洁、优美的生活环境。

(2) 加强制度建设，严格管理。一般在居住区物业环境绿化管理中都要制定有关绿化管理方面的规章制度。这些规章制度的基本内容包括：爱护绿化，人人有责；不损坏和攀折花木；不在花木上拉绳晾晒衣物；不在树木上及绿地内设置广告招牌；不在绿地内违章搭建；不在绿地内堆放物品；不往绿地内倾倒污水或乱扔垃圾；行人和各种车辆不践踏、跨越绿地；不损坏绿化的围栏和建筑小品；凡人为造成绿化及设施损坏的，根据政府的有关规定和业主规约的有关条文进行赔偿和罚款处理，若是儿童所为，由家长或监护人负责支付罚款。

(五) 提出绿化管理质量要求

绿化管理的质量要求包括：树木生长茂盛无枯枝，树形美观完整无倾斜，绿篱修剪整齐无缺枝，花坛土壤疏松无垃圾，草坪平整清洁无杂草，建筑小品保持完好、无缺损。

(六) 建立绿化管理考核标准

(1) 新种树苗，本市苗成活率大于95%，外地苗成活率大于90%。

(2) 新种树木，高度1米时倾斜大于10厘米的树木不超过树木总数的2%，栽植一年以上的树木保存率大于98%。

(3) 遭受各类虫害的树木不超过树木总数的2%。

(4) 围栏设施无缺损，建筑小品无损坏。

(5) 草坪无高大杂草，绿化无家生或野生攀缘植物。

(6) 绿地整洁，无砖块、垃圾。

(7) 绿化档案齐全，有动态记录。

三、任务流程

物业绿化管理工作的实施步骤包括绿化养护管理、园林小品养护管理、室内环境绿化管理、草坪养护管理、乔灌木种植与养护、绿化灾害预防。

(一) 绿化养护管理

1. 浇水、排涝

绿化植物要依据天气状况和植物的生理特性及时浇水，以保证其正常生长。一般来说，旱生植物可以少浇水，阴生植物需要多浇水；生长期浇水要多，休眠期则不浇或少浇水。在雨水充沛的季节不但要少浇水，还要注意排涝工作；在干燥季节要及时浇水，夏季浇水一般在早晚，对花草应尤为注意。

2. 施肥

肥料是花木茂盛的必要条件。施肥时，可在树冠投影范围内开挖沟穴，将肥料投入后覆土填平，以免肥料被水冲走，挥发失效。花草树木种类较多，对养分的需求也不相同；同时，肥料的种类也很多。施肥必须根据不同的土壤、花木种类、生长期等科学进行。

3. 整形修剪

整形修剪是绿化养护管理中一项融技术性和艺术性为一体的工作，适当地整形修剪，不仅有利于植物的生长，更有利于观赏价值的提高。对于乔木，要保留强大主枝，以保证树冠的自然美，整形修剪的时间既可选择在休眠期(冬剪)，也可选择在生长季(夏剪)。其他绿化植物的整形修剪应根据其生长发育状况、种类、用途等不同而灵活进行。

4. 除草松土

清除杂草既可以防止杂草与绿化植物争夺土壤中的水分和养分，还可以减少病虫害的发生；松土是将土壤硬化的表面打碎、松动，使之疏松透气，进而达到保水、透水、保温、促进植物生长的目的。

5. 病虫害防治

植物在生长过程中，可能受到各种自然灾害的威胁，其中病虫害的危害尤为严重和普遍，轻则会使植物生长发育不良，降低观赏价值，重则会使植物死亡，导致绿化失效。病虫害的防治应贯彻“预防为主，综合防治”的原则，根据病虫害发生发展的规律，充分利用多种手段，从栽培技术、物理防治、植物检疫、药物防治等方面入手，消灭病虫害滋生的条件，铲除病虫害对植物的危害，从而提高花草树木抵抗病虫害的能力。

6. 防风防寒

在北方地区，冬季来临前应重点做好绿化植物的防风防寒工作。目前常用的方法有：

(1) 秋末修剪：适当修剪，除去病虫害枝，能增强树体抗寒能力。

(2) 涂白：用石灰和石硫合剂将枝干涂白，可消杀病虫害。

(3) 遮挡、包裹：用草编物包裹主干和部分分枝，以避风寒。

(4) 培土覆土：在乔木树根适当培土，可防止根颈部冻伤。

(5) 春、秋灌：春灌是在早春解冻时及时灌水，避免早露危害；秋灌是在秋末冬初、地表温度在0℃左右时灌足“封冻水”，以保水防寒。

(二) 园林小品养护管理

1. 建筑小品的养护管理

建筑小品是指园林中小型建筑作品，主要有亭、廊、园门、园墙、园路、桥、凳、桌、护栏等。它们一般具有较强的独立性，以实用为主，并具有点缀园林环境的功能，往往也是小区居民活动的地方。

在日常管理中，要建立园林建筑小品的检查制度，做好检查记录，随时掌握小品的完损程度。针对一些易出现的问题，如局部开裂、松散、钢筋生锈、倾斜等，要及时进行检查，及时采取措施补救，以消除隐患。

2. 环境小品的养护管理

环境小品是指用于点缀园林环境的小品，如水池、假山、喷泉、雕塑、花架、花池等。环境小品往往是园林景点的中心。要定期对环境小品进行养护管理，达到自然环境和人工环境的和谐。

(三) 室内绿化管理

1. 室内绿化原则

(1) 点缀的原则。室内绿化是烘托室内环境和气氛的，不能喧宾夺主，要保持室内环境的主体，如办公环境、商务环境、居室环境等，通过绿化布置来烘托主体气氛。

(2) 协调的原则。室内绿化布置在颜色、数量、形状等方面都要与其所处的环境功能及性质相协调。首先，要根据空间的大小、位置选用合适体量的植物；其次，要根据周围环境的色彩确定绿化布置的基本色调，达到室内环境色彩的协调统一，营造一个清新、宁静、愉悦的色彩环境。

(3) 主题突出的原则。在商务活动中，室内绿化的布置一般都与节日、活动及接待对象等有关，选择绿化布置时要有针对性，力争做到主题突出；而在办公绿化布置中，要根据各自文化背景及审美观点的不同，选择不同个性的绿化布置形式。

(4) 合理选择植物的原则。不同的植物具有不同的使用功能和观赏价值，应根据不同房间的功能选择相宜的植物。另外，由于室内光照、温度和空气条件的原因，室内绿化植物要选择耐旱、耐阴能力较强的植物品种，并且根据不同的季节选择观叶、观花、观果的植物。

2. 室内绿化主要形式

室内绿化主要是利用植物盆栽、盆景、插花等形式装饰美化居室、厅堂、梯道、走廊、会议室、办公室等室内空间。室内绿化主要包括以下形式。

(1) 盆栽。盆栽是花卉园艺特有的栽培形式，是把观赏植物种植在各种形状、大小以及不同材料的容器中供人观赏。盆栽是室内绿化最为普遍的装饰品，其不受空间和地形的限制，摆放灵活，养护管理方便。

(2) 盆景。盆景是把植物、山石等材料，运用“缩龙成寸，咫尺千里”的手法，经过精心设计和艺术，加工布置在陶盆等容器内而成的自然风景的缩影，被誉为“立体的画，无声的诗”。

(3) 插花。插花是以切取的植物的可观赏的枝、叶、花、果为材料，利用植物的自然形态，经过巧妙的布置，插入容器中构成的富有诗情画意的艺术品。插花装饰性很强，极易渲染和烘托气氛，富有强烈的艺术感染力。

3. 室内绿化实施

(1) 大堂的绿化。大堂是人流量较大、人员滞留时间较长、空间较开阔的场所，是重点绿化装饰区域。一般大堂的规模和空间比较开阔，因此大堂的绿化设计应以大中型观叶植物为主，以小型的盆栽花卉为辅。在边沿及转角处可布置一批大型的观赏价值较高的室内花卉，在建筑物的柱子周围布置一至两层不同高度的中小型观叶或观花的室内花卉。适用于大堂布置的花木有散尾葵、棕竹、绿萝、袖珍椰子、凤尾葵、红宝石、绿宝石、巴西铁、发财树、变叶木、橡皮树、龟背竹、八角金盘等。

(2) 会议厅的绿化。会议厅是接待来宾、举行庆典的活动场所，绿化设计应以高贵、典雅、美观、大方为主。周边可以少量点缀大中型室内盆栽花卉；主席台可布置一些常绿树与盆栽花卉；圆形或椭圆形会议桌中间可布置一些中小型观叶和观花的室内盆栽花卉，以营造欢快的气氛；茶几上可做插花花艺布置。适用于会议厅绿化的植物有南洋杉、一品红、金盏菊、千头菊、仙客来等。

(3) 走廊过道的绿化。走廊过道是行人短暂经过的场所，适宜采用大中型室内观叶植物，并将季节花草按一定间隔布置，力求做到点到为止。适用于走廊过道绿化的植物有棕竹、刺葵、彩叶草、花叶、虎耳草等。

(4) 办公室的绿化。办公室的绿化设计应体现清静、高雅、舒适、大方的特点，可以少量的中小型观叶、观花植物进行点缀，力求简洁明快。在转角或转折点可以点缀中型花木，在窗台、办公桌上可以布置小型的室内盆栽花卉。适用于办公室绿化的植物有鱼尾葵、龟背竹、橡皮树、观叶秋海棠、吊兰、兰花、文竹等。

(四) 草坪养护管理

1. 草坪分级标准

(1) 特级草坪：每年绿期达360天，草坪平整，留茬高度控制在25毫米以下，仅供观赏。

(2) 一级草坪：绿期340天以上，草坪平整，留茬40毫米以下，供观赏及家庭休憩用。

(3) 二级草坪：绿期320天以上，草坪平整或坡度平缓，留茬60毫米以下，供公共休憩及轻度踩踏。

(4) 三级草坪：绿期300天以上，留茬100毫米以下，用于公共休憩、覆盖荒地、斜坡保护等。

(5) 四级草坪：绿期不限，留茬高度要求不严，用于荒山覆盖、斜坡保护等。

2. 草坪养护

(1) 修剪：草坪要保持平整完美，就要时常修剪，生长过于茂盛会导致草根部坏死。特级草坪春夏生长季每5天剪一次，秋季要视生长情况每月剪一至两次；一级草坪生长季每10天剪一次，秋冬季每月剪一次；二级草坪生长季每20天剪一次，秋季剪两次，冬季不剪，开春前重剪一次；三级草坪每季剪一次；四级草坪每年冬季用割灌机彻底剪一次。剪割后整体效果平整，无明显起伏和漏剪，剪口平齐；障碍物处及树头边缘用割灌机或手剪补剪，无明显漏剪痕迹；四周不规则及转弯位无明显交错痕迹；现场清理干净，无遗漏草屑、杂物。

(2) 浇水：特级、一级、二级草坪夏秋生长季每天浇水一次，秋冬季根据天气情况每周浇水二至三次；三级草坪视天气情况浇水，以不出现缺水枯萎为原则；四级草坪基本上靠雨水。

(3) 除杂草：除杂草是草坪养护的一项重要工作，杂草生命力比种植草强，要及时清理，不然会吸收土壤养分，抑制种植草的生长。采用的方法有：人工除草和除草剂除草等。杂草防除的质量标准为：三级以上草坪没有明显高于15厘米的杂草，15厘米的杂草不得超过5棵/平方米；整块草坪没有明显的阔叶杂草；整块草地没有已经开花的杂草。

(4) 施肥：施肥要少量、多次，使草能均匀生长。常用的肥料有复合肥、尿素等。

3. 病虫害防治

草坪要注意病虫害防治，根据病虫害的发生规律，在病虫害发生前，采取有效措施加以控制。草坪常见病害有叶斑病、立枯病、腐烂病、锈病等，常见虫害有蛴螬、蝼蛄、地老虎等。草坪病虫害应以预防为主。一级以上草坪，每半个月喷一次广谱性杀虫药及杀菌药，药品选用由园艺师或技术员确定；二级草坪每月喷一次。对于突发性的病虫害，无论哪一级的草坪，都应及时针对性地选用农药加以喷杀，以防蔓延。对因病虫害而导致严重退化的草坪，应及时更换。

(五) 乔灌木种植与养护

1. 种植时间

树木生命活动与气候有着密切的关系，一般夏季生命活动最旺盛，冬季最微弱或近乎休眠状态。乔灌木的种植一般应选择树木生命活动最微弱的时间进行，这样才最有利于树木成活。在我国北方春季种植比较适宜，一般在3月中下旬至4月中下旬适合种植大部分落叶树和常绿树。此外由于常绿树在夏季高温期有一个短暂的休眠期，也可在7、8月份的雨季种植，时间宜选择在下过一两场透雨之后。另外一些耐寒、耐旱的树种也可选择在秋季树木落叶后种植。

2. 定点放线

定点放线是在现场标定绿化的范围和各苗木种植的位置及株距，在有条件的情况下可以由施工人员按设计图样自行进行。如果地下障碍物多，管线复杂，或施工人员无定点放线经验，可请设计人员或市政勘测人员到现场进行放线、验线。

3. 掘苗

苗木品质是保证植树成活的关键。为提高种植成活率，达到满意的绿化效果，在种植前应对苗木进行严格的选择。苗木选择的一般标准是在满足设计规格和树形的条件下，选择生长健壮、无病虫害、无机械损伤、树形端正、根系发达的苗木。苗木选定后应做标记，以免发生差错。

掘苗要保证苗木根系完整。裸根起苗时应尽量保留较大的根系，留些宿土。土球起苗时应视当时当地的气候情况及苗木成活能力来决定土球的大小，难成活的苗木要适当加大土球的尺寸，土球应保证完好，包装时要严密，土球底部不能漏土。

4. 运输

苗木装车运输前应先进行粗略的修剪，以便运输过程中减少苗木的水分蒸腾。装车时，灌木可直立装车，落叶乔木应根部向前、树梢向后，排列整齐。苗木在整个装车、卸车、运输过程中，都应保证树木的根系、树冠、土球的完好，不应折断树枝，擦伤树皮，损伤根系苗木运到现场后，应马上种植，如不能及时种植，可临时将根部填土覆盖。也可在阴凉背风处进行假植，填土覆盖根部，适量浇水保持土壤湿度，假植期间还应注意防治病虫害。

5. 种植

苗木种植前应对树冠、根系进行适当的修剪，以减少水分蒸腾，保证树姿良好，有利树木成活。修剪时应注意保持自然树形，一般不宜多剪，只剪去伤枝病枝即可，剪口要保持平滑。苗木修剪后即可进行种植。填土前须将包扎物除去，填土后充分压实，但不宜损坏土球。

6. 种植后的养护

种植较大的乔木时，种植后应设支柱支撑，以防浇水后大风吹倒苗木。养护的重要环节是树木种植后24小时内，必须浇上第一遍水，而且水要浇透，使泥土充分吸收水分，并与树根部紧密结合，以利根部的发育。在我国北方气候较干燥的地区，种植后的10天内应连续浇水三到五遍；在南方如果天晴无雨，也应在种植后的一星期内浇水两至三遍。在北方，如秋季种植，还应在树基部堆成30厘米高的土堆，以保持土壤水分并防止风吹动树木，使根系松动影响成活。

(六) 绿化灾害预防

1. 旱灾及预防

在炎热的夏季，当天气长期干燥无雨，绿化植物会因温度高、蒸发量大而失水发生旱灾。发生旱灾时应采取以下措施加以缓解：

(1) 加强绿化植物日常养护管理，保证水源供应，确保植物灌溉用水得到足量保证。

(2) 当干旱特别严重时，应集中人力突击抗旱，确保小区重点地区绿化植物不被旱死。

(3) 对于花木基地内的花木，可将其搬运到大树下、遮阳网或荫棚内，防止太阳照射灼伤花木。

(4) 旱灾发生且人力、水源不足的情况下，应优先保证重点观赏区的植物得到足够的浇水，不出现干旱枯萎现象，其他地方每隔一定时间浇一次水，保证不旱死即可。

2. 水涝及预防

在梅雨季节，长期降雨会导致植物经常处于水浸状态而形成水涝或被雨水冲毁。预防水涝应采取以下措施：

(1) 在植物种植前应做好场地平整工作，保证种植场地有适当的坡度，修建排水设施，方便排水，避免积水。

(2) 经常检查排水管道及排水沟，对堵塞应及时疏通。

(3) 每次降雨过后，对水浸的绿化地带进行人工排涝。

(4) 对于被雨水冲毁的绿化植物应及时进行补栽补种。

(5) 对于花木基地内的花木，除做好应有的排水沟等排水设施外，降雨过后还要用细木棍或细钢筋在积水的花木盆内插孔，协助排水。

(6) 大暴雨来临前，应将可能被水浸处的花木搬到高处。

(7) 在梅雨季节，应抓住雨停间隙，对植物喷施防腐药剂以防腐烂病。

3. 风灾及预防

风暴经常伴随着降雨，刮倒树木，摧毁建筑设施，造成极大灾害。风暴来临前应做好以下预防工作：

(1) 检查、疏通排水沟及排水管道，防止因排水不畅导致园林植物被暴雨冲刷。

(2) 新栽乔木要加固支撑3～6个月以上，高度超过10米的应支撑一年以上，在风暴来临前应加固支撑，其他高大乔木也要加固。

(3) 花木基地应经常检查荫棚及遮阳网骨架是否牢固，对于不牢固的骨架要重新绑扎及搭建。

(4) 在4～6级的风暴来临前应将架上的盆景用铁丝固定；风力高于7级的，应将架上的盆景全部搬到地上。

(5) 对于部分观赏价值高、又易被风吹倒的室外盆栽或盆景类，应在风暴来临前搬入室内或荫棚内保存。

当风暴来临时，在岗员工应至少每半小时巡查一次本岗位管辖的花木，发现被吹断、吹倒的应及时予以处理，自己无法处理的应及时汇报主管，由主管组织人力进行抢救。风暴过后，对倒伏的植物，要在一天内扶起栽上并支护树架，对吹折的树枝要在两天内全部修剪掉并清出园区。

4. 冻害及预防

原产热带或亚热带地区的园林植物，突然遭受低温影响时，会发生冻害，严重时植株全部冻死。预防冻害通常情况下应采取以下措施：

(1) 露天栽植的不耐寒植物，应在低温季节来临前，用草绳、草垫或农膜等将树干裹住到一定的高度，防止树干冻死。

(2) 露天摆放的观叶植物或盆景类，应在低温前搬入荫棚或温室内，确保植物不被冻死。

(3) 在花木基地，荫棚及育苗床上应覆盖一层薄膜加以封闭；无法移入室内的花木，也应排列整齐用农膜加以覆盖，以提高内部温度，防止冻伤花木。

当冻害发生后，应经常观察受冻植物有无复活的可能，并注意以下几个方面：

(1) 对冻害严重、没有恢复可能的植物应及时更换，以免影响小区景观。

(2) 对虽受冻害，但不影响其生长的，应剪去冻死枝条、茎叶，加强养护管理，促使恢复。

(3) 对于受冻程度严重，但仍有恢复生机的植物，应将其先移栽于花木基地内加以重点养护，待生长正常后再加以利用。

任务小结

(1) 绿化管理包括绿地建设和绿化养护管理。

(2) 绿化管理工作的主要内容有建立绿化管理档案、培训绿化管理养护员工、做好绿地营造工作、制定绿化管理规章制度以及做好室内绿化管理、草坪养护管理、乔灌木种植与养护以及绿化灾害预防等几方面。

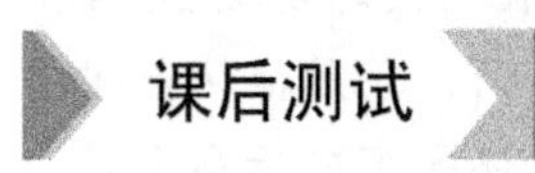

课后测试

在校园内观察校园物业绿化管理工作，并指出校园物业绿化管理工作做得好的地方，同时指出物业绿化管理工作做得不规范、不到位的地方，并形成调查报告。

项目七

物业安全管理

知识目标

(1) 掌握物业安全管理的工作内容和制度、安全保卫常识、防火规范和消防要求。

(2) 熟悉车辆出入和停放管理规范，能够有效处置车辆管理中的常见问题。

学前热身

2020年6月16日下午2点20分，某写字楼A座2004室的客户李总打电话给楼管，反映了一个问题。客户称其公司是从事直播行业的，每天晚上都有同事加班，而且都是女同事。连续两天夜里，都有一个秩序员在半夜敲办公室的门，在昨天晚上甚至进入了室内，转了一圈后又出去了。室内有监控，李总已经把这段视频截取下来并发送到了楼管的微信上。

楼管在查看视频后，立即将此事告知了秩序主管。秩序主管询问后得知这是夜班新来的秩序员在进行夜间巡逻，便与他进行了沟通。秩序员表示，他在巡楼时发现2004室内还亮着灯，便敲门询问其几点下班。他敲了几遍门，都没有人开门，于是他试着推了一下门，没想到门没锁。他进入室内只是想确认一下，客户是加班还是下班后忘了锁门和关灯。

了解情况后，楼管和秩序主管一起前往2004室，向李总解释了原因，并向她表示了歉意。他们承认秩序员私自进入室内是不对的，并承诺以后会加强对新员工的培训。李总表示理解，并表示公司每天晚上都会加班，希望能留一下走廊灯，不用再敲门询问了。楼管和秩序主管商议后表示同意，并表示会采取措施解决这个问题。

一周后，楼管回访了李总，询问她对处理结果是否满意。李总表示非常满意，并感谢楼管和秩序主管的帮助。这件事情得到了妥善解决，客户和物业公司之间也建立了更好的信任和合作关系。

任务一　物业治安管理的组织与实践

任务导入

物业安全管理是指物业服务企业为维护管理区域内正常的工作和生活秩序，保护业主和使用人的生命财产安全所进行的防火、防盗、防破坏、防爆炸、防自然灾害等一系列管理活动。物业安全管理包括“防”与“保”两个方面。“防”是预防灾害性、伤害性事故的发生；“保”是通过合理有效的措施对已经发生的事故进行妥善处理。“防”是防灾，“保”是减灾。两者相辅相成，缺一不可。

物业安全管理的主要内容包括治安管理、消防管理以及车辆管理三个方面。其中，物业治安管理主要是对物业区域内违反《中华人民共和国治安管理处罚法》的行为进行制止，并报公安机关处理，如非法携带枪支弹药、非法侵入他人住宅、偷盗他人财物等，以及对于物业区域内妨碍他人正常生活的行为进行禁止，如噪声污染、乱扔杂物、搭建各类违章建筑、流动摊贩扰民等。

理论先行

一、物业治安管理的性质

物业治安管理作为一项专业化的社区服务，是介于公安机关职责和社会自我防范之间的一种专业安保工作。与社会治安管理中公安机关的治安维护工作和社会自我防范形式相比较，物业治安管理具有补充警力不足、减轻财政负担及工作职责范围针对性强的特点。

二、物业治安管理的内容

物业治安管理主要包括门卫服务、巡逻服务和守护服务。

(一) 门卫服务

门卫保安人员是物业管理区域治安管理的第一卫士，门卫服务在安全保卫工作中占有很重要的地位。门卫保安人员的素质代表着保安队伍的整体素质，其服务水平代表着物业服务企业的服务水平。门卫保安人员包括物业管理区域大门的门卫和停车场的门卫。

1. 门卫服务的内容

门卫保安人员应该严格按照物业服务企业与部门的规章制度及警容风纪的管理要求做

好门卫服务。门卫服务的内容如下。

(1) 对于特定类型的物业如写字楼、高级公寓，通过检查出入证并要求来访人员填写访客登记簿以控制外来人员的出入。

(2) 按有关物品出入管理规定对带入、带出建筑物的物品进行检查和控制。

(3) 按照部门或项目的规定对车辆、行人进行管理。

(4) 监督、控制施工人员、供应商和推销人员进入。

(5) 与巡逻保安、车场保安及消防监控室值班人员紧密协作联防，最大限度地保障业主和使用人的生命财产安全。

(6) 在遇到异常事件时应按顺序报告领班、主管、部门经理，紧急时可直接向部门经理报告。

(7) 劝阻在禁烟区域吸烟的行为。

(8) 在遇到业主、员工情绪激动或其他紧急情况时应保持冷静，并采取恰当的控制措施，避免事态进一步恶化。

(9) 汇报值岗范围内项目的财产受损情况及相应的维修需求，关系到安全问题时立即上报上级部门经理或主管。

(10) 打扫岗位区域卫生，记录当班的重要事件，交接物品，如钥匙、对讲机、传呼机等。

(11) “友善与威严并存，服务与安保并举”是对门卫岗位的基本要求。因而门卫保安人员除提供安全保卫服务外，还要为业主提供必要的其他协助性服务，具体包括：

① 物业管理区域内的引导服务。

② 有关物业服务方面的简单咨询服务。

③ 组织、帮助业主有秩序地进出物业管理区域。

④ 当业主携带较多物品时应提供必要的帮助。

⑤ 对老弱病残及需要帮助的业主，应提供必要的服务。

2. 门卫的职责

门卫保安人员的职责一般包括以下几个方面。

(1) 安全防范管理：对进出小区和大厦的人员、车辆进行身份核查与登记；监控可疑行为，及时处理突发治安事件；执行 24 小时值班制度，确保重点时段安全。

(2) 访客与车辆管理：落实访客预约登记与业主确认流程；发放临时通行证并限定停留区域；指挥车辆有序停放，疏导交通拥堵。

(3) 设施设备维护：检查门禁系统、监控设备运行状态；发现设施故障立即报修并跟进处理；管理消防器材，定期检查维护。

(4) 环境秩序维护：保持门岗区域卫生整洁；劝阻违规张贴、摆摊等行为；巡查周边安全隐患。

(5) 客户服务支持：为业主提供快递代收、信息咨询等服务；受理投诉并及时反馈处理进展；协助老年人、残障人士等特殊群体。

(6) 应急事件处理：制定并演练应急预案；遇突发事件时迅速响应并上报；配合警方、消防等部门开展工作。

(7) 信息传达执行：落实物业通知公告的张贴与传达；执行小区和大厦管理规约；记录值班日志并做好工作交接。

3. 门卫服务的标准

(1) 仪容仪表及礼仪标准。门卫保安人员应按规定着装，佩戴工作证，仪表整洁(注意不留长发、不蓄胡子、不留长指甲等)，精神饱满，姿态端正，举止文明大方。

(2) 工作标准。门卫保安人员应基本掌握物业管理区域内业主或使用人的情况，包括姓名、特征及经常交往的人员。门卫保安人员应坚守岗位，把好物业管理区域大门和停车场这一关，熟练掌握报警监控、对讲机、电梯等设施设备的使用方法。

(3) 服务态度标准。门卫保安人员应礼貌待人，说话和气，微笑服务，主动、热情、耐心、细致、周到地为客户服务，不与客户发生争吵、打斗。

(二) 巡逻服务

巡逻是物业安全的又一重要保障。巡逻是指巡视和检查物业管理公共区域，以防不安全事件发生，维护物业管理区域的公共秩序。按照不同的分类方法，巡逻可分为：定时巡逻和不定时巡；穿制服巡逻和穿便服巡逻；白天巡逻和夜间巡逻。巡逻的路线可分为往返式、交叉式、循环式三种，但无论采取何种路线都不宜固定，而应将上述三种巡逻路线交叉使用。

1. 巡逻服务的范围和内容

巡逻服务的范围应严格限定在物业管理公共区域。

巡逻服务的内容包括以下几个方面。

(1) 检查治安、防火、防盗、水浸等情况，发现问题立即处理，并通知中心控制室。

(2) 检查消防设施设备(如烟感器、温感器、报警按钮、消防栓、正压送风口、应急灯、疏散指示灯开关等)是否完好。

(3) 检查防火门是否关闭，机房门、电动门等是否锁闭及有无损坏。

(4) 巡视大厦外墙、玻璃等设施是否完好，有损坏应做记录，并上报主管或上级。

(5) 在物业管理公共区域内巡查，发现有可疑人员应上前盘问，检查证件，必要时检查其所带物品。如果是摆摊叫卖的推销人员，应劝其离开物业管理区域。

(6) 详细记录意外情况发生时间及确切位置。

2. 巡逻服务人员的职责

巡逻服务人员的职责一般包括以下几个方面。

(1) 熟悉各执勤岗位的职责和任务，协助各个岗位处理疑难问题。

(2) 巡查楼层等公共区域、公用设施设备完好情况，做好记录。

(3) 维持物业管理公共区域的治安秩序。

(4) 协助班长处理紧急情况。

(5) 当值班长负责抽检本班巡逻人员的工作质量，并做好记录，及时将当班情况反映给相应部门。

(6) 主管负责检查、督导工作，对有关工作提出改进方法及注意事项。

3. 巡逻服务的标准

(1) 仪容仪表及礼仪标准。巡逻人员应按规定着装，佩戴工作证，仪表整洁，精神饱满，姿态端正，举止文明大方。

(2) 工作标准。巡逻人员应基本掌握物业管理区域内业主或使用人的情况，包括客户的基本情况、建筑物的结构、防盗消防设施设备的操作方法、消防通道的位置以及发电机房、配电房、水井房、消防中心周边位置的防范等；具备应对处理各种事故、技术风险和突发事件的能力，能分析、判断和处理问题，完成规定的检查内容。

(3) 服务态度标准。巡逻人员应按时巡逻，及时发现各种事故隐患，处理各种违章时做到文明礼貌、及时、有效、机动灵活而又不违背原则。

(三) 守护服务

守护服务主要是指保安人员依靠自己的力量在现场进行实地看守。由于保安人员守护的多是财物集中、危险物品多、情况比较复杂的地方，因此守护服务的任务艰巨，责任重大。

1. 守护服务的形式和措施

1) 设置必要的守护哨位

物业服务企业应根据守护的具体目标、特点及周围环境条件，确定不同的守护哨位，配备适当的守护力量。守护哨位通常可以采用固定哨、游动哨和瞭望哨的形式。

(1) 固定哨。固定哨是指派适当数量的保安人员在固定的位置执行守护任务。固定哨一般设在出入口，如物业管理区域的大门口、大厦的出入口、重要地方的出入口，以控制人员、车辆及其携带或装载物资的出入，防止犯罪分子的破坏和各种事故的发生。

(2) 游动哨。游动哨是指物业服务企业为了弥补固定哨的不足，在守护范围内对一些薄弱环节或易出问题的部位、区域，派出保安人员进行巡逻。在游动哨位执行任务的保安人员须熟悉游动区域的地形、守护设施及规定的口令和信号。游动巡逻应按指定的路线和区域进行，同时加强对重点地方的巡逻。在节假日、夜间及气候恶劣、社会治安情况复杂的时候，特别要加强游动巡逻。

(3) 瞭望哨。瞭望哨是指在守护范围较大的区域内，选择便于观察的制高点，配备保安人员进行瞭望观察，以便及时发现可疑情况，迅速采取措施。瞭望哨的保安人员，应熟悉与有关人员、部门联系的方法，以便发现可疑情况及时通报和采取措施。

2) 使用电子保安系统

电子保安系统在治安管理中占有极为重要的地位，是守护服务的重要组成部分。

闭路电视监视系统是电子保安系统的一种，指的是在物业区域内的重要出入口、重要通道和重点安全防范场所安装的闭路电视，以监视这些场所的动态。在档次较高的物业，如办公楼宇、商厦、超级市场、公寓、新建住宅小区等都设有闭路电视监视系统。闭路电视监视系统由摄像机、控制传输和显示三部分组成。其可在一处集中监视多个目标，在进行监视的同时，可以根据需要定时启动摄像机、伴音系统和时标装置，记录监视目标的图像、数据、时标，存档以便分析处理。

电子保安系统能够利用安装在现场的各种控制器件提供的信号，进行综合分析，一旦发现非法侵入、盗窃等情况及时报警。常用的控制器件有门窗电磁开关，监测破坏玻璃或者墙外力撞击的振动传感器，监测人体散发热量的红外线传感器，监测人体和物体变化的光电、超声波和微波传感器等。常用的报警输出为报警发声器、警号、警灯。

2. 守护服务人员的职责

(1) 保安人员上岗前自我检查，按规定着装，仪容仪表端庄整洁，做好上岗签名。

(2) 保安人员应站姿端正、精神饱满，面带微笑地在岗位上执行守护服务任务。

(3) 保安人员应先联系来访者要去的部门，办理有关手续后方可允许其入内。保安人员应建立岗位记事本，发现可疑情况及时记录；做好交换岗和交接班的口头与书面汇报。

(4) 保安人员应严格执行各项规章制度，保持严谨务实的工作作风，树立良好形象。

3. 守护服务的标准

(1) 仪容仪表及礼仪标准。保安人员应按规定着装，佩戴工作证，仪表整洁，精神饱满，姿态端正，举止文明大方。

(2) 工作标准。保安人员应基本掌握物业管理区域内业主(或客户)的情况，包括姓名、特征及经常交往的人员；能准确填写各种表格、记录，熟练掌握报警监控、对讲机、电梯等设施设备的使用方法；善于发现各种事故隐患和可疑人员，并能及时正确地处理各种突发事件；服从领导，听从指挥。

(3) 服务态度标准。服务态度标准与门卫服务一致。

以案说理

原告王先生的房子位于某小区1栋3楼，被告A公司是该物业项目的服务公司。王先生的房子在3个月前进贼了，小偷把房间里的现金、首饰、笔记本电脑全都拿走了，还损坏了一些家具和电器，导致王先生遭受了5万元的经济损失。王先生认为，家里被盗是因为小区的物业公司没有尽到保护小区住宅安全的职责。所以王先生起诉了A公司，请求法院判决A公司承担自己所受损失的赔偿责任。A公司辩称，王先生的房子被盗和A公司的职责没有直接因果关系，希望法院依法驳回王先生的诉讼请求。法院经审理认为，王先生和A公司存在有效的物业服务合同，且合同中约定，如果A公司提供的物业服务不达标，业主有权要求物业公司改进；物业公司没有改进的，业主有权要求物业公司对自己所遭受的损失承担赔偿责任。依据当地的物业管理服务等级标准，物业公司需要尽到的房屋管理职责如下：

(1) 每日巡查一次小区房屋单元门、楼梯通道以及其他公用部位的门窗、玻璃等，做好巡查记录，并及时维修养护。

(2) 维护公共秩序。小区主出入口应实行24小时站岗值勤。对重点区域、重点部位每小时至少巡查一次，配有安全监控设施的，应配备专门人员实施24小时监控。对进出小区的装修、家政等劳务人员应实行临时出入证管理等。

王先生房子被盗时，该房所属的1栋并没有设置单元门禁，小区时常有外卖等人员自由出入，存在一定的安全隐患。

所以法院判决，A 公司应对王先生房屋被盗的损失承担赔偿责任。宣判后，A 公司不服，向当地中级人民法院提起上诉。经二审审理后，中级人民法院驳回了 A 公司的上诉请求，维持原判。

王先生要求 A 公司承担自己损失的原因有以下两方面：

(1) 物业服务企业对小区和业主负有治安管理义务。物业服务企业的治安管理主要是指物业服务企业作为经营者或者管理者，应根据物业服务合同的约定，承担对他人人身、财产的合理限度内的治安防范义务。就本案例来说，物业服务企业有义务为维护小区物业管理的公共秩序安全提供相应的治安防范工作，例如，来访人员登记、设立小区门禁制度等。案例中 A 公司管理的小区安全制度存在隐患，外来人员可以随意出入小区，所以法院认定 A 公司没有尽到治安管理职责。

(2) 物业服务企业需要对业主的损失承担赔偿责任。物业服务企业因违反治安防范义务而造成业主损失的，应依据物业服务企业的过错大小来确定其承担的赔偿责任。如本案例中，王先生对被窃事件并无过错。而反观 A 公司，其不仅并未对外来人员进行有效的管理、登记，也没有在大楼设置门禁系统。A 公司的安保措施显然不足且疏于管理，其在管理上存在过错。基于此，一审和二审法院均认定 A 公司应对王先生的损失承担赔偿责任。

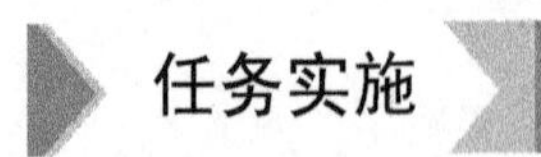

一、学习目标

掌握物业治安管理中常见问题的处理方法。

二、实施方法

通过工作日志法、资料查阅法、实地调查法、实操法，明确物业治安管理中各类常见问题的处理方法。

三、任务流程

(一) 遗失物品的处理

(1) 物业服务人员在工作中如发现遗失物品，应主动交到保安部门，保安部门的内保员在接到送来的遗失物品时，要登记、备案，逐项核对，并将贵重物品存入保险箱。

(2) 在确认遗失物品的物主无误时，才能发还，并请物主在丢失物品认领本上签字认领。

(3) 遗失物品逾期无人认领，可经保安部经理签字，上交上级部门处理。

(二) 常见可疑情况的处理

保安人员在站岗或巡逻时，经常会碰到一些可疑情况，对可疑情况要根据其严重程度采取相应的措施。以下是几种常见的可疑情况及其处理方法。

(1) 冒烟。了解确切的冒烟口及冒烟的原因(如着火、电线短路等)，并上报处理。

(2) 冒水。了解冒水的确切位置及冒水的原因(如上水管、下水管冒水，下雨等)，及时堵漏并上报处理。

(3) 有焦味、硫酸味或其他化学品异味。寻找味源，如因电源短路造成，要及时切断电源；如是其他化学品异味，要及时封锁现场，并通知有关部门处理。

(4) 发现在物业管理区域游荡(借口找人却说不出被访者单位及姓名)的人，须密切观察其举动，必要时劝其离开。

(5) 发现身上带有管制刀具、钳子、螺丝刀、铁器等工具的人，应询问、核查其携带工具的用途。对于用途不明的，应带回保安值班室处理，或者送当地派出所。

(6) 发现在偏僻、隐蔽地方清理皮包或钱包的人，应立即设法拦截并询问验证，如属盗窃、抢劫财物的，应送交公安机关处理。

(7) 驾驶无牌无证或有撬损痕迹车辆的，或将没开锁的电瓶车或自行车背走或拖走的，应当即扣车留人，待查明情况后再放行。

(8) 驾驶机动车却没有行驶证，说不出车牌号，没有停车证的，应立即联系停车场车管员，暂扣车钥匙，约束其人，待查明情况后再放行；如情况不明的，移交公安机关。

(9) 对于那些遇到保安人员就转身远离或逃跑的人，应设法拦截(同时用对讲机向其他保安人员通告)、擒获，之后带到保安值班室处理，查明原因后根据情况放人或送公安机关处理。

(三) 常见治安、刑事案件的处理

1. 打架、斗殴的处理

(1) 积极果断地劝阻双方离开现场，缓解矛盾，防止事态扩大。不要因双方误打到自己而介入，同时立即向值班领班报告。

(2) 如事态严重，有违反治安管理的行为甚至犯罪倾向的，应通知当地公安机关前来处理或将行为人送到公安机关处理。

(3) 提高警惕，防止坏人利用混乱偷窃财物。

(4) 说服围观群众离开，保证所辖范围内的正常治安秩序。

2. 盗窃案件的处理

(1) 发现盗窃分子正在作案，应立即当场抓获，并报告公安机关，连同证物送公安机关处理。

(2) 如果是盗窃案发生后才发现的，应立即报告公安机关，同时保护好案发现场，重点是犯罪分子经过的通道，爬越的窗户，打开的箱柜、抽屉等，不能擅自让人接触和移动。

(3) 对重大案发现场，应将事主和目击者反映的情况向公安机关作详细报告。

3. 凶杀案件的处理

(1) 如发现歹徒正在作案的，应设法制伏、阻拦歹徒，并召集各岗位保安人员配合，同时迅速向上级和公安机关报案，如有伤员应迅速拨打急救电话送至附近医院救治。

(2) 如事后接到报告，则应保护案发现场，禁止无关人员进入，以免破坏现场遗留的痕迹、物证，影响公安人员勘查现场、收集物证和线索。

(3) 案发后，前门岗及后门岗要加强戒备，对外出人员、车辆逐一检查登记。

(4) 登记发现人和事主的情况，抓紧时机向发现人和周围群众了解案件、事故的发生和发现经过，并做好记录。

(5) 案发现场人员一律不能离开，等待公安人员询问。

(6) 向到现场的公安人员汇报案情，协助破案。

4. 抢劫案件的处理

(1) 遇到犯罪分子公开使用暴力进行打、砸、抢或强行夺取他人钱财时，应立即制止，同时呼叫附近保安和周围群众一起制止犯罪，并立即报警。

(2) 如劫匪逃离现场，要向目击者问清劫匪的人数、衣着颜色和逃跑方向，并立即组织群众堵截；如驾车逃跑的，应记下车牌号码，报警并拦车追堵。

(3) 保护抢劫现场，不要让群众进入现场；现场为交通要道或公共场所、人多拥挤的地方时，应将证物收起交给公安机关。

(4) 访问目击群众，收集案件情况，做好记录并提供给公安机关。

(5) 若当事人或在场群众有受伤的，要立即送医院并报告。

(四) 停电、停水的处理

(1) 接到停电、停水通知后，应张贴通知，告知全体用户，并请用户配合关闭室内各种电气设备(照明除外)。

(2) 准备充足的照明工具，保安人员及物业管理人员应逐层检查备用照明设备的配备情况，保证停电后照明系统正常启用。

(3) 工程部应负责后备电源启动的具体操作工作。

(4) 保安人员应加紧巡逻，防止盗窃、火灾等事件发生；同时，加强出入物业管理区域人员的登记工作。

(5) 接到停水通知后，工程人员应将蓄水池的水注满。

(五) 电梯困人的处理

(1) 当有乘客被困在电梯时，如电梯内装有闭路电视或对讲机，应观察电梯内被困者的活动情况，详细询问被困者有关情况并通知物业管理人员到电梯门外保持联系。

(2) 立即通知电梯维修单位派人解救被困者并修理电梯，在打电话时必须询问对方姓名并告知有人被困。

(3) 被困者如有儿童、老人、孕妇或人多供氧不足的须特别留意，并立即通知医护部门、消防部门等。

(4) 被困者救出后，须询问被困者是否有不适，是否需要帮助，以及被困者的姓名、地址、联系电话和到物业项目的原因。

(5) 如被困者不合作或自行离去，应记录备案。

(6) 必须记录电梯困人从开始至结束的时间、详细情形及维修人员、消防员、警员、救护人员到达和离去的时间，消防车、警车及救护车的号码等。

(7) 必须记录被困者救出的时间或伤员离开的时间，并查询伤员送往的医院。

(六) 易燃气体泄漏的处理

(1) 当接到怀疑易燃气体泄漏的信息时，应立即通知主管部门，并尽快赶到现场。

(2) 抵达现场后要谨慎行事，敲门进入后，不可打电话、开灯，立即打开所有门窗，关闭易燃气体阀门，严禁在现场吸烟。

(3) 通知有关人员到场检查，如有围观者，应劝其离开现场。

(4) 如发现有受伤不适者，应小心妥善处理，等待救护人员及警务人员抵达现场。

(5) 将详细情况记录下来，并尽快呈交主管。

(七) 大风或雷暴天气的处理

(1) 检查应急备用工具，确定其性能良好；检查急救箱，确定各种基本药物齐备。

(2) 将应急时使用的电话号码表张贴在宣传公告栏上或发送至微信群。

(3) 提醒业主和使用人搬离放在阳台花架上的花盆及各类杂物。

(4) 紧闭公共区域所有门窗以及电梯机房、垃圾房等区域的门窗，并须做好防水措施。

(5) 加固所有树木，将盆栽及花卉移至地面或隐蔽角落。

(6) 留意有关大风或雷暴的进展消息，及时将最新信息告知业主和使用人。

(7) 如大风或雷暴持续不停，须安排物业服务人员值班，在任何时刻，物业服务企业都应有值班人员接听电话。

(8) 物业服务人员参加抢险工作时，要注意自身的安全，采取适当的安全措施，并通知其他员工，同时应避免逗留在空旷的地方。

(9) 值班人员要认真负责，勤巡查，善于发现问题，及时做好现场的督导工作，在关键的时刻出现在关键的地方，解决关键问题，并加强各部门的沟通与联系，做好协调配合工作。

(八) 有人触电的处理

(1) 发现有人触电，马上赶到现场，关闭电源。

(2) 在未关掉电源时切不可用身体去接触触电者，以防自己触电。

(3) 救人时应用绝缘体把电线或人拉开，立即进行人工抢救，并叫急救车。

任务小结

(1) 物业安全管理是物业服务企业进行物业管理的一项重要的基础性工作，是物业管理工作的重要组成部分。

(2) 物业安全管理工作人员必须掌握物业安全管理要求及应该履行的职责。

(3) 物业服务企业要对物业的保安人员进行多方面的培训，尤其要注重对于安全管理中遇到的各种突发事件的处理的培训。

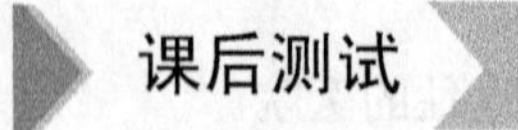

课后测试

(1) 简述物业安全管理的含义。

(2) 物业治安管理包括哪些内容?

任务二 物业消防管理的组织与实践

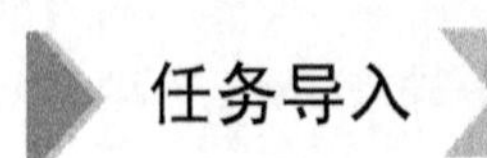

任务导入

物业消防管理是指物业服务企业依照法律法规，为保护业主和使用人的生命财产安全，针对物业管理区域内的防火灭火工作所进行的一系列管理活动。火灾是物业管理区域内常见的灾害事故，火灾一旦发生会给业主和使用人的生命财产造成严重的损害，因此消防管理在物业管理中占有非常重要的地位。物业服务企业必须把消防管理工作纳入日常工作中，把消防安全纳入经营管理之中。

理论先行

消防管理主要包括以下几方面的内容。

一、消防管理机构的设置

物业服务企业的消防管理机构一般从属于企业的安保部门，即在安保部门下设消防管理班或消防管理科。消防管理机构应配备专职消防管理员。专职消防管理员按分工分别负责日常消防工作的运作、消防工作的检查、消防设施的维护、消防监控室的监控等。

二、消防安全的宣传教育和培训

1. 消防安全的宣传教育

消防管理员要广泛开展消防宣传，动员和组织物业管理区域内的群众积极地学习并掌握消防知识。只有发动群众，“防”才有基础，“消”才有力量。宣传的方式可为专人上门、发通知、张贴告示、出墙报、利用业主群等。宣传的内容应包括防火的重要性、防火灭火的基本方法、物业区域内消防设施的功能与使用方法、安全疏散和人员抢救方法等。同时，物业服务企业还要制定各单位、各部门及重点区域的防火责任制，并负责检查和落实。

2. 消防安全的培训

(1) 定期组织员工学习消防法规和各项规章制度，做到依法治火。

(2) 各部门应针对岗位特点进行消防安全教育培训。

(3) 消防设施维护保养和使用人员应进行实地演示和培训。

(4) 新员工应进行岗前消防培训，经考试合格后方可上岗。

(5) 因工作需要，员工换岗前必须进行再教育培训。

(6) 消控中心等特殊岗位的人员要进行专业培训，经考试合格，方可持证上岗。

三、消防管理制度的建立

1. 岗位职责

1) 消防责任人岗位职责

物业服务企业负责人为消防责任人，对物业区域内的消防安全委员会负责，对所管理的部门、项目负责。

2) 消防主管岗位职责

(1) 熟知公司防火及灭火设施设备的操作方法和有关的防火、灭火知识，做好公司全体工作人员的防火知识教育和消防培训工作。

(2) 负责制定公司防火安全条规，制订防火、疏散和灭火工作计划，并检查落实公司各部门防火管理制度。

(3) 督促工程部对消防设施进行维修保养，确保灭火器材及设施在应急时能正常启用。

(4) 负责调查一般火灾事故，写成书面材料上报并存档，此材料可作为日后培训的教材。

(5) 负责协助办理公司新建和改造工程消防设施的申报、审批手续，并监督施工现场的防火工作。

(6) 负责防火、监控专业人员的业务培训及日常工作考核，编制公司义务消防队的灭火培训计划及培训计划。

(7) 配合公安消防部门进行防火安全检查，发现隐患及时协同有关部门进行整改。

(8) 每周进行防火安全情况报告，负责公司用火部门的安全监督，并做好现场的督导检查工作。

(9) 负责对公司各种危险品的监督管理，检查防火、防爆工作的落实情况。

(10) 参与定期召开的安全会议，执行并有效完成上级指派的其他工作任务。

3) 消防监控室保安岗位职责

(1) 监控员应按时上下班，当值时不睡觉，不擅离岗位。

(2) 监控员必须严格按照规定时间、范围，集中精力严密观察，对异常和可疑情况做好记录。

(3) 监控员应对他人提供的及从屏幕中观察到的可疑情况，及时进行定时、定位、定人的记录。对电话报案及刑事、治安案件和火灾、事故等应迅速按照程序上报处理。

(4) 监控员在当班时不做与工作无关的事，严守工作纪律。监控室禁止无关人员入内，确因工作需要来监控室的其他部门人员应做好登记。

(5) 监控员应爱护使用的设备，以延长机器的使用寿命，不得擅自拆装设备。

(6) 监控员在当班时应主动做好监控室的清洁卫生工作，保持整洁，严禁在监控室吸烟。

(7) 监控员上下班时，要严格执行交接规定。

(8) 监控室监控范围及摄像监视器的开关时间均应保密，严禁外传，更不准向无关人员介绍监控情况。

(9) 严格遵守监控设备操作程序，禁止调整或改动工控计算机系统。

2. 消防安全检查制度

为规范物业辖区的消防工作，防止消防隐患，需制定消防安全检查制度。

(1) 每月末及节日前，应对物业辖区公共区域、设施进行安全检查。

(2) 检查工作由公司消防责任人组织，工程、安保、管理部门负责人配合。

(3) 检查项目为：对于公共区域、公共设施配备的消防器材、消防栓设施应检查其是否齐全、有效；对房间内使用的电器，应检查其是否符合安全规定，是否按照规定配备一定数量的灭火器；对设有消防报警系统的物业辖区指示灯、烟感报警系统，应检查其是否正常。

(4) 检查中若发现物业辖区内各种设施设备有异常，或违反消防安全规定的问题，要立即查明原因，及时处理；不能立即解决的，由公司出具整改通知书，限期整改。

四、火灾的预防

1. 执行消防安全检查制度

(1) 消防保安人员应定时进行消防安全巡逻，做好检查记录，发现问题及时上报。

(2) 定期由消防主管会同各部门防火负责人对物业管理区域进行消防安全检查，由消防监控室领班对消防器材、设备、设施进行点检。

(3) 消防主管应按时会同工程部专业人员对消防系统进行测试检查。

(4) 每逢重大节日、活动前夕应进行消防安全检查。

(5) 突击检查消防监控室值班人员情况及其对系统操作的熟练性、规范性。

(6) 每年(一般年底)由项目经理会同各部门经理进行年终消防安全大检查，包括客户单元。

(7) 所有检查过程中发现的问题，由保安部及时发出整改报修通知，在完成后复查。

2. 应对火灾的准备工作

(1) 定期检查及保养消防设备，以确保设备正常运行。

(2) 培训物业服务人员熟悉灭火设备的使用，包括各类水枪、灭火器的种类及使用规范和使用方法。

(3) 制定并使物业服务人员熟悉逃生路线(包括指导业主)。

(4) 消防通道必须保持畅通无阻，防火门不能上锁。

(5) 防火门必须保证关闭，并没有损坏。

以案说理

6 月 30 日，某工业园物业管理处当值安全员王某巡逻至 8 号员工宿舍时，突然发现 801 宿舍有浓烟从窗户向外冒出，他敏锐地意识到 801 室已发生火灾(宿舍所属单位员工于上午集体外出活动)。在这紧急关头，王某即刻用对讲机通知 6 号巡逻岗，同时快速提取灭火器赶赴事发现场。6 号巡逻岗在得到火警信息后，第一时间启动大门岗警铃，并用对讲机通知各岗位。2 分钟后，各班组人员在总指挥的指挥下，按照该管理处相关流程全面开展灭火救援工作。最终，在各班组的通力协作下，大火在 45 分钟后被彻底扑灭。

事后，管理处技术人员对火灾现场进行查勘，初步推断此次火灾事故的主要原因是某员工外出时未拔放在床铺上的小型录音机的变压器电源，线圈绝缘被击穿，导致短路，引起燃烧，继而点燃床铺易燃品，最终波及周边床铺。

在此次火灾事件中，王某通过宿舍窗户的浓烟预判了火警，他能迅速识别潜在危险，具有高度的职业敏感性与警觉性。同时，他在通知 6 号巡逻岗的同时，迅速赶赴现场，这种一边传递信息，一边采取行动的做法，极大地争取了灭火救援的时间，其行动具有果断性和高效性，为控制火势蔓延起到了关键作用。此外，管理处各岗位的及时而高效的通力合作也体现了团队具备消防应急处置能力。

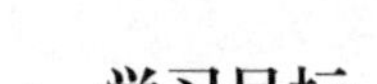

任务实施

一、学习目标

掌握物业消防常见问题的处理方法。

二、实施方法

工作日志法、资料查阅法、实操法。

三、任务流程

(一) 火灾的应急处置

1. 火警信息的发现与确认

1) 火警信息的发现

火警信息可以由以下几种途径发现：消防控制中心接收的火警信号(包括灯光、音响、消防主机显示屏显示)；保安巡逻时发现的火警；业主和使用人发现的火警；住户的报警。

2) 火警信息的确认

(1) 消防控制中心接收的火警信号。对于消防控制中心从自动报警装置系统接收到火警信号，发现人员应立即用对讲机或电话通知巡护人员(或附近保安人员)赶赴预警现场，确认信号是否由于自动报警装置系统误动发出或有人违章(施工、向探头喷烟)引起；若属于非误报，则应查明报警原因，追踪烟雾来源，确认过程中应随时保持与消防控制中心的联系，并及时报告确认情况。

(2) 业主和使用人发现的火警。收到火警信息的保安人员应立即赶赴火警现场，判明是否属于火警。若是人为违章造成的火警应予制止；若是火警，则按火警、火灾处理方法进行处置。

(3) 住户的报警。任何人员或部门接到报警时，应立即用最有效的手段报告安保部，并按火警、火灾处理方法进行处置。

2. 火灾的处理原则

(1) 确认的火警应在第一时间报告安保部，并通过“119”电话报警。

(2) 立即开展扑灭火灾的工作。

(3) 积极疏散受影响的业主，抢救被困人员。

(4) 将易燃易爆物品迅速撤离火源及毗邻场所。

(5) 尽力抢救业主生命和财产。

3. 发生火灾时的紧急疏散

1) 紧急疏散的措施

火灾无法阻止或控制、处于紧急状态时，物业服务企业应立即报警、切断火源或事故源，并积极组织人员疏散；同时通过消防应急广播装置进行广播，通报火灾情况，引导群众疏散；保安人员应逐户(楼层)通知受火灾影响的业主和使用人，引导住户疏散或做好撤离准备：值班电工在切断电源后应开通应急照明电源，火灾现场部门员工应打开所有的安全通道，引导业主和使用人有序撤离。

2) 紧急疏散的程序

紧急疏散程序为：疏散人员、转移危险品、抢救贵重财产、清点人员。

4. 火灾的扑救

火灾的扑救工作应有组织地进行，在公安消防队未到达之前，总指挥应负责火灾现场的指挥，调动一切人员利用所有消防设备和装备器材开展扑救工作。火灾的扑救程序为：

(1) 打“119”电话报警，并派人员到必经路口引导。

(2) 通知安保部紧急组织保安人员赶赴火灾现场，进行外围警戒和交通管制；组织保安人员赶赴火场进行疏散，救护被困人员，抢救财物，协助灭火。

(3) 通知设备部电工和消防监控中心断开相关电源，开启自动灭火系统、排烟系统和消防水泵，保证消防供水。

(4) 取用灭火器材时应正确选用灭火器(根据物质的燃烧特性)，以免用错灭火器导致回火复燃；若是机房、电器发生火灾，应先切断一切电源，选用“1211”、干粉等灭火器直接喷射火源处，如是有油的电气设备(如变压器、油开关)着火，也可用干燥的黄沙盖住火源；装有自动灭火装置的场所，应直接开启自动灭火装置释放药剂灭火。

(5) 公安消防队到达以后，应向公安消防队指挥员报告火情，移交指挥权，组织公司所有人员配合消防队扑灭火灾。

(二) 消防器材的配备与使用

配备常见的消防器材并熟悉其使用是物业消防管理必须要做的一项工作，物业服务企业的每名员工都应熟悉和掌握。保安人员在每日巡逻过程中，应对配置在公共区域的消防器材实施例行检查，并做好记录，防止人为破坏。各部门人员在物业管理区域工作时应注意对灭火器材的保护，发生损坏、缺失情况应及时通知安保部门。

灭火器是一种可由人力移动的轻便灭火器具，它能在内部压力作用下，将所充装的灭火剂喷出，用来扑灭火灾。由于其结构简单、操作方便、应用面广，对扑灭初起火灾效果明显，因此在企业、机关、商场、公共楼宇、住宅和汽车、轮船、飞机等交通工具中都已广泛配备，已成为大众性的常规灭火器具。

1. 灭火器的分类

灭火器通常按照所充装灭火剂的类型进行分类。

(1) 水型灭火器。这类灭火器中充装的灭火剂主要是水，另外还有少量的添加剂。清水灭火器、强化液灭火器都属于水型灭火器。

(2) 空气泡沫灭火器。这类灭火器中充装的灭火剂是空气泡沫液。根据空气泡沫灭火剂种类的不同，空气泡沫灭火器又可分为蛋白泡沫灭火器、氟蛋白泡沫灭火器、水成膜泡沫灭火器和抗溶泡沫灭火器等。

(3) 干粉灭火器。干粉灭火器内充装的灭火剂是干粉。根据所充装灭火剂的不同，干粉灭火器可分为碳酸氢钠干粉灭火器、钾盐干粉灭火器、氨基干粉灭火器和磷酸铵盐干粉灭火器等。我国主要生产和使用碳酸氢钠干粉灭火器和磷酸铵盐干粉灭火器。

(4) 卤代烷灭火器。卤代烷灭火器内充装的是卤代烷灭火剂。卤代烷灭火器分为“1211”灭火器和“1301”灭火器。

(5) 二氧化碳灭火器。这类灭火器中充装的灭火剂是加压液化的二氧化碳。

2. 灭火器的使用

1) 清水灭火器

将清水灭火器提至火场，在距离燃烧物 10 米处，将灭火器直立放稳。摘下保险销，用手掌拍击开启杆顶端的凸头，这时储气瓶的密封膜片被刺破，二氧化碳气体进入筒体内，迫使清水从喷嘴喷出。此时应立即一只手提起灭火器，另一只手托住灭火器的底圈，将水流对准燃烧最猛烈处喷射。随着灭火器喷射距离的减小，操作者应逐渐向燃烧物靠近，以保证水流始终喷射在燃烧处，直到将火扑灭。在喷射过程中，灭火器应始终与地面保持大致垂直的状态，切勿颠倒或横卧，否则加压气体会泄漏而导致灭火剂不能喷射。

2) 空气泡沫灭火器

将灭火器迅速提至火场，在距燃烧物 6 米左右处，先拔出保险销，一手握住开启压把，另一手握住喷枪，将灭火器密封开启，空气泡沫即从喷枪喷出。应对准燃烧最猛烈处喷射。如果扑救的是可燃液体火灾，当可燃液体呈流淌状燃烧时，喷射的泡沫应由远而近地覆盖在可燃液体上；当可燃液体在容器中燃烧时，应将泡沫喷射在容器的内壁上，使泡沫沿壁淌入可燃液体表面而加以覆盖。应避免将泡沫直接喷射在可燃液体表面上，以防止射流的冲击力将可燃液体冲出容器而扩大燃烧范围，增加灭火难度。

3) 干粉灭火器

使用手提式干粉灭火器时，应手提灭火器的提把，迅速赶到火场，在距离起火点 5 米左右处，放下灭火器。在室外使用时应注意占据上风方向。使用前先把灭火器上下颠倒几次，使筒内干粉松动。如果使用的是内装式或储压式干粉灭火器，应先拔下保险销，一只手握住喷嘴，另一只手用力按下压把，干粉便会从喷嘴喷射出来。如果使用的是外置式干粉灭火器，应一只手握住喷嘴，另一只手提起提环，握住提柄，干粉便会从喷嘴喷射出来。

干粉灭火器在喷粉灭火过程中应始终保持直立状态，不能横卧或颠倒使用，否则不能喷粉。

4) 二氧化碳灭火器

使用手提式二氧化碳灭火器时，可手提灭火器的提把，或把灭火器扛在肩上，迅速赶赴火场。在距起火点大约 5 米处放下灭火器，一只手握住喇叭形喷筒根部的手柄，把喷筒对准火焰，另一只手压下压把，喷射二氧化碳。当扑救流散流体火灾时，应使二氧化碳射流由近及远向火焰喷射。如果燃烧面积较大，操作者可左右摆动喷筒，直至把火扑灭。当扑救容器内火灾时，操作者应从上向容器内喷射，但不要使二氧化碳直接冲击到液面上，以免使可燃物冲出容器而扩大燃烧面积。

使用手提式二氧化碳灭火器应注意以下事项：灭火器在喷射过程中应保持直立状态，切不可平放或颠倒使用；当不戴防护手套时，不要用手直接握喷筒或金属管，以防冻伤；在室外使用时应选择在上风方向喷射；当室外有大风时，因为喷射的二氧化碳气体被吹散，灭火效果很差；在狭小的室内空间使用时，灭火后操作者应迅速撤离，以防二氧化碳窒息而发生意外；扑救室内火灾后，应先打开门窗通风，然后再进入，以防窒息。

3. 灭火器的管理

1) 空气泡沫灭火器

空气泡沫灭火器安放位置应保持干燥、通风，防止筒体受潮；应避免日光暴晒及强辐射热，以防影响灭火器的正常使用。灭火器的存放环境温度应为 4～45℃。灭火器应按制造厂家规定的要求和检查周期进行定期检查，且检查应由经过训练的专人进行。灭火器一经开启，即使喷液不多，也必须按规定要求进行再充装。再充装应由专业部门按制造厂家规定的要求和方法进行，不得随意更换灭火剂品种和重量以及驱动气体种类和压力。灭火器每次再充装前，其主要受压部件，如喷头、筒体应按规定进行水压试验，合格的方可继续使用。水压试验不合格的，不准用焊接等方法修复使用。经维修部门修复的灭火器，应有消防监督部门认可标记，并注上维修单位的名称和维修日期。

2) 干粉灭火器

干粉灭火器应放置在保护物体附近、干燥通风和取用方便的地方。干粉灭火器要注意防止受潮和日晒，灭火器各连接件不得松动，喷嘴塞盖不能脱落，以保证密封性能。灭火器应按制造厂的规定要求定期检查，如发现灭火剂结块或储气量不足，应更换灭火剂或补充气量。灭火器一经开启必须进行再充装。再充装应由经过训练的专人按制造厂家的规定要求和方法进行，不得随便更换灭火剂的品种和重量。充装后的储气瓶，应进行气密性试验，不合格的不得使用。灭火器满 5 年或每次再充装前，应进行 1.5 倍设计压力的水压试验，合格的方可使用。经修复的灭火器，应有消防监督部门认可的标记，并注明维修单位名称和修复日期。

3) 二氧化碳灭火器

二氧化碳灭火器不应放置在采暖或加热设备附近和阳光强烈照射的地方，存放温度不宜超过 42℃。二氧化碳灭火器应每年检查一次重量，手提式灭火器的年泄漏量不得大于灭火剂额定充装量的 5%或 50 克(取两者中的较小者)；推车式灭火器的年泄漏量不得大于灭火剂充装量的 5%。超过规定泄漏量的，应检修后按规定的充装量重灌。灭火器满 5 年应进行一次水压试验，合格后方可使用，以后每隔 2 年，必须进行试验及检查。灭火器一经开启，必须重新充装。其维修及再充装应由专业单位承担。灭火器在搬运过程中应轻拿轻放，防止撞击。

(三) 消火栓的使用与管理

消火栓是消防供水的重要设备，它分为室内消火栓和室外消火栓两种。

1. 室内消火栓

室内消火栓是建筑物内的一种固定灭火供水设备。它包括消火栓及消火栓箱。室内消火栓和消火栓箱通常设于楼梯间、走廊和室内的墙壁上。箱内有水带、水枪，水带、水枪与消火栓出口连接，消火栓则与建筑物内消防给水管线连接。消火栓由手轮、阀盖、阀杆、本体、阀座和接口等组成。使用室内消火栓时，根据箱门的开启方式，用钥匙开启箱门或击碎门玻璃，扭动锁头打开。如消火栓没有紧急按钮，将其下的拉环向外拉出，再按顺时针方向转动旋钮，打开箱门，然后取下水枪，铺设水带，按动水泵启动按钮，旋转消火栓手轮，即开启消火栓进行射水。灭火后，要把水带洗净晾干，按盘卷或折叠方式放入箱内，再把水枪卡在枪夹内，装好箱锁，关好箱门。

维护保养消火栓应注意以下几点：

(1) 定期检查室内消火栓是否完好，有无生锈、漏水现象。

(2) 检查接口垫圈是否完整无缺。

(3) 消火栓阀杆上应加注润滑油。

(4) 定期进行放水检查，以确保火灾发生时能及时打开放水。

2. 室外消火栓

室外消火栓与城镇自来水管网相连接，它既可供消防车取水，又可连接水带、水枪，直接出水灭火。室外消火栓有地上消火栓和地下消火栓两种。地上消火栓适用于气候温暖的地区，而地下消火栓则适用于气候寒冷的地区。

1) 地上消火栓

地上消火栓主要由弯座、阀座、排水阀、法兰接管、启闭杆、本体和接口等组成。在使用地上消火栓时，将消火栓钥匙扳头套在启闭杆上端的轴心头之后，按逆时针方向转动消火栓钥匙，阀门即可开启，水由出水口流出。按顺时针方向转动消火栓钥匙，阀门便关闭，水不再从出水口流出。

维护保养地上消火栓时应做到以下几点：

(1) 每月或重大节日前，应对消火栓进行一次检查。

(2) 清除启闭杆端部周围的杂物。

(3) 将专用消火栓钥匙套于杆头，检查是否合适，并转动启闭杆，加注润滑油。

(4) 用纱布擦除出水口螺纹上的积锈，检查闷盖内橡胶垫圈是否完好。

(5) 打开消火栓，检查供水情况，要放净锈水后再关闭，并观察有无漏水现象，发现问题及时检修。

2) 地下消火栓

地下消火栓和地上消火栓的作用相同，都能为消防车及水枪提供压力水。不同的是，地下消火栓安装在地面下，因此其不易冻结，也不易被损坏。地下消火栓的使用可参照地上消火栓进行。但由于地下消火栓目标不明显，故应在地下消火栓附近设立明显标识。使用时，打开消火井盖，拧开闷盖，接上消火栓与吸水管的连接口或接上水带，用专用扳手打开阀塞即可出水，用完要恢复原状。

(四) 消防水箱与消防水泵的使用与管理

消防水箱是在建筑物室外给水管网不能经常保证室内给水管道有足够水压时设置的。低层建筑室内消防水箱应储存 10 分钟的室内消防用水量。对于高层建筑消防水箱的储存量，一类公共建筑不应小于 18 立方米，二类公共建筑和一类居住建筑不应小于 12 立方米，二类居住建筑不应小于 6 立方米。其安装高度必须保证最不利点所设置的室内消火栓有足够水压。

在正常运行中，应严格监视或巡回检查给高压给水系统维持压力的消防水泵机组是否有不正常的噪声或振动，轴承温度是否超过允许值(最高 75℃)，各种监视仪表是否正常等。备用水泵和临时高压给水系统的消防水泵的灌水状况、动力设备等应保持良好的状态，以保证发生火警时可以立即启动。

(五) 消防电梯的使用与管理

消防电梯是高层民用建筑特有的消防设施。普通电梯在火灾发生时往往因为电源切断而停止使用，而消防队员若靠攀登楼梯进行扑救，会因体力不足和运送器材困难而错过最佳扑救时机，影响扑救火灾及抢救伤员。因此，高层建筑必须设置消防电梯，以便消防队员在火灾发生时能迅速到达起火层进行扑救工作，减少火灾损失和人员伤亡。我国规定一类高层建筑、塔式住宅、12 层以上的单元式和通廊式住宅，以及高度 32 米以上的二类高层建筑，每层建筑面积不大于 1500 平方米时应设 1 台消防电梯，每层建筑面积为 1500～4500 平方米应设 2 台，超过 4500 平方米则设 3 台，且宜分别在不同的防火分区内设置。当建筑物起火后，全部电梯须召回首层，若火灾发生在首层则停于较近层，待人员撤离后应立即锁上停止使用，而消防电梯则由消防队员操作供灭火救援用。消防队员按动控制按钮，或将专用钥匙插入切换开关(通常均设于首层电梯门旁)，消防电梯亦能回到首层供消防队员使用。平时为充分发挥其潜力，消防电梯可兼作服务电梯之用。

消防电梯在安装使用和养护管理时应当注意以下几点：

(1) 为了防止烟火侵入井道及轿厢之中，消防电梯必须设前室保护，消防电梯的前室不得挪作他用或堆放杂物。

(2) 消防电梯轿厢应能容纳一副担架和数名人员，其承载能力不宜小于 1500 千克，轿厢尺寸不宜小于 1.5 米 ×2.0 米。此外，电梯轿厢还应配备事故电源及紧急照明灯具。消防电梯轿厢设施平时要妥善保护，防止丢失损坏，以免影响使用。

(3) 消防电梯的井道和机房应单独设置，其本身墙体以及与相邻普通电梯井、机房之间的隔墙均应为防火墙，隔墙上的门应为甲级防火门。井道底部应有排水措施，以防止消防用水大量流入井底后影响正常运行。为了排除某种情况下窜入井道的烟气和热量，其顶部应设通风孔洞。此外，井道内绝不允许敷设其他用途的电缆，同时井道内应使用可燃围护材料及涂料等。

(4) 专用的控制按钮是消防电梯特有的装置，它设在首层电梯门边。该控制按钮要经常检查，保证其时刻处于灵敏有效的状态。此外，通向消防电梯的走道要方便，并保持畅通无阻。

(六) 火灾自动探测报警设备的使用与管理

火灾自动探测报警设备是现代固定灭火设备的重要组成部分，一般由探测器、区域报警器和集中报警器等组成。发生火灾时，探测器将火灾信号转换成电信号，传送给区域报警器，再由区域报警器将信号传输到集中报警器。

(1) 探测器的种类较多，有感烟、感温、光电和可燃气体探测器等。利用火灾时发生的烟雾探测火灾的设备称为感烟探测器，常用的有离子感烟探测器和光电感烟探测器。感温探测器有定温式和恒动式两大类。光电探测器分为红外线、紫外线两类。可燃气体探测器不是探测已发生的火灾，而是通过探测现场内可燃气体的危险性以提示发生火灾的危险。

(2) 区域报警器由数字电路和稳压电源电路构成。区域报警器用于监视区域(或楼层)，它既能将探测器输入的电压信号转换成声光信号报警，并显示出具体发生火灾房间的号码，还能给探测器提供稳压电源、输出火警信号给集中报警器。

(3) 集中报警器的作用是将所监视的若干区域内的区域报警器输入的电压信号，以声光的形式显示出来，将着火的区域和该区域的具体着火部位显示在屏幕上。在报警的同时，时钟停走，记录首次报警时间，为调查火灾原因提供资料。

不同的房屋、不同用途的场所应选择不同的火灾自动探测报警设备。

火灾自动探测报警设备在安装使用和养护管理中应注意以下几点：

(1) 火灾自动探测报警设备应严格按照制造厂商编写的使用说明书中的有关规定进行安装，如适用范围、环境条件、保护面积、安装高度等。其传输线路的施工应符合电气安装施工规范的要求。

(2) 火灾自动探测报警设备应由经过专门训练的人员负责使用、管理和维护，无关人员不得随意触动。值班人员对火灾自动探测报警设备的报警部位和本单位各火灾监护场所的对应编排应清楚明了。设备投入正常使用后，为确保其运行正常，必须严格按定期检查制度进行检查。

(3) 火灾自动探测报警设备线路复杂，技术要求较高，而且各生产厂的产品结构、线路形式又不太相同，故障类型也较多，所以除一般常见故障外，其维修应由专业维修人员进行。

(七) 火灾事故照明和疏散指示标识的使用与管理

建筑火灾造成的严重人员伤亡事故，其原因固然是多方面的，但一般都与火灾事故照明和疏散指示标识的缺失有一定关系。为防止人员触电和因电气设备、线路扩大火势，需要在火灾时及时切断起火部位及所在防火分区或整个建筑的电源，没有事故照明和疏散指示标识会导致人们惊慌、混乱，加上烟气作用，更易引起不必要的伤亡。实践表明，为保障安全疏散，事故照明和疏散指示标识是不可缺少的，尤其是高层建筑、人员集中的场所，引导安全疏散更为必要。因此这类设施必须保证。

对事故照明和疏散指示标识有如下要求：

(1) 除在疏散楼梯、走道和消防电梯及其前室以及人员密集的场所等需设事故照明外，火灾时不能停电、必须坚持工作的场所，如配电室、消防控制室、消防水泵房、自备发电机房等也应设事故照明。

(2) 疏散指示标识应设于走道墙面及转角处、楼梯间门口的上方，以及环形走道中。其间距不宜大于 20 米，距地 15～1.8 米，应写有“EXIT”字样，且应为红色，因为红色易透过烟火而被识别。

(3) 国外一般将蓄电池作为火灾事故照明和疏散指示标识的电源，而我国统一要求采用蓄电池还有困难，所以我国还允许使用城市电网供电，照明电压也允许采用 220 伏电压；也可自备发电设备或采用蓄电池供电，后者使用时间应在 30 分钟以上。目前还有两种事故照明方式：手提式事故照明灯具及荧光涂料。手提式事故照明灯具近年来已较广泛用于建筑之中。它平时挂在墙上处于充电状态，一旦断电则发出光亮，并能取下以手提方式使用。荧光涂料的色料为硫化锌，它能储存和释放光能，且荧光无放射性。目前它已开始用作事故照明，其不需配备事故电源且使用简便、效果良好，因而将会得到进一步的发展和应用。

(4) 主要通道上供人员疏散用事故照明的照度不应低于 0.5 勒克斯。消防控制室、消防水泵房、配电室和自备发电机房等部位事故照明的最低照度，应与该部位工作时正常照明的最低照度相同。

(5) 为防止火灾时事故照明和疏散指示标识被烧毁，影响安全疏散，其外表面应加设保护措施。

(6) 事故照明和疏散指示标识平时要经常检查维护保养，灯泡不亮或损坏的要及时修理更换，使之始终保持良好状态。

(八) 自动喷水灭火设备的使用与管理

自动喷水灭火设备可分为自动喷洒水灭火设备(俗称自动喷水灭火设备)、自动喷雾水冷却设备、自动喷雾水灭火设备。自动喷雾水冷却设备和自动喷雾水灭火设备的射流水滴较小，而自动喷洒水灭火设备的射流水滴较大。自动喷雾水冷却设备的灭火性能要优于自动喷洒水灭火设备，但喷雾水冷却设备要求有较高的喷射力。

1. 自动喷洒水灭火设备

自动喷洒水灭火设备分为自动喷水灭火设备和洒水灭火设备。自动喷洒水灭火设备由自动喷洒水头、供水管网、报警阀、水源等组成。火灾发生时，重力水箱或水泵通过供水管网和报警阀，将带有一定压力的压力水输送到自动喷洒水头，自动喷洒水头开启后即出水灭火。自动喷洒水灭火设备主要用于扑救一般固体物质火灾和冷却设备，不适于扑救易燃、可燃液体火灾和气体火灾。

2. 自动喷雾水冷却设备和自动喷雾水灭火设备

自动喷雾水冷却设备和自动喷雾水灭火设备主要由自动喷水头、供水管道、报警阀、水泵和水源等组成。这类设备是利用压力供水装置或水泵，通过供水管道和报警阀，将带有一定压力的压力水输送到自动喷水头，自动喷水头开启后，使水雾化喷出。由于自动喷雾水冷却设备和自动喷雾水灭火设备是利用喷雾水进行冷却和灭火的，因而用水量少，冷却灭火效果好，水损失小，是现阶段较为先进的灭火设备。

自动喷雾水冷却设备主要用于石油和化工企业采油、炼油和储油设备以及工业企业的易燃、可燃液体和气体容器，其能够防止这些设备和容器在火焰的辐射作用下，由于易燃、可燃液体汽化或可燃气体受热膨胀，使容器内的压力迅速升高，超过其机械强度而发生物理性爆炸，或者用于冲淡水冷却设备保护范围以内的可燃气体浓度，防止发生化学性爆炸。

自动喷雾水灭火设备可以有效地扑救固体物质火灾，对于汽车库、汽车修理间、油浸电力变压器、配电室等，都有良好的灭火效果。自动喷雾水灭火设备还可以保护高层建筑的屋顶钢构件。由于喷雾水的粒径小，其能在燃烧区内迅速汽化，具有良好的冷却和窒息作用，因而能迅速扑灭各种物质(除遇水燃烧、爆炸物质外)火灾。此外，由于喷雾水的电气绝缘性强，因而能较好地扑救电气设备的火灾。

为使自动喷雾水冷却设备和自动喷雾水灭火设备经常处于完好状态，其应加强检查与维护保养工作，要建立各种制度，确定专人负责，加强检查和维护保养。

(九) 常见火灾的处理

在物业管理过程中，由于管理不当或其他一些意外的原因而引发火灾，会给物业服务企业和住用人带来巨大的经济损失甚至危及人身安全。所以做好防火安全工作至关重要，下面主要介绍一些火灾发生时人员的救助和疏散方法，以及物资保护的方法。

1. 居民住宅火灾扑救对策

1) 煤气和天然气器具火灾

煤气和天然气器具起火时，应先用浸湿的麻袋、棉被等覆盖起火的器具，使火窒息；然后关闭气门断绝气源；再用水扑灭燃烧物或起火部位的火。灭火后打开门窗通风。如切断气源不能实现，则应立即将气罐移至安全场所，并划出禁用明火的警戒范围。

2) 厨房油锅起火

油锅起火时，应立即盖上锅盖。不可将起火的油倒入其他器皿中或倒在地上。

3) 电器用具火灾

当电器用具起火时，首先断开电源，然后用干粉灭火器将线路上的火扑灭。确定电路无电时，才可用水扑救。

4) 儿童玩火引起的火灾

儿童玩火引起火灾的起火部位多在厨房、床等位置，如起火在厨房，灭火的同时应将天然气迅速关闭，避免扩大火势，然后用水灭火。

扑救居民住宅火灾时应注意以下几点：

(1) 发现室内起火时，切忌立刻打开门窗，以免气体对流，使火势扩大蔓延。灭火后，须打开门窗，将未燃尽的气体或烟气排出，防止复燃。

(2) 嗅到煤气或天然气漏气或异常气味，切忌用明火检查，夜间禁忌开灯，防止可燃气体爆炸或发生火灾。应先关紧阀门断绝气源，再立即打开门窗排出可燃气体。

(3) 发现起火后，除自救外，夜间要喊醒邻居，绝不可只顾抢救自己的财物而不灭火，使火灾扩大蔓延，造成人员伤亡。

2. 人员密集场所火灾扑救对策

商贸楼宇、住宅区都有一些方便工作和生活的配套设施，如医院、学校、幼儿园商店、俱乐部、餐厅等，而这些地方往往又是人员比较密集的场所，发生火灾后若不能及时扑救，容易造成较大的人员伤亡和财产损失。这些区域火灾扑救时应注意以下几点。

(1) 人员集中场所起火后，首先应切断电源，关闭通风设施；打开所有出入口，尽快疏散人员，并启动灭火设备及时灭火。

(2) 医院、学校化验室和实验室用的易燃物体、气体起火时，应及时撤离出未燃物质，同时用浸湿的织物覆盖，或用二氧化碳干粉灭火器扑救，并用沙土围堵地面流淌的液体，灭火后，打开门窗排出可燃气体。

(3) 电气设备、电路起火，要切断电源，用干粉灭火器扑救。

(4) 当火势威胁到病员、学生时，要尽快疏散或抢救，并将他们安顿到安全地带。

(5) 幼儿园、托儿所起火时，应迅速抢救出孩子，并关闭着火房间。大班的孩子由教师引导疏散，小班的孩子应由教师用被褥裹身，抱、背、抬出燃烧地点。若火大来不及疏散，要将孩子转移到安全房间，等待消防队来抢救，千万不可乱动。

(6) 在灭火的同时，要把起火点的未燃物体搬走或隔离，防止扩大燃烧。

扑救人员在人员密集场所灭火时应注意以下几点：

(1) 当有化学、塑料类物质燃烧时，要注意防毒气和烟雾中毒。

(2) 利用广播形式宣传、引导和稳定人们的情绪，有序地按疏散计划撤出被困人员，防止人群拥挤造成踏、压伤亡事故。

(3) 灭火时要沿墙根行动，防止燃烧点上部坠落物品伤人。

3. 高层建筑火灾扑救对策

高层建筑具有楼高、层多、人员密度大、出口相对较小等特点，这会给火灾扑救工作带来一定困难。为此，我们应掌握一些针对高层建筑火灾扑救方法。扑救高层建筑火灾、抢救和疏散人员是重要而艰巨的任务，消防人员要针对不同情况采取不同方法，及时进行疏散抢救，避免和减少人员伤亡及财产损失。

首先，尽量利用建筑物内已有的设施进行安全疏散，这是争取疏散时间、提高疏散效率的重要方法。可以利用消防电梯，室内的防烟楼梯、普通楼梯、封闭楼梯，室内的疏散阳台、疏散通廊、室内设置的缓降器、救生袋等进行疏散。

其次，对于不同部位、不同条件应采取不同的人员疏散方法。

(1) 当高层建筑发生火灾，楼内住有不同民族、不同国籍，使用不同语种的人员时，应用相应的语种广播，告诉住户哪一层楼的哪一个部位着火，以及安全疏散的路线、方法。播音员在广播时，语调要镇静，充满信心，内容简明扼要，以安定人心，防止惊慌而造成不必要事故。

(2) 当某一楼层某一部位起火，且燃烧范围不大时，应先通知着火楼层及其上一层和下一层的人员疏散。若火势已经开始发展，则应适时地用广播通知着火层以上各楼层。不应一有火警就通知全楼，以防造成楼内人员惊慌混乱、对撞拥挤，影响疏散。

(3) 当某一房间内起火，而门已被封住，室内人员不能出来时，若该房间有阳台或有室外走廊，则房内人员可从阳台或室外走廊转移到相邻未起火的房间，再绕道到疏散楼梯间疏散。

(4) 当某一防火分区着火，着火楼层的大火已将楼梯间封住，致使着火层以上楼层的人员无法从楼梯间向下疏散时，可先将人员疏散到屋顶，从相邻未着火楼梯间往地面疏散。

(5) 当建筑物内设有避难层时，人员可向避难层疏散，特别是老人、幼童等应优先疏散到避难层。

(6) 当被困人员较多时，应调集民用或军用直升机营救。直升机在没有停机坪的建筑物上可以通过施放软梯营救屋顶被困人员，或将消防人员用软梯运送到屋顶，或将救生袋、缓降器、防护装具等运送到屋顶抢救被困人员。火场上除了抢救人员，疏散和保护物资也是一项急迫的工作。抢救物资要依据轻重缓急和具体情况采取有针对性的措施。

任务小结

(1) 物业消防管理是物业管理工作的重要组成部分，物业服务企业的消防管理机构一般从属于企业的安保部门。

(2) 掌握物业消防管理的流程、常见灭火器材基本用途和使用方法是物业消防管理工作人员必须具备的技能，尤其是要熟悉常见火灾处理对策。

课后测试

(1) 什么是物业消防管理？

(2) 物业消防管理包括哪些问题的处理？

任务三　物业车辆管理的组织与实践

任务导入

车辆管理是物业服务企业对所管辖物业区域内的道路交通、车辆、停车场等实施的系列管理活动，通过制定规章制度，维护日常交通安全、道路畅通，维护停车秩序、防止车辆被损坏等活动来实现。随着生产、生活水平的提高，用户拥有的车辆日益增多，车辆管理水平直接影响环境、交通和财产安全，是衡量物业管理水平的重要指标。车辆管理是物业管理中一项经常性的管理服务工作。

理论先行

车辆管理主要包括车辆出入管理和停车场管理两部分内容。

一、车辆出入管理

对出入物业管理区域的车辆进行管理，是门卫保安人员的重要工作职责之一。某些区域需要保持相对安静，又要保证行人的安全和环境的整洁，为此，必须控制进入物业管理区域的车辆。这是大门门卫的一部分职责。除救护车、消防车、清洁车、小区各营业网点送货车等特许车辆外，其他车进入物业区域时，都应有限制性规定，经过门卫允许后方能驶入。大门门卫要坚持验证制度，对外来车辆要严格检查，验证放行；对从物业区域内外出的车辆也要严格检查，验证放行。对可疑车辆要多观察，对车主要详细询问，一旦发现问题，大门门卫要拒绝车辆外出，并报告有关部门进行处理。为维护物业区域内正常的生活秩序，确保住户的生命、财产安全，要加强对出入物业管理区域车辆的管理。

(1) 凡装有易燃、易爆、剧毒等危险物品的车辆，严禁驶入物业区域。2 吨以上的卡车一律不得进入物业区域(特殊情况除外)。

(2) 物业区域内车辆的用户，应统一办理通行证，凭证出入大门，并在物业区域内按规定停放车辆。

(3) 非物业区域内车辆进入大门时用户需主动向门卫出示证件，讲明进入原因，符合进入条件的领取临时通行证，并做好登记，方可进入物业区域，严禁冲闯大门。出门时收回通行证。

(4) 进入物业区域的货车，卸完货物后应及时离开，因故不能离开的，应停放在指定停车位置。

(5) 管理人员必须坚持原则，严格执行车辆出入、停放管理规定，发现可疑情况及时报告。不得利用工作之便与车主拉关系，收受贿赂，放松管理，违者应从严处理。

二、停车场管理

物业管理区域一般都设有专用的机动车停车场。停车场分地面停车场和地下停车场两大类。停车场管理要点主要有：物业管理处负责业主(住户)的车辆管理，小区车辆行驶停放；物业管理处主任负责协调指导停车场的管理工作；房管员负责监督、检查；车管员负责车辆的存放、保管、放行等具体管理。

(一) 进入停车场车辆的管理

(1) 进入停车场车辆须具备有效证件，包括行驶证或待办理证明、保险单等。车辆号牌应与行驶证上的相符，待办车辆应与待办证明相符。

(2) 进入停车场的司机，须按进出场各种程序办理停车手续，并按指定的车位停放。

(3) 车辆停放后，司机须配合车管员做好车辆的检查记录，并锁好车门窗，带走贵重物品。车管员没有帮司机保管物品的义务。

(4) 进场车辆严禁在场内加油、修车、试车，禁止任何人在场内学习驾驶车辆。

(5) 进场车辆司机要保持场内清洁，禁止在场内乱丢垃圾与充置废杂物，禁止在场内吸烟。

(6) 进场司机必须遵守安全防火规定，严禁载有易燃、易爆、剧毒等危险品的车辆进入停车场。

(7) 禁止超过停车场限高规定的车辆、集装箱车以及有漏油、漏水等问题的车辆进入停车场。

(8) 进场车辆如不服从车管员指挥，造成本身车辆受损时，后果自负。

(二) 交通车辆行驶停放的管理

(1) 遵守交通管理规定，爱护物业区域内的道路、公用设施，不乱停放车辆。

(2) 车辆不准在物业区域内长期停放，临时停放按车辆保管统一收费标准收费。

(3) 车辆行驶停放服从管理人员指挥，注意前后左右车辆安全，在指定位置停放。

(4) 停放好车辆后，必须锁好车门，调整防盗系统至警备状态，车内贵重物品须随身带走。

(5) 机动车辆在物业区域内行驶时，车速不得超过每小时 15 千米，严禁超车。

(6) 机动车辆在物业区域内禁止按喇叭。

(7) 不准在物业区域内任何场所试车、修车、练车。

(8) 不准碾压绿化草地、损坏路牌和各类标识，不准损坏路面及公用设施。

(9) 不准在人行道、车行道、消防通道上停放车辆。机动车辆只能在停车场或道路画线处停车位内停放。非机动车必须停放在车棚或保管站。

(10) 除执行任务的车辆(如消防车、警车、救护车)外，其他车辆一律按以上规定执行。

(三) 停车场内管理

(1) 停车场必须有专职保管人员 24 小时值班，同时应建立健全各项管理制度和岗位职责，管理制度、岗位责任人姓名和照片、保管站负责人、营业执照、收费标准应悬挂在停车场出入口的明显位置。

(2) 停车场内应按消防要求设置消火栓，配备灭火器，由物业管理处消防负责人定期检查，由车管员负责管理使用。

(3) 对于停车场和物业区域车行道路，须做好行车线、停车位(分固定和临时)、禁停、转弯、减速、消防通道等标识，并在主要车行道转弯处安装凸面镜。

(4) 在停车场出入口处应设置垃圾桶(箱)，在物业范围内必要位置设路障和防护栏。

(5) 机动车进场时应服从车管员指挥，遵守停车场管理规定，履行机动车进出车场有关手续，按规定交纳保管费。

(6) 集装箱车、载重 2.5 吨以上的货车(搬家车除外)、40 座以上的客车、拖拉机、工程车以及运载易燃、易爆、有毒等危险物品的车辆不准进入小区(大厦)。

(7) 不损坏停车场消防、通信、电气、供水等场地设施。

(8) 车主应保持场内清洁，不得将车上的杂物和垃圾丢在地上。车有漏油、漏水状况时，车主应立即处理。

(9) 禁止在停车场内洗车(固定洗车台除外)、修车、试车、练车。

以案说理

7 月酷暑，人们大都躲在空调房内乘凉，郑州市街头却出现了这样的一幕：几个人围住一位男士争吵不休，几乎要推搡起来。

周围几个人七嘴八舌，有人叫嚷：“你有什么权力把车停在这里？”有人试图讲理：“咱们各自都有各自的停车位，您把车停到自己该停的位置去，而不应来占用别人的，您说是不是这个理儿？”还有人有点生气：“你们洋房的业主占着更好的小区设施，也有自己的停车区域，为什么要来抢占高层这边的车位？”

细细打听，原来此“车位”非彼“车位”，大家指的是小区里电动车的停车位和充电位。这个小区交付时，洋房区域并没有设计非机动车停放的位置，最终导致洋房区域的业主无处安放电动车，更无法充电。于是，洋房区域车主“自觉”在高层楼栋下的停车位停放电动车和充电。这样一来，高层业主颇觉车位紧张，也不知是谁在业主群里发声，引得众多高层业主在停车位“埋伏”洋房业主。

物业服务中心工作人员得知消息后，赶紧派人赶往现场，眼见事件逐渐失控，就要演变为大事件，物业服务中心工作人员紧急介入，将双方分开。为了安抚众人情绪，物业服务人员邀请众人前往物业服务中心的空调房喝茶商讨。

物业服务中心内，得知消息的高层业主和洋房业主纷纷加入，双方剑拔弩张，气氛又一次紧张起来。大家七嘴八舌，难以说服对方。话锋一转，业主将矛头对准了物业，纷纷指责物业办事不力。高层业主扬言“如果洋房业主继续占用高层楼下的电动车位，侵犯我们高层业主的合法权益，物业依然不进行有效管理的话，我们将不再交纳物业费”。洋房业主见状，也表示“高层楼下有公用电动停车位和充电位，我们洋房业主购房时付出更多，竟然得不到同样的服务，反而被区别对待，如果物业不解决，我们也不再交纳物业费”。一时间，矛盾似乎更加激化了……

本案例中，洋房业主因开发商规划缺陷而占用高层共有电动车位，而引起了高层业主的不满；物业未履行管理义务，应牵头组织业主大会制定停车方案；业主以拒绝交纳物业费相胁不符合相关规定，应通过法律诉讼或业主自治途径解决，街道办可介入调解，小区公共资源需遵循法定程序公平分配。

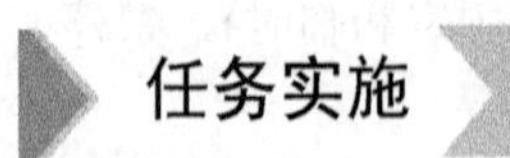

任务实施

一、学习目标

掌握物业车辆管理常见问题的处理方法。

二、实施方法

现场调查法、工作日志法、资料查阅法。

三、任务流程

车辆管理常见问题的处理如下。

(一) 车辆被损坏的处理

(1) 当发现车辆被碰撞、剐蹭造成损坏时，车管员应记下肇事车辆车牌号，暂不放其驶出车场，并联系物业负责人及受损车主与肇事车主共同协商解决。

(2) 如果车辆被损坏而未被当场发现，车管员发现后要立即通知车主，并报告上级及物业负责人，共商处理办法。

(3) 对于楼上抛物砸车事故，车管员应立即制止，并通知肇事者对造成的事故进行确认。

(二) 车辆被盗的处理

(1) 车辆在停车场被盗后，物业主管确认后应立即通知车主，协同车主向当地公安机关报案。

(2) 事故发生后，被保险人(车主、停车场)双方应立即通知保险公司，物业要协助车主向保险公司索赔。

(3) 车管员、物业、车主应配合公安机关和保险公司做好调查处理工作。车管员应认真填写交接班记录，如实写明车辆进场时间、停放地点、发生事故的时间以及发现后报告的有关人员情况。

(三) 车辆行驶和停放不服从规定的处理

如果车主违反车辆行驶或停放管理，不服从车辆保安人员管理，保安人员应采取如下措施：

(1) 向车主或驾驶员说明停车场的规定。

(2) 保持冷静、克制、有礼，不使用过激的语言及不礼貌的行为，以免与驾驶员发生争执。

(3) 不能独自处理时，应尽快通知主管或部门经理到现场解决。

(4) 尽量不让车主或驾驶员离开现场，等待问题解决后再放行。

(四) 车辆乱停乱放的处理

(1) 向驾驶员解释车辆管理的规定。

(2) 如难以独自处理，应尽快通知主管或部门经理前来处理，或向上级请示处理。

(3) 尽量将驾驶员留在现场。

(4) 保持冷静、克制、有礼，不使用过激的语言及不礼貌的行为，以免与驾驶员发生争执。

(五) 车道堵塞的处理

(1) 在不违背车辆管理原则的情况下，以最快捷的方式疏通车道。

(2) 如遇“问题车辆”，应将车辆安排到不堵塞车道的地方再进行处理。

任务小结

物业车辆管理包括车辆出入管理和停车场管理两部分内容。掌握物业车辆出入管理和停车场管理的内容是物业车辆管理工作人员必须具备的技能，车辆管理工作人员尤其要熟悉车辆常见问题的处理。

课后测试

(1) 车辆管理包括哪些内容？

(2) 如何实施停车场的管理？

项目八
物业客户服务

知识目标

(1) 具备物业客户服务意识。
(2) 掌握各种物业客户服务技能。
(3) 了解客户服务相关知识。
(4) 能够针对物业管理日常活动各个环节，运用客户服务技巧提供优质服务。
(5) 初步具备物业客户服务意识和能力。

学前热身

2020 年 10 月 25 日 15:30，一位先生步履匆匆，焦急地对写字楼 A 座大堂的客服人员讲述：“我刚到 16 楼办事，这会儿发现身份证找不到了，能不能请你们帮忙？”丢东西的事情在该写字楼不少发生，客服人员早已轻车熟路。“先生，请您说明下，从您进大楼开始，直至离开的具体路线，如果可以的话，请您回忆下，是否在某些地点有过掏东西或长时间停留等行为？”“我大约半小时前进大楼，只是去 16 楼的合作单位递送了一份文件，并没有做过多的停留，本打算乘高铁去外地，刚刚发现身份证找不到，我才返回寻找的。”“您还记得乘坐的是哪部电梯吗？”“只记得是中间的某一部，具体是哪一部没太关注。”“好的，先生请您别着急，我们马上安排人员去 16 楼寻找一下。”

大约 10 分钟后，对讲机里传来楼层保安的声音：“大堂大堂，已经询问过 16 楼工作人员，在客户经过的位置也已仔细查看，并未发现有身份证，我们会继续关注和寻找，请向客户转达。”听到这个回复，客人十分焦虑：“可是，我急着去外地，需要身份证，没有身份证，往返乘车和住宿都不方便。”客服略做思考，给出建议：“先生，您看这样，火车站有派出所的网点，可以直接办理临时身份证，当场就能办好。为了不耽误您的行程，您可以先去办理临时身份证出行，这边请您留下联系方式，我们会加派人手寻找，并在电梯间张贴告示，请写字楼的往来人员也帮忙看看，稍晚有消息，我们会及时联系您。这样您看可以吗？”“好，也只能这样了。”客人有点沮丧地说。

客人离开后，客服随即打印了告示并张贴到16楼和每一个电梯间。大约1个小时后，一位快递员来到了大堂前台询问："你们是不是在找一张身份证？我刚送快递的时候捡到一张，交给你们。""非常感谢，正是客人要找的，请您留下联系方式，随后我们主管会亲自给您回电话表示谢意。""不客气，举手之劳。"快递人员离开后，客服随即联系客人，通报情况，客人感谢连连："太好啦，等我返回，再去找你们取。你们的效率太高了，服务太好了！"

任务一　明确物业客户服务的概念

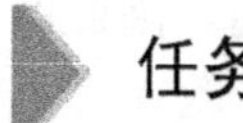

任务导入

物业客户服务是物业服务企业基于《中华人民共和国民法典》及物业服务合同约定，以满足业主需求为核心，通过系统化服务体系提供的全方位管理服务。其本质是通过专业服务实现物业保值增值，营造安全、舒适的居住环境。根据《中华人民共和国民法典》相关条款，物业服务企业需履行共有部位维护、设施设备管理、秩序维护等法定义务，并通过客户服务活动建立与业主的良性互动关系。

理论先行

一、物业客户服务理念

(一) 物业客户服务的内涵

物业客户服务是指物业服务企业为提高其服务质量，与客户，即业主之间的相互活动。物业客户服务工作的核心是客户关系的管理与维护。物业客户服务体系由物业客户服务主体、客体和服务环境三个要素构成。

(1) 主体。物业客户服务的主体，是指直接参与或直接影响服务交换的各类行为主体，包括供给主体、需求主体、协调主体三类。其中物业服务企业和专业的服务企业(如绿化公司、安保公司和清洁公司等)是供给主体；业主和非业主使用人或房地产开发企业是需求主体；政府行政主管部门和物业管理协会等是协调主体。

(2) 客体。客体是指用于交换或出售的对象。物业客户服务交换的对象就是各项物业服务，是一种无形的商品。

(3) 服务环境。服务环境是指为保证服务交换赖以进行的各类法律法规和社会制度，如与物业客户服务相关的各类法律法规，包括《中华人民共和国宪法》《中华人民共和国民法典》《物业管理条例》等；也包括有关物业服务的具体政策，如物业服务收费办法、业主大会议事规则等。上述各种法律、法规共同制约着物业客户服务的具体交换行为。

(二) 物业客户服务的作用

客户服务贯穿于整个物业管理服务的工作当中，是物业服务企业的“生命线”。客户服务在物业管理服务中的作用主要体现在以下几个方面。

1. 客户服务的质量影响客户对物业管理的满意程度

客户服务的质量不仅是物业服务企业自我考核的一项重要指标，同时也是保证客户满意的关键。服务水平高，物业服务企业在其他工作的开展上就会得到广大客户有力的支持；相反，服务水平低，不仅会导致物业服务企业得不到客户的认可，还可能使得客户拒交物业管理费，甚至导致物业服务企业的更换。

2. 客户服务的质量影响物业服务企业的经济效益

物业管理服务是市场经济的产物，物业服务企业实行的是“自主经营、自负盈亏、独立核算、自我发展”的运行机制，其收入主要来源于向客户收取的物业管理费用。因此客户服务的质量直接影响物业服务企业的经济效益。

3. 客户服务的质量影响物业服务企业的形象

目前，客户服务的内容和方式呈现多样化的趋势，能否满足客户高标准、多变化、快速扩展的服务需求已经成为国内外评定高品质物业管理服务的一个重要标准。

(三) 物业客户服务的标准

物业服务企业对服务质量的管理始终贯穿于整个服务运作过程中，而不是仅仅依靠事后的检查和控制。因此，服务流程、服务设施与工作设计、服务人员的表现等都将体现服务质量。其中，服务人员的表现及其与客户的互动关系更是客户对服务质量感知与评价的重要一环，因此，人的因素对于服务质量的提高至关重要。所以，在提高服务质量方面，企业应根据服务的特性，真正地理解客户眼中的服务质量，有效地激励员工并采取相应措施制定服务质量标准，按照合理有效的服务流程办事，使企业的服务质量得到提高。一般企业的客户服务标准包括三大要素，即服务硬件、服务软件和服务人员。这三个要素相辅相成，缺一不可，物业客户服务标准也不例外。

1. 服务硬件

服务硬件是指企业开展客户服务所必需的各种物质条件。它是企业客户服务的外包装，可以起到向客户传递服务信息的作用；它是企业开展客户服务工作的基础条件，也是将无形服务转化为有形商品的首要因素。服务硬件为客户服务体验奠定了基调。

服务硬件一般包括以下几个方面：

(1) 服务地点。一般来说，客户在接受服务时希望更方便、更快捷，因此，服务地点距离客户近，客户就能够更方便地得到企业及时、高效的服务，服务地点成为客户选择企业的重要因素。对于物业服务企业而言，物业客户服务中心的选址也应该考虑到业主或非业主使用人的便捷，物业客户服务中心的地点既要使业主方便地享受到物业客服服务，又不会影响业主的生活和工作。

(2) 服务设施。服务设施主要指企业为客户提供产品或服务所必需的基本工具、装备等。服务设施的影响因素有质量和数量两个方面。其中，设施的质量决定了企业为客户提供的服务质量，设施的数量决定着企业提供服务的能力。物业所配备的设施本身就是物业服务企业服务管理的对象，这些设施的正常运转，本身就体现着物业服务企业的服务质量。

(3) 服务环境。服务环境主要指企业为客户提供服务的空间环境的各种因素，包括服务场所的内外装修、环境色彩、空间大小、光线明亮程度、空气清新度、环境卫生清洁度、温度与湿度、空气气味、家具的风格与舒适度、座位的安排等。它是客户购买产品或接受服务过程的服务体验的主要因素。同样，物业服务企业通过服务为业主提供安全、舒适、优美的生活工作环境，因此环境维护和保养对于物业服务企业的意义更大于其他服务企业。物业客服中心的装修则应与管辖物业的风格、水平相匹配。

2. 服务软件

服务软件是指用于实现客户服务程序性和系统性的工具，它涵盖了客户服务工作开展的所有程序和系统，提供了满足客户需要的各种机制和途径。服务软件包括以下几个方面：

(1) 时间性。时间性是指企业为客户提供服务时完成服务的时间标准，服务的每个过程、每个步骤都应该规定具体的完成时间。

(2) 流畅性。流畅性是指企业为客户提供服务时内部各部门、各系统、各员工之间相互配合、相互合作，以保证服务顺利、流畅完成。

(3) 弹性。弹性是指企业为客户提供服务时，其服务系统具有根据客户的实际需要进行及时调整、灵活处理的特性。

(4) 预见性。预见性是指企业为客户提供服务时能对客户的需要进行准确的预测，在客户没有提出需求时，就能主动为客户提供服务的特性。

(5) 沟通渠道。为了保证企业客户服务系统的正常运行，及时了解客户的实际需要以便向客户提供优质的服务，企业内部以及企业与客户之间必须保持畅通的沟通渠道。

(6) 客户反馈系统。企业必须建立有效且可观测的客户反馈系统，以便及时了解客户对服务工作的意见、想法及满意度。

(7) 组织和监管。企业应对客户服务部门和服务人员进行有效的监督和管理，以使客户服务系统正常地运行。

3. 服务人员

企业的服务硬件和服务软件是理性的、规则的，是靠服务人员来执行的，服务人员的服务意识、服务精神以及他们在服务过程中的言行等均决定着服务质量。物业服务人员俗称客服专员、客服管家、管家、物业管理员、客服助理或者管家助理等，服务人员的个人因素包括以下几个方面：

(1) 仪容、仪表、仪态。物业服务人员在为客户提供服务时，其职业形象、言行举止都会对客户的心理产生积极或消极的影响。企业要制定能使客户留下良好印象、制造和谐气氛、产生良好情绪的符合仪表要求的外在指标，如服务时着统一的工作服装，佩戴服务牌，男性服务人员头发长短不盖过耳朵、不留奇怪的发型、不染发、不留胡子、指甲不过长，女性服务人员适当化淡妆，头发束起等。

(2) 态度、身体语言和语调。物业服务人员的态度体现在表情、身体语言、语气、语调等方面，这些是客户对服务质量评价的重要方面，也是客户满意度的重要指标。企业要制定服务人员在开展服务工作时态度、身体语言和语调等方面的指标，如服务人员在为客户提供服务时要微笑，说话时眼睛要注视对方，语气应平和委婉，站立时手势应得体等。

(3) 关注。关注是指对客户独特需要和需求的满足，这种关注是敏感的。物业服务人员应认同客户的个性，从而以合适的方式对待每一位客户。企业要制定关注方式、使客户感受到特殊对待的方式、需要关注的客户类别、为实现关注的具体做法等方面的标准。

(4) 得体。得体不仅体现在信息表达过程中，还体现在语言的选择运用中。某些语言会使客户不适，因此，物业服务人员要注意避免使用这些语言。企业要制定客户服务人员在开展客户服务时的具体语言要求，如在不同的环境下合适的话术，在与客户打交道的过程中必要的沟通和合适的称谓，称呼客户的频率等。

(5) 指导。指导包括服务人员帮助客户的方式，指导客户做出决定的方法，对客户提出的劝告和提供的建议，为客户提供帮助的过程中应该配备的资源，服务人员需要具备的知识水平，企业了解服务人员知识水平是否达到标准以及衡量这个标准的方法等。

(6) 服务技巧。服务技巧包括客户服务人员在看、听、说、笑、动方面的沟通技巧，解决问题、处理抱怨和投诉、化解危机和矛盾的技巧，以及抵抗心理压力、保持乐观心态和饱满精神面貌的技巧。服务技巧是服务人员必须具备的基本技能。

(7) 有礼貌地解决问题。客户不满时该怎么办，如何化解客户愤怒情绪，如何对待粗鲁和难以应付的客户，如何理解客户总是对的，如何保持这个标准，由谁负责处理客户的不满和问题，企业如何指导客户的问题得到妥善解决等，物业服务人员在遇到这些问题时，应礼貌地解决。

二、接待服务

接待服务是物业客户服务的主要内容。从接待形式来看，接待服务包括接待来电、接待来访。随着各种通信方式的发展，接待服务还包括传真、电子邮件、网络等途径的接待。接待服务接待对象多样，不仅包括业主和非业主使用人、施工队、居委会、业主委员会，甚至还包括潜在的租户等，任何群体或个人都可能成为接待服务的对象。从接待内容来看，接待服务主要包括日常的问询服务、报修服务、各种手续的办理服务、缴费服务、投诉等，服务内容多样化，这就要求物业服务人员不仅要熟悉物业的各种信息，掌握各种服务流程，同时还要熟练运用服务技巧为来访、来电对象提供满意优质的接待服务。

三、装修管理服务

物业装修管理主要包括两个部分，即装修申请审批管理和装修施工验收管理。物业的二次装修关系到业主的生命财产安全，关系到物业区域内的洁净，因此物业服务企业要重视装修管理服务。首先，物业服务企业要让业主明确二次装修不能随意进行，而是要在物业服务企业的监督管理之下进行。为此，物业服务企业在为业主办理入住时，就要让其明确知晓装修管理服务流程。装修管理服务流程既是物业内部管理操作作业指导，也是方便装修人了解装修管理流程的公示性文件。物业装修管理服务流程不仅要有书面形式，还应有图例形式，要求文字简明、科学，可操作性强，图例清晰明确、一目了然。物业装修管理服务流程如图 8-1 所示，其明示了物业装修办理手续的流程，一般悬挂于物业客服中心或业主入住办理现场。装修管理服务流程一般还应与物业管理内部装修作业文件以及业主须知等发放给业主的资料上的内容一致。

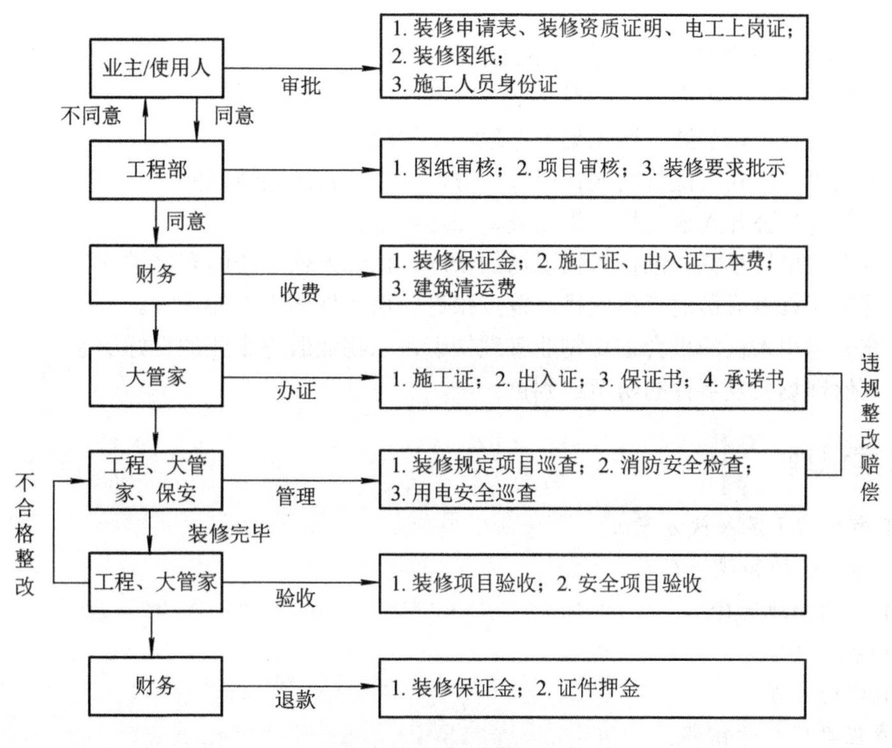

图 8-1　装修管理服务流程

四、搬迁入住服务

搬迁入住也称入伙，是指业主或者物业使用人办理相关手续、搬进新房的过程。当物业服务企业完成项目的接管验收工作后，物业即具备了入伙的条件，物业服务企业就应和房地产开发企业一起按程序进入物业入伙手续的办理阶段。物业服务企业应及时将入伙通知书、入伙手续书、收楼须知、缴款通知书等一并寄给业主，以方便业主按时顺利地办好入伙手续。

(一) 入伙工作小组设立

入伙工作小组包括接待咨询组、资料准备组、签约组、收费组、验房组、礼品钥匙发放组、后勤保障组、秩序维护组、现场保洁组等。

(二) 入伙方案确定

入伙方案包括入伙的具体时间、地点、分组及岗位安排、现场布置、入伙工作流程的制定和执行标准、入伙资料准备清单、入伙工作模拟训练、前期筹备等。

(三) 入伙工作准备

入伙工作准备包括：入伙相关资料的准备、入伙现场环境的布置、入伙前的模拟演练、入伙相关法律法规和规章制度的熟悉。

(四) 入伙服务工作实施

入伙服务工作实施时，应注意以下几点：

(1) 计划周密，组织得当，资料充足，分批办理，分流人员。

(2) 合理办理入伙手续，避免集中办理产生的混乱。

(3) 提供“一站式”温馨的入伙服务，方便业主，营造亲情氛围。

(4) 工作现场公开入伙流程，提高效率和透明度。

(5) 设专人引导车辆和维持入伙现场的秩序，保证入伙工作的有序进行。

(6) 明确保修组成员的工作安排，重点跟进验房后保修工作的落实。

(7) 充分运用入伙的机会宣传物业管理知识，以物业服务企业的良好形象。

(8) 入伙现场突发事件的防范应到位。

以案说理

以下为××小区入伙方案。

一、场地选择和现场布置

(一) 入伙场地选择

小区营销中心

(二) 现场布置

1. 责任部门：营销部。

2. 入口装饰：设立彩虹门，在门口摆放鲜花，悬挂条幅，铺设红地毯。

3. 内部装饰：设置指引标识、流程标识、入住手续办理流程图(易拉宝形式)、维修手续办理流程图(易拉宝形式)；建立分割区域。

4. 看房通道：保证畅通、美观。

(三) 物品准备

1. 责任部门：行政部。

2. 所需物品：饮料或茶水、档案袋 722 个(装业主带走资料及协议)、抽纸 10 盒(业主签章、按手印后擦手)、印泥 6 盒(业主签章、按手印)、铅笔 10 支、中性笔 30 支、中性笔芯 50 支、圆珠笔 15 支、板夹 10 个、A4 复写纸 1 盒。

(四) 现场秩序控制

1. 责任部门：物业维护部。

2. 主入口车辆引导 2 人：保证门口车辆有序摆放，巡检停放的车辆。

3. 主入口人员进出控制 2 人：控制人员进出。

4. 销售大厅门岗 2 人：引导及控制现场。

5. 北边中间出口 1 人：控制人员进出。

6. 南边主路出口关闭。

(五) 现场保洁

1. 责任部门：物业保洁部。

2. 销售大厅 1 人。

3. 楼栋 4 人。

4. 外围保洁 1 人。

二、入伙现场办理

(一) 现场流程设计(略)

(二) 各部门具体工作职责及工作标准

工作小组职责如表 8-1 所示。

表 8-1　各部门具体工作职责

组别	主要职责介绍	负责人
身份确认组	验证身份，客户分流	客服人员
合约洽谈组	签订协议、临时管理规约，解答问题，引导客户填写档案、调查问卷等	物业贴心管家，对应置业顾问配合
收费组	收取物业服务费等相关费用	财务人员
钥匙交接组	交接钥匙，填写记录，讲解钥匙使用办法	客服人员
房屋验收组	查看房屋，接收问题，登记问题，回复信息，适当解释，协调整改，问题汇总和跟踪	工程人员
装修服务组	负责装修手续办理和日常接待	工程人员
特殊问题处理组	处理特殊客户，保障顺利交房	各部门主管
其他	现场布置，物品准备	客服人员

1. 身份确认组

主要职责如下：

(1) 确认业主身份。

(2) 如果房款还未结清，引导客户到财务室结清余款。

(3) 对符合条件的业主，开具入伙手续办理流程单。

2. 合约洽谈组

主要职责如下：

(1) 指导业主签订协议书、承诺书、业主档案，引导客户填写调查问卷并收回，为业主解释物业相关疑问。

(2) 引导业主到收费组交纳一年的物业费。

(3) 若有业主要求装修，办理完全部手续后，引导至装修服务组。

3. 收费组

主要职责如下：

(1) 为业主计算一年的物业费，并开票。

(2) 交费完毕由签约人员引导业主至钥匙交接组。

4. 钥匙交接组

工作职责如下：

(1) 交接钥匙，讲解钥匙的使用方法，引导业主在钥匙领取登记表和预留钥匙登记表上签字。

(2) 登记业主出入证，并请业主在业主出入证领取登记表上签字。

(3) 钥匙交接完毕由签约人员将业主引导至房屋验收组。

5. 房屋验收组

工作职责如下：

(1) 物业维修人员带业主验房，介绍房屋的相关配套，耐心回答业主的疑问，详细记录业主的验房问题。

(2) 物业服务中心每天统计房屋验收单，把业主提出的整改要求按户填写在工程问题处理通知单上并签字。

(3) 工程问题处理通知单一式三份，第一份由物业公司留存；第二份由工程部于 3 天内签署整改意见和整改时限后回执给物业公司服务中心，物业服务中心在接到工程部的通知单后给业主进行回复，告知处理结果或处理过程；第三份由工程部留存。

(4) 工程部按照填写的整改期限安排施工人员对整改项进行整改。

(5) 物业公司在整改结束后安排人员进行验收。对没有整改或整改不合格的问题再次以工程问题处理通知单的形式发给工程部，直至整改合格为止。

6. 装修服务组

主要职责如下：

(1) 负责已经交房和正装修业主的日常接待，报修受理。

(2) 办理装修手续和审批。

从物业客户服务的角度来看，该入伙方案蕴含着诸多关键管理理念与原则。在场地选择与布置方面，物业服务企业将入伙现场设在小区营销中心，并精心进行入口与内部装饰，体现了对物业服务硬件打造的重视，通过营造良好的外部形象，给业主留下优质的第一印象物品准备细致入微，为业主提供舒适的办理环境，这也是服务意识的体现，符合服务第一原则。不同工作小组的设置及其职责划分，明确了各部门在入伙过程中的责权，符合责权分明原则。例如身份确认组、合约洽谈组等各自承担特定任务，避免职责不清导致的服务混乱。整个入伙流程的设计与执行，以业主为核心，各小组协同合作，确保业主顺利完成入伙手续，充分践行了业主主导原则，也为后续良好物业客户服务的开展奠定基础，让业主从入伙伊始就感受到规范、有序的服务。

任务实施

一、学习目标

了解报修服务流程。

二、实施方法

在接待报修时，物业服务人员与业主的沟通将为后续维修工作收集基本且准确的资料。物业服务人员应针对报修内容，告知业主维修服务的无偿和有偿范围；之后应联系工程部，提供尽可能详细的情况给维修人员，方便工程部派工。因此，在沟通过程中，物业服务人员除了要具备接待业主的基本服务技巧外，还要按照流程办事，做好记录工作，认真填写接待登记表和维修工单，每日还要整理报修台账，方便日后查询。

三、任务流程

维修服务涉及客服中心和工程部等多个部门的相互协调。为了能让各部门通力合作，物业服务企业就要有报修服务流程，如图 8-2 所示。

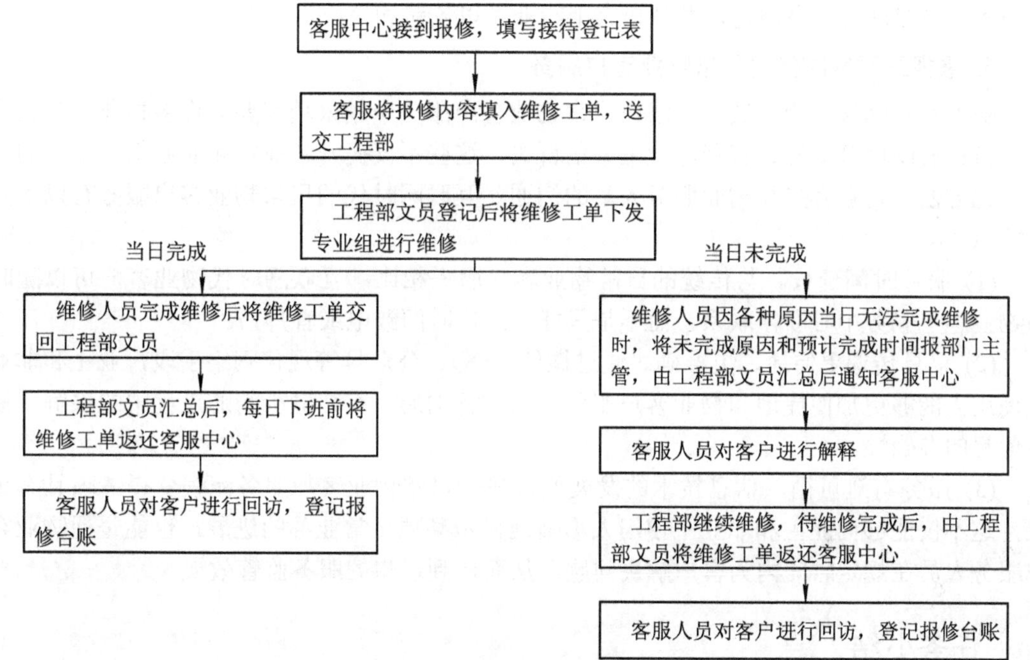

图 8-2　报修服务流程

物业服务人员在接待业主报修时，应做好以下工作。

1. 做好详细、准确的记录

业主报修时，物业服务人员须做好详细且准确的记录，填写接待登记表，包括地址(房号)、申报人姓名、联系电话、维修内容、预约时间等。

2. 区分维修内容的轻重缓急

业主报修时，服务人员首先要根据业主的态度判断业主所申报的维修项目是否应列为紧急项目。虽然有些项目不需马上处理，可以另外预约时间维修，但如果业主本身强烈要求马上处理，服务人员要尊重业主的意愿，立即与工程部联系处理，尽量满足业主的要求。

3. 区分无偿维修与有偿维修

在物业服务企业为业主提供的维修项目中，有一些并不属于物业管理的责任范围，所以其材料、人工等成本费用需由业主承担。一般情况下，物业服务企业在接管物业时，会在为业主提供的服务项目资料中标明无偿服务和有偿服务的项目。但业主经常不会记得无偿与有偿服务项目的分类，而有偿服务会经常出现在为业主维修家中物品、设施的服务项目中。因此，当有业主报修项目时，物业服务人员应判断其是否属于有偿维修项目，如果是，则应该明确地将相关规定与价格向业主做出说明，得到业主的认可后，再商定维修的具体事宜。

4. 正确接待电话报修

业主很多时候会打电话向物业服务企业报修。在接待电话报修时，物业服务人员应注意，在向业主问询基本资料时语言表达要清晰，声音要温和，在倾听业主描述所需维修的内容时要全神贯注，避免让业主重复多次而引起业主反感。遇到需紧急维修的项目时，物业服务人员要注意记录清楚，并从语言上给业主以安慰和信心。

5. 重视互联网时代的日常物业客户服务

随着互联网技术的发展，网络在日常物业客户服务中越来越重要。许多物业服务企业都有自己的微信公众号、官网、业主微信群等，这些不仅提升了业主和非业主使用人的效率，也方便了物业客户与物业服务人员的沟通。互联网时代的日常物业客户服务有以下几个特点。

(1) 服务时间延长。与传统的日常物业客户服务相比，互联网时代物业客户可以随时与物业客户服务中心取得联系，而不是只能在工作时间致电或者拜访。

(2) 信息传递更便捷、更准确。通过微信、QQ、公众号等现代网络手段，业主和非业主使用人能够更加便捷地和物业客户服务人员进行沟通，有效减少沟通过程中的误解，提升信息的准确性。

(3) 服务有迹可循。信息技术的发展使得整个日常物业客户服务流程变得清晰且有记录，这不仅能够向业主和非业主使用人清晰地显示某项日常业务的进展，也能督促物业客户服务人员在规定时间内为客户解决问题，从而达到理想的服务监管效果。

任务小结

(1) 接待报修服务是物业服务人员的重要服务内容。

(2) 在接待报修时，物业服务人员应做好详细、准确的记录，区分维修内容的轻重缓急，区分无偿维修与有偿维修，正确接待电话报修。

课后测试

(1) 列举物业服务人员需要熟悉的内容。

(2) 简述报修服务流程。

任务二 掌握物业客户服务的技能

任务导入

物业客户服务是一项与人打交道的工作，掌握沟通技能和投诉处理技巧是物业客服人员的基本功。沟通技能包括倾听、微笑、语言和肢体语言的沟通；投诉的处理原则包括换位思考原则、有法可依原则和适度拒绝原则。这些最基本的客户服务技能可以帮助客户服务人员很好地与业主进行沟通，减少与业主的纠纷。

理论先行

一、物业客户服务沟通技能

(一) 倾听

1. 倾听的作用

对于物业客服人员来说，有效倾听在实际沟通过程中的具体作用如下。

(1) 体现对业主的尊重和关心。当物业客服人员认真倾听时，业主可以畅所欲言地提出自己的意愿和要求，甚至发泄不满，可以在倾诉和被倾听中感受尊重、关爱和自信。只有通过有效的倾听，向业主表明对他们需求的重视并且努力满足他们的需求，客服人员才能拉近与业主的距离。

(2) 获得相关信息。有效的倾听可以帮助客服人员直接从客户口中获得相关信息。越早了解业主的真实意图就可以越早地帮业主解决问题，少走弯路。

(3) 解决业主的问题，提高业主满意度。倾听的目的是解决业主问题。因此在倾听的过程中，物业客服人员可以通过业主传达出的相关信息判断其关注的重点问题和真正需求，然后针对这些问题和需求寻找答案和解决办法，为业主提供优质满意的服务，以提高整体的物业服务水平和业主满意度。

2. 倾听五部曲

(1) 做好准备。准备的目的是克服倾听过程中的各种障碍。首先，物业客服人员要排除客观环境上的障碍，尽可能找一个安静的地方，并使双方在友好状态下沟通；其次，要克服倾听时的心理障碍，客服人员要做好倾听客户讲话的心理准备，耐心地倾听，还要做好业务和知识上的准备；最后，要准备好笔和记录簿，做好记录的准备。

(2) 集中注意力。听人说话是一门学问，在倾听客户过程中，物业客服人员应集中注意力，避免外界的干扰，专心地倾听。不要心存偏见，只听自己想听的或是以自己的价值观来判断客户的想法。当客户说话速度太快，或所讲内容与事实不符时，客服人员绝不能心不在焉，流露出不耐烦的表情。一旦客户发觉客服人员并未专心地倾听，他可能会失去对客服人员的信任，这样很难保证服务质量。

(3) 做好记录。把客户说话的重点记录下来，这除了能防止遗忘外，还有助于核对客服人员听到的与客户所要求的有无出入；在日后的工作中，客服人员也可根据记录，检查是否达成了客户的需求，以避免日后如“已经交代了”“没听到”之类的纷争。

(4) 适当发问，理清头绪。客户在说话时，客服人员要有耐性，不要随意打断对方，同时为了表示对客户的关注，可以适时地发问，这比一味地点头称是或面无表情有效，且更能够表现出对谈话内容的专注，以及对客户的尊重与关心。

(5) 刻意练习。听他人讲话是一门艺术。客服人员要掌握这门艺术，首先就要练习，在日常工作和生活中认真地学习，把每一次与家人、朋友或服务对象的交谈，都当成是一次练习的机会。客服人员不能因为事情无关紧要就掉以轻心，要认真地对待每一次谈话，养成倾听的习惯，这样才能更好地掌握倾听技巧。

(二) 微笑

1. 微笑的作用

优质服务的一个重要标准就是微笑。日本松下集团创始人、“经营之神”松下幸之助曾经说过：“即使赠品只是一张纸，顾客也是高兴的；如果没有赠品，就赠送笑容。”

(1) 消除隔阂。微笑是化解迷惑、猜疑，增进心灵沟通的情感大使。善意、会心、真诚的微笑，是向别人传递的友好。微笑可以消除与对方的隔阂，因为“举手不打笑脸人”“一笑解千愁”；同时，微笑者还可以创造更多的机会，得到更多人的喜爱和爱护。微笑代表着一种对人的关怀，微笑可以拉近人与人的距离。

(2) 增进友谊。微笑是人际交往中的“润滑剂”，是人们相互沟通、相互理解、建立感情的重要手段。“笑一笑，十年少”，经常微笑的人表现出豁达与宽容。

(3) 有益身心健康。微笑有助于保持良好的身心状态。微笑的时候，人的身心开始放松，思维开始活跃。微笑还能帮助人在面对压力的时候找到多种解决问题的方法，避免压力太大而导致心理失衡。微笑还是最好的美容良药，能够消除烦恼，平息愤怒。

(4) 获取回报。对客户恰当地微笑可以表现谦恭、友好和真诚。对客户微笑，客户自然回报的也是友好与尊重。微笑给人一种有礼貌、有涵养、待人真诚的良好印象，是和客户进行情感沟通的最好方式。

(5) 调节情绪。一个简单、真诚的微笑往往能化解紧张的氛围，因为微笑往往可以使强硬者变得温柔，使困难变容易。总之，微笑是人良好心境的表现，表明心地平和，心情愉快；微笑是善待人生、乐观处世的表现，表明心里充满了阳光；微笑是自信的表现，表明人对自己的魅力和能力抱有积极和肯定的态度；微笑是内心真诚友善的自然表露，表明心地坦荡和善良；微笑还表明对工作意义的正确认识，表现乐业敬业的精神。

2. 微笑训练

(1) 引导练习法。闭上眼睛，调动感情，并发挥想象力，回忆美好的过去或展望美好的未来，源自内心、有感而发地微笑。

(2) 镜子练习法。客户服务人员可以利用镜子练习微笑。在一些客服中心，客服人员的办公桌上会放一面小镜子，客服人员在接听电话时，镜子中看到的自己应是保持微笑的。客服人员可利用镜子练习法力求使眉、眼、面部肌肉、口形在微笑时和谐统一。

(3) 当众练习法。按照要求，当众练习，使微笑规范、自然、大方，克服羞涩和胆怯的心理，也可以请观众评议后再对不足的地方进行纠正。

(4) 情绪记忆法。借助情绪记忆法辅助训练微笑，即将生活中令人高兴、有趣的事情收集起来，需要微笑时，想一想那些快乐的事情，脸上就会自然地流露出笑容。

(5) 理智训练法。微笑服务是服务人员职业道德的内容和要求，服务人员必须按要求去做，坚信客户至上的理念，即使有不愉快也不能带到工作中去，要学会过滤烦恼。

(6) 高级微笑法。口眼结合，训练笑意。这种微笑应该是发自内心的，不仅要求嘴唇动，还要求眼神含笑。训练时，可以用一张厚纸挡住鼻子以下的部位，对着镜子练习眼神，直到看到眼睛中含着笑。

(三) 语言

1. 运用语言的基本原则

(1) 目的性原则。人与人之间的沟通，总是具有一定的目的：或告诉别人一件事情，或请求别人帮忙，或命令对方行动，或打听消息，或改善双方关系，或增进双方友谊等。这些目的都是通过具体的话语来传达的。因此，在人们的交流中，语言是信息交流的手段，说话人通过语言来传达自己的意图，听话人则通过语言来领悟真实意图。业主与物业客服人员的语言沟通也不例外，业主的目的或是咨询某些情况，或是有具体的事情要处理，或是单纯聊天，以获取信息，加深感情。

(2) 情境性原则。情境是由沟通过程中时间、空间、沟通方式等因素构成的环境，对语言行为起着制约作用。说话者必须根据沟通情境来选择话题和组织语言，使表达内容和情境相适应。美国前总统尼克松回忆起 1972 年访问中国与江青会面时，对方开场语是“你为什么从前不来中国”，话语中表现出了她那种令人不悦的、好战的态度。与此形成鲜明对照的是，周总理在和尼克松见面的时候，言简意赅地说：“总统先生，你把手伸过了世界最辽阔的海洋来和我握手。我们已经 25 年没有交往了。”话语既热情坦率，又机智幽默，表现出了卓越政治家和外交家的风度。

(3) 正确性原则。正确性原则是指语言表达必须符合规则或规范，也就是要符合语法。只有遵守语言规范，才能准确无误地传达信息，才能为听者所接受；若违背了语言规范，就会造成沟通障碍。

(4) 得体性原则。语言运用得体，无疑可以帮助说话者达到目的；反之，不得体的语言则会适得其反。在与客户交流中，不得体的语言表达，会加大客服人员与客户之间的距离，造成抱怨升级、投诉增多的局面。

2. 语言技巧

沟通效果大多取决于说话方式，而非说话内容。在进行语言沟通的时候不仅要注意选择适当的词语，更要注意选择适当的语调和声调，适时幽默，保证语言的清晰和简洁、时间的选择和话题的相关性等，这些语言技巧都会影响沟通的效果。

(1) 技巧一：热情、真诚、耐心。客服人员在说话过程中，要发自内心地给予对方尊重，而体现尊重最有效的方法，就是表现出热情、真诚与耐心。

(2) 技巧二：把握好声音暗示。客服人员的声音暗示在沟通过程中起着不可忽视的作用。声音暗示包含语调、音量、语速、音质和清晰度以及其他语音特征。声音是客服人员表现自我的工具，客服人员应尽量利用温暖的声音给客户留下好感。同时，声音与情绪也有很大的关系。可以说，声音是交谈过程中传递信息最重要的载体。在与客户沟通时，客服人员要学会控制自己的声音，做到吐字清晰，音量适中，语调抑扬顿挫，语速合适。

(3) 技巧三：措辞要简洁、专业、文雅。语义关乎用词的甄选，在信息传递过程中 7% 的信息内容是来源于语义。它是影响信息传递和信息解释的重要因素，在很大程度上决定着交流能否融洽进行。客服人员的措辞应专业、简洁，突出重点和要点，以尽量少的文字传递大量的信息。在与客户沟通时，客服人员应当避免夸大其词，不做虚假宣传，不说无法兑现的话语。有时即使客户只发现一个错误，也会令客服人员陷入困境。

(4) 技巧四：语言因人而异。语言要根据时间、地点、人物的不同而作出改变。每个人都有自己独特的听说习惯和性格特征，即使是同一需要、同一动机，不同的客户也有不同的表现方式。因此，为了把话说到客户的心坎上，客服人员不仅要了解客户的需要、动机，对不同的客户还应有一个基本的认识，这样才能有的放矢，投其所好，提高沟通效果。

3. 接打电话的技巧

(1) 面带微笑。微笑时的声音也能在听筒中传递亲和力，保持正确姿态，接打电话过程中不喝茶、吃零食，对方能通过声音感受到懒散。

(2) 控制情绪，保持喜悦的心情。情绪不佳，语调往往会生硬、呆板，容易引起对方误会。保持良好的情绪，即使对方看不见，也能被轻快的语调所感染，因此留下极佳的印象。面部表情会影响声音，所以在接打电话时要抱着“对方正在看着我”的心态。

(3) 声音清晰明朗。电话沟通需要介质传递声音信息，因此客服人员更要吐字清晰、语调平稳。打电话时，口要对着话筒，不使用免提键，说话音量不宜太大或太小，说话要比平时略慢，语气自然，用字适当，抑扬顿挫，必要时把重要的内容复述一遍，当对方听不清发出询问时，要耐心地回答，切忌不耐烦，要始终给人以亲切的感觉。

(4) 接听迅速。听到电话铃声，应迅速地拿起听筒，最好在铃响三声之内接听；如果电话铃响了五声才拿起听筒，应该先向对方道歉。

(5) 准确记录。客服人员在接打电话的同时，要认真清楚地记录，准确运用 5W1H 技巧，包括何时(When)、何人(Who)、何地(Where)、何事(What)、为何(Why)、如何(How)。

(6) 了解来电的目的。每个电话都十分重要，不可敷衍。即使对方要找的人不在，也不能只答复“不在”就把电话挂断。接电话时要尽可能问清事由，避免误事。自己无法处理时，也应认真记录，汇报相关部门解决。

(7) 礼貌挂电话。结束电话交谈一般应当由打电话的一方提出，然后彼此客气地道别，说一声“再见”后再挂电话，不可只管自己讲完就挂断电话。

(四) 肢体语言

1. 肢体语言的内涵与作用

肢体语言是口头交流之外的另一种沟通方式，这种沟通需要借助表情、动作或体态等来进行，比如眼神的交流和手势信息的传递。有了肢体语言的配合，沟通会显得更加充实和活跃。肢体语言的主要目的是使互动中的双方能有效地分享信息。肢体语言在客户沟通中的作用具体表现在以下几个方面：

(1) 体现客户服务人员的服务态度。肢体语言的首要功能是表达态度和情绪。除了语音、语调可以表现出态度和情绪外，客服人员的面部表情、肢体动作、眼神等都会流露出当时的心态，如恼怒或快乐、软弱或坚强、振奋或压抑、积极或消极等。

(2) 肢体的调节动作可以传递信息。肢体的调节动作被用于维持和调节沟通。与情感表达一样，调节动作常包括眼、面部及头的运动；手和臂的运动也可起到调节沟通的效果。如谈话中向对方点头表示说下去，抬一下眉头则是想表达等对方说完后，倾听者会进行评论。眼部运动也常作为调节动作。客服人员不仅要掌握这些信息，更要通过这些肢体动作的含义，了解客户在谈话过程中的心理状态，以及不同肢体语言所要表达的诉求。

(3) 在与客户沟通中发挥着辅助、替代语言表达的作用。肢体语言就像谈话内容的插图，用来辅助语言表达的不足，或部分替代语言表达。

(4) 展现客服人员形象，进而彰显企业形象。肢体语言可以帮助客服人员在客户面前恰如其分地展现自己的形象，也可帮助客服人员展现他们想表现的形象。对他人的认识在很大程度上来自对其肢体语言的观察。

2. 主要肢体语言形式及所表达的含义

按照不同的身体部位，肢体语言可以分为表情语、手势语和肢体动作语三大类。下面就主要的肢体语言进行逐一介绍。

(1) 表情语。表情语是指人们通过面部表情表达思想感情的一种交流方式。它凭借眼、眉、嘴以及面部肌肉的变化等来体现丰富内容。人们对现实环境和事物产生的内心体验以及所采取的态度，就是通常所说的感情，经常有意无意地通过面部表情显示出来，形成表情语。

(2) 手势语。手势语主要是指通过手指、手掌、手臂的各种动作向对方传达信息的一种交流方式。人们可以通过自己手部的特定动作向交流的另一方表达特定的意义，如向出租车招手表示拦车，摇手表示否定，把手轻轻地搭在对方肩上或胳膊上表示亲密，伸开双臂拥抱表示喜欢或安慰对方。

(3) 肢体动作语。肢体动作语包括人们在行走、站立和坐卧过程中的所有动作姿态。肢体动作所表达的意思是多种多样、丰富而又复杂的。虽然不同的人在不同情况下的肢体动作各有不同，同时同样的动作反映的信息也不尽相同，但是肢体动作和想表达的信息之间存在一定规律。了解这些规律，既有助于客服人员更准确地把握客户心理，也有助于客服人员有意识地运用肢体语言来引起客户的重视。与客户交谈时，客服人员应有意识地通过自己的体态、面部表情和手势表现出自信、和谐和放松，而避免使用那些会让客户产生厌倦、厌恶情绪的肢体动作。

二、物业客户投诉处理技巧

(一) 物业客户投诉的原因

1. 物业布局、配套与房屋质量方面的原因

一是业主对物业的整体布局、环境设计、各类配套等感到不满。如绿化覆盖率低，花草树木种植量少或品种稀少，水电或有线电视、防盗系统等部分未到位，物业内的垃圾房、配电房、污水处理站及其他布局不合理，没有足够的车辆停放场所，没有休闲与娱乐场所或活动室、便利店等。二是在业主入住物业的前后，房屋出现质量问题，如房屋渗水、内外墙体开裂、管道裂缝或堵塞、下水不畅等。

2. 设施设备方面的原因

日常客户对物业设施设备的投诉主要有两个方面：一是因设施设备设计不合理而感到不满，如电梯厅狭窄，电梯外面没有楼层运行数字显示等；二是对设施设备运行不正常感

到不满，如电梯经常停运维修，供水、供电、采暖等设备经常出现故障，防盗门禁电子系统经常无法正常使用等。

3. 物业服务方面的原因

物业客户常常因物业服务人员的服务态度、服务时效、服务质量、所提供的服务项目等达不到期望而不满。

(1) 服务态度：如部分物业服务人员礼仪礼节欠佳，言语粗鲁或不文明、不当，态度生硬、横眉冷眼等。

(2) 服务时效：如服务与处理事件速度太慢，服务或维修不及时、拖拉等。

(3) 服务质量：如人身、财产安全得不到保障，环境卫生脏、乱、差，绿化区域内杂草丛生，维修返修率高等。

(4) 服务项目：主要是指物业服务企业所提供的物业服务项目较单一，不能满足不同层次业主的需求。

4. 物业服务费用方面的原因

物业服务费用方面的原因主要是客户对物业服务费、各种分摊费等的收取感到不满，如认为物业服务费太高，各类公共能耗等费用的分摊不均或不合理等。

5. 社区文化方面的原因

社区文化方面的原因主要是指客户认为物业内缺少文化气息、社区活动，并因此而不满，主要表现为法定节假日没有布置环境或布置欠佳、没有举办社区公益活动、物业内文化气氛不浓厚等。

6. 突发事件处理方面的原因

突发事件产生的后果比较严重，不仅会直接影响到业主的正常工作与家居生活，还会带来很大程度的麻烦或不便，这就导致突发事件比较容易引发强烈的投诉，如突然停电、业主被困于电梯、室内被盗、遭受意外火灾、车辆丢失、私人物件受损等。

(二) 物业客户投诉的处理原则

1. 换位思考原则

在接受投诉处理的过程中，物业服务人员必须以维护公司利益为准则，学会换位思考；以尊重业主、理解业主为前提，用积极诚恳、严肃认真的态度，控制自己的情绪；以冷静、平和的心态先理解业主的心情，改变业主的心态，然后再处理投诉内容。物业服务人员不能因为一个小小的失误导致投诉处理失败而引发蝴蝶效应，致使一系列投诉事件的发生。

2. 有法可依原则

物业服务企业每天都要面对形形色色的投诉，服务人员如果不加以甄别，认为每件投诉都是有效的，势必会影响物业服务效率。这样不仅会导致物业服务企业承担本不该承担的责任，还会让其成为业主宣泄的场所。届时，物业服务企业将会出现工作权限不清、出力不讨好的情况。因此在接受业主投诉时，物业服务人员在稳定业主情绪的基础上，必须对投诉事件进行区分，并按照法律法规处理，以提高物业服务企业的工作效率。

3. 适度拒绝原则

在满足客户的要求时，对于在公司职权范围之内的有效投诉，物业服务企业应按照业主投诉处理服务体系处理；对于无效投诉，如果时间、人力资源允许，物业服务企业可以协助解决；否则可以适当拒绝，以免业主形成事事依靠物业服务企业的心理，给物业服务企业的日常管理工作带来诸多不便。

(三) 物业客户投诉的处理技巧

1. 上门投诉处理技巧

上门投诉是一种主要的投诉方式。对物业服务人员来说，上门投诉有方便沟通、便于观察业主态度以及时调整谈话内容等优势，但也存在业主容易冲动、产生冲突、使矛盾升级等劣势。所以服务人员必须掌握有效的处理技巧。

(1) 营造亲切轻松的氛围，以使客户平静。

(2) 注意听取客户的抱怨，把客户投诉中的重要信息详细记录下来。

(3) 注视客户的眼睛以示诚意。与客户交谈时切忌左顾右盼，表现得心不在焉，或者不礼貌地上下打量客户，盯视客户身体的其他部位，这些都可能加重客户的抵抗情绪，导致客户愤怒，使解决问题的难度加大。

(4) 态度诚恳，表现出真心为客户着想的态度，但同时要让客户了解自己独立处理的授权范围。

(5) 在适当的时候详细地询问客户情况，并且注意客户的反应。在客户愤怒时，如果询问事情的经过，客户的愤怒情绪可能更加不易控制，因此，服务人员应设法使客户的愤怒情绪平复后再询问事情经过。与客户沟通时，服务人员应当有意识地了解客户的兴趣和关心的问题，这样交谈容易切入客户感兴趣的话题，使客户产生认同感。

(6) 中途有其他事情时，应尽量协调，不要随意中断谈话。

(7) 针对客户的问题提出解决方案时，应让客户有所选择。

(8) 尽量在现场把问题解决。当不能马上解决时，应向客户说明解决问题的具体方案和时限。

总之，处理上门投诉时物业服务人员要让客户感到其是在反馈式倾听。反馈式倾听是指听对方倾诉时主动并且注意给予反馈。反馈式倾听会让客户产生被重视的感觉，大大提高客户的满意度，并稳定客户情绪。

2. 信函投诉处理技巧

信函投诉处理是一种传统的处理方式，通常是处理投诉信件或不宜口头解释的投诉事件，以及需要以书面形式留存证据的投诉事件，也常被用于按照法律规定必须以书面形式解决的投诉。随着网络技术的发展，业主也可在物业服务企业 App、微信和网络上，利用信函进行投诉。利用信函提出投诉的客户通常较为理性，很少感情用事。

根据信函投诉的特点，物业服务人员在处理时应该注意以下要点：

(1) 及时反馈。当收到客户信函投诉时，要立即告知客户已收到，这样做不但会使客户安心，还会给人比较亲切的感觉。

(2) 提供方便。在信函往来中，物业服务人员不要怕麻烦，要把本企业地址、邮编、收信人或机构附于信函内，以便客户回函。如果客户的地址、电话不清楚，服务人员应在给客户的回函中请客户详细列明通信地址及电话号码，以确保回函能准确送达对方。

(3) 清晰、准确地表达。信函内容及表达方式通常要求浅显易懂，措辞要亲切，尽量少用法律术语、专有名词、外来语及圈内人士的行话，尽量使用结构简单的短句，形式要灵活多变，使客户一目了然，把握重点。

(4) 充分讨论。由于书面信函具有确定性、证据性，在寄送前，切勿由个人草率决断，应与负责人就其内容充分讨论。为了表示企业的慎重，寄出的信函最好以企业负责人或部门负责人的名义主笔，并加盖企业的公章。

(5) 正式回复。企业发送给客户的信函最好是打印出来的，这样可以避免手写的笔误和因连笔造成的误认，而且给人以比较庄重、正式的感觉。

(6) 保留往来函件。客服人员必须存档归类处理过程中的来往信件，一一编号并保留副本。必要时把这些文件及时传送给有关部门，使其明确事件的处理进程与结果。

3. 电话投诉处理技巧

客户以电话方式提出投诉的情形越来越多见，电话投诉处理逐渐成为主流。然而，由于电话投诉简单迅速，客户往往会在气头上投诉。这样就增加了电话投诉处理的难度，因此服务人员在处理电话投诉时要特别小心谨慎，要注意说话的方法、声音、声调等，做到明确有礼，必须善于站在客户的角度来思考，无论客户怎样感情用事，都要重视客户，避免有失礼貌的举动。

除了自己的声音外，服务人员要注意避免在电话周围有其他声音，如谈笑声等，这些杂音会使客户产生不愉快的感觉。服务人员接听投诉电话时要注意以下技巧：

(1) 对于客户的不满，应从客户的角度来考虑，并表示同情。

(2) 以恭敬有礼的态度对待客户，使对方产生信赖的感觉。

(3) 采取客观的立场，防止主观武断。

(4) 稍微压低自己的声音，给对方以沉着的印象，但注意不要压得过低使对方觉得疏远。

(5) 以简洁的词句认真填写业主投诉记录表。

(6) 在电话里听到的客户姓名、地址、电话号码、投诉原因等重要事项，必须重复确认，并以文字记录下来或录入计算机。

以案说理

夏日炎炎，一天午饭后，郑州市某小区的物业工作人员并没有休息，而是集体在会议室里学习。这是因为物业最近接到了不少业主投诉，内容都与小区屋顶漏雨和墙体脱落、渗水问题有关。物业经理亲自上台分享经验，分享的内容关于房屋修缮。以下是物业经理分享内容的部分摘录。

小区屋顶漏雨和墙体裂缝渗水问题给业主带来了严重的损失，尤其是墙体脱落的情况更是令人担忧。针对这些问题，我们必须迅速采取行动，保障业主的权益和安全。

首先，我们要立即处理屋顶的漏雨问题。紧急联系物业管理处或维修队伍进行维修，确保漏雨问题得到及时解决，避免造成水损和进一步的财产损失。同时，要加强屋顶排水系统的检查和维护，确保其正常运行，防止漏雨问题再次发生。

其次，针对墙体裂缝渗水和脱落的问题，我们需要派遣专业人员进行全面检查和修复。利用红外线摄像仪等技术手段，全面排查裂缝和渗水点，找出问题的根源。对于较小的裂缝，可以采用填充剂或密封材料进行修补；而对于较严重的裂缝和墙体脱落，应进行专业的翻新修复工作，确保墙体的稳固和安全。

除了紧急修复工作，我们还要加强预防和日常维护工作。定期检查屋顶排水系统和墙体防水层的情况，及时清理雨水管道，预防堵塞导致的漏水问题。同时，组织业主参与小区维护工作，提高他们的意识和参与度，共同维护小区的质量和安全。

在修复工作完成后，物业管理处应协助业主进行索赔程序，提供必要的证据材料和法律支持，帮助业主维护自身权益。此外，定期组织业主沟通会议，向业主通报维修进展和计划，听取他们的意见和建议，增强业主对小区维护工作的了解和参与感。

在处理小区屋顶漏雨、墙体裂缝渗水和脱落问题时，我们必须高度重视，采取切实可行的措施，以确保业主的权益得到保障，小区的质量和安全得到有效维护。只有通过紧急处理、定期维护和积极沟通，才能消除业主的后顾之忧，营造一个安全、舒适的居住环境。此外，在处理业主投诉时，服务人员应耐心听取，用心处理。

在这场分享会中，物业工作人员深刻感受到快速响应业主投诉、科学专业修复、保持沟通透明的重要性。

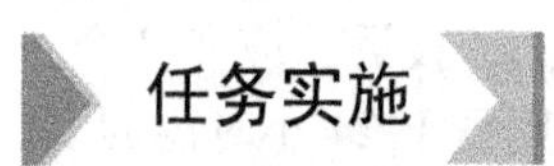

任务实施

一、学习目标

妥善处理客户投诉。

二、实施方法

根据设定的模拟情景，进行模拟演练，在情景展示过程中，运用各种客户服务技巧，处理客户投诉，并完成情景模拟实训报告。

三、任务流程

1. 用心倾听

在处理投诉时，倾听是了解业主需求和发现事实真相最简单的途径。通过倾听，物业服务人员可以得到大量信息，知晓业主真实期望；通过倾听，可以确定应采取的措施，应用处理技巧改善处理效果。

2. 认同客户感受

客户在投诉时会表现出烦恼、失望、泄气、愤怒等各种情绪。物业服务人员不应当把这些情绪当作不满的表现。客户的情绪是有理由的，是理应得到重视和迅速、合理的解决的。所以物业服务人员要学会认同客户感受，让客户感受到理解和关心。

3. 记录投诉内容

在仔细倾听业主投诉的同时，物业服务人员还要认真做好投诉记录，尽可能记录详细、具体。在记录的同时，物业服务人员不仅可以使业主的语速减慢，缓冲其激动的心情，而且还能让业主感到安慰。当听完以及记录完投诉之后，物业服务人员可以对业主所投诉的内容及所要求解决的问题进行复述，看看是否明确问题所在，以便进一步处理解决；同时对业主的遭遇或不幸表示歉意、理解和共情，让业主心态得以平衡。

4. 换位思考，将心比心

物业服务人员要有换位思考、将心比心的技巧，设身处地地从业主的角度看待其所遭遇的麻烦和不幸，安慰业主，最大限度地拉近与业主的心理距离。这种与业主心理上的沟通往往会使双方的关系发生微妙的变化，从而使对立双方转向合作，关系从僵硬转向融洽，从互不让步转向相互体恤，这样有利于问题的解决。

5. 分清投诉类别，判定投诉性质

物业服务人员首先应确定投诉的类别，是对政府部门和公共事业单位的投诉、对小区内其他业主的投诉、对开发商的投诉，还是对物业服务企业的投诉；然后判定投诉是否合理，如投诉不合理，应该迅速答复业主，婉转地说明理由，真诚求得业主的谅解，同时要注意，对业主的不合理投诉只要解释清楚，不必过多纠缠。

一般业主对物业服务企业的投诉，物业服务人员应在 24 小时内予以处理并回复业主；业主之间的投诉，应在 3 个工作日内予以答复；对政府部门和开发商的投诉，应在 7 个工作日内予以协调并回复业主；一般职能部门的投诉(如停水、停电)，则需于 24 小时内回复，并做回复记录。

6. 反馈处理结果，张贴投诉公告

投诉处理完毕后，物业服务企业应把投诉处理的结果以投诉公告、走访、电话等方式直接反馈给业主，这是处理物业服务投诉工作的重要环节。物业服务企业也可将投诉处理结果以公告形式张贴。按投诉规定，投诉公告的内容应包括受理投诉的时间、投诉业主的区域范围、受理投诉的事项、处理办法、处理结果、回访业主情况、根据投诉事项提出的注意事项、投诉处理时限、投诉接待人、投诉处理跟进人、投诉处理负责人。

7. 总结经验教训，完善服务工作

处理完投诉，并不意味工作结束，物业服务企业还应该将每月发生的投诉案例进行分类、汇总、分析，对投诉的处理方法进行评价、检讨，总结教训经验，完善和改进管理及服务工作，从中积累处理个案的经验。

任务小结

(1) 物业客户服务沟通技能包括倾听、微笑、语言和肢体语言。

(2) 物业客户投诉的原因包括物业布局、配套与房屋质量方面的原因，设施设备方面的原因，物业服务方面的原因，物业服务费用方面的原因，社区文化方面的原因以及突发事件处理方面的原因。

(3) 物业客户投诉的处理原则包括换位思考原则、有法可依原则和适度拒绝原则。

(4) 物业服务人员处理客户投诉的流程为：用心倾听；认同客户感受；记录投诉内容；换位思考，将心比心；分清投诉类别，判定投诉性质；反馈处理结果，张贴投诉公告；总结经验教训，完善服务工作。

课后测试

(1) 有效倾听在实际沟通过程中的具体作用是什么？

(2) 有效倾听的技巧有哪些？

(3) 微笑的作用是什么？

(4) 运用语言的基本原则是什么？

(5) 接打电话的技巧有哪些？

任务三 定位物业客户服务需求

任务导入

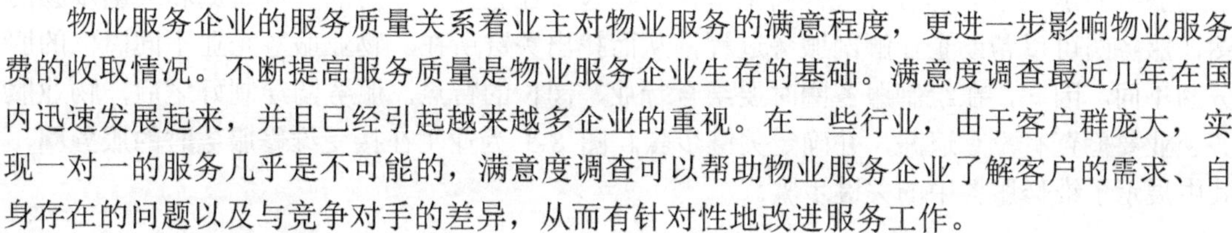

物业服务企业的服务质量关系着业主对物业服务的满意程度，更进一步影响物业服务费的收取情况。不断提高服务质量是物业服务企业生存的基础。满意度调查最近几年在国内迅速发展起来，并且已经引起越来越多企业的重视。在一些行业，由于客户群庞大，实现一对一的服务几乎是不可能的，满意度调查可以帮助物业服务企业了解客户的需求、自身存在的问题以及与竞争对手的差异，从而有针对性地改进服务工作。

理论先行

一、物业客户服务标准

(一) 服务质量的概念

服务质量是人们通过长期的、全面性的评价而形成的看法或态度。从服务质量的概念中可以看出，服务质量与服务过程、服务结果有关，因此，服务质量包括客户接受的产出(What)和客户接受的方式(How)，即技术质量、功能质量和企业形象。

1. 技术质量

技术质量是指客户从服务过程中所得到的东西，即服务结果。这对于客户评价服务质量具有重要意义。物业服务企业为业主提供如房屋设施设备维护、绿化保洁、治安、消防等常规性公共服务，以及各种专项、特约服务，并通过这些服务给业主提供一个整洁、舒适、安全的生活、工作环境，达到延长物业的使用寿命等功效，这就是物业的服务结果，是其技术质量。技术质量只是客户感知服务质量的部分内容，而不是全部内容。

2. 功能质量

功能质量是指客户接受的服务方式及其在接受服务过程中的体验，这都会对客户所感知的服务质量产生影响。因此功能质量是服务质量的另外一个组成部分。这个部分与服务接触中的关键时刻紧密相关，它所说明的是服务提供者如何工作，如物业服务人员在提供各项物业服务过程中的言行举止、服务态度、上门维修服务速度等。

3. 企业形象

技术质量和功能质量构成了服务质量的两方面内容，物业服务企业在提高服务质量的过程中，一方面要重视提高技术质量，精心设计服务体系；另一方面要重视物业与业主之间的接触，加强服务过程的质量管理，即提高功能质量；此外，在业主评价物业服务企业的服务质量时，企业形象不可避免地影响到客户对服务质量的认知与体验。因此，除了技术质量和功能质量外，企业形象在服务质量评价中起到了过滤作用。

(二) 物业客户服务质量标准的制定

1. 分解服务过程，绘制服务圈

制定企业优质客户服务质量标准的第一步是分解每一项业务的服务过程，也就是把客户在企业所经历的服务过程进行细化，然后放大，找出会影响客户服务体验的每一个要素，进而找出制定服务质量标准的关键点。

服务圈是一个分解服务过程的工具，它是客户在企业所经历的关键时刻和关键步骤的图，服务圈可以帮助企业解剖服务过程，从而找出关键所在。物业服务企业不同岗位的服务圈不同，因此，在绘制服务圈时要结合行业、岗位的特点。服务圈绘制好之后，物业服务企业要检查有没有遗漏，并确定关键步骤。图 8-3 为业主在接受维修服务时的服务圈，其中展示了维修服务中的关键步骤。

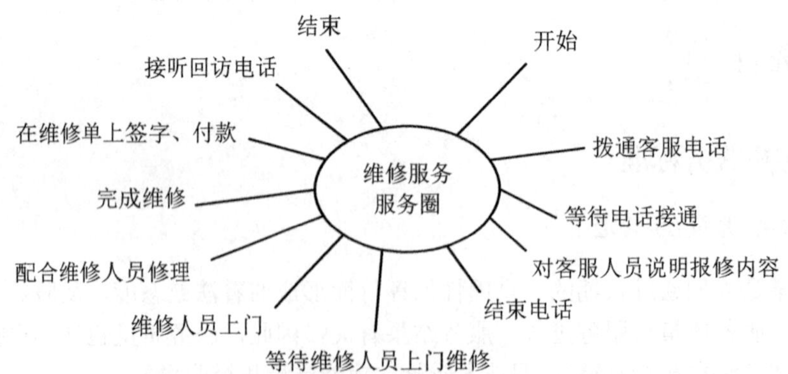

图 8-3 接受维修服务的服务圈

绘制服务圈的好处是可以帮助企业站在客户的角度去看问题和体验服务过程。绘制服务圈的工作最好由直接参与该项服务的一线员工或高级顾问来做。同时，在绘制服务圈的过程中，要遵循以下原则：

(1) 尽可能完美地结束服务。一个错误的观点是：项目的开始和结束在客户的眼里具有同等的分量。实际情况是，服务项目的结尾部分将长时间、深刻地留在客户的记忆中，因此，它比其他任何一个环节都重要得多。这并不是意味着在项目的开始提供基本满意的服务不重要，而是意味着如果企业的服务项目以相对低层次的服务手法开始、以高层次的服务内容结尾，这种呈上扬态势的过程肯定比高层次开始、低层次结束要好得多。

(2) 尽早去除负面影响。行为科学表明，在一系列包含正负结果的事件中，人们往往愿意先接受负面的结果，再得到正面的、积极的答案，这样可以避免过分担心，并且让人具有更好的心理承受能力，给人以愉悦的感觉。在开展服务的过程中，有些服务会导致客户产生反感，这些不愉快通常出现在服务过程的早期。因此，在服务过程的最后，化解和消除客户这种不愉快的记忆是非常必要的。

(3) 分割快乐、捆绑痛苦。如果将经历分成片段，整个过程看起来似乎要比实际过程要长很多，而人们对失去和获取的反应往往呈现不对称性。以购买彩票为例，如果让人在一次赢得 100 元和两次分别赢得 50 元之间做出选择，绝大多数的人会选择后者；而如果同样是拿 100 元去购买彩票，让人在一次购买 100 元而一分钱都不中，以及分两次购买每次 50 元也一无所获这两种情况做出选择时，大多数人希望只是一次不中。这就是服务企业应该将愉悦的经历分成若干小段，而将不愉快的过程捆绑为一个整体的原因。

(4) 承诺选择性。当人们相信自己可以选择一个过程的时候，情绪往往更为积极，特别是当人们感觉不适时，哪怕这种选择只是象征性的，却依然能对人产生积极影响。因此，如果可以让客户有一定的选择性，客户会更加配合服务的进程。

2. 找出每个细节的关键因素

绘制服务圈把服务过程进行分解后，就要找出每个服务步骤的关键因素。比如在物业维修服务中，业主在等待客服电话接通时，希望的是客服电话不占线，而且能够很快接通和被应答。也就是说，在这个步骤中，保证客服热线畅通并且在电话铃响三声之内能够接通应答是关键因素。

物业服务企业需要对服务的每个细节进行影响分析。影响分析应从客户的视角出发，对服务体验的关键因素予以描述，从而对企业为营造记忆深刻的正向服务体验做出指导。进行了关键细节影响分析之后，企业可能会发现，其自认为做得很好的细节，客户根本不这样认为。因此，运用得当的细节影响分析可以帮助企业发现客户关注的关键因素，并最终为客户提供更好的服务体验。

3. 把关键因素转化为服务标准

细节会影响到最终体验的结果。因此，物业服务管理工作要从细节管理入手，不放过每一个细节，物业服务企业应品质质量管理与细节管理齐抓，注重物业精细化管理的督导检查，并将其纳入绩效考核指标；注重品质检查过程中细节的检查、修正和完善，确保满足客户的需求，持续增长客户的满意度和对企业的忠诚度。

4. 根据客户的需求对标准作重新评估和修改

企业制定客户服务标准之后，该标准的合理性与能否达到优质服务应由客户进行评判。因此，企业要根据客户的需求对标准进行重新评估和修改。企业应从客户的角度重新衡量所制定的标准是否让客户满意；对那些已经跟不上时代发展的又不能让客户满意的标准，应尽快重新评估和修改，以避免企业的优质服务被这些标准束缚，进而失去客户的信任。

二、物业客户服务需求调查

在物业服务行业，客户需求的调查通常是和满意度联系在一起的。物业服务企业也可通过了解业主对所提供的物业服务的满意和不满之处，了解物业客户服务的真正需求。

(一) 物业客户服务需求调查的原则

1. 时效性原则

在现代市场经济中，时间就是机遇和金钱。在调查过程中，收集、发送、接收、加工、传递和利用调查数据的时间间隔要短，效率要高。只有这样，企业才能提高客户服务需求调查数据的价值，抓住时机，使生产经营决策及时进行。所以，企业要及时捕捉市场上任何有用的情报信息，及时分析和反馈，为企业在经营过程中适时制定方案和调整决策创造条件。

2. 客观性原则

客观性是进行物业客户服务需求调查必须遵循的原则。这一原则要求物业服务企业对客观事实采取实事求是的态度，而不能带有主观偏见或成见，更不能任意歪曲或虚构事实。

3. 系统性原则

系统性原则是指客户服务需求调查必须全面系统地收集有关数据，只有这样，物业服务企业才能充分认识调查对象的特征，从大量的信息中认识事物发展的内在规律和发展趋势。由于很多因素间的变动是互为因果的，这就要求物业服务企业必须从多方面掌握调查对象本身的变化和特征，做到调查项目齐全且具有连续性，以便不断积累信息，进行系统的、动态的分析和利用。

4. 科学性原则

科学性主要是指研究方法及研究结论的实证性和逻辑性。在调查研究中，许多人不自觉地采取非科学的方式、方法。例如，有些人“以点代面”，以小概率事件概括事物发展规律；有些人没有大量、系统地收集资料，资料来源存在严重局限性。这些做法对于正确地认识物业服务企业的发展现状是没有好处的，甚至是有害的。

5. 经济性原则

经济性原则是指企业应按照调查的目的要求，选择恰当的调查方法，争取用较少的费用获取更多的调查资料。因此在调查实施之前企业要进行调查项目的成本效益分析，即在调查内容确定的情况下，比较不同调查方式的费用，从中选择出调查费用少、又能满足调查要求的调查方式，并制定出相应的调查方案。

(二) 物业客户服务需求调查的作用

有效而稳定的客户服务需求调查可以使物业服务企业在不断变化的市场环境中及时发现和捕捉新机会，适时调整经营计划，并立于不败之地。从一定意义上讲，物业客户服务需求调查是经营决策过程中必不可少的一部分，是物业服务企业经营决策的前提。物业客户服务需求调查的作用如下。

1. 了解客户不断变化的需求

物业服务企业向业主提供服务，因此应理解业主当前和未来的需求，满足客户要求并争取超越业主期望。现在国际上普遍实施的质量管理体系能够帮助物业服务企业加强物业服务的管理。但是，客户的需求和期望是不断变化的，为主动掌握客户需求，物业服务企业可以通过定期和不定期的客户服务需求调查来了解，并持续不断地改进服务质量。

2. 有利于提高自身竞争力

物业服务企业进行客户服务需求调查，不只是为了得到一个综合统计指数，更是要通过调查发现影响客户满意度的关键因素，从而在提高客户满意度的过程中对症下药地制定让客户满意的有效策略。客户服务需求调查始终要考虑竞争对手的情况，并进行比较，这样可以使物业服务企业知己知彼，制定合适的竞争策略。

3. 为经营决策提供依据

物业服务企业在制定服务方案及策略之初，就应通过客户服务需求调查，及时准确地了解客户情况及需求，以便做出正确可靠的决策。

(三) 物业客户服务需求调查方法

1. 问卷调查

这是一种最常用的客户服务需求数据收集方式。问卷中包含很多问题，需要被调查者根据预设选择该问题的相应答案，被调查者可以从自身利益出发来评估企业的服务质量、客户服务工作和客户满意水平；问卷同时也允许被调查者以开放的方式回答问题，从而帮助企业更详细地掌握其想法。

2. 二手资料收集

二手资料大都来源于公开发行刊物、网络、调查公司，其在详细程度和有用程度方面可能存在缺陷，但是二手资料可以作为深度调查前的一种重要参考。特别是进行问卷设计时，二手资料能为企业提供行业的大致轮廓，有助于设计人员对调查问题的把握。

3. 访谈研究

访谈研究包括内部访谈、深度访谈和焦点访谈。内部访谈是对二手资料的确认和重要补充。通过内部访谈，企业决策者可以对要进行的项目有大致想法，同时内部访谈也是发现企业问题的最佳途径。深度访谈是为了弥补问卷调查的不足，在必要时实施的典型用户深度访谈。深度访谈是针对某一论点进行一对一的交谈，在交谈过程中提出一系列探究性问题，用以探知被访问者对某事的看法或做出某种行为的原因，一般在实施访谈之前应设计好一个详细的讨论提纲，讨论的问题要具有普遍性。焦点访谈是为了更周全地设计问卷、配合深度访谈和获取信息而采用的访谈方式。

(四) 物业客户服务需求调查问卷设计

在物业客户服务需求调查，特别是一手资料的调查中，大多数情况下都要使用问卷来收集资料。问卷作为一种标准化和统一化的数据收集工具，对于保证访谈调查的效度与信度具有重要作用；而作为调查信息的主要载体，问卷联系了调查设计、调查实施、数据处理乃至报告撰写各个环节，其作用贯穿于整个调查过程中。因此问卷设计是物业客户服务需求调查中的一个重要环节，问卷设计是做好物业客户服务需求调查的基本功。

1. 问题形式设计

问题从形式上可分为开放式与封闭式。开放式问题由于不需列出答案，因此形式简单，在设计时只需要提出问题，然后在问题下留出一块空白即可。唯一需要考虑的是这块空白的大小。空白太大，就意味着希望回答者多写一些内容，增加了整个问卷的篇幅；而空白太小，客观上又限制了回答者能填写的内容，可能造成资料过于简单。封闭式问题包括问题及答案两部分，其形式主要有以下几种。

1) *填空式*

填空式是指在问题后面画短横线让回答者填写。例如：

您家有几口人？______人

您的年龄多大？______岁

您住房的面积？______平方米

填空式一般只用于那些对被调查者来说既容易回答又容易填写的问题，通常只需填写数字。

2) *是否式*

是否式即问题的答案只有是和不是(或其他肯定形式和否定形式) 两种，回答者根据自己的情况选择其一。例如：

您经常上网吗？经常□不经常□

您是否赞成成立业主委员会？赞成□ 不赞成□

是否式问题在民意测试所用的问卷中是用得较多，其特点是回答简单明确，可以严格地把被调查者分成两类不同的人群。缺点是得到的信息量太少，调查者难以通过两种极端的回答类型来了解和分析回答者客观存在的不同层次。

3) *给出的答案在两个以上，回答者根据自己的情况选择其一*

这也是问卷中采用得较多的一种问题形式，其答案的具体表达方式有几种不同类型。

(1) 单项选择型：要求被调查者对所给出的多项答案只选择其中一项，并用“√”表示。例如：

您属于下列哪个年龄段？ 25岁以下□ 25～45岁□ 46～60岁□ 60岁以上□

(2) 多项选择型：让被调查者选择自己认为合适的答案，数量不限。例如：

请问您在购买住宅时，主要考虑哪些因素？价格□ 户型□ 面积□ 地理位置□ 配套设施□ 物业服务□

(3) 限制选择型：要求被调查者在所给出的多项答案中，选择自己认为合适的答案，但数量受到一定的限制。例如：

您选择购买本小区住宅时，主要考虑哪些因素？(选择三项并排序，只写标号即可)第一位___第二位___第三位___ ① 改变生活环境 ② 房地产开发公司的名气大 ③ 让孩子接受良好的教育 ④ 地理位置优越 ⑤ 小区环境优美 ⑥ 物业服务到位

多项选择型比单项选择型在强制性上有所缓和，答案有一定的范围，同时可区分被调查者在态度上的差异程度，易于了解客户的需求。多项选择型既涉及评价，又便于统计

处理。

对于封闭式问题，无论选用哪一种形式，答案都是事先设计好的，标准化程度比较高，有利于被调查者回答，同时也为资料的分析整理提供了方便。但封闭式问题列出的答案有限，因而影响被调查者提供更多的信息。

2. 答案设计

由于大多数问卷往往由封闭式问题构成，而答案又是封闭式问题非常重要的一部分。因此，答案的设计就直接影响到调查的成功。答案的设计要注意以下几个方面：首先，答案应具有穷尽性和互斥性。所谓穷尽性，指的是答案包括了所有可能的情况。对于任何一个被调查者来说，问题的答案中总应有一个是要符合自己情况的，或者说每个回答者都一定是有答案可以选择的。如下列问题的答案就是穷尽的：

您的性别：男□ 女□

所谓互斥性，指的是答案之间不能相互重叠或相互包含，即对于每个回答者来说，最多只能有一个答案适合他，如果对于一个问题，回答者可同时选择两个或更多的答案，那么这一问题的答案就一定不是互斥的。如下列问题的答案就不是互斥的：

您的职业是什么？

工人□ 农民□ 干部□ 商业人员□ 医生□ 售货员□ 教师□ 司机□ 其他□

在所列的答案中，工人与司机、商业人员与售货员都不互斥，工人包括司机，售货员也是商业人员的一部分。因此，对于那些身为司机或售货员的回答者来说，他既可以选择司机或售货员，也可以选择工人或商业人员，二者都符合他的情况。

其次，要根据调查的需要来确定变量的层次。不同的变量具有不同的层次，高层次的变量可转化为低层次的变量来使用。实际设计答案时，设计者首先要看调查变量的层次，然后根据这一层次的特征来决定答案的形式。以“每人每月的工资收入”这一变量为例，它属于定比变量，是最高层次的变量。设计者应根据研究的具体要求来决定采用的答案形式。如果调查需要准确地了解每一位回答者的具体收入，那么答案就可采用填空形式，即“您每月的工资收入是多少？____元”。

如果想了解的是总体中人们工资收入等级的分布情况，那么，设计者就可把月工资收入转化成定序变量来测量，例如：

您每月的工资收入在下列哪个范围中？

3000 元以下□ 3000～4000 元□ 4000～5000 元□ 5000～6000 元□ 6000 元以上□

如果调查只需要了解某一总体中，月工资收入水平处于全国平均水平(假设为 3 000 元)上下的人群占比，那么，设计者就可以把月工资收入转化成定类变量来测量，即

您的月工资收入属于下列哪一类？

高于 3000 元□　低于或等于 3000 元□

最后要注意问题的书面语言及提问方式。书面语言是编制问题的基本材料，就像建筑房屋的砖和瓦。问题要含义清楚，简明易懂，就必须使用好书面语言。除了语言外，提问方式对调查也有一定影响，因此设计者还必须注意这两个方面。以下是有关问题的书面语言和提问方式的几条常用规则，设计时要尽可能遵循。

(1) 问题的语言要尽量简单。无论是设计问题还是设计答案，所用语言的第一标准应

该是简单。设计者要尽可能使用简单明了、通俗易懂的语言，而不要使用一些复杂的、抽象的概念以及专业术语。

(2) 问题的陈述要尽可能简短。问题的陈述越长，就越容易产生混淆，回答者的理解就越可能不一致；而问题越短小，产生混淆的可能性就越小。有的社会学家提出，短问题是最好的问题。因此在陈述问题时，设计者最好不要用长句子，而尽可能使用清晰、简短的句子，使回答者一看就明白。

(3) 问题不能带有倾向性。问题的提法和语言不能对回答者产生诱导性，应保持中立，使用中性的语言。

(4) 不要用否定形式提问。在日常生活中，除了某些特殊情况外，人们往往习惯于肯定陈述的提问，而不习惯否定陈述的提问。比如说，人们更习惯于“您是否赞成小区内增设垃圾桶”，而不习惯于“您是否不赞成小区内不增设垃圾桶”。因此，在问卷设计中不要用否定形式提问。

(5) 不要直接询问敏感性问题。当被问及某些个人隐私或对上司看法等这类问题时，人们往往产生一种本能的自我防卫心理。因此，直接提问往往会有很高的拒答率。因此，对这些问题最好采取间接询问的形式，并且语言要特别委婉。

3. 问题数目和顺序的确定

问题的数目决定着整个问卷的篇幅。一份问卷应包含的问题数目没有统一的标准，而是要根据调查的目的、调查的内容、样本的性质、分析的方法、拥有的人力和时间等多种因素而定。但一般来说，问卷越短越好，长问卷不利于调查。根据多数研究人员的实践经验，一份问卷中所包含的问题数目，应限制在一般被调查者能 20 分钟以内顺利完成为宜，最多也不能超过 30 分钟。因为一旦问题太多、问卷太长，很容易引起回答者的厌烦情绪和畏难情绪，进而影响填答的质量或回收率。

问题的顺序也是问卷设计中一个相当重要的问题，绝不能轻视。如果不安排好问题的顺序，不仅会影响到问卷资料的准确性，还可能影响到调查的顺利进行，甚至影响问卷的回收率。社会研究人员在长期的调查实践中，摸索出了安排问卷问题顺序的一般原则。

(1) 把被调查者熟悉的问题放在前面，比较生疏的问题放在后面。这是因为，人们面对熟悉的事情时，往往会自如地表达观点、分享见解；反之，一旦谈及不熟悉的领域，多数人难以输出有价值的内容。因此，从人们熟悉的内容开始，能够让问卷调查进程更为顺畅，避免出现开局便停滞的局面。

(2) 把简单易答的问题放在前面，较难回答的问题放在后面。问卷开头的几个题一定要简单易答，给回答者一种轻松的感觉，以便他们继续填下去。如果一开始回答者就感到回答困难，会影响他们的情绪和积极性。

(3) 把能引起被调查者兴趣的问题放在前面，把容易引起他们紧张或产生顾虑的问题放在后面。如果开头的一些问题能够吸引被调查者的注意，引起他们对填答问卷的兴趣，那么调查便能顺利地进行。相反，如果开头部分的问题比较敏感，那么，回答者会产生自我防卫心理，进而阻碍顺利填答问卷。

(4) 先问行为方面的问题，再问态度、意见、看法方面的问题，最后问个人背景资料方面的问题。由于行为方面的问题只涉及客观的、具体的实施，因此往往比较容易回答；

而态度、意见方面的问题主要涉及回答者的主观因素，多关乎回答者的思想，因此回答起来具有一定难度；个人背景资料虽然也是事实性的，但由于除姓名以外的其他主要特征(如年龄、性别、文化程度、婚姻状况、职业等)属于较敏感的内容，不宜放在开头，而适合放在末尾。

(5) 开放式问题放在问卷的最后。许多问卷常常以封闭式问题为主，同时附有一两个开放式问题，以收集定性的、多元的资料。需要注意的是，这种开放式问题只宜放在问卷的最后，不适宜放在其他部分。因为相比于封闭式问题，开放式问题往往需要更多的时间思考，其无论是放在问卷的开头，还是在中部，都会影响回答者填写问卷的信心和情绪。而在问卷的结尾处，由于仅剩这一两个问题了，绝大多数回答者能够完整地回答。

以案说理

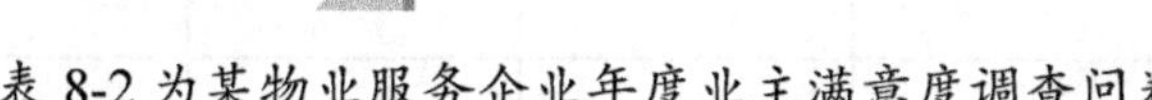

表 8-2 为某物业服务企业年度业主满意度调查问卷。

表 8-2 2022 年度业主满意度调查问卷

<table>
<tr><td>小区名称</td><td></td><td>业主姓名</td><td></td><td>房号</td><td></td></tr>
<tr><td>联系电话</td><td colspan="2"></td><td>房屋性质</td><td>自用□</td><td>租用□</td></tr>
<tr><td colspan="6">尊敬的业主/住户：
您好！转眼间 2022 年已近年底，非常感谢您这一年来对××物业的理解、支持和帮助，为了更好地为您和邻居们提供优质的物业服务以及温馨和谐的居住环境，提升小区的综合品质，我们真诚地希望您抽出宝贵的时间，客观真实地填写此问卷，并提出意见或建议。您的真实评价对我们的工作帮助很大，对于您的配合与支持我们深表感谢！
(请在下列各项测评内容相对应的“□”或意见栏内以“√”方式填上您的评价意见)</td></tr>
<tr><td colspan="6">第一部分：综合评价</td></tr>
<tr><td colspan="6">您对小区物业管理服务总体评价：非常满意□ 满意□ 一般□ 不满意□ 非常不满意□</td></tr>
<tr><td colspan="6">第二部分：物业服务工作分项服务评价</td></tr>
<tr><td colspan="2" rowspan="2">测评项目及内容</td><td colspan="4">评 价 意 见</td></tr>
<tr><td>很满意</td><td>满意</td><td>不满意</td><td>意见/建议</td></tr>
<tr><td rowspan="3">客户服务</td><td>1. 您对客服人员关于投诉处理反馈的及时性是否满意？</td><td></td><td></td><td></td><td></td></tr>
<tr><td>2. 您对社区文化活动开展及宣传是否满意？</td><td></td><td></td><td></td><td></td></tr>
<tr><td>3. 您对客服人员的服务态度是否满意？</td><td></td><td></td><td></td><td></td></tr>
</table>

续表

测评项目及内容		评价意见			
		很满意	满意	不满意	意见/建议
公共秩序维护服务	4. 您对小区综合治安维护情况是否满意？				
	5. 您对小区车辆停放秩序维护是否满意？				
	6. 您对小区门岗秩序维护和保安日常巡逻状况是否满意？				
	7. 您对安全人员的服务态度是否满意？				
工程服务	8. 您对日常工程报修维修及时性及服务质量是否满意？				
	9. 您对小区内公共设施设备的维修保养工作是否满意？				
	10. 您对工程维修人员的服务态度是否满意？				
	11. 您对现有电动车充电设备情况是否满意？				
保洁服务	12. 您对小区整体的卫生状况是否满意？				
	13. 您对小区四害消杀效果是否满意？				
	14. 您对保洁人员的服务态度是否满意？				
绿化服务	15. 您对小区整体绿化养护效果是否满意？				
	16. 您对绿化人员的服务态度是否满意？				
第三部分：意见征集					
您希望物业服务中心组织开展哪些社区文化活动？(可多选) 大型游园活动□ 多人参加的球类活动□ 亲子活动□ 体育运动类活动□ 个人比赛活动□ 外出旅游活动□ 便民服务活动□ 其他：_________					
您对物业服务的期望、其他建议或者意见：					

物业服务质量监督电话：××××××××× ××物业服务有限公司

该年度业主满意度调查问卷体现了物业客户服务需求调查的核心要素，但在问卷设计与管理原则的结合上仍有提升空间。

1. 问卷设计的合理性分析

(1) 系统性覆盖。问卷涵盖客户服务、公共秩序维护服务、工程服务、保洁绿化等五大模块，符合系统性原则，全面反映了业主对服务质量的感知。例如，第8题(维修及时性)与第10题(服务态度)分别对应技术质量与功能质量，体现服务质量的双重维度。

(2) 问题形式多样化。问卷采用封闭式问题与开放式问题结合的形式，既便于量化分析，又能收集个性化建议，符合科学性原则。

(3) 逻辑顺序优化。问卷先调查综合评价(第一部分)，再调查分项服务(第二部分)，最后进行意见征集(第三部分)，遵循先易后难的顺序原则，有助于提高回答完成率。

2. 存在的改进空间

(1) 答案设计的穷尽性不足。部分问题的答案未完全覆盖可能选项。例如，第11题"电动车充电设备情况"仅提供"满意"与"不满意"选项，未设置"一般"或"未使用"选项，可能导致数据偏差。

(2) 敏感性问题处理不当。问卷未涉及物业费收取、投诉处理结果等敏感问题，可能影响对服务质量的全面评估。根据客观性原则，问卷应适当增加此类问题以反映真实需求。

(3) 企业形象关联不足。问卷未涉及与企业品牌、社会责任相关的问题(如环保举措、社区公益活动)，难以评估企业形象对业主满意度的影响，与"服务质量=技术质量+功能质量+企业形象"的理论模型存在脱节。

3. 优化建议

(1) 补充中间选项。问卷可在封闭式问题中增加"一般"或"中立"选项，避免强制二分法导致的数据失真。

(2) 增加开放性问题权重。第三部分可设置更多引导性问题(如"您认为物业最需改进的三项服务是什么")，结合分割快乐、捆绑痛苦原则，提升业主参与感。

(3) 融入企业形象评估。问卷可增设"您对物业开展的社区文化活动(如垃圾分类宣传)满意度如何"等问题，强化企业形象与服务质量的关联性。

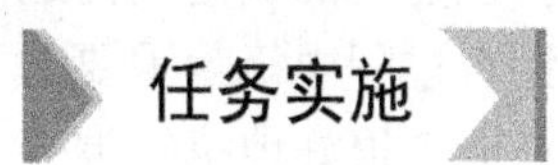

任务实施

一、学习目标

(1) 了解物业客户满意度调查的重要性。

(2) 掌握物业客户满意度调查的方法及流程。

二、实施方法

以某物业服务企业所管理的一个住宅小区为研究对象，实地调查该住宅小区，讨论并设计该住宅小区的客户满意度调查问卷。

三、任务流程

建立一套系统科学的工作程序，是物业客户满意度调查得以顺利进行，工作效率和质量得以提高的保证。从客户满意度调查的实践情况来看，其因设计对象、具体内容、目的不同而有不同的设计，但基本程序大致包括以下步骤。

1. 物业客户满意度调查的准备阶段

客户满意度调查的准备阶段，即制订调查计划阶段，主要包括界定调查问题、制定调查方案(包括设计调查问卷)等几方面的工作。

1) 界定调查问题

准备阶段的工作对实质性的调查具有重要意义，提出问题是这个阶段的开始。调查研究人员首先要明确满意度调查的问题。在这一过程中，研究人员一方面要了解调查目的、意图及信息需求；另一方面要收集分析相关的二手资料，必要时还要进行小规模定性研究，以便确保对所要调查的问题能够明确地加以界定，或能够以假设的方式提出。

2) 制定调查方案

在明确调查的问题之后，下一步是做一个调查计划，即拟定调查方案。在所要拟定的调查方案中，研究人员通常要运用定性研究和系统规划的方法，对满意度调查的目的、内容、方法以及抽样调查的质量控制、统计分析、时间进度、费用预算及组织安排等做出具体的规定和设计，并在此基础上制定满意度调查方案或满意度调查计划书。

2. 物业客户满意度调查的实施阶段

1) 实施调查、采集资料

客户满意度调查的实施阶段就是问卷设计、抽样实施以及调查人员的训练。问卷设计以调查方案中界定的调查目的和调查内容为依据，由研究人员进行。在许多实际调查中，问卷设计也常常与方案设计同时完成，并作为方案的一部分提交给领导审议。问卷初稿设计完成之后，设计者一方面要对问卷进行全面检查，另一方面也要将问卷提交给领导进行审查。

抽样实施通常包括建立抽样框、抽取调查者。如果调查访问将在已建立的调查网内进行，那么抽样实施的过程比较简单。调查人员的训练是客户满意度调查过程中极为重要的一个环节，因为资料的采集工作主要是由他们来完成，因此调查人员能否很好地执行调查工作，对调查结果的客观性和科学性影响很大。

预调查完成之后，研究人员就可以开始正式的资料采集工作。资料采集通常包括访问、问卷复核和回访三步工作。访问指由调查人员对被抽到的调查者进行调查；问卷复核是指对调查人员交回的问卷资料进行检查，以发现其中可能存在的不符合规范的问题，这一工作通常由督导员来完成；回访是指抽取一定的调查者进行第二次访问，目的是了解、判断调查人员访问过程的真实性。在问卷复核和回访过程中，如果发现问题，必须立即更正或采取相应的补救措施。

2) 统计处理资料

调查实施阶段的第二个步骤是对问卷资料进行统计处理。统计处理包括审核校对、编码、数据录入、数据运算和输出结果等过程，这些工作通常由录入员和统计分析师执行。数据分析是撰写调查报告的基础。

3. 物业客户满意度调查结果的分析阶段

1) 撰写调查报告

当需要的数据结果齐备，数据所反映的规律和问题明确之后，研究者就可以着手撰写调查报告。调查报告一般由标题、开头、正文、结尾及附件等要素组成。

2) 反馈和跟踪信息

在花费了大量的人力和物力开展满意度调查并获得结论和建议后，一个重要的步骤就是付诸实施，并在实施过程中对信息进行反馈与跟踪。这个部分很容易被调查者忽视，如果未能充分利用调查出来的信息，会使满意度调查的作用降低，同时也会影响企业对问题进行全面的认识，降低决策的科学性。

任务小结

(1) 物业客户服务需求调查方法有问卷调查、二手资料收集和访谈研究。其中问卷调查是最常用的客户服务需求数据收集方式。

(2) 物业客户满意度调查主要包含三个阶段：准备阶段、实施阶段和结果分析阶段。其中，准备阶段包括界定调查问题和制定调查方案；实施阶段包括实施调查、收集资料和统计整理资料；结果分析阶段包括撰写调查报告以及反馈和跟踪信息。

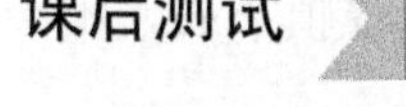

课后测试

(1) 物业客户满意度调查准备阶段的工作有哪些？
(2) 物业客户满意度调查实施阶段的工作有哪些？
(3) 简述物业客户服务需求调查问卷问题的形式。
(4) 进行物业客户服务需求调查对于物业服务企业有何意义？
(5) 简述问卷中各种问题先后顺序的一般原则。

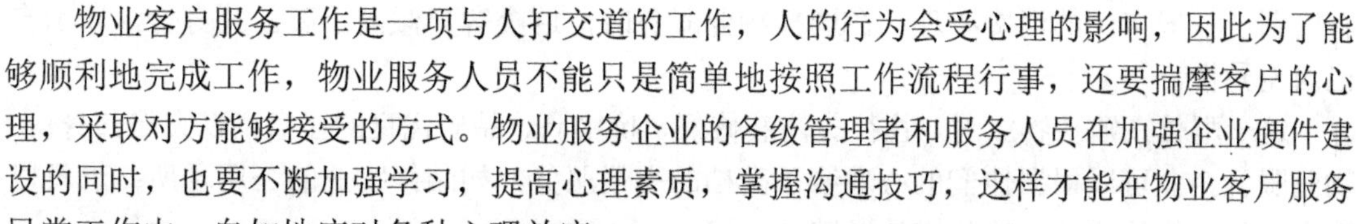

任务四　认知物业客户服务心理学

任务导入

物业客户服务工作是一项与人打交道的工作，人的行为会受心理的影响，因此为了能够顺利地完成工作，物业服务人员不能只是简单地按照工作流程行事，还要揣摩客户的心理，采取对方能够接受的方式。物业服务企业的各级管理者和服务人员在加强企业硬件建设的同时，也要不断加强学习，提高心理素质，掌握沟通技巧，这样才能在物业客户服务日常工作中，自如地应对各种心理效应。

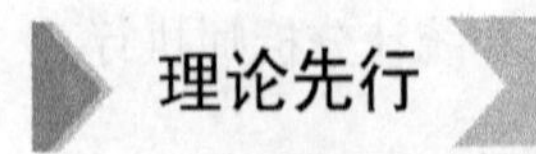

理论先行

一、物业客户心理

物业服务人员为了更好地掌握和满足客户需求，就必须对客户的心理有足够的了解。物业服务人员应通过分析客户心理，了解不同消费群体的消费心理，来提高物业客户服务的质量。

1. 单身客户的消费心理

这些客户多为高收入、高学历的白领单身者。他们的消费心理随着社会进步发展迅速。由于他们多是高收入消费者，所以对物业的要求相对苛刻，有时甚至愿花高额费用获取更好的服务，而不愿低价购买廉价粗糙的物业。这类客户自我意识较强，对珍贵、稀有、精致的物业有浓厚的兴趣。

对于这部分客户，物业服务人员应该充分掌握他们的心理，服务时尽量考虑细致，比如在大楼的走道上摆放些四季常青的绿色植物、每个季节换不同的花卉，让他们感受到物业高质量的绿化服务；在电梯里挂各种时尚物品的广告，及时给他们提供各种信息，以满足他们追求时尚的心理。

2. 老年客户的消费心理

目前，我国老年消费市场日益扩大，与年轻人相比，老年人的消费更加理性。在现代大都市，随着人口老龄化的加快，老年人的消费资源比较充裕，尤其是知识型老人，其消费已基本脱离了要子女代劳的传统，他们的生活安稳、便捷，消费谨慎小心，不会过分奢侈。

物业服务企业针对这部分客户要持谨慎态度，楼梯扶手旁不放东西(包括植物、花卉类)，以保持道路通畅；雨天在大门口应摆放防滑地毯；报栏处可提供老花镜和放大镜；物业服务人员可以主动上门收取物业费用，并同时听取他们对物业服务的建议，使他们感受到温馨、安全、便捷、放心。

3. 投资客户的消费心理

一部分客户购买新房的目的是自己居住，这部分客户希望享受高档舒适的环境和完美的物业服务；但也有一部分客户的物业用于出租，追求收益，这些客户对物业服务的要求不高，只求安全和服务费用低。

4. 企业家客户的消费心理

据最近的统计资料，中国私营企业家中，农民出身的约占 70%。这一群体的客户文化差异较大，有文化层次较高的，也有文化层次较低的。由于积累了大量财富，这类客户会有区别于一般市民的消费心理。在选择物业服务时，这类客户倾向于彰显其身份，以示自己的差异性。

这一群体在购买物业时，往往关注装修好、价格高、品质优良的楼盘，以突显其身份。物业服务企业可以根据他们的心理给予高档的有偿服务，如装修物业的公用场所；也可以提供一些文化品位较高的装饰品以满足他们。

5. 普通工薪族客户的消费心理

目前在大都市的工薪族中，有置业能力的多是白领及少数的高级蓝领，该群体大多具有较高的文化素质和专业知识，其中有些年轻人紧跟潮流，追求生活品位和生活质量，文化品位高雅精致。面对这些客户，物业可以提供比较前卫的服务，以满足他们追求潮流，以及享受生活和高雅文化的心理，提高他们的生活质量。

6. 知识分子客户的消费心理

这些客户具有较高学历，从事着专业性较强的工作，多数人已具有事业基础或专业成果，职业相对较稳定。事业、成就、身份、自我价值是他们自尊心的体现，他们的消费要求是物有所值。

二、不同性别业主的心理特征

业主在社会生活中扮演的角色是多种多样的，不同性别的业主，由于各自的社会阅历、社会分工和心理成熟度的差别，形成了不同的心理特征。

以不同性别的业主为例，其性格特征和能力特征不同，对社会所持的态度和行为模式也存在差异，不同性别业主的心理特征如表 8-3 所示。

表 8-3　不同性别业主的心理特征

性别	性格特征	能力特征	气质特征	情感特征
女性	性情较温柔、富有爱心，风险规避倾向明显，注重细节与安全感	记忆力较强，特别是机械记忆和短时记忆方面；善于倾听别人的意见或谈话，对各种话题都有兴趣；办事心细，善于观察，富于联想，谨慎小心	注重细节与公平性，家族观念较强，比较看重经济和物质；比较固执，一种看法一旦形成，很难改变，且偏好系统性信息支持	情感表达更外放，对环境变化敏感度高
男性	有较强的独立性，喜欢独立工作、独立思考，不喜欢受别人控制，心胸较开阔	开拓性较强，且比较合群，集体意识较强；善于推理，有较强的逻辑思维能力，但不细致	心胸开阔，意志坚定、刚强，对挫折与打击的承受力强，务实，讲究实际，好表现自己，对服饰、仪表不甚讲究，花钱大方	不多愁善感，不富于幻想，情绪来得快也退得快，自我控制能力较强；不太容易接受新事物

三、业主的气质类型

气质是指一个人与生俱来的、典型的、稳定的心理特征，表现为人心理活动的动力特征，如脾气、秉性、性情等。气质具有天赋性、稳定性和可塑性。根据著名心理学家希波克拉底的体液说，人的气质类型可分为以下几种。

(1) 胆汁质。这类人反应速度很快，易怒、易兴奋，比较急躁，精力旺盛。

(2) 多血质。这类人快乐、好动、活泼开朗，行动敏捷，有高度的可塑性，容易适应新环境，也善于交朋友，多为外向型人格。

(3) 黏液质。这类人感情不易发生，也不易外露，做事比较稳，行动迟缓，遇事不慌不忙。

(4) 抑郁质。这类人悲伤、易哀愁，多愁善感，不愿与人沟通，多为内向型人格。

四、业主的心理需求

在物业服务过程中，物业服务人员需要了解马斯洛需求层次理论，掌握业主的心理需求特点、发展变化。只有准确地了解业主的需要，才能有的放矢，提供贴心优质的服务。

1. 生理需求

业主的生理需求包括食物、水、住所和睡眠等，满足业主的生理需求应当是物业客户服务中最基础的工作，如水、电的正常供给，房屋及公共设施的维修保养，花园绿地的养护，垃圾的清运处理，噪声与空气污染的防治等。这些基础工作繁杂、零碎、周而复始，却又必不可少。

2. 安全需求

大多数业主都十分关心居住的安全问题，这使得满足业主的安全需求成为物业客户服务的重心。业主的安全需求包括正常稳定的社区生活秩序、完好的私密性、安全的生活空间等。物业服务工作者必须保持高度的职业敏感，对于物业管辖区域内存在的安全隐患及时辨认识别，并采取相应有效的控制措施。

3. 社交需求

为满足业主和使用人的社交需求，物业服务工作者就要做到倡导人性和美好社交的理念，并为业主和使用人搭建邻里沟通往来的平台。和睦相处、守望相助、和谐友好的邻里关系能使业主和使用人在家庭生活之余感受到归属感。

4. 尊重需求

物业服务企业应当尊重业主及业主的权利。除了在日常工作中注意职业礼仪外，物业服务人员更重要的是要加强自身的素质修养。对业主和使用人发自内心的关怀能使物业服务人员的言行举止变得周到而美好，让业主和使用人感受到更多更真实的尊重。

5. 自我实现需求

业主的自我实现需求可以理解为其在社区里实现自身存在价值的需要。只有业主对社区有了归属感，才能为社区服务，或在社区中展现个人才能，愿意为优化物业付出努力。

五、物业服务人员的压力

物业客户服务心理不只包含业主的心理和心理需求，也包含物业服务人员的心理。一名优秀的物业服务人员应该能够正确看待自己所面临的压力，并分析压力的形成原因，从而找出正确的应对方法，掌握减轻自身压力的技巧，使压力带来的负面影响降到最低，以提升自己的服务质量。

(一) 物业服务人员面临的压力

物业服务人员的压力来源于生理方面、情绪方面、行为方面、精神方面和心理方面。

造成压力的因素是多方面的，有自身因素，如生活中发生重大变故、自身的服务技能不足、与周围人的人际关系不和谐、自身身体问题、自身财政问题、疲劳过度等；也可能是工作因素，如工作目标不合理、工作量超负荷、工作没有安全感、工作结构不合理、缺少发展机会等；也可能是环境因素，如工作环境不好，灯光明暗、温度不适等；也有可能是客户因素。具体而言，物业服务人员面临的压力包括以下几个方面：

(1) 客户期望值的提升。近年来，业主对物业服务的期望值越来越高，虽然物业服务的意识和水平不断提升，但业主的满意度却没有提升，甚至在下降。随着物业相关法律法规的不断完善，许多小区纷纷成立了业主委员会，业主们的自我保护意识在不断加强，对服务的要求也随之提高。

(2) 服务失误导致的投诉。在业主投诉的处理上，物业服务人员可以通过一些技巧很好地化解投诉者的抱怨。但是，有些投诉是非常难解决的，如服务失误导致的投诉。所以，处理服务失误而导致的投诉往往会给物业服务人员造成巨大的压力。

(3) 不合理的客户需求。有时候业主的不合理需求会给物业服务人员造成很大的压力。这些需求通常超过物业服务企业的规定范围，如果满足了业主，就违反了公司的规定；而遵守了公司的规定，服务人员又得罪了业主。所以，如何在遵守公司规定的前提下，让业主接受自己的合理解释，成了物业服务人员的一个难题。

(二) 工作压力对物业服务人员的影响

压力如果得不到有效缓解，会对物业服务人员造成影响，主要包括以下几个方面：

(1) 失去工作热情。当工作压力过大时，物业服务人员将无法保持工作热情，甚至会对工作产生厌倦感。

(2) 情绪波动大。当被巨大的压力笼罩时，服务人员的情绪会出现较大的波动，变得急躁、易怒。

(3) 身体受损。压力还会给身体带来损伤，常见的症状有心悸、胸痛、头痛、掌心冰冷或出汗、消化系统问题(如胃部不适、腹泻等)、恶心或呕吐、免疫力降低等。

(4) 影响人际关系。工作中承受压力的人，往往不自觉地将这份负面情绪传递给家人与朋友。起初，家人和朋友或许会给予理解与支持，但长此以往，这种单方面的情绪输出必然会对人际关系造成负面影响，导致关系逐渐疏远、恶化。

六、物业服务人员的情商管理

情绪智商又称情商，是近年来心理学家们提出的与智力和智商相对应的概念。它主要是指人在情绪、情感、意志、耐受挫折等方面的品质。情商管理是指一个人在情商方面的管理能力，它对人的一生会造成深远的影响。

物业服务人员的情商管理有两个层次，即管理自己情绪的能力和影响客户情绪的能力。

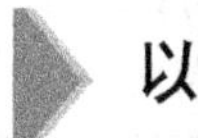

以案说理

工作中，很多人会被情绪困扰，进而产生很多困惑。例如，有的人会觉得自己全心全意为企业考虑，丝毫不计个人得失，但最终却不被大家接受。在物业服务行业，服务人员会遭受业主投诉，有的服务人员在解决投诉时，能够与业主成为朋友，这时投诉成了他们搭建友谊的桥梁；而有的服务人员费尽苦心，却因方法不当或沟通不畅，不仅未能妥善处理投诉，反而进一步激化了矛盾，最终导致与业主关系破裂。

以上现象展现了情商管理的重要性。情商主要包含五个方面，分别为：

(1) 了解自我，时刻监视情绪的变化，能够察觉某种情绪的出现，观察和审视自己的内心体验，这是情商的核心。

(2) 自我管理，调控自己的情绪，使之适时适度地表现出来。

(3) 自我激励，能够依据活动的某种目标，调动、指挥情绪。

(4) 识别他人的情绪，能够通过细微的社会信号，敏锐地感受到他人的需求与欲望。

(5) 处理人际关系，能够调控自己与他人的情绪反应。

物业服务人员为提高情商，可以采取以下几点建议：

(1) 提高自我意识。

(2) 提高自我控制力。

(3) 拥有积极的进取心。

(4) 采取自我激励措施，建立自信心。

(5) 理解他人，具有同情心。

(6) 学会赞美。

(7) 处理好人际关系。

任务实施

一、学习目标

学会面对压力并试图缓解自身压力。

二、实施方法

国际上比较流行的减压原则是“3R 原则”，即放松(Relaxation)、缩减(Reduction)和重整(Reorientation)。换句话说，减压就是将减少遭遇压力源的机会、放松自己、重新调整要求或期望值三者结合起来，在已有的正面压力、自发压力与过度压力之间寻求一个平衡点。对物业服务人员来说，除了运用“3R 原则”减压外，还可以采取以下几个方法。

(1) 多从积极正面的角度考虑问题。悲观的人与乐观的人看待问题的角度不同。过度的压力很大一部分来源于自身，尤其是自我期望、价值观等会决定某一因素是否会成为压力。也就是说，我们应当做自己情绪的主人，而不能被负面的想法引导。

(2) 对自己有清醒认知。现实中，有的人自觉万能，日夜奔忙却不知疲倦；有的人像个机器一般全年无休地投身工作；还有的人沉迷于网络，整日蛰居于室内。人应当对自己有清醒认知，应当有规律且健康的生活模式；同时，要自律、合理控制饮食，维持体重，在闲暇时间，就应尽可能地亲近自然，从而舒缓身心，减小压力。

(3) 有自己的社会支持系统。网络上曾经流传过关于“人生五个球”的一段话：“我们每个人都像小丑，玩着五个球，这五个球分别代表你的工作、健康、家庭、朋友、灵魂，只有一个球是用橡胶做的，掉下去会弹起来，那就是工作；另外四个球都是玻璃做的，掉了就碎了。”这段话很耐人寻味，它试图告诉我们，工作不是全部，我们也应重视健康、朋友、家庭、灵魂。当每个人都有情绪沟通的渠道，有分享喜怒哀乐的对象时，就不会觉得孤独无助了。

(4) 掌握适合自己的放松技巧。人可以经过训练而掌握放松技巧，如自我催眠、瑜伽、腹式呼吸法、肌肉放松训练等。此外，练书法、浇花、养鱼，也可以让人达到放松的目的。不论采用哪种放松技巧，重点都在于经过一段时间的沉淀，使人有机会反思、整合、再充电。放松技巧主要有以下几种。

① 呼吸松弛：以简单的深呼吸练习缓解压力所造成的肌肉紧张和心情焦虑。

② 意念松弛：想象令人心情轻松的意境，以在喧嚣的生活中获得片刻的宁静。

③ 适度休息：在每天繁忙的生活中，小憩片刻，精神才容易复原。

三、任务流程

合理高效地安排时间、制订可行的工作计划、适当地休息等都可以减轻工作中的压力。对待工作压力，应做到以下几点。

(1) 自我心态的调整。用平和的心态对待压力，同时要有能够承受压力的健康心态。对于令人不快的事情，也应该微笑面对，不失风度。心情平静下来后，再进行工作或请别人帮忙解决问题。

(2) 不断提高能力。从多方面着手，提高物业服务知识和技能的掌握，提高自己的服务水平。工作压力会随着工作能力的提高而减小。

(3) 避免拖延。关注棘手的工作而非拖延，可以把它进行分解，每次做一部分。

(4) 制订切实可行的计划。制定合理的工作目标会使人感觉一切都步入正轨，从而有条不紊地开展工作，而且完成工作后，会获得很大的成就感。

(5) 适时休息。适时休息能使人保持清醒，充满活力。可以在休息的时候做一下精神畅游，闭上眼睛放松，想一些愉快的事情或风景优美的地方，还可以聆听一些让人感到轻松愉快的轻音乐。

(6) 提高身体素质。物业服务人员每天要面对业主的咨询、投诉、业务办理等工作，劳心劳力，而且假期少，对身体素质要求很高，而工作本身的运动量又很小，因此增强自己的体质，也是缓解压力的方式之一。

(7) 降低个人生活压力。工作不可能完全和个人生活切断联系，生活问题会妨碍工作。另外，在生活和工作中要保持平和的心态，可以有一些业余爱好，以放松自己的心情。

(8) 积极地自我对话。不时地给自己说些鼓励的话，比如说“我能处理好这些事情”“我不能让这些事情影响到我”或“这仅仅是暂时性的，过去就好”等。人们经常会陷入消极的自我对话，这对身心健康非常有害，比如“我做不了这些”“无论我做什么都出错”或“为什么我不能更好呢”。经常进行这种对话，会让人接受消极的现实，减少进取心，进而增加了压力并且使人消沉。

(9) 不断调整自己。变化是生活的调味品。为了防止过度疲劳，不断地对自己进行调整是至关重要的。大脑需要新鲜的刺激和不断的挑战。如果工作很乏味，每天都是例行公事，那么人就没有很好的机会去思考新的观点，大脑就会停止进一步开发。

(10) 适时幽默。试着读、看、听幽默搞笑的故事。到了休息时间，与同事们分享有趣的经历，这有助于从别人身上学到一些新的客户服务技巧；此外，还可以尝试培养业余爱好。业余爱好能分散人们的注意力，让人们学会放松自己。不管选择什么样的业余爱好，最关键的一点是：要做喜欢的事情。

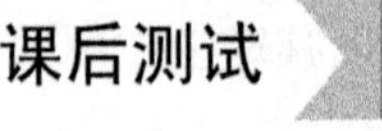

任务小结

(1) 客户的心理活动过程是客户在消费行为中，从感知服务到最终服务之间心理活动发展的全过程。

(2) 了解客户的心理活动规律，掌握相应的客户心理服务技巧，可以帮助物业服务人员更好地为不同心理类型的客户提供优质的服务。

课后测试

(1) 在提供物业客户服务时，对于不同需求的业主有哪些注意事项？

(2) 针对不同群体客户的消费心理，在提供服务时有哪些不同？

(3) 工作压力对物业服务人员的影响有哪些？谈谈减压方法。

项目九

物业服务费用的管理

知识目标

(1) 掌握物业服务费用的含义、构成、计费方式、收取与使用原则及收费依据等内容。
(2) 了解有关物价的政策法规。
(3) 掌握物业服务费用的标准测算方法。
(4) 掌握住宅专项维修资金的筹集、使用及管理。

学前热身

管家小莉接到一位业主的电话，询问公寓物业费收取标准和物业面积核算标准。小莉虽然受过系统培训，但对业主提出的问题也感到疑惑，于是她向上级领导咨询，最终解决了问题。物业管理工作中经常会有业主对物业费用收取提出疑问，物业服务人员应通过有效的沟通和解决方案来维护良好的业主关系。

任务一　物业服务费用的计算

任务导入

物业管理是一种服务，通过对物业设施的管理而服务于广大业主，收取一定的费用既符合市场经济原则，也是物业管理活动正常开展的需要。但是物业管理收费是众多物业服务企业最头疼的问题，目前无论是物业服务企业、理论研究者、相关管理部门还是普通的业主都在思考，物业服务企业究竟应该为业主提供什么样的服务？按照什么样的程序和规则确定收费标准？如何实现有效的监管以确保费用收取合理和有效利用？

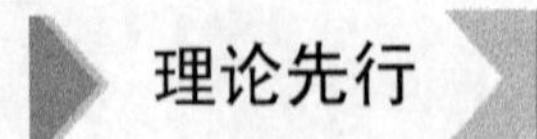

理论先行

一、物业服务费用管理规定

(一) 物业服务费用的含义

物业服务费用是指物业服务企业按照物业服务合同的约定，对房屋及配套设施设备和相关场地进行维修、养护、管理，对相关区域内的环境卫生和秩序进行维护，向业主收取的费用。

(二) 物业服务成本(物业服务支出构成)

依据2004年1月1日起施行的《物业服务收费管理办法》(发改价格〔2003〕1864号)规定，物业服务成本或者物业服务支出构成一般包括以下九个方面：

(1) 管理服务人员的工资、社会保险和按规定提取的福利费等。

(2) 物业共用部位、共用设施设备的日常运行、维护费用。

(3) 物业管理区域清洁卫生费用。

(4) 物业管理区域绿化养护费用

(5) 物业管理区域秩序维护费用。

(6) 办公费用。

(7) 物业服务企业固定资产折旧。

(8) 物业共用部位、共用设施设备及公众责任保险费用。

(9) 经业主同意的其他费用。

应当注意的是，物业共用部位、共用设施设备的大修、中修和更新、改造费用，应当通过专项维修资金予以列支，不得计入物业服务支出或物业服务成本。

(三) 物业服务的计费方式

《物业服务收费管理办法》规定，业主与物业服务企业可以采取包干制或者酬金制等方式约定物业服务费用。

1. 包干制

包干制是指由业主向物业服务企业支付固定物业服务费用，盈余或者亏损均由物业服务企业享有或者承担的物业服务计费方式。物业服务费用的构成包括物业服务成本、法定税费和物业服务企业的利润，包干制主要适用于普通住宅小区(包括经济适用住房)的物业服务费用的测算。普通住宅小区的物业服务费用一般按照政府指导价，物业服务企业依据所提供的服务内容、服务质量确定收费标准，向业主收费。

2. 酬金制

酬金制是指在预收的物业服务资金中按约定比例或者约定数额提取酬金支付给物业服务企业，其余全部用于物业服务合同约定的支出，结余或者不足均由业主享有或者承担的物业服务计费方式。预收的物业服务资金包括物业服务支出和物业服务企业的酬金。物业服务费用的核算应按该物业的硬件条件及服务方式、内容做出年度支出预算，再加上物业服务企业的酬金，按建筑面积进行分摊。

二、物业服务费用的收取与使用原则

1. 有偿服务原则

物业服务企业应积极主动地开展全方位的服务，为业主创造良好的经营或生活环境。只要业主有需要，企业就要提供相应的服务，而且要按合同做好工作。物业服务企业的核心产品就是服务，企业应针对不同的服务种类和质量制定相应的收费标准，实行有偿服务。

2. 专款专用原则

物业管理的服务性质比较明确，寓管理、经营于服务之中，物业服务企业应将“钱尽其用”作为财务运作控制原则，精确预算，严格执行计划，杜绝浪费。坚持专款专用的原则，规范物业管理资金运作，能确保业主利益不受损害，对业主、企业、国家均有利。

3. 合理、公开以及费用与服务水平相适应原则

1) 合理

《物业服务收费管理办法》规定，物业服务费用收取应当遵循合理、公开以及费用与服务水平相适应的原则。在物业管理的实际操作中，物业服务企业不能乱收费，各项服务费用分摊要合理，测算方法要科学且符合实际，一视同仁，支出合理，使每一分钱都用于提高服务质量、满足业主需要。物业服务企业应贯彻合理使用、合理收益的原则，合理使用是合理收益的基础，合理收益是合理使用的目标。

2) 公开

公开即公开协商，委托方和受托方的权利义务应相符，双方要互利互惠。

3) 费用与服务水平相适应

物业服务企业应按照物业本身的类型、规模、功能、配备的设施以及物业服务标准来确定收费标准。

4. 民主管理原则

这一原则的基本要求是：物业服务企业要公开服务项目、服务标准和收费标准，规范物业服务过程。物业服务企业还要接受物业业主和使用人的监督，尊重业主和业主委员会的意见，各类服务收费应通过契约或协商，并报物价部门备案，做好年度的会计审计并定期向业主公布账目。

5. 依法收取与使用原则

物业服务费用的收取与使用，必须以国家和地方政府颁布的法律法规为依据。《物业管理条例》和《物业服务收费管理办法》规定物业服务收费应当区分不同物业的性质和特点，分别实行政府指导价和市场调节价。收费标准由业主与物业服务企业根据规定的基准价和浮动幅度在物业服务合同中约定。实行市场调节价的物业服务收费，由业主与物业服务企业在物业服务合同中约定。具体定价形式由省、自治区、直辖市人民政府价格主管部门会同房地产行政主管部门确定。收费标准的制定还应依据当地政府颁布的有关规定。

三、物业服务费用的收取依据

1. 物业服务合同的约定

无论采取包干制还是酬金制的形式约定物业服务费用，物业服务企业都应在物业服务合同中明确约定物业管理服务内容、服务标准、收费标准、计费方式及计费起始时间等内容。物业服务企业在物业服务中应当严格履行物业服务合同，为业主提供质价相符的服务。物业服务企业根据业主的委托提供物业服务合同约定以外的服务，服务收费由双方约定。

2. 法律法规的规定

《物业服务收费管理办法》规定，业主应当按照物业服务合同的约定按时足额交纳物业服务费用或者物业服务资金。业主违反物业服务合同约定，逾期不交纳物业服务费用或者物业服务资金的，业主委员会应当督促其限期交纳；逾期仍不交纳的，物业服务企业可以依法追缴。《物业管理条例》第四十条规定，物业服务收费应当遵循合理、公开以及费用与服务水平相适应的原则，区别不同物业的性质和特点，由业主和物业服务企业按照国务院价格主管部门会同国务院建设行政主管部门制定的物业服务收费办法，在物业服务合同中约定。《中华人民共和国民法典》第九百三十七条规定，物业服务合同是物业服务人在物业服务区域内，为业主提供建筑物及其附属设施的维修养护、环境卫生和相关秩序的管理维护等物业服务，业主支付物业费的合同。

四、有关物价的政策法规

1. 价格管理的一般规定

价格是国民经济运行状况的反映，是经济活动主体利益关系的调节机制，是市场竞争的手段。市场对资源的配置需要通过价格杠杆调节。为规范市场主体的价格行为，明确价格主管部门与市场主体、市场主体之间的价格管理关系，《中华人民共和国价格法》(以下简称《价格法》)于 1997 年 12 月 29 日经第八届全国人民代表大会常务委员会第二十九次会议审议通过，其根本目的是保障社会主义市场经济持续、稳定、协调发展。

2. 基本价格制度和定价形式

1) 基本价格制度

价格改革是市场发育和经济体制改革的关键。转换价格形成机制，建立起与社会主义市场经济相适应的价格新制度，是我国价格改革的根本任务。新的价格制度包含两个基本方面，即市场形成价格和政府宏观调控，二者相互联系，缺一不可，共同构成新价格制度。

2) 定价形式

为与我国基本价格制度转换相适应，按照定价主体和形成途径不同，《价格法》规定我国实行市场调节价、政府指导价、政府定价三种定价形式，并明确说明在社会主义市场经济条件下，除关系到国计民生和社会公共利益的商品和服务实行政府定价或政府指导价，其他商品和服务实行市场调节价。

(1) 市场调节价：经营者自主定价，通过市场竞争形成的价格。市场调节价的定价主体是经营者，形成途径是市场竞争。企业自主定价，并非任意定价、随意定价。企业自主定价是以市场形成价格为前提的，市场对价格的最终形成起了决定性作用。正是市场上商品供给者和商品需求者的影响导致价格的形成。从这个意义上讲，经营者是市场价格的接受者。

(2) 政府指导价：一种具有双重定价主体的价格形式，由政府规定基准价及浮动幅度，引导经营者据此制定具体价格。基准价也叫中准价，确定价格时作为计算中准价格。政府通过制定基准价和浮动幅度，达到控制价格水平的目的，经营者可以在政府规定的基准价和浮动幅度范围内灵活地制定具体价格。政府指导价既体现了国家行政定价强制性的一面，又体现了经营者定价相对灵活性的一面。《价格法》所称的政府指导价由于有基准价和浮动幅度控制，由此形成了一个价格区间，具体价格水平是有边界的、可控的。

(3) 政府定价：定价主体是政府，具体价格由政府价格主管部门或者有关部门按照定价权限和范围制定。政府定价具有强制性和行政定价性质。凡资源稀缺、与国民经济发展和人民生活关系重大的极少数商品价格，重要的公用事业价格，重要的公益性服务价格等在必要时实行政府定价。凡实行政府定价的商品价格和服务价格，不经价格主管部门批准，任何单位和个人都无权变动。

以案说理

2017 年的一天，正在郑州市某公寓物业服务中心办公的管家小莉接到电话，电话那边一名自称业主的人很客气地咨询："您好，我想请教公寓的物业费收取标准，以及物业面积核算标准。"管家们针对此类问题都受到过系统的培训，于是，小莉按照例行程序明确业主房号后回复道："这边查询到，您的房屋为复式楼，按照物业入驻时签订的合同约定，您这边的物业费是按照房产面积乘以物业服务费单价来计算的，我们当前的物业服务费单价为××元。请问先生，您这边是否还有疑问？""有，我现在遇到了困惑。房屋交付之前，签订的合同面积为 185.72 m^2，二楼属赠送，物业费应当按照单层面积收取，2016 年全年也确实是按照合同面积 185.72 m^2 收取物业费的。到了 2017 年，房子的房产证办理好后，产权登记面积比合同面积多出 162 m^2，物业管家通知我，今年开始，物业费要按照房本面积交纳，这可有点不合理。"小莉此时明白了客户的诉求，根据培训内容，这时候她应该跟业主阐明物业费计算面积的相关规定，但是此时，她也有点困惑：到底该按照哪个面积呢？出于对业主负责的态度，小莉没有选择当场回复业主的疑问，而是打算反馈给上一级领导，并同时寻求相关答案。"先生，关于这个问题，我需要向有关负责人咨询之后，才能给您准确的回复，请问您这边是否方便预留一个联系方式呢？""当然可以……"

小莉带着疑问，将此问题反馈给主管领导，并表示，自己也想就此问题进行学习。主管稍作查阅，给小莉反馈了一个精准的答案：首先，《××市物业服务收费管理办法》规定，房产证没办理好之前按照合同面积收取，房产证办理好之后以房产证面积为准。其次，虽然××市有相关规定，但在实际操作中，为了避免后期出现因面积差引起的不必要纠纷，物业服务企业应当在业主交房签署的前期物业协议上体现此条例。此外，物业服务企业应在发放房产证之前再次提醒业主关于物业费收费办法的相关规定，避免业主因不明白法律法规对物业引起不满。

小莉很受启发，她请求主管领导带着自己一起，线下拜访该业主。经过多次当面沟通，他们向业主阐明了相关规定，最终与业主达成一致，按照产权面积收取物业费。

该案例揭示了物业费收取和争议过程中，规范操作与有效沟通的重要性。

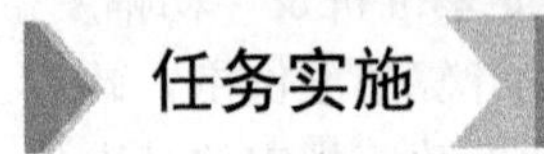

一、学习目标

掌握物业服务费用的测算标准，能够进行费用测算。

二、实施方法

(一) 物业服务费用的类型

1. 常规性公共服务费用

常规性公共服务是为全体业主和使用人提供的服务，是由业主和使用人普遍共享的服务。常规性公共服务费用是指为业主、使用人提供公共卫生清洁、公用设施的维修保养以及保安、绿化等收取的费用。

2. 特约服务、代办服务费用

特约服务是为满足业主或房屋使用人需要而提供的个别服务，包括房屋装修、代购商品、家电维修等。代办服务是指为业主、使用人代缴水电费、燃气费、有线电视费、电话费、房屋自用部位和自用设备的维修等。

物业服务企业接受委托代收供水、供电、供气、供暖、通信、有线电视等有关费用的，不得向业主收取手续费等额外费用。

(二) 物业服务费用的核算

房屋的形式多种多样，业主、使用人对包括公共服务在内的各种服务的需求层次和深度亦不尽相同，这决定了各种房屋不可能采取同样的收费核算方法。而且，在物业管理的初期发展阶段和有关法规尚不健全的过渡时期，各个物业服务企业的经营机制、管理服务水平也不相同，因而物业服务费用的收取标准、计算口径等均不一致。

目前，存在五种物业服务费用的分摊方法。

(1) 按户平均分摊法。这种方法的优点是计算简便，缺点是容易造成平均分摊和费用分摊不合理，因此不易被业主和使用人接受，该方法目前使用较少。

(2) 按房型分摊法。

(3) 按建筑面积分摊法。

(4) 按业权份额分摊法。

(5) 费用加总面积分摊法。其计算公式为

$$P = \frac{\sum F_i}{S}$$

式中：P 为物业服务费用标准，单位为元/(月·平方米)；F 为费用，单位为元/月；i 为费用项数，$i=1$，2，3，…；S 为参加测算的物业总面积，单位为平方米。

上述费用包括物业服务支出所有项目。另外，物业服务企业在测算费用标准时还要预留一定的利润和法定的税费。

三、任务流程

物业服务费用标准因物业类型，以及物业服务的内容、质量、深度的不同而不同。对于不同的物业，人们对物业服务费用的承受能力和对相关服务的需求不同，所以，物业服务费用要因房而异，并根据所提供服务的性质、特点等，分别采用政府指导价和市场调节价。下面利用费用加总面积分摊法对物业常规性公共服务费用标准进行理论测算。

1. 服务人员的工资、社会保险和按照规定提取的福利费(F_1)

该项费用包括物业服务企业人员的基本工资、社会保险和按规定提取的福利费、加班费和服装费，但不包括服务人员的奖金。奖金应根据企业经营管理的经济效益，从盈利中提取。

(1) 基本工资 X_1(元/月)：各类服务人员的基本工资标准应根据企业性质，参考当地平均工资水平确定。

(2) 社会保险和按规定提取的福利费 X_2(元/月)：社会保险包括医疗保险、工伤保险、养老保险、失业保险、住房公积金等。其中，失业保险按工资总额的1%计算；医疗保险、工伤保险、养老保险和住房公积金根据当地政府的规定由企业确定。福利基金按工资总额的14%计算；工会经费按工资总额的2%计算；教育经费按工资总额的1.5%计算。上述几项费用之和即为社会保险和按规定提取的福利费。

(3) 加班费 X_3(元/月)：按人均每月加班两天，再乘以日平均工资计算。日平均工资按每月22个工作日计算。

(4) 服装费 X_4(元/月)：按每人每年两套服装计算，服装标准由企业自定。计算出年服装费总额后再除以12，即得每月服装费。

根据所管物业的档次、类型和总建筑面积，物业服务企业先确定各级各类服务人员的编制数，然后确定各自的基本工资标准，计算出服务人员的基本工资总额；再按基本工资总额计算福利费的金额；基本工资、社会保险和按规定提取的福利费、加班费及服装费汇总后即为每月该项费用的总金额，其测算公式为

$$F_1 = X_1 + X_2 + X_3 + X_4$$

2. 物业共用部位、共用设施设备的日常运行和维护费用(F_2)

该项费用可按以下两种办法进行测算。

1) *成本法*

成本法先分别测算各分项费用的实际成本支出，然后再求和。该项总费用大致包括以下部分。

(1) 公共建筑及道路的土建零星维修费 X_1(元/月)。

(2) 给排水设备日常运行、维修及保养费 X_2(元/月)。其中保养费包括电费和维修保养费。电费的计算公式为

$$E = W \times 24 \times A \times 30 \times P_E$$

式中：E 为电费；W 为设备用电总功率；A 为使用系数，A = 平均每天开启时间/24；P_E 为电费单价，单位为元/度。

(3) 电气系统设备维修和保养费 X_3(元/月)。

(4) 燃气系统设备维修和保养费 X_4(元/月)。

(5) 消防系统设备维修和保养费 X_5(元/月)。

(6) 公共照明费 X_6(元/月)，主要包括大厅、门厅、走廊的电费，其测算公式为

$$X_6 = \sum W_i T_i \times 30 \times P_E$$

式中：W_i 为照明电器的总功率，单位为千瓦/小时；T_i 为每天开启时间，单位为小时，$i = 1$，2，3，…。

公共照明费也可能包含公共照明设备的维修和保养费，且维修和保养费是一个估算和经验值。

(7) 不可预见费用 X_7(元/月)。可按(1)至(6)点和的 8%～10%计算不可预见费用。

(8) 易损件更新准备金 X_8(元/月)，指一般共用设施设备的更新费用，如灯头、灯泡、水龙头等，不包括重大设施设备的更新费用。其测算公式为

$$X_8 = \frac{\sum (M_i + L_i)}{12Y_i}$$

式中：M_i 为一般共用设施的购置费用，包括照明系统、给排水系统、电气系统、消防系统等；L_i 为各设施的安装费用；Y_i 为各设施的正常、安全使用年限。

此项费用也可分别计入各相关项目的维修和保养费，而不单独列出。

上述八项费用求和，即得物业共用部位、共用设施设备的日常运行和维护费用，公式为

$$F_2 = X_1 + X_2 + \cdots + X_8$$

2) *简单测算法*

简单测算法以住宅建筑成本为基数，普通多层住宅共用设施设备建造成本按住宅建筑成本的 15%计算，折旧年限按 25 年计算，每月应分摊的共用设施设备的维修保养费按月折旧费的 40%提取。计算公式为

$$F_2 = \frac{\text{建筑成本} \times 15\%}{25 \times 12} \times 40\%$$

简单测算法运用方便，一般适用于普通住宅小区的费用测算。测算时，要注意建筑成本应取现时同类住宅的建筑成本进行计算；而成本法需要较多物业管理的实践与经验，一般适用于高档住宅和写字楼、商贸中心等物业费用的测算。

3. 物业管理区域清洁卫生费用(F_3)

清洁卫生费用包括清洁工具购置费 X_1(元/年)、劳保用品费 X_2(元/年)、卫生防疫消杀费 X_3(元/年)、化粪池清掏费 X_4(元/年)、垃圾清运费 X_5(元/年)、清洁环卫所需的其他费用 X_6(元/年)。每月的物业管理区域清洁卫生费用为

$$F_3 = \frac{X_1 + X_2 + \ldots + X_6}{12}$$

4. 物业管理区域绿化养护费用(F_4)

1) 成本法

绿化养护费用包括绿化工具费 X_1(元/年)、劳保用品费 X_2(元/年)、绿化用水费 X_3(元/年)、农药化肥费 X_4(元/年)、杂草清运费 X_5(元/年)、景观再造费 X_6(元/年)。成本法按实际情况计算年总支出，求和后再分摊到每月中，得出每月的绿化养护费用，即

$$F_4=\frac{X_1+X_2+\cdots+X_6}{12}$$

2) 简单测算法

简单测算法按每平方米绿化面积确定一个养护单价，如 0.10～0.20 元/(月·平方米)，将其乘以总绿化面积，再分摊到每平方米建筑面积。

绿化面积按总建筑面积除以容积率再乘以绿化覆盖率计算，也可按实际绿化面积计算。

绿化员工的定编人数可以根据各地实际情况确定，考虑到季节的变化、气候条件、植被树木养护的难易程度等，通常每 4000～6000 平方米绿化面积设绿化工 1 人。

绿化养护费用的计算公式为

$$F_4=\text{绿化面积}\times\text{养护单价}$$

5. 物业管理区域秩序维护费用(F_5)

秩序维护所产生的费用主要是保安人员对公共秩序进行维护的费用，包括保安器材装备费 X_1(元/年)、保安人员人身保险费 X_2(元/年)、保安用房及保安人员住房租金 X_3(元/年)。该项费用计算时可按实际情况计算年总支出，求和后再分摊到每月，得出每月的秩序维护费用，即

$$F_5=\frac{X_1+X_2+X_3}{12}$$

6. 办公费用(F_6)

办公费用包括交通费(含车辆耗油或电、维修保养、车辆保险、车辆养路费等)X_1(元/年)、通信费(如电话费、传真费、电报费等)X_2(元/年)、低值易耗办公用品费(如纸张、笔墨、打印复印费)X_3(元/年)、书报费 X_4(元/年)、广告宣传社区文化费 X_5(元/年)、办公用房租金(含办公用房水电费) X_6(元/年)、其他杂项 X_7(元/年)。

上述各项费用一般是先按年进行估算，汇总后再分摊到每月中，这样就得出每月的办公费用，即

$$F_6=\frac{X_1+X_2+\cdots+X_7}{12}$$

对已实施物业管理的住宅小区，可依据上年度的年终决算数据得到该值。

7. 物业服务企业固定资产折旧费用(F_7)

该项费用指物业服务企业拥有的各类固定资产按其总额每月分摊提取的折旧费用。各类固定资产费用包括交通工具，如汽车、摩托车、自行车等费用 X_1(元)；通信设备，如电话、手机、传真机等费用 X_2(元)；办公设备如桌椅、沙发、计算机、复印机、空调等费用 X_3(元)；工程维修设备，如管道疏通机、电焊机等费用 X_4(元)；其他设备费 X_5(元)。

固定资产的折旧可以采取直线法或加速折旧法。为叙述方便，这里以直线法进行固定资产的折旧。直线法是将固定资产按照一定的使用年限平均分摊到每年、每月。计算公式为

$$固定资产年折旧额=\frac{固定资产总额}{平均使用年限}$$

$$固定资产月折旧费=\frac{固定资产总额}{平均使用年限\times 12}$$

$$F_7=\frac{\sum_{i=1}^{5}X_i}{5\times 12}$$

固定资产平均折旧年限一般为 5 年。

8. 物业共用部位、共用设施设备及公众责任保险费用(F_8)

该项费用是物业服务企业为避免风险，为共用部位、共用设施设备及人身、财产购买保险所产生的保费。计算公式为

$$F_8=\frac{X}{12}$$

式中，X 为年保险费，X = 投保金额 × 保险费率。

9. 经业主同意的其他费用(F_9)

该项费用一般先按年进行估算，然后再分摊到每月。一般可按照上述 1～8 项的一定比例提取，也可根据上年度的年终决算数据得到该值，即

$$F_9=\frac{x}{12}$$

式中，x 为上年度费用。

10. 利润(F_{10})

在核算物业服务费用支出项目之后，作为独立核算、自负盈亏的经济实体，物业服务企业也应获得一定的利润。利润率根据各省、自治区、直辖市政府物价主管部门结合本地区实际情况确定的比率计算。普通住宅小区物业管理的利润率一般以不高于社会平均利润率为宜。将前 9 项求和，再乘以利润率(一般为 5%～10%)就可以得到每月分摊的利润额即

$$F_{10}=\sum_{i=1}^{9}F_i\times a$$

式中，a 表示利润率。

11. 法定税费(F_{11})

法定税费是指按现行税法，物业服务企业在进行经营活动过程中应缴纳的税费，目前主要是增值税。对于物业服务企业收取的物业服务费，一般纳税人税率为 6%，小规模纳税人征收率为 3%。例如，某地增值税率为 6%，城市建设维护费为 7%，教育费附加费为 3%，

地方教育费为 2%。综合起来就是：6%×(1 + 12%)。因此，法定税费的计算公式为

$$F_{11} = \sum_{i=1}^{10} F_i \times 6.72\%$$

计算出以上 11 项物业常规性公共服务的每月费用后，再除以物业可收费面积，即得出物业常规性公共服务每月每平方米的费用为

$$P = \frac{\sum_{i=1}^{11} F_i}{S}$$

式中，S 为物业可收费面积，单位为平方米。

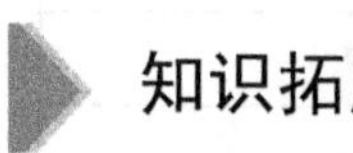

知识拓展

营改增后物业公司适用 6%和 3%的税率

《财政部、国家税务总局关于全面推开营业税改征增值税试点的通知》(财税〔2016〕36 号)中的附件 1《营业税改征增值税试点实施办法》第三章“税率和征收率”第十五条增值税税率的规定如下。

(1) 纳税人发生应税行为，除本条第(二)项、第(三)项、第(四)项规定外，税率为 6%。

(2) 提供交通运输、邮政、基础电信、建筑、不动产租赁服务，销售不动产，转让土地使用权，税率为 11%。

(3) 提供有形动产租赁服务，税率为 17%。

(4) 境内单位和个人发生的跨境应税行为，税率为零。具体范围由财政部和国家税务总局另行规定。

第三章第十六条规定：增值税征收率为 3%，财政部和国家税务总局另有规定的除外。

(资料来源：《财政部、国家税务总局关于全面推开营业税改征增值税试点的通知》(财税〔2016〕36 号)

任务小结

(1) 物业服务的计费方式主要是包干制和酬金制。物业服务企业在收费活动中要充分了解有关物价的政策法规，严格依据收费标准进行收费。

(2) 物业服务费用的分摊方法主要有按户平均分摊法、按房型分摊法、按建筑面积分摊法、按业权份额分摊法、费用加总面积分摊法。利用费用加总面积分摊法测算物业常规性公共服务费用标准时，需考虑服务人员的工资、社会保险和按照规定提取的福利费，物业共用部位、共用设施设备的日常运行和维护费用，物业管理区域清洁卫生费用，物业管理区域绿化养护费用等。

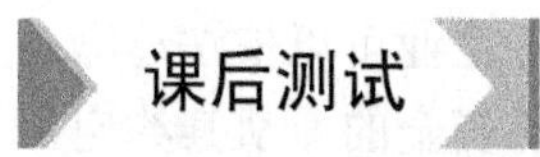

课后测试

某项目可收费总建筑面积为 15 万平方米，经测算该项目全年各项费用如表 9-1 所示。

表 9-1 项目全年各项费用 单位：万元

费用类别	金额
各类服务人员的工资、社会保险等	65
共用部位、共用设施设备的日常运行和维护费用	22
清洁卫生费用	18
绿化养护费用	15
公共秩序维护费用	14
办公费用	8
固定资产折旧费用	4
物业共用部位、共用设施设备及公众责任保险费用	4
业主委员会办公费、社区文化活动费等其他费用	8
合计	158

请测算：

(1) 若采用酬金制方式，且约定物业管理酬金比例为 8%，则该项目单位物业服务费标准是多少？

(2) 若采用包干制方式，假设该项目法定税费和利润约 10 万元，则该项目单位物业服务费标准是多少？

任务二 物业服务费用的收取

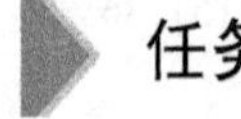

任务导入

物业服务费用的收取在物业管理中既是重点又是难点。物业服务费用是企业的经营收入，关系到企业的发展和资金保障，也关系到业主合法权利的保障。

理论先行

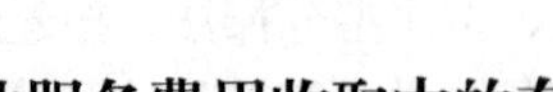

一、物业服务费用收取中的有关要求

物业服务企业在物业服务中应当遵守国家的价格法律法规，严格履行物业服务合同，为业主提供质价相符的服务。业主应当按照物业服务合同的约定，按时足额交纳物业服务费用或者物业服务资金。业主违反物业服务合同约定逾期不交纳服务费用或者物业服务资金的，业主委员会应当督促其限期交纳；逾期仍不交纳的，物业服务企业可以依法追缴。业主与物业使用人约定由物业使用人交纳物业服务费用或者物业服务资金的，从其约定，业主负连带交纳责任。物业发生产权转移时，业主或者物业使用人应当结清物业服务费用

或者物业服务资金。纳入物业管理范围的已竣工但尚未出售，或者因开发建设单位原因未按时交给物业买受人的物业，物业服务费用或者物业服务资金由开发建设单位全额交纳。

物业管理区域内，供水、供电、供气、供暖、通信、有线电视等单位应当向最终用户收取有关费用。物业服务企业接受委托代收上述费用的，可向委托单位收取手续费，但不得向业主收取手续费等额外费用。

利用物业共用部位、共用设施设备进行经营的，应当在征得相关业主、业主大会、物业服务企业的同意后，按照规定办理有关手续。业主所得收益应当主要用于补充专项维修资金，也可以按照业主大会的决定使用。

物业服务企业已接受委托实施物业服务并相应收取服务费用的，其他部门和单位不得重复收取性质和内容相同的费用。

物业服务企业根据业主的委托提供物业服务合同约定以外的服务时，服务收费标准由双方约定。物业服务合同与其他民事合同相比，具有特殊性。物业服务合同的标的是物业服务企业提供的服务，其对象是物业管理区域内的业主。对业主而言，依据物业服务合同享受的服务殊无二致。然而在共同的需求之外，单个业主可能有不同于他人的特殊需求，且这些特殊需求无法通过业主大会与物业服务企业订立的物业服务合同解决，业主可以单独与物业服务企业就该事项订立协议。物业服务企业是一个营利法人，因此，其提供物业服务合同之外的服务项目，通常为有偿服务。接受服务的业主需要支付一定的服务费用。

二、物业服务费用收取中的监管

政府价格主管部门会同房地产行政主管部门，应当加强对物业服务企业服务内容、标准和收费项目、标准的监督。物业服务企业违反价格法律、法规和其他规定的，由政府价格主管部门依据《价格法》和《价格违法行为行政处罚规定》予以处罚。县级以上人民政府价格主管部门应当会同同级房地产行政主管部门，加强对物业服务收费的监督。《价格法》规定：“国家支持和促进公平、公开、合法的市场竞争，维护正常的价格秩序，对价格活动实行管理、监督和必要的调控。”“县级以上各级人民政府价格主管部门，依法对价格活动进行监督检查，并依照本法的规定对价格违法行为实施行政处罚。”按照上述规定，同时考虑到县级以上房地产行政主管部门是物业管理活动的行业主管部门，物业服务收费属于物业管理活动的一部分，对物业管理当事人的利益有着重大影响，因此，县级以上人民政府价格主管部门会同同级房地产行政主管部门要进行物业收费的监督检查。物业收费与人民群众的切身利益相关，是物业管理中的核心问题，也是业主投诉的热点问题。越权定价、擅自提高收费标准、擅自设立收费项目、乱收费用、不按规定明码标价、提供服务质价不符、只收费不服务或多收费少服务等是业主反映最多的物业服务企业的价格违法行为。

按照《中华人民共和国价格法》的规定，政府价格主管部门进行价格监督检查时，可以行使下列职权：

(1) 询问当事人或者有关人员，并要求其提供证明材料和与价格违法行为有关的其他资料。

(2) 查询、复制与价格违法行为有关的账簿、单据、凭证、文件及其他资料，核对与价格违法行为有关的银行资料。

(3) 检查与价格违法行为有关的财物，必要时可以责令当事人暂停相关营业。

(4) 在证据可能灭失或者以后难以取得的情况下，可以依法先行登记保存，当事人或者有关人员不得转移、隐匿或者销毁。

物业服务企业作为经营者，在接受政府价格主管部门的监督检查时，应当如实提供价格监督检查所必需的账簿、单据、凭证、文件及其他资料。任何单位和个人均有权对物业服务企业的价格违法行为进行举报。

对物业服务企业不按规定明码标价或者利用标价进行价格欺诈的行为，由政府价格主管部门依照《中华人民共和国价格法》《价格违法行为行政处罚规定》《明码标价和禁止价格欺诈规定》进行处罚。

以案说理

王总是河南人，常年在山东做生意，生意越做越大。王总年纪也大了，他开始考虑落叶归根的问题。2016 年，王总回到河南郑州，在某高档小区购买了一套大平层，希望将来能回老家养老。

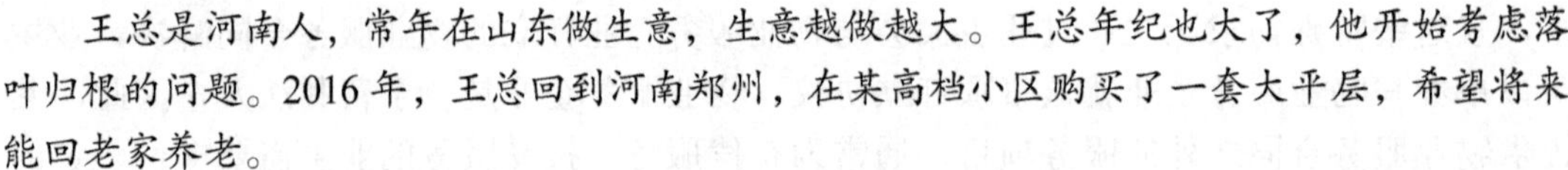

2016 年 12 月，王总收到该小区物业发来的信息：本月 26 日，小区物业集中交付。但王总生意很忙，实在无法脱身，再加上其本人并不着急居住，于是并未于当天回老家收房。

2023 年 6 月，王总终于返乡。一天，他前往售楼部开具了交房介绍信，随即前往该小区物业服务中心办理交房手续。王总来到物业服务中心说明情况，随即，物业服务中心工作人员给王总开具了一份自 2017 年 1 月 1 日至 2023 年 12 月 31 日的物业费收取通知单。通知单显示，王总应交纳该期间的物业费合计 98 000 元，在结清物业费之后，才能领取房屋钥匙。王总感觉很不解：一方面，自己尚未入住，未享受物业服务，怎么就产生了物业费；另一方面，物业怎么把物业费和房屋钥匙搅和在了一起？不交物业费，竟然连自己的房子都进不去吗？于是王总提出费用异议，要求减免物业费至 50%，方才同意交纳。

物业公司与王总双方就物业费到底如何计算的问题反复商讨，也没达成最终结果，以至于最终法庭相见。

根据《物业管理条例》及《中华人民共和国民法典》，物业费通常自房屋交付之日起计算，业主未实际入住不构成减免理由。王总 2016 年购房后未及时收房，但物业已按约提供了公共区域保洁、安保等基础服务，未入住属个人选择，不影响物业费交纳义务。

任务实施

一、学习目标

掌握物业服务费用收取的方法，能够进行费用收取工作。

二、实施方法

(一) 物业服务费用的收取程序

1. 送发收费通知单

物业服务人员要设法将物业服务收费通知单按月(或按季度)及时送到业主或使用人处，由业主或使用人签收。无法送达业主或使用人时，财务部门应将收费通知单妥善保管，登记备案。

2. 进行收费服务

物业服务企业财务部门应按工作流程规范收取物业服务费用，收取后也应规范结算。具体工作流程如图 9-1 所示。

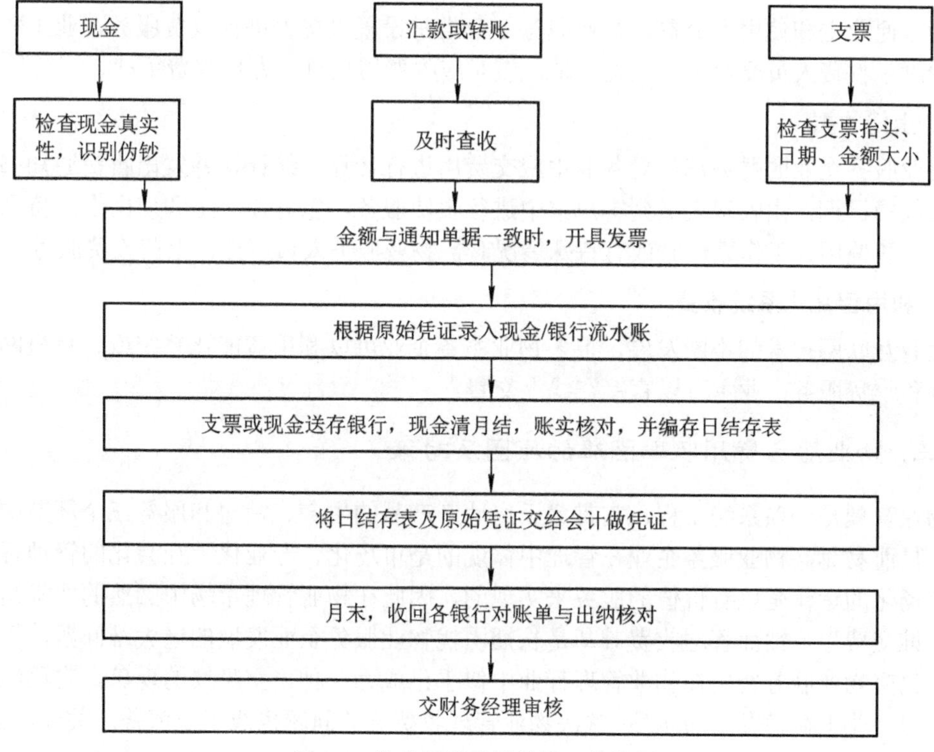

图 9-1　物业服务费用结算工作流程

3. 收取物业服务费用的程序

物业服务企业在物业服务过程中，会遇到有些业主因长期不在本物业居住或有些业主和使用人由于各种原因未及时交费的情况，加之有些业主联系方式或通信地址变更频繁等，使得信息沟通困难，因而存在服务费用拖欠数额大、时间长的情况，这严重影响了物业服务企业的服务质量和正常运行。物业服务费用的催缴程序一般如下。

(1) 物业服务企业的财务部门对欠费的业主进行统计，列出重点催缴对象。

(2) 采集业主的联系和通信记录，确定具体的联系方式。

(3) 将责任落实到每个物业服务人员，明确其负责哪些催缴对象，进行上门收费服务并跟踪记录。

(4) 物业服务人员可电话联系或上门催缴，一方面宣传物业管理的法规知识，让业主认清在享受物业服务的权利，同时也有交纳物业服务费的义务，这是《物业管理条例》明确规定的；另一方面，在加强与业主沟通的基础上，物业服务人员要善于把握时机，如业主遇到困难时，急业主所急，想业主所想，用服务感动业主，取得业主的理解和认可。

物业服务人员在寄发书面催缴通知书时应注明交款期限。经过以上程序的多次沟通，大多数业主都能够主动交清欠款。对于超过期限仍不交清款项的少数业主，物业服务企业将发送律师函，通过法律程序进行追讨。

(二) 物业服务费用的收取方法

1. 设置收费处进行收费

为方便业主和使用人交费，物业服务企业常常设置收费处进行收费服务，业主和使用人交费时，收费人员要及时、准确记录，核对应收费用项目，办理收费手续。

2. 上门收费

物业服务企业的财务部门对各业主应交费用进行计算、统计，并发出收费通知书，注明上门收费日期，由收费人员到客户家中进行收费服务，以方便业主和使用人。特别是当有些业主和使用人工作繁忙时或有特殊情况时，物业服务人员应提供上门收费服务。

3. 利用智能化系统收费

随着互联网技术的不断发展，很多物业服务企业可以利用智能化系统或计算机网络提供查询和收费服务，业主可以直接在线上交费。

(三) 物业服务费用收取困难的原因及对策

物业管理是一项系统工程，它贯穿于房地产产品的生产、销售和服务三个环节中，其重要性显而易见。物业服务企业在管理中体现的是市场化、专业化、社会化的管理行为，这种市场化的运作是以有价值的服务来实现的，因此在物业管理市场中必然的要求是“谁受益，谁交费”。然而管理收费难却是长期困扰物业服务企业发展的老大难问题，拒交、少交、欠交物业服务费用在物业管理行业中似乎已成为一种司空见惯的现象，它已经成为物业管理行业生存和发展的瓶颈，解决物业管理收费难的问题也成了业内普遍关注的焦点。

1. 物业服务费用收取困难的原因

结合物业管理实践，物业服务费用收取困难的主要原因有以下几个。

1) 业主不了解物业服务企业的职责范围

业主并非物业管理专业人员，因此他们不可能全面了解物业管理这个系统性的有偿服务行为，对物业管理的认识也只停留在表面。目前业主普遍认为物业服务企业的工作主要是保洁、保安、绿化，同时还认为房屋质量问题也应全部由物业服务企业负责。他们并不知道这些问题是由开发商，或是因自己装修不当等原因造成的，其责任主体的归属应是开发商或业主个人，并不是物业服务企业。这些问题的处理也不属于物业服务企业的工作职责范围。

2) 业主对物业服务不满意

目前由于国家对物业服务项目还没有统一的规定和检查标准，因此对支付物业服务费用的数额、物业服务标准、质价对等也没有统一的要求，这就造成了业主和物业服务企业在物业服务标准上认识偏差较大，也使业主对物业服务满意度不高。

3) 工程质量存在问题

由于开发商的原因，部分业主所居住的房屋工程质量存在问题，尤其是屋面、阳台、窗台、有水房间、下水道等专有部分经常出现质量问题，这使业主十分困扰。然而，业主并不知道这些问题应该找开发商进行交涉、处理，而认为应由物业服务企业解决。一旦解决不了，业主就拒绝交纳物业服务费用。

4) 部分业主存在侥幸心理

由于物业服务具有社会性，服务对象是广大业主而不是某个体。因此，当有极少部分业主因侥幸心理不交物业费时，物业服务企业不可能因此不进行物业管理服务，从而导致极少部分业主贪图小利，逃避交纳物业服务费用。他们不交费也享受到了与交费业主同样的服务，这样既会严重挫伤广大已交纳物业服务费用的业主的积极性，又有可能引起其他业主效仿。

2. 解决物业服务费用收取困难问题的对策

针对上述物业服务费用收取困难的原因，物业服务企业可以采用以下几点解决措施。

1) 加强物业管理知识的宣传

物业服务企业为与业主建立良好的、和谐的关系，解决物业服务费用收取困难的问题，应加强对业主物业管理知识的宣传。物业服务费用收取的标准、开支的范围及服务的标准，应经业主委员会、物业服务企业、上级主管部门及其他有关部门共同研究、讨论、制定，并在业主大会上公布。

2) 改变收费态度和收费方式

以往，物业服务人员采取的收费方式常常是定期上门收取，由于种种原因，收费及时率和收取率都不是很高。收费点多、面广、收费人员劳动强度大，难免会出现生、冷、硬的工作态度，与业主的沟通、交流不是很畅通，导致业主因对物业服务人员态度不满而不愿交纳物业服务费用。

3) 实行信誉广告牌制度

对于交费的和不交费的业主，物业服务企业应进行必要的表扬和批评。物业服务企业可在物业管理区域的大门入口处或人员流动性大的地方，建立信誉广告牌。对经说服教育无效的业主可酌情采取上牌手段，让社会舆论起到应有的监督作用。

4) 对业主产权实行限制

对无正当理由拒交、少交、欠交物业服务费用的业主，物业服务企业可向上级主管行政部门房产局物业处汇报，请上级主管部门出面帮助协调，对协调未果的业主制定制裁办法。例如，物业服务企业可与房产局联合，对这部分业主实行产权限制，使他们在房产交易、产权转让等方面无法办理手续，形成呆死产权，这样将会迫使业主从自身的利益出发，交纳物业服务费用。

5) 加强物业服务企业自身建设，提高服务质量

为提高业主、使用人的满意度，物业服务企业应主动从自身找原因。物业服务企业应在加强自身建设、提高服务质量上下功夫，调整内部机制，加强内部管理，建章立制，制定服务标准，规范行为准则，不断提高服务质量，并严格按质量管理体系标准运行，从而得到业主的认可和满意。

6) 用法律武器维护自身的尊严和合法权益

物业服务企业可根据《中华人民共和国民法典》等有关法律规定，对不交、少交、欠交物业服务费用的业主提起法律诉讼，工作中要做到有理、有力、有节。在提起诉讼前，物业服务企业应先通知该部分业主，与业主进行必要的交流、沟通，对沟通无效的业主，可通过法律诉讼程序，用法律武器维护自身的尊严和合法权益。

7) 与开发公司办理好房产交接、接管验收

为避免在业主入住后房屋出现质量问题，引起纠纷，物业服务企业在与开发公司办理房产交接时，要严格按照规章制度办事，对有问题的房产，要在开发公司处理完毕后再接管；特殊情况下，可让开发公司留下足够的保证金，确保企业具有对该房产的修复能力，以利于今后的物业管理。

三、任务流程

物业服务费用收取的工作流程如图 9-2 所示。

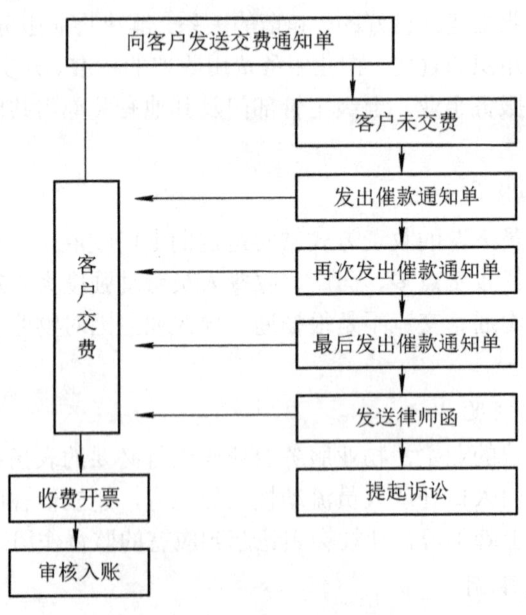

图 9-2　物业服务费用收取流程

任务小结

物业服务费用的收取工作是物业服务企业的常规工作，也是比较棘手的工作，在收费

过程中物业服务人员要熟知相关法律法规，适时运用收费技巧，提高收取率。

课后测试

选择某一小区，调查物业服务费用的收取情况，并针对收费过程中出现的问题给出相应的意见和建议。

任务三　住宅专项维修资金的管理

任务导入

住宅专项维修资金俗称“房屋的养老金”，使用范围是物业共用部位、共用设施设备保修期满后的大修、中修、更新和改造。《物业管理条例》第五十三条规定：住宅物业、住宅小区内的非住宅物业或者与单幢住宅楼结构相连的非住宅物业的业主，应当按照国家有关规定交纳专项维修资金。专项维修资金属于业主所有，用于物业保修期满后物业共用部位、共用设施设备的维修、更新和改造，不得挪作他用。物业服务企业要学会掌握住宅专项维修资金的筹集、使用和管理办法。

理论先行

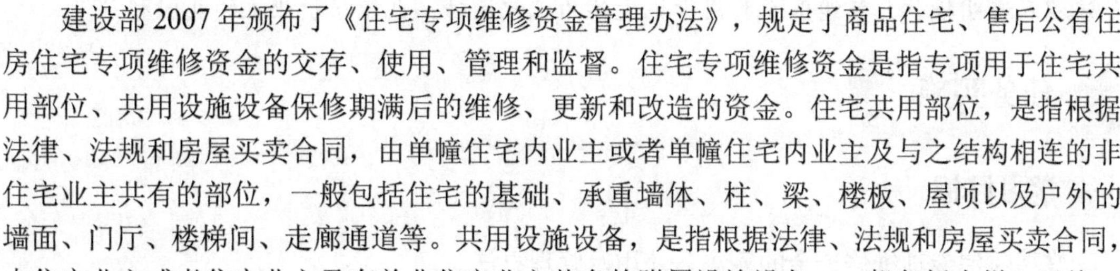

建设部2007年颁布了《住宅专项维修资金管理办法》，规定了商品住宅、售后公有住房住宅专项维修资金的交存、使用、管理和监督。住宅专项维修资金是指专项用于住宅共用部位、共用设施设备保修期满后的维修、更新和改造的资金。住宅共用部位，是指根据法律、法规和房屋买卖合同，由单幢住宅内业主或者单幢住宅内业主及与之结构相连的非住宅业主共有的部位，一般包括住宅的基础、承重墙体、柱、梁、楼板、屋顶以及户外的墙面、门厅、楼梯间、走廊通道等。共用设施设备，是指根据法律、法规和房屋买卖合同，由住宅业主或者住宅业主及有关非住宅业主共有的附属设施设备，一般包括电梯、天线、照明、消防设施、绿地、道路、路灯、沟渠、池、井、非经营性车场车库、公益性文体设施和共用设施设备使用的房屋等。

以案说理

2023年5月，某小区3号楼业主陆续反映，2部电梯频繁出现骤停、异响等故障，经市场监管部门委托的第三方机构检测，判定为“主要部件老化，需进行大修更换核心部件”，预计费用为8.6万元。该小区建成于2015年，已过开发商保修期，且电梯属于住宅共用设施设备，符合使用专项维修资金的条件。

物业公司收到检测报告后，随即向业主委员会提出使用专项维修资金的申请。业主委员会召开会议讨论时，出现了分歧：部分业主认为“电梯故障未造成实际事故，可先小修暂缓大修”；顶楼业主则担忧“小修无法根治隐患，影响出行安全”。

为推进问题解决，物业公司协助业主委员会开展了以下工作：

(1) 公示相关信息：在小区公告栏张贴电梯检测报告、维修方案、费用预算及专项维修资金账面余额(约12万元)，明确此次大修涉及3号楼全体业主，按建筑面积分摊费用。

(2) 组织业主表决：通过线上线下结合的方式征求意见。3号楼共有业主68户，专有部分总面积8200平方米。最终参与表决的业主52户(占比76.5%)，对应专有面积6500平方米(占比79.3%),其中48户同意(占参与表决人数的92.3%),对应专有面积6100平方米(占参与表决面积的93.8%)，符合《中华人民共和国民法典》第二百七十八条的规定。

(3) 规范资金使用：业主委员会向住房和城乡建设部提交申请材料，获批后由物业公司与具备资质的电梯公司签订维修合同，维修过程中邀请业主代表全程监督，竣工后公开费用结算清单。

2023年7月，电梯大修完成并通过验收。此次事件中，部分起初反对的业主表示：“虽然分摊了800多元，但看到资金使用透明、维修及时，确实保障了大家的安全。”

本案例中，专项维修资金的使用严格遵循《中华人民共和国民法典》关于筹集和使用维修资金的表决规则，以及《住宅专项维修资金管理办法》中“用于住宅共用部位、共用设施设备保修期满后的维修和更新、改造”的规定。业主委员会在使用专项维修资金时，从检测评估、业主表决到资金申请、维修监督，全流程体现了“业主主导、公开透明”原则，物业公司仅承担协助执行角色，避免了越权决策；并通过充分公示、细化分摊方案、邀请业主参与监督，有效化解了业主对资金使用合理性的质疑，印证了专项维修资金“取之于民、用之于民”的属性。

此案例表明，专项维修资金的管理需兼顾“程序合法性”与“业主参与度”，通过规范流程和透明操作，既能保障共用设施设备的正常运转，也能维护业主的共同利益。

任务实施

一、学习目标

掌握住宅专项维修资金的筹集、使用及管理办法。

二、实施方法

住宅专项维修资金的筹集应明确缴存规则；住宅专项维修资金的使用和管理实行申请审核制，由物业服务企业或业主提出使用建议，经政府主管部门审核后执行，划转业主大会管理后执行方案决策和监督执行流程，由业主大会审议方案，业主委员会监督实施。

三、任务流程

(一) 住宅专项维修资金的筹集

住宅专项维修资金的缴存对象分为两类：一是住宅的业主，但一个业主所有且与其他物业不具有共用部位、共用设施设备的住宅业主除外；二是住宅小区内的非住宅或者住宅小区外与单幢住宅结构相连的非住宅业主。商品住宅的业主、非住宅的业主按照所拥有物业的建筑面积缴存住宅专项维修资金，每平方米建筑面积缴存首期住宅专项维修资金的数额为当地住宅建筑安装工程每平方米造价的5%～8%。直辖市、市、县人民政府建设(房地产) 主管部门应当根据本地区情况，合理确定、公布每平方米建筑面积缴存首期住宅专项维修资金的数额，并适时调整。根据《中华人民共和国民法典》第二百七十八条规定，筹集建筑物及其附属设施的维修资金由业主共同决定，并且应当由专有部分面积占比 2/3 以上的业主，且人数占比 2/3 以上的业主参与表决，同时应当经参与表决专有部分面积 3/4 以上的业主且参与表决人数 3/4 以上的业主同意。

(二) 住宅专项维修资金的使用和管理

1. 住宅专项维修资金划转业主大会管理前的使用

住宅专项维修资金划转业主大会管理前，需要使用住宅专项维修资金的，按照以下程序办理。

(1) 物业服务企业根据维修、更新和改造项目提出使用建议；没有物业服务企业的，由相关业主提出使用建议。

(2) 根据《中华人民共和国民法典》第二百七十八条规定，使用建筑物及其附属设施的维修资金由业主共同决定，并且应当由专有部分面积占比 2/3 以上的业主且人数占比 2/3 以上的业主参与表决，同时应当经参与表决专有部分面积过半数的业主且参与表决人数过半数的业主同意。

(3) 物业服务企业或者相关业主组织实施使用方案。

(4) 物业服务企业或者相关业主持有关材料，向所在地直辖市、市、县人民政府建设(房地产)主管部门申请列支；其中，动用公有住房住宅专项维修资金的，向负责管理公有住房住宅专项维修资金的部门申请列支。

(5) 直辖市、市、县人民政府建设(房地产) 主管部门或者负责管理公有住房住宅专项维修资金的部门审核同意后，向专户管理银行发出划转住宅专项维修资金的通知。

(6) 专户管理银行将所需住宅专项维修资金划转至维修单位。

2. 住宅专项维修资金划转业主大会管理后的使用

住宅专项维修资金划转业主大会管理后，需要使用住宅专项维修资金的，按照以下程序办理。

(1) 物业服务企业提出使用方案，使用方案应当包括拟维修、更新和改造的项目，费用预算，列支范围，发生危及房屋安全等紧急情况以及其他需临时使用住宅专项维修资金情况的处置办法等。

(2) 业主大会依法通过使用方案。

(3) 物业服务企业组织实施使用方案。

(4) 物业服务企业持有关材料向业主委员会提出列支住宅专项维修资金；其中，动用公有住房住宅专项维修资金的，向负责管理公有住房住宅专项维修资金的部门申请列支。

(5) 业主委员会审核使用方案，同意后报直辖市、市、县人民政府建设(房地产)主管部门备案；动用公有住房住宅专项维修资金的，经负责管理公有住房住宅专项维修资金的部门审核同意；直辖市、市、县人民政府建设(房地产)主管部门或者负责管理公有住房住宅专项维修资金的部门发现不符合有关法律、法规、规章和使用方案的，应当责令改正。

(6) 业主委员会、负责管理公有住房住宅专项维修资金的部门向专户管理银行发出划转住宅专项维修资金的通知。

(7) 专户管理银行将所需住宅专项维修资金划转至维修单位。

任务小结

住宅专项维修资金的筹集、使用及管理一定要严格按照《住宅专项维修资金管理办法》的规定进行，以确保做到专款专用，使得物业能够保持良好的状态。

课后测试

选取某一住宅小区，调查该小区住宅专项维修资金的筹集、管理和使用情况。

项目十

物业管理常用文书拟写与档案管理

知识目标

(1) 掌握工作计划、通知、规章制度、物业服务合同等几种常用文书的拟写及注意事项。

(2) 掌握物业档案管理的主要内容及管理程序。

(3) 具备物业档案管理的基本技能，能够进行物业档案的日常管理。

学前热身

小李是一家物业公司的物业管理员，他工作勤勤恳恳、认真负责，对每一项工作都很细心，工作以来得到公司领导及同事的一致认可。对于每个月的工作，小李都会提前制订工作计划。12 月就要来临，小李根据 11 月工作完成情况，制订了 12 月的工作计划：

1. 计划内容

(1) 按物业管理员日常巡查记录进行巡查，并填写物业管理员日常巡查记录表。

(2) 做好供暖期间暖气的维修、回访工作，对各住户开展室内温度的测量工作。

(3) 做好本年度内遗留问题的善后工作。

(4) 做好年终总结工作。

2. 具体要求

(1) 按照物业管理员日常巡查记录巡查楼宇。

(2) 配合维修组做好供暖工作。

(3) 联系 XX 公司处理 X 楼 X 室暖气跑水一事。

(4) 配合财务组做好年底物业服务费用的催收工作。

(5) 做好各项工作的总结。

任务一 物业管理常用文书的写作范式

任务导入

物业管理文书可分为物业管理专用文书和物业管理合同文书，包括物业事务性文书、物业行政性公文、物业服务企业规章制度等，是物业服务企业办理公务、处理业务、规范管理、交流信息、协调关系必不可少的书面文件。当前，物业管理已成为房地产开发企业和楼宇建设单位关注的热点问题，写好物业管理文书不仅是物业服务人员的必备技能，更是物业管理进一步走向科学化、专业化、规范化的根本。

理论先行

一、物业事务性文书

物业服务人员需掌握的事务性文书有工作计划和工作总结。

(一) 工作计划

1. 工作计划的概念

工作计划是指在物业服务过程中，物业服务企业为完成某项任务或采取某种行动而事先拟定目标、要求及相应方法、步骤、措施、时限等所形成的文字资料。

2. 工作计划的作用

工作计划能够帮助物业服务企业明确奋斗目标，有利于合理配置企业资源，可以督促物业服务人员的行为，并成为检查、评价、考核的依据。

3. 工作计划的分类

(1) 按性质划分，工作计划可分为生产经营计划、学习计划、销售计划和服务计划等。

(2) 按范围划分，工作计划可分为部门计划、单位计划和个人计划等。

(3) 按时间跨度划分，工作计划可分为长期计划、中期计划、短期计划，如年度计划、季度计划和月度计划等。

(4) 按内容划分，工作计划可分为综合性计划、专题计划和项目计划等。

(5) 按形式划分，工作计划可分为条文式计划、表格式计划和混合式计划等。

4. 工作计划的拟写

1) 工作计划的结构和基本内容

工作计划属于普通计划，一般由标题、正文、结尾三部分组成。

(1) 标题。标题通常由单位名称、适用时间、内容性质和计划名称组成，如《XX 物业公司 2020 年度工作计划》。

(2) 正文。正文的开头需简明扼要地说明计划的目的和依据；主体部分分条说明计划的内容、步骤、方法、措施等。内容要具体、明确、周密。

(3) 结尾。结尾一般用来表明态度和决心，或说明注意事项和检查、执行计划的方法等。

2) 拟写工作计划的要求

工作计划应服从大局，有明确的预见性；实事求是，有明确的目的性；明确具体，有可行的措施和步骤。

(二) 工作总结

1. 工作总结的概念

工作总结是一种立足现实、回顾过去、展望未来的文体，是对过去一定时期内的实践活动或某一方面工作进行回顾、分析、评价的一种事务性文书。

2. 工作总结的作用

工作总结有利于提高认识水平，有利于充分调动积极性，有利于信息交流和科学决策，有利于明确和做好日后的工作。

3. 工作总结的分类

(1) 按性质划分，工作总结可分为销售总结、市场总结、人力资源总结和财务总结。

(2) 按时间跨度划分，工作总结可分为年度总结、季度总结和阶段总结等。

(3) 按内容划分，工作总结可分为问题总结、挑战总结和改进总结。

4. 工作总结的结构和基本内容

工作总结一般由标题、正文和落款三部分组成。

(1) 标题。标题一般由单位、时限、文种组成。

(2) 正文。正文开头可以简述总结的背景，包括时间、地点、基本情况等，既可概述所取得的工作成绩及其原因，也可概述总结的要点，以抛砖引玉，展开叙述。

(3) 落款。正文右下方应签署发文单位和发文日期。

二、物业行政性公文

物业服务人员需掌握的行政性公文有通告、通知、通报、报告、总结、函、请示、会议纪要、计划、备忘录 10 种。其中，最常用的文书有通知、通报、报告、请示、函、会议纪要。

(一) 通知

通知是用于在一定范围内公布应该遵守或周知事项的周知性公文。它有行政约束力，在某种情况下有法律效力。通知不仅限于政府机关使用，一般单位或有一定指挥权的临时机构也可依法发布。

以下为通知的格式示例。

关于小区进行蚊虫消杀的通知

各位业主:

为营造一个安全舒适的生活环境，绿化养护公司定于7月3日下午(16:00—18:00)对小区绿化带进行全面喷药消杀，物业服务中心在此特别提示您:

(1) 方式为机动喷雾水剂消杀;

(2) 消杀范围为乔木、灌木;

(3) 届时，请您务必看护好老人、儿童和宠物，以免影响身体健康;

(4) 消杀期间，请各位业主(住户)特别是一至三楼的业主(住户)关好门窗，同时提醒自己的家人(特别是小孩)注意安全;

(5) 请各位业主(住户)在消杀期间不要在绿化带内晾晒衣物及被子;

(6) 请小区业主(住户)在喷药后的两天之内勿在绿化带附近逗留，将宠物带好牵引绳，以免中毒。

不便之处，敬请谅解!

XX物业服务中心

2025年7月10日

注：此文种适用于向社会或某一区域公众公示有关事务，可单独发布，也可联合发布。

(二) 通报

通报用于表彰先进、批评错误、传达重要精神和情况。

以下为通报的格式示例。

关于表彰服务之星的通报

为鼓励先进，树立典型，更好地服务业主，展现物业服务形象，物业服务中心按照公司相关规定，采取推荐和评选相结合的方式，每月在工作人员中评选5名服务之星。

2025年6月服务之星获得者为

××××××××××××××××

特此通报。

××物业服务公司

2025年6月30日

(三) 报告

报告用于向上级报告情况。答复上级机关的询问，也要用报告，而不能用复函。报告不要求被报告对象答复。

以下为报告的格式示例。

关于冬季植物养护情况的报告

一、养护工作开展情况

1. 修剪整形

(1) 完成乔木枯枝清理 87 株，灌木造型修剪 2300 平方米。

(2) 重点区域：中央景观带、三至五号楼南侧绿化带。

2. 防寒措施

(1) 树干涂白：完成全部 216 株行道树涂白(配比：生石灰：硫磺粉：水＝5∶1∶20)。

(2) 覆盖保温：对 1200 平方米地被植物铺设防寒布。

3. 病虫害防治

(1) 喷施石硫合剂 3 次，覆盖面积 4500 平方米。

(2) 清理病弱枝 23 车，集中焚烧处理。

二、部门分工及协作

绿化部：制定养护方案，提供技术指导。

工程部：防寒材料采购、设备调配。

安全部：作业区域安全警戒，交通疏导。

客服部：业主告知，意见收集。

三、存在问题及改进建议

1. 问题

12 月 20 日低温导致 2 处新栽灌木冻伤；部分业主私自移除绿化带防寒布。

2. 改进措施

增设防寒警示标识 50 处；提高夜间巡查频次(每小时 1 次)。

四、下一步计划

(1) 2025 年 1 月开展养护效果评估。

(2) 3 月制定春季复壮方案。

(3) 建立植物生长档案，实施动态管理。

附件：1. 冬季植物养护统计表

2. 部门协作完成情况表

××物业管理处

2025 年 12 月 2 日

注：此为上行文，可一事一文，也可综合行文，可依据上级要求撰写、呈报，也可根据需要自行呈报，上级对此文种可不予批复批示。

(四) 请示

请示适用于向上级机关请求指示或者批准。请示和报告最大的区别就是请示的结尾有一个请上级答复的结尾语。另外，请示相对于报告来说要简单一点。

以下为请示的格式示例。

关于申请开办费的请示

尊敬的××房地产开发有限公司领导：

您好!

××小区项目临近交付，为确保小区物业管理工作的顺利启动与高效运行，为业主提供优质的物业服务，根据《物业管理条例》《前期物业服务合同》及相关法律法规的规定，结合小区实际情况，现就××小区物业管理开办费的申请事宜，特向贵公司提出如下请示。

一、申请依据

(1) 《物业管理条例》第三十条规定：建设单位应当按照规定在物业管理区域内配置必要的物业管理用房。

(2) 《前期物业服务合同》第五章第六条约定：开办费标准为 5 元/平方米，按总建筑面积 6.96 万平方米计算。

二、资金用途及明细

资金用途及明细如表 10-1 所示。

表 10-1 资金用途及明细

项　目	金额/万元	说　明
办公设备采购	15.8	含电脑 12 台、打印机 3 台、档案柜 20 组
工具器材购置	8.5	含绿化机具、清洁设备等
员工培训	4.2	含岗前培训、消防演练等
应急物资储备	6.3	含防汛沙袋、应急照明等
合计/万元	34.8	

三、实施计划

第一阶段(1～2 月)：完成办公场地装修。

第二阶段(3～4 月)：完成设备采购及安装调试。

第三阶段(5 月)：开展全员培训及应急演练。

四、保障措施

成立专项工作组，由项目经理任组长。

建立资金使用台账，实行专款专用。

每月提交资金使用进度。

申请当否，请批示。

××物业管理有限公司

2024 年 12 月 1 日

注：此为上行文，要求一事一文，是工作实施前请求上级批复、批示的文种，其中附件目录位于正文与署名之间，无附件可不表述。

(五) 函

函适用于不相隶属的单位之间相互商洽工作、询问和答复问题的情况，也可用于向有关主管部门请求批准。有关主管部门与发函单位是平行的关系，而非上下级。向上级请求不能使用函，而应使用请示。函包括请复函、请求函、答复函。

以下为函的格式示例。

关于电梯保养事宜的函

××电梯维保公司：

根据《中华人民共和国特种设备安全法》及双方签订的《电梯维护保养合同》(编号：XXWT2023-08)，现就近期电梯保养工作相关事宜函告如下：

一、保养工作要求

1. 周期频次

(1) 严格执行半月保、季度保、年度保三级保养制度。

(2) 每月 15 日前提交上月保养记录及耗材清单。

2. 重点检查部位

(1) 曳引系统：钢丝绳磨损度(要求＜10%)。

(2) 安全保护装置：限速器校验(有效期至 2025 年 6 月)。

(3) 轿厢系统：平层精度误差≤±5 mm。

二、存在问题及整改要求

存在问题及整改要求如表 10-2 所示。

表 10-2　存在问题及整改要求

电梯编号	问 题 描 述	整改期限
1#	底坑积水未及时清理	3 日内
5#	轿厢内紧急通话装置失效	5 日内
8#	限速器校验超期	7 日内

三、费用结算说明

(1) 本月保养费按合同约定标准(38 元/台・月)结算。

(2) 5#电梯配件更换费用(编码器 2 个，单价 1200 元)另行支付。

(3) 请于 2024 年 12 月 25 日前提交发票及费用明细。

四、其他事项

(1) 于 12 月 10 日前提交年度保养计划。

(2) 元旦期间需安排 24 小时应急值班人员。

(3) 下次保养时同步更新电梯安全乘梯标识。

附件：1. 电梯月度保养记录表(2024 年 10 月)

2. 《特种设备检测报告》(编号：TS2311087-2023)

××物业管理处

2024 年 11 月

注：1. 此文种适用于工作业务不相隶属行政关系的供应商等协作单位。

2. 附件目录位置同请示，如无可不表述。

(六) 会议纪要

会议纪要是适用于记载和传达会议精神以及议定事项的一种文体。

以下为会议纪要的格式示例。

会议纪要

时间：××年××月××日××时

地点：某大厦二楼会议室

出席单位(人员)：发展商×××

总包方×××

监理方×××

管理处×××

内容(议题)：

(1) 关于物业接管验收的问题；

(2) 关于整改项目的完成时间；

(3) 关于大厦物业交接验收后的安全管理问题。

会议经与会各方讨论，就下列问题达成共识：

(1) 会议决定，从××年××月××日上午××时起，由发展商、总包方、监理方、管理处共同参与对大厦的物业接管验收。

(2) 会议决定，自××年××月以来，管理处汇总的各设备系统中需整改的项目，由总包方负责整改，监理方监督落实。

(3) 会议重申：要进一步落实“谁主管、谁负责”的精神，大厦物业接管验收前的安全管理，以总包方为主，各单位要积极配合，加强管理，确保工程进度、质量和安全。物业接管验收，由管理处全权负责，其他各单位积极配合。

发展商　　签字：×××

总包方　　签字：×××

监理方　　签字：×××

管理处　　签字：×××

××大厦管理处

年　　月　　日

三、物业服务企业规章制度

(一) 规章制度的概念

规章制度是指国家机关、社会团体、企事业单位为了维护正常的工作、学习以及生活秩序，保证各项政策的顺利执行和各项工作的正常开展，依照法律、法令、政策而制定的，具有法规性、权威性、指导性，且有一定约束力的应用文，是各种行政法规、章程、制度的总称。常见的物业服务企业规章制度的种类有章程、制度、规定(规则)、守则、办法、细则等。

(二) 规章制度的功能

规章制度有以下功能：

(1) 依法制定的规章制度可以保障企业合法有序地运作，可最大限度地降低纠纷发生的可能性。

(2) 规章制度可以保障企业的运作有序化、规范化，降低企业经营运作成本。

(3) 规章制度可以防止管理的任意性，保护职工的合法权益。

(4) 规章制度通过合理设置权利、义务、责任，使职工能预测到自己的行为和努力的后果，激励员工为企业的目标和使命而奋斗。

(三) 规章制度的拟写

拟写规章制度有以下要求：维护规章制度的权威性，考虑条文内容的可行性，讲求体式结构的规范性，重视定稿过程的完整性。

规章制度一般由标题、正文、制发单位名称和日期组成。

1) 标题

规章制度的标题主要有两种构成形式：一种是以适用对象和文种构成，如交接班制度、用户档案管理制度；另一种是以单位名称、适用对象、文种构成，如××管理处便民服务制度、××社区文化活动工作制度。

2) 正文

规章制度的正文有多种写法，主要可以概括为以下三种情况。

(1) 引言、条文、结语式：先写一段引言，主要用来阐述制定制度的根据、目的、意义、适用范围等，然后将有关规定一一分条列出，最后再写一段结语，强调执行中的注意事项。

(2) 通篇条文式：将全部内容都列入条文，包括开头部分的根据、目的、意义，主体部分的规定，结尾部分的执行要求等，逐条表达，形式整齐。

(3) 多层条文式：这种写法适用于内容复杂、篇幅较长的制度，特点是将全文分为多层序码，篇下分项、项下分条、条下分款。

3) 制发单位名称和日期

如有必要，可在标题下方正中加括号注明制发单位名称和日期，其位置也可以在正文之下，相当于公文落款的地方。

四、物业服务合同

(一) 物业服务合同的定义

合同是指平等的自然人、法人、其他组织之间设立、变更、终止民事权利义务关系的协议。物业服务企业接受业主大会的执行机构，即业主委员会(或开发商) 的委托从事物业服务，应当与委托人签订物业服务合同。物业服务合同属于我国合同分类中的提供劳务类合同。

提供劳务类合同的范围很广泛，凡是以劳务为标的的合同都可包括在内。提供劳务类合同的共同特点是，合同的标的一定是符合要求的劳务，而不是物质成果或物化成果，合同约定的劳务通过提供劳务的人的特定行为表现出来。

物业服务合同属于提供劳务类合同中的委托合同。委托合同是受托人以委托人的名义和费用处理委托事务，委托人支付约定报酬的协议。委托关系之所以能成立，是因为受托人能够解决委托人在生产、生活中自己不能解决或自己处理不好的事务。物业服务合同既可以发生在法人与法人之间，也可以发生在公民与法人之间；既可以因房屋维修养护的需要发生，也可以因日常生活的需要发生。

(二) 物业服务合同的特证

物业服务合同有如下特征：

(1) 物业服务企业以业主或业主委员会的名义和费用处理委托事务。物业服务企业因处理委托事务(如房屋维修、设备保养、治安保卫、消防安全、清洁卫生、庭院绿化等)所支出的必要费用，应由业主承担。

(2) 物业服务的组织是有偿的。业主不但应支付物业服务企业在处理委托事务中的必要费用，还应支付物业服务企业一定的管理酬金，这是物业服务企业为组织物业服务而取得的报酬。

(3) 物业服务合同的订立是以当事人相互信任为前提的。任何一方通过利诱、欺诈、蒙骗等手段签订的合同，一经查实，可依法起诉，直至解除合同关系。

(4) 物业服务合同的内容必须是合法的。物业服务合同应体现当事人双方权利、义务的平等与一致，并不得与现行的物业管理法规相抵触；否则，合同将不受法律保护。

(5) 物业服务合同既是诺成合同又是双务合同。诺成合同是一种不需要实物的交付履行就可以成立的特殊形式的合同，它又叫作非要式合同。物业服务合同自业主委员会与物业服务企业就合同条款达成一致意见时即告成立，无须以物业的实际交付为要件，故为诺成合同。同时，委托人和受托人双方互相承担义务和享有权利，故为双务合同。

(三) 物业服务合同的基本原则

物业服务合同的基本原则包括：主体平等原则、合同自愿(自由)原则、权利义务公平原则、诚实信用原则及守法和维护社会公益原则。

(四) 物业服务合同的主要类型

物业服务合同分为两类：一类是建设单位与物业服务企业订立的前期物业服务合同，另一类是业主委员会与物业服务企业订立的物业服务合同。这两种类型的物业服务合同以其合同主体作为区分依据，分别形成于物业管理的两个不同时期，不能同时并存，后者的生效将直接导致前者的失效。签订主体与形成时期的不同，决定了这两类合同内容的差异性。

(五) 物业服务合同的内容

物业服务合同主要包括以下内容：合同当事人(委托方、受托方)的名称和住所、物业服务的范围(包括物业类型、坐落、建筑面积、占地面积及委托管理物业的项目)、委托管理事项、委托管理期限、双方的权利和义务、物业服务质量、物业服务费用、专项维修资金的管理与使用、违约责任、合同终止和解除的约定及当事人双方约定的其他事项等。

物业服务合同的签订应参照政府行政主管部门制定的前期物业服务合同示范文本或物业服务合同示范文本。

五、房屋租赁合同

(一) 房屋租赁的定义

物业租赁包括国有土地使用权租赁和房屋租赁两大类。根据国务院有关规定，土地使用权租赁是指土地使用者作为出租人将土地使用权随同土地上的建筑物、其他附着物租赁给承租人使用，由承租人向出租人支付租金的行为。根据《中华人民共和国城市房地产管理法》的规定，房屋租赁是指房屋所有权人作为出租人将其房屋出租给承租人使用，由承租人向出租人支付租金的行为。现实生活中，物业租赁活动主要表现为房屋租赁。

(二) 房屋租赁合同的法律特征

(1) 承租人只享有房屋的使用权。房屋租赁是房屋占有权、使用权及部分收益权的转移，一旦租赁期满，承租人有义务将房屋归还给出租人。承租人不能擅自将租赁的房屋转租，如果在租赁期间将房屋转租，必须经过出租人的同意，否则将构成违法。

(2) 房屋租赁的标的是特定物而不是种类物。房屋租赁的标的必须是特定物，而不能像大多数其他产品一样可以用同类物代替。这就需求在房屋租赁合同中必须对标的物作详细的、区别性的描述。

(3) 房屋租赁合同必须采用书面形式。租赁关系成立的标志是房屋租赁双方订立书面合同。合同形式有两种，一种是口头形式，另一种是书面形式。由于房屋租赁的特殊性，房屋租赁合同是一种要式合同，双方当事人要书面约定各方的权利和义务。

(4) 房屋租赁合同必须依法办理登记。房屋租赁不允许私下进行交易，租赁合同订立后，双方当事人应向房产管理部门登记备案。登记备案是政府对房屋租赁行为实施管理的一种重要的行政管理手段。

(5) 房屋租赁关系不因所有权的转移而终止。在房屋租赁的有效期内，出租房屋的所有权发生转移不影响原租赁合同的执行，新房屋所有权人必须承担原房屋所有权人在租赁合同中确定的义务，尊重承租人的合法权益。

(6) 对租赁关系主体有相应法律要求。租赁作为一种民事法律行为，对其主体——租赁双方都有相应的法律要求。

(7) 对租赁客体有相应法律要求。我国对出租房屋有明确的法律规定。

(三) 房屋租赁合同的登记备案制度

根据住房和城乡建设部发布的、2011 年 2 月 1 日起施行的《商品房屋租赁管理办法》规定，房屋租赁合同订立后 30 日内，房屋租赁当事人应当到租赁房屋所在地直辖市、市、县人民政府建设(房地产)主管部门办理房屋租赁登记备案。

办理房屋租赁登记备案时，房屋租赁当事人应当提交下列材料：

(1) 房屋租赁合同。

(2) 房屋租赁当事人身份证明。

(3) 房屋所有权证书或者其他合法权属证明。

(4) 直辖市、市、县人民政府建设(房地产)主管部门规定的其他材料。

房屋租赁当事人提交的材料应当真实、合法、有效，不得隐瞒真实情况或者提供虚假材料。对符合要求的，直辖市、市、县人民政府建设(房地产)主管部门应当在三个工作日内办理房屋租赁登记备案，向租赁当事人开具房屋租赁登记备案证明。

房屋租赁登记备案记载的信息应当包含以下内容。

(1) 出租人的姓名(名称)、住所。

(2) 承租人的姓名(名称)、身份证件种类和号码。

(3) 出租房屋的坐落、租赁用途、租金数额、租赁期限。

(4) 其他需要记载的内容。

(四) 房屋租赁合同的主要内容

房屋租赁当事人应当依法订立租赁合同。房屋租赁合同的内容由当事人双方约定，一般应当包括以下内容：

(1) 房屋租赁当事人的姓名(名称)和住所。

(2) 房屋的坐落、面积、结构、附属设施、家具和家电等室内设施状况。

(3) 租金和押金数额、支付方式。

(4) 租赁用途和房屋使用要求。

(5) 房屋和室内设施的安全性能。

(6) 租赁期限。

(7) 房屋维修责任。

(8) 物业服务、水、电、燃气等相关费用的交纳。

(9) 争议解决办法和违约责任。

(10) 其他约定。

房屋租赁当事人应当在房屋租赁合同中约定房屋被征收或者拆迁时的处理办法。

建设(房地产)管理部门可以会同工商行政管理部门制定房屋租赁合同示范文本，供当事人选用。

六、社区文化建设方案

(一) 社区文化的含义

从物业管理的角度来说，社区文化是一个较为宽泛的概念。物业管理中的社区文化可界定为：在一定的区域范围内和一定的社会历史条件下，社区成员在社区社会实践中共同创造的具有本社区特色的精神财富及其物质形态。

(二) 物业管理与社区文化建设的关系

有学者认为，现代社区成员典型的心理特征是孤独与焦虑。生活在现代都市的人很容易受到人际关系淡薄这一“现代都市症”的困扰。这一“病症”像一堵无形的围墙拦截了社区成员间的沟通与融洽。而物业管理是人对人、面对面的服务，它的自身特点又决定了沟通和配合是优质服务的必备前提。物业管理必须找到一个符合中国国情、具有中国特色的办法，要做好“一手抓物业管理，一手抓精神文明建设”的模式。

(三) 社区文化建设的原则

1. 老与少相结合

老与少相结合是指社区文化建设应该抓住老人与儿童这两个大的群体，带动中青年人参与社区文化活动。这种抓“两头”促“中间”的做法是由老人与儿童的特点决定的。

2. 大与小相结合

这里说的“大”是指大型的社区文化活动，这类活动需经过专门的精心策划组织，参与者多，影响面广，如体育节、艺术节、文艺汇演、入住仪式、社区周年庆等；“小”是指小型的社区文化活动，即那些常规的、每日每周都可能开展的、有一定组织安排的社区文化活动，如每日的晨练、休闲、娱乐等，通常由兴趣小组组织。

3. 雅与俗相结合

所谓雅与俗相结合，是指社区文化活动应当注重社区成员不同层面的需求，既有契合高品位追求的活动，又有贴近大众通俗喜好的安排，高雅与通俗同在，崇高与优美并存。

4. 远与近相结合

这里所说的“远”是指社区文化建设要有超前的意识、发展的眼光和整体的目标；“近”是指要有短期周密的安排、落实和检查。社区文化对塑造社区精神、引导生活方式等具有极其重要的作用。

(四) 社区文化建设的方法

1. 场地

开展社区文化活动必须有场地，硬件设施是社区文化活动的基本保障。物业服务企业应首先规划场地的来源。设计部门应将社区文化活动的场地、设施纳入规划；物业服务企业在前期介入阶段要积极争取、合理建议。小区交付使用后，物业服务企业在资金许可的情况下，还要有计划、有步骤地对社区文化设施加以完善。条件不够的，要尽可能地提高文化设施的利用率，充分发挥露天广场、庭院、架空层的作用，要做到大活动有地点、小活动有场所。物业服务企业还应动员常驻社区的企事业单位及机关、学校将其文化设施对社区成员开放。政府应进行这方面的法规政策建设，使社区文化工作有法可依、有章可循。

2. 资金

社区文化建设的开展需要一定的资金支持。资金的来源主要有几个方面：一是物业服务企业从每年管理经费中划拨一定的比例用于社区文化建设，这是企业办文化的重要表现；二是寻求企事业单位和个人的赞助，热心于公益事业、关心社区成长的单位和个人越来越多，物业服务企业应处理好关系，把握好时机，掌握好分寸，争取多方面的支持。三是由社区文化活动的直接受益者出资，如组织旅游等，资金可向参与者筹措；四是以文养文，进行文化经营，将其所得再用于社区文化建设。社区文化活动经费要开源节流。

3. 机构

机构的设立是社区文化活动得以正常开展的组织保证。物业服务企业如果想要开展好社区文化活动，最好能成立社区文化建设的管理部门，负责落实社区文化活动的组织与执行。社区文化建设的管理部门对人才素质要求较高，很多人要能做到一专多能。能否建立一支高素质的社区文化队伍，直接关系到社区文化活动的成效。规模大的小区可以由专人负责，明确分工；规模小的小区也可以兼职工作，松散合作。

4. 方案

社区文化建设的管理部门要制订好社区文化活动的计划和方案，并及时做好活动后的总结工作。有了计划与方案，管理部门在工作过程中才不会手忙脚乱，影响活动的质量。方案的拟订要以调查分析为依据，科学合理、切实可行、行之有效。

以下为××小区母亲节活动方案示例。

××小区母亲节活动方案

一、活动背景

母爱是人类一个亘古不变的主题，我们赋予它太多诠释，也赋予它太多内涵。母爱就像一首深情的歌，婉转悠扬，轻吟浅唱。想起了母亲，志向消沉者就会变得意气风发；想起了母亲，虚度年华者就会变得豪情万丈；想起了母亲，羁旅漂泊的游子就会萌发起回家的渴望；想起了母亲，彷徨无依的心灵就找到了栖息家园!

很多国家把每年5月的第二个星期日定为母亲节，这已经成为一个国际性的庆祝节日了。它为歌颂世间伟大母亲，铭记母亲恩情，弘扬孝敬母亲美德而设立。

二、活动目的

母亲节活动可以丰富社区文化生活，呼吁社区居民关注亲情，重温成长过程，感恩伟大母爱，让社区居民学会感恩，学会用心关怀。

三、活动主题

爱在心中，感恩更美。

四、报名起止时间及活动时间

报名时间：2025年5月5日至5月8日。

活动时间：2025年5月11日。

五、报名方式及活动地点

报名方式：小区物业前台或App报名。

活动地点：社区内广场；如天气不好则改至1、2栋架空层。

六、活动对象及活动名额

小区内4～15周岁孩子及其父母；报名家庭达到150组时截止报名。

七、活动组织机构

物业服务公司、××小区业委会。

八、前期安排

1. 工作安排

工作安排见表10-3。

表 10-3　工 作 安 排

工作安排	完成时间	备注
活动通知、公众号消息推送	5 月 4 日 18:00 前	
报名登记、消息汇总	5 月 8 日 17:00 前	报名期间每天 17:00 之前将报名人数发送至物业工作群，以便及时调整活动计划
活动用品订购	5 月 8 日 15:00 前	保证活动用品质优价廉
活动预演	5 月 9 日 17:00	

2. 前期准备

(1) 物业服务企业内部人员提前开会安排好各项工作，并将任务安排到具体个人。

(2) 采购负责人提前将所需要的物资采购完毕。

(3) 提前在社区公告栏上张贴有关母亲节的由来及全国各地庆祝母亲节的精彩活动剪辑。

九、活动流程

1. 活动安排

(1) 活动日 8:00 在广场布置好活动所需的道具并规划好活动需要的场地。

(2) 按分配好的任务各自展开工作，等待业主来参加活动。

(3) 活动过程中，相关人员抓拍活动精彩镜头。

(4) 活动结束后及时清理现场并还原。

2. 游戏环节

(1) 护蛋行动。每位孩子从家中带一个生鸡蛋来参加活动，给鸡蛋命名并将名字写在鸡蛋上。孩子扮演鸡蛋的爸爸或妈妈，活动期间随身携带并保护好鸡蛋，不让鸡蛋破碎，以体验爸爸、妈妈养育宝宝的辛苦，引导孩子学会感恩。现场所有的节目结束后，鸡蛋完好的小朋友即可获得一份小礼物。

(2) 你画我猜。5 组家庭一起游戏，工作人员随机提供 10 道文字题目，小朋友在提供的画板上作画，由爸爸、妈妈猜词语，在一分钟内猜对词语数量最多者获胜。第一名的家庭获得 3 张奖券；第二名的家庭获得 2 张奖券；第三及以下的家庭获得 1 张奖券。

(3) 气球大作战。5 组家庭一起游戏，小朋友使用打气筒将气球打气至指定大小后，由爸爸或妈妈用膝盖夹住气球，把气球运送到指定地点，气球不能落地或被夹破。先运送完 5 个气球的家庭为第一名，以此类推。第一名的家庭获得 3 张奖券；第二名的家庭获得 2 张奖券；第三及以下的家庭获得 1 张奖券。

(4)《感恩的心》合唱。合唱歌曲《感恩的心》，全体家庭都可参与，参与家庭皆可获得 2 张奖券。

3. 兑奖环节

兑奖说明：兑奖开始后，业主自行到兑奖处抽奖、兑奖。

1) 抽奖

(1) 每 3 张奖券即可兑换抽奖机会一次。

(2) 奖品：一等奖为电饭锅 1 个，二等奖为热水壶 1 个，三等奖为毛巾 1 条。

(3) 抽奖时间：11:15。

(4) 奖项设置：一等奖2名，二等奖5名，三等奖15名。

2) 兑奖

(1) 5张奖券可兑换魔方或小公仔1个，每位小朋友限1个。

(2) 2张奖券可兑换小国旗或小风车1只，每户家庭限3个。

(3) 1张奖券可兑换糖果3个。

(4) 若兑奖结束后有剩余的物品，在活动结束前随机抽出幸运家庭赠送。

十、注意事项

(1) 关于活动的开展，物业服务企业通知必须确保到位。

(2) 工作人员要认真负责，有问题及时反映，做好相应的处理，确保活动正常进行。

(3) 活动场地规划好后，为保证活动安全，场地应设置2个门，每个门口配置2名工作人员；每个游戏场地的现场需要有工作人员引导；游戏所需要的道具，由现场工作人员告知参与者使用方法和注意事项，特别需注意看好小孩。

(4) 为确保现场卫生，现场应安排2～3名保洁人员，时刻保持现场清洁；游戏环节现场产生的垃圾，游戏结束后及时清理。同时，入口处以及每个游戏场地放置“勿乱扔垃圾”的警示标识，工作人员也应该以身作则，看到有垃圾应及时清理。

十一、应急措施

(1) 天气：提前做好天气信息收集，如果当天为阴天或者下雨，只要天气不是太恶劣活动就照常进行，同时准备雨伞，以备不时之需；天气好则活动按计划进行，同时做好防晒工作。

(2) 安全：提前做好相应的安全通知，告知业主们在活动中可能发生的情况，注意安全，避免不必要的事故发生。

十二、预算

活动预算见表10-4。

表10-4 预 算 表

序号	名称	单价/元	数量/个	金额/元
1	小国旗	0.2	150	30
2	小风车	0.2	150	30
3	魔方	8.0	50	400
4	小公仔	7.0	50	350
5	糖果	0.5	200	100
6	画纸	0.5	30	15
7	气球	0.2	150	30
8	电饭锅	400.0	2	800
9	热水壶	80.0	5	400
10	毛巾	10.0	15	150
合计	2305			

以案说理

王某在××市××区××小区拥有一套三居室住宅(建筑面积 120 m^2，房产证号：××房权证 2023 字第××号)，房屋精装修并配备家具家电。2023 年 8 月，王某通过中介与承租人李某签订房屋租赁合同，租期 2 年。合同约定内容包括以下方面。

(1) 租金及支付方式：月租金 5000 元，按季度支付，押金 10 000 元。

(2) 房屋使用限制：不得从事商业活动。

(3) 维修责任：非人为损坏由王某承担，人为损坏由李某赔偿。

(4) 合同终止：须提前 30 日书面通知，违约方支付 2 个月租金作为违约金。

(5) 其他条款：物业费由王某承担，水电费由李某承担，房屋现状通过照片及视频确认。

2024 年 3 月，李某未经王某同意将次卧转租给朋友，王某发现后要求解除合同并扣除押金。李某以“合同未明确禁止转租”为由拒绝，双方产生纠纷。

根据《中华人民共和国民法典》第七百一十六条规定：“承租人经出租人同意，可以将租赁物转租给第三人。承租人转租的，承租人与出租人之间的租赁合同继续有效；第三人造成租赁物损失的，承租人应当赔偿损失。承租人未经出租人同意转租的，出租人可以解除合同。”

王某与李某签订的合同中虽未明确禁止转租，但根据上述法律规定，转租须经出租人书面同意。李某擅自转租已构成违约，王某有权解除合同并要求赔偿。此外，合同约定的押金条款符合《商品房屋租赁管理办法》的规定，可用于抵扣违约金及房屋维修费。

此案例表明，租赁合同应明确约定转租、违约条款，并引用法律依据，这样既能保障出租人权益，也能规范承租人行为，避免纠纷。

任务实施

一、学习目标

掌握房屋租赁合同拟写方法和流程，明确关键点。

二、实施方法

(一) 法律依据分析

依据《中华人民共和国民法典》《商品房屋租赁管理办法》等，明确房屋租赁合同核心要素；结合地方房管部门示范文本，确保条款合法性。

(二) 风险预判

通过案例分析(如转租纠纷)，预判潜在风险点；采用“条款+附件”模式，增强合同可执行性。

(三) 标准化模板套用

使用房管部门发布的租赁合同示范文本框架，填充具体信息。

三、任务流程

(一) 需求分析与信息收集

1. 基础信息采集

(1) 房屋信息：包括产权证号、建筑面积、装修状况、家具家电清单(需拍照或拍视频留证)等。

(2) 业主信息：包括身份证号、联系方式、物业费交纳情况等。

(3) 承租人信息：包括身份证号、职业、联系方式等。

2. 风险点识别

(1) 转租风险：明确禁止转租条款，约定违约责任。

(2) 维修责任：区分自然损耗与人为损坏，约定维修响应时效。

(3) 费用承担：物业费、水电费、燃气费等交纳主体。

(二) 文书草拟与条款设计

1. 核心条款拟定

(1) 租赁期限：明确起止时间，约定续租条件。

(2) 租金与支付：明确月租金、支付周期、押金金额及退还条件等。

(3) 房屋使用限制：包括禁止转租、商业用途、养宠物等条款。

(4) 维修责任：非人为损坏由出租人承担，人为损坏由承租人赔偿。

2. 附件补充

附件包括房屋现状确认单(含照片、视频)、家具家电清单(注明品牌、型号、数量)等。

3. 法律条款引用

引用《中华人民共和国民法典》第七百一十六条(转租规定)、第七百一十二条(维修责任)；注明《商品房屋租赁管理办法》相关要求(如登记备案流程)。

(三) 审核与修改

1. 合规性审查

检查条款是否与现行法规冲突(如押金不得超过 2 个月租金)；确认转租、解约等条款符合《中华人民共和国民法典》规定。

2. 风险规避优化

增加“承租人声明”条款，确认已阅读并理解合同内容；细化违约赔偿标准(如违约金计算方式、损失赔偿范围)。

3. 登记备案准备

提示当事人携带合同、产权证、身份证明至房管部门办理登记。

(四) 签署与归档

1. 签署流程

双方签字盖章，注明签署日期；留存合同副本(建议公证或律师见证)。

2. 档案管理

建立租户档案，记录合同编号、租赁期限、缴费记录；动态更新档案(如续租、退租、维修记录)。

任务小结

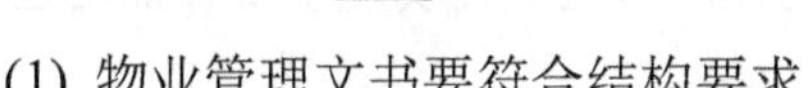

(1) 物业管理文书要符合结构要求。

(2) 不同种类的物业管理文书应当包含各自明确的内容，内容要尽可能全面具体。

课后测试

了解物业管理工作中应对不同情况需要拟定的文书，根据具体情况，拟定相应的文书。

任务二　物业档案的管理

任务导入

物业档案是物业形成、变迁和管理工作中的历史记录，是保留、保存和查询物业资料的重要依据，是物业管理工作的重要组成部分。物业管理是服务性的工作，服务质量是核心竞争力。在提高服务质量的过程中，物业档案管理发挥着至关重要的作用。可以说，物业档案管理状况可以反映物业服务水平和物业管理质量。物业档案管理的相关工作人员要熟悉物业档案的收集、整理和日常管理。

理论先行

一、物业档案管理概述

(一) 档案的定义

档案是指国家机构、社会组织以及个人从事政治、军事、经济、科学、技术、文化、宗教等活动直接形成的对国家和社会有保存价值的各种文字、图表、声像等不同形式的历史记录。

档案来源于文件，文件是档案的前身。一切档案都是在文件使用或办理完毕后转化而来的。文件广义上指组织或个人为处理事务而制作的记录信息的一切材料，是人类记录、传递和存储信息的一种工具。一份文件产生后有一段时间的现行效用，这时文件被称为现行文件。这一段时间过后，现行效用消失，但仍有查考价值，这时文件便称为历史文件。经过系统化、有序化的整理，历史文件被组成案卷继续保存。在很多场合，历史文件被认为是档案的同义词。

(二) 物业档案的定义

1. 物业文件与物业档案

物业管理工作形成的文件主要有两大部分，即物业服务企业日常运作形成的普通管理文件和物业管理实际操作接收和形成的多种专业性文件。这些文件实现了现行效用之后，就过渡为物业档案。

物业服务企业日常运作形成的普通管理文件包括行政管理文件、人事管理文件、财务管理文件等。物业管理实际操作接收的专业性文件包括接管验收时接收的房屋建筑工程资料、设备和产权资料；形成的专业性文件包括住户入住后不断形成并补充的业主(住用人)资料，常规物业管理过程中形成的物业维修文件、物业租赁文件和管理服务文件，物业服务企业开办多种经营活动形成的经营管理文件等。

但是，物业管理工作中可能出现的文件并不都是物业档案，对照《中华人民共和国档案法》对档案的规定，物业档案可以定义为：国家机构、社会组织和个人从事物业管理活动时直接形成的对国家和社会有价值的各种文字、图表、声像等不同形式的历史记录。

2. 物业档案的构成要素

与广义的档案一样，物业档案也包含四个构成要素，具体如下。

1) 档案的形成者

档案的形成者即国家机构、社会组织以及个人。对于物业档案来说，其形成者主要是指物业服务企业、物业服务人员及物业的使用者。此外，物业档案中也有部分文件的形成者是物业的开发商(项目的报批文件)、设计者(工程设计图纸)、承建商(物业的建筑文件)以及政府有关部门，如计委(资金来源文件)、国土局和房管局(房产证明文件)、城市规划局(报建文件)等。

2) 档案的内容

档案的内容即档案所记载的知识信息，就是人们在从事政治、军事、经济、科学、技术、文化、宗教等活动中获得的信息。对于物业档案来说，档案的内容就是指物业服务企业各项工作中的知识信息，如物业租赁、小区规划、园林绿化、房屋维修、住户情况、资金使用、经营服务等信息。

3) 档案的形式

档案的形式指文种形式、载体形式、信息记录和表达形式。无论哪类档案，其文种形式都可以是公文、合同、证书、书稿等；其载体形式可以是纸张、磁盘、胶片等；其信息记录形式可以是手写、印刷、摄影、录音等；其信息表达形式可以是文字、图形、声像等。

例如，物业服务企业的人事档案以公文为主要文种形式，以纸张为主要载体形式，以文字为主要信息表达形式；物业的建筑工程档案以图纸为主要文种形式，以纸张为主要载体形式，以图形为主要信息表达形式；安全监控档案则以磁盘为主要载体形式，以声音及图像为主要信息表达形式。

4) 档案的本质

档案的本质即直接的、原始的历史记录。这是档案与其他类似事物，如文件、图书、情报资料的区别。人们用历史记录区别档案与文件，因为文件是现行的，丧失现行效用才能转化为档案；用原始记录区别档案与图书、情报资料，因为档案是第一手的原稿，而图书、情报资料则可以一版再版。以物业档案中物业修缮工程的审批表、费用结算单为例，它们是修缮过程中形成的表格，由工作人员在实际工作时填写、经审批人员核准，是未经任何加工、改动的真迹，这就是档案原始性的体现。在维修工程进行时，它们具备现行效用，属于一种文件；但是在工程验收、费用核算清楚后，它们便成了对历史的记录，转化为档案，体现了档案的历史性。而且这一原始文件只有在工作过程中才能形成，如果当时没有形成或形成后没有注意保存，事后就很难补救了。

(三) 物业档案在物业管理活动中的地位

作为一项经营管理活动，物业管理的主要对象就是物业及其使用者，如果对此二者没有充分的认识和了解，管理活动就无法进行。由于物业管理机构不是物业及其使用者的生产者，在物业管理行为开始之前互相也没有任何关系，所以要认识和了解他们，就只有通过积累在接触中产生的各种经验，以此作为判断和管理的依据，物业档案就是对这些经验最忠实的记录。

物业档案是随着物业管理行为的出现而产生的，尽管档案管理不是物业管理工作的主要环节，然而其重要地位却不容忽视。物业管理工作正式开展后，几乎每一个环节都离不开档案，无论是维修、养护物业设施，还是了解业主及物业使用人的情况，又或是收取管理费用、开发经营活动等，都要用到物业档案。

物业产权和住户档案更是进行物业管理的参考和依据。从安全保障的角度来讲，物业服务人员必须知道每幢房屋的业主和住户的基本资料，以便在有意外情况时可以联络；从经营服务的角度来讲，住户的数量、职业、生活习惯等信息是物业服务企业决定经营服务方向和策略的基本依据。

(四) 物业档案的特点和作用

1. 物业档案的特点

物业档案与其他类型档案最主要的区别是：物业档案是物业管理专门档案，因此，物业档案的特点主要也就是物业管理专门档案的特点。

物业管理专门档案和其他档案相比较，有一些突出的特点。比如，物业管理专门档案的形成领域较为局限，组成档案的文件材料较为稳定以及档案具有动态性、完整性等。认识和研究这些特点，对掌握物业管理专门档案，开展物业档案工作，实现物业档案的科学管理和物业档案信息的开发，具有重要的指导意义。

(1) 形成领域较为局限。物业管理工作涉及的内容很具体：管理的对象是物业，服务的对象是物业的业主和住用人。因此，在物业管理活动中形成的物业管理专门档案的文件材料，也必定只能形成于与物业有着密切联系的领域。

(2) 组成档案的文件材料较为稳定。物业管理工作虽然烦琐，但并不复杂，每一项物业管理活动在走上正轨后就按照一定的程序重复进行，因此所形成的档案的文件材料也比较稳定，且常常具有统一的规格样式。物业管理专门档案文件材料的稳定性使得物业档案开展标准化管理和计算机管理具备了最基本的条件。

(3) 档案的动态性较强。物业的情况通常不会是一成不变的。物业可能需要进行维修、养护，业主可能因物业的买卖、交换、继承等权属变更而变更，住用人更有可能因租赁关系的改变而频繁变化。因此，相对应的物业及人的文件材料也要不断在档案中增加，这使得物业管理专门档案具有一个显著特点——较强的动态性。

(4) 档案具有完整性。物业管理专门档案是以一个物业单位为对象组织案卷的，该物业不管发生何种变化，所产生的文件材料都须添加进去，因此，每一份档案案卷都是一个有机的整体，全面反映了一个物业单位的变迁过程，体现出一种完整性。

(5) 和人们的日常生活息息相关。物业管理活动是围绕人们的日常生活展开的，没有哪一种档案会像物业档案这样与人们的日常生活有着如此密切的联系。许多档案如机关文书档案、审计档案、诉讼档案等在归档以后通常就较少被利用，因为人们的日常生活很少会涉及这些档案，而物业档案则会随着物业的装修、租赁、再修、再租赁等活动的需要而不断地被调阅。

(6) 公开性和隐秘性并存。物业档案和某些档案如产权档案、人事档案相比，具有一定的公开性，因为物业档案记录着有关物业及物业管理的情况，这部分档案内容对与本物业有关的所有人员来说都是公开的，如物业的维修档案，有关绿化、环卫、保安的档案等。但物业档案又具有一定的隐秘性，因为它也包含着大量的隐私内容和一定的公司机密，这部分档案内容是不便公开的，如住户的个人资料、物业中各个单元的产权资料、公司的重大决策等。

2. 物业档案的属性和价值

通常所说的档案价值是指档案的利用价值，即档案对社会实践活动的作用。构成价值的客观基础是客体的属性，所谓档案的价值也就是档案的属性与人们的社会需要的统一。与广义的档案一样，物业档案的属性包括本质属性和一般属性。

档案的本质属性即原始记录性，它是构成档案特殊价值——凭证价值的基础。从档案的形成来看，它是在一项工作的进行过程中即时形成或从当时使用的文件转化而来的，不是事后另行编制的，因此它客观地记录了事物发生和发展的历史，是有说服力的历史证据。例如大厦的安全监控录像，在有必要查证出入情况时，它是最能令人信服的证据。这是因为它记录的是当时的出入人物，而非其他时候人为组织拍摄的内容，在档案本身的物体形态上保留着真切的历史标记，既不能篡改也不能抹杀，具有法律效力。所以说原始记录性决定了档案的凭证价值。

档案的一般属性是指文化属性、知识属性和信息属性。档案的这些属性是构成其一般价值——参考价值的基础，而人们获取这些知识、情报的需求使档案的参考价值得以体现。在物业档案中，住户档案包含了各家庭的人口结构、出入规律、爱好习惯、生活需求等信息，在决定物业管理的经营服务方向时，这些信息就是可靠的参考基础。当然，发挥物业档案参考价值的前提是档案必须真实可靠，这一点取决于日常的收集积累是否认真。

3. 物业档案的作用

正确评价物业档案的作用，可以深化人们对它的认识，有利于物业档案工作的开展。物业档案最重要的内容是物业管理专门档案，它包括两部分：一部分是物业本身的档案，包括开发建设成果的记录和物业服务企业接管后对物业进行维修养护和更新改造情况的记录；另一部分是物业业主和使用人的档案，包括业主、住户的姓名、家庭成员情况、工作单位、联系电话或地址、租金、物业服务费收取情况等。物业档案的作用主要体现在这两部分档案上。

(1) 物业本身的档案是物业管理中维修养护、更新改造必不可少的重要依据。科学技术的发展和人们对居住需求的不断提高，使现代建筑工程地下和建筑体内部的管线、设施越来越多，越来越复杂。这些工程发生故障时，物业本身的档案就是宝贵的财富。它可以给物业的维修、养护工作提供依据，提高效率并减少对住户的影响。因此，开发建设单位应该将开发建设的物业档案材料在移交物业管理时同时移交给物业服务企业；更换物业服务企业时，原物业服务企业也应该将物业开发建设的档案材料和物业管理中维修养护、更新改造的物业档案材料移交给新的物业服务企业。

(2) 物业业主和住用人档案是物业服务企业开展管理服务的前提和基础。通过这部分档案，物业服务企业可以全面了解物业业主和使用人的情况和需求，从而为物业业主和使用人提供各种有针对性的服务和开展适当的经营活动。例如，当从档案中了解到使用人大部分是工作繁忙的高收入阶层时，物业服务企业可以提供家居清洁、衣服代洗、汽车清洗养护等服务；若使用人主要是普通工薪阶层，物业服务企业可考虑提供电器维修服务，适当兴建几个电动车或自行车保管站等；而如果使用人中老人较多，物业服务企业则可开设老人活动室等场所。这样，物业服务企业可以减少服务的盲目性，提高管理工作的效率，增加经营活动的收入。因此，物业服务企业在业主购房或使用人租房时就应该掌握物业业主和使用人的第一手资料，在使用人入住后应迅速将档案材料补充完善，并且在物业管理工作过程中不断进行积累。当更换物业服务企业时，原物业服务企业应该将物业业主和使用人的资料完整地提供给新的物业服务企业。

(3) 物业档案具有一定的凭证作用。物业档案是物业管理活动中形成的真实原始记录，因此它和其他档案一样，也具有凭证作用。

(4) 物业档案是开展物业管理研究的基本统计素材。随着物业管理的不断发展和完善，对物业管理的研究工作也正在逐步开展。由于物业档案系统而翔实地记录着近年来物业管理活动方方面面的情况和数据，其准确性和真实性远远超过通过社会问卷调查得到的结果，因此，物业档案就成为物业管理研究素材的基本来源。例如，物业服务企业可通过全面查阅分析某一住宅小区的租赁档案，来了解该小区近年来的租赁情况，包括租金走势、价位、租赁人群的特征及对租赁房屋朝向、楼层、面积大小的喜好等，从而进一步总结出拓展该小区租赁市场的经验和对策。

当然，物业档案中普通档案的作用也是不可低估的，它是物业服务企业日常工作开展的忠实记录，其凭证和查考作用是公司正常运作的基本保证。

二、物业档案管理的内容

(一) 客户档案的建立

1. 产权备案工作

房地产的产权备案和权属登记是不同性质的工作。产权备案是物业管理活动中一个十分重要的环节，是实施物业管理前必须做到而且应该做好的一项工作；而权属登记是政府部门的行业管理工作。

2. 客户档案的建立

客户档案的内容一般包括业主和使用人的姓名、家庭成员情况、工作单位、业主及家庭成员的兴趣爱好、日常联系电话和地址、紧急联系电话和地址、物业服务费交纳情况、物业的使用和维修养护情况等。

(二) 物业档案的建立

1. 物业档案的收集

物业档案的收集，就是按照物业管理的有关规定，依据物业管理档案归档范围，通过一定的方法将物业服务企业各部门和个人手中有保存价值的档案(包括文字、图表、录音、录像、磁盘等)集中到物业档案管理机构的过程。物业服务企业应将物业档案的收集纳入计划，明确责任；同时收集的档案内容要齐全、完整、准确、翔实，形式要规范，载体要丰富。

2. 物业档案的整理

物业档案的整理工作就是将处于零乱状态和需要进一步条理化的档案进行基本的分类、组合、排列和编目，使之系统化。收集后的所有信息，统一由档案室集中整理。整理的重点是去伪存真，并根据档案的来源、信息的内容、信息的表现形式等特点进行细分，做到条理清晰、分类合理、便于查阅。

物业档案资料分类的方法很多，通常有年度分类法、组织分类法、地区分类法、文件名称分类法等。根据物业服务企业的特点，物业档案可以先按部门、内容分类，然后按年度进行再分类。

(三) 物业档案的管理

1. 资料的归档管理

归档是指将物业服务企业及个人在物业管理过程中形成、积累的有保存价值的文件材料，由业务部门整理立卷，定期交本单位档案室归档集中管理的过程。重要资料的接收必须指定专人负责。物业服务企业可采用多种形式的文档储存方式，以便于原始档案的保存。

2. 档案的使用管理

在档案的使用管理过程中，物业服务企业可采用先进的检索软件，建立网络系统，对档案分类、分册建立目录，实行计算机管理，方便存档和检索，充分发挥档案的储存和使用价值；对重要的资料，如原始文件、合同等，必须按档案的密级程度严格管理，这些资料经由单位负责人批准后方可借阅，并须办理借阅手续。

3. 档案的销毁

对于过期的或作废的档案，应当清点、核对并编制档案销毁清册，经过审批后方可销毁。

4. 物业档案管理的要求

(1) 档案室的出入应有严格规定。

(2) 档案管理应明确收集、整理、分类、归档、销毁等各项管理制度。

(3) 按时存档，定期查档。

(4) 采用多种形式储存和保管档案。

(5) 保存档案的环境应干燥、通风、清洁，做到防火、防盗、防光、防尘、防潮、防鼠、防有害气体、防虫。

(6) 档案资料应保证完整、准确、安全。这就要求在物业管理中抓好“六时”，即物业接管时、业主入住时、上门访问时、接待投诉时、维修更新时、检查评比时。

(四) 电子档案的管理

1. 档案管理现代化

1) 档案管理现代化的概念

档案管理现代化是相对于档案传统手工管理而言的。它以系统论等现代管理科学为指导，应用现代管理方法和手段，积极采用先进的管理技术与设备，充分发挥档案管理人员的主动性、积极性和创造性，对档案管理的传统方式和做法进行改革，使档案管理实现系统化、定量化、信息化、智能化，以取得档案管理总目标的最佳效果。

2) 档案管理现代化的内容

档案管理现代化涉及档案的收集整理，档案的保存及保管条件，档案保护技术，计算机在档案管理中的应用，档案信息资源开发利用的方法和途径，电子文件的收集积累、整理归档及开发利用等，内容十分丰富。档案管理现代化的关键是最大限度地延长档案寿命的技术，利用计算机及网络技术开发档案信息资源的方法，以及在电子文件日益成为社会主导形式时，收集、积累、整理和形成档案的途径。

2. 电子档案管理的原则

电子档案管理的原则为：

(1) 实行全过程管理，以确保电子档案的原始性、完整性、有效性和安全性。

(2) 确保电子档案归档的质量。电子档案不同于纸质档案，应明确归档时间、范围、要求及处置办法等。

(3) 建立健全电子档案管理的规章制度，以保证电子档案的真实性和安全性。

三、物业档案管理的程序

(一) 物业档案的收集

物业档案的收集工作就是按照物业管理的有关规定，依据物业管理档案归档范围，通过一定的方法将物业服务企业各部门和个人手中有保存价值的档案(包括文字、图表、录音、录像、磁盘等)集中到物业档案管理机构(档案馆、室)的过程。物业档案的收集是实现物业档案集中管理的重要内容和基本措施。

档案收集方法分为接收和征集两种。作为物业服务企业的档案管理机构，接收本公司文书处理部门和业务部门按规定应当归档的档案是基本收集方法。征集是档案部门按照国家规定征收散存在社会上的档案和有关文献的活动。物业服务企业一般不存在征集这一方法。

通过收集工作，建立数量充足、种类齐全、质量优异的馆(室)藏档案，是物业服务企业档案室存在和发展的物质基础，是输出物业档案信息，为社会实践服务的前提条件。

因此，物业档案的收集工作在物业档案管理流程中占有非常重要的地位，物业档案的收集工作是物业档案管理工作的开始。

物业档案是由物业管理文件材料经立卷整理、归档转化而来的。物业管理文件材料的形成、积累工作直接影响到物业档案的完整性、准确性、系统性。

1. 物业管理文件材料的形成

物业管理文件材料是物业档案的物质基础，物业档案的情报价值和凭证价值不但取决于档案收集是否完整、齐全，而且取决于物业管理文件材料的形成是否规范、科学。没有规范、完整的物业管理文件，就不会有规范、齐全的物业档案，更谈不上物业档案的整理和保管，利用价值当然也大打折扣。

从档案的收集、整理、保管、利用等角度出发，文件材料形成过程非常关键。因此，物业服务企业必须在物业管理工作中注入档案工作机制，以便形成既符合物业管理需要，又符合档案工作要求的物业管理文件材料。

物业管理文件材料产生于物业服务企业各业务环节的每个运作过程，每一环节都会产生相应的文件材料。

1) 物业的接管验收材料

物业的接管验收材料包括房产资料、技术资料和接管资料。其中，房产资料包括房屋、设备及其附着物清单、清册及表格；技术资料包括竣工图、地质勘察报告、工程预决算书、图纸会审记录、竣工验收证明书、总平面图、平面图、房屋及设备使用技术资料；接管资料包括验收合格凭证、物业完好情况、接管文件。

2) 住户(租户)入住材料

住户(租户)入住材料包括装修申请表、入住通知书、住户家庭情况登记表、房屋交接单、住户入住合约、身份证明材料。

3) 物业租赁材料

物业租赁材料包括租赁合同、租赁审批材料、物业权属证明材料、房屋安全鉴定材料、同意出(转)租文件、委托书、公证书、证明、报告、分户图。

4) 物业维修材料

物业维修材料包括维修审批表、修缮图纸、验收合格证明、修缮工程许可证、工程预结算表、安全鉴定书、材料单。

5) 物业行政管理、党群工作材料

物业行政管理、党群工作材料包括企业组织沿革，党支部会议文件，党政领导办公会议文件，公司机构设置文件，党政工作计划、总结，党员花名册，团支部会议文件，共青团工作计划、总结，团支部建设文件，团支部成立、活动文件，团组织关系调动介绍文件。

6) 物业经营管理材料

物业经营管理材料包括公司经营发展文件，小区管理文件，小区建设文件，合资、合作文件。

7) 物业财务管理材料

物业财务管理材料包括有关公司财会的政策性文件、公司财会明细文件、财会工作计划和总结、成本预结算文件、财会会议文件。

8) 物业人员管理材料

物业人员管理材料包括公司人员设置、调配、变迁文件，人事劳资文件，技术职称文件，教育培训文件。

9) 物业设备仪器管理材料

物业设备仪器管理材料主要包括设施设备购买、安装、使用、维修、报废文件。

10) 物业服务企业或个人参加各种活动材料

物业服务企业或个人参加各种活动材料主要包括奖状、奖旗、奖杯、证书、纪念品。

2. 物业管理文件材料的积累

从物业管理档案收集是否齐全完整的角度来说，物业管理文件材料的积累与物业管理文件材料的形成同等重要。对于物业管理过程中形成的文件材料，物业服务企业如果不注意积累，造成丢失、散失、损坏或只留下复印件，归档时便会出现档案的残缺，不能达到维护档案完整、齐全的目的。

文件材料的积累工作不是一两天能完成并达到效果的，必须长年累月地进行。从文件材料形成的那一刻开始，物业服务人员就应意识到进行文件材料积累工作的重要性。只有从形成时就开始积累，文件材料才能齐全、准确。事后积累材料不仅困难，而且不一定准确、真实。

文件材料的积累工作一般由物业服务人员自行完成，并进行登记。积累的原则为：

(1) 落实责任。每个科室(部门)设一名专(兼)职资料员，负责本科室(部门)有关文件材料的积累工作。

(2) 收集齐全，分类存放。分类可参照物业服务企业分类方案进行，分类可为立卷工作做好准备，减少重复劳动。

(3) 简要登记。工作人员登记自己经办的材料，资料员登记资料的收集、借出情况。

3. 物业管理文件材料的归档

物业管理文件材料的归档是指对于物业服务企业及个人在物业管理过程中形成、积累的有保存价值的文件材料，由业务部门整理立卷，定期交本单位档案室或档案机构集中管理的过程。狭义的物业档案收集工作指的就是物业档案的归档工作。由于归档既是文件处理的最后一个环节，又是档案工作开始的第一个环节，是文件处理和档案工作交接点，因而归档无论对文件管理还是对档案工作，都有积极重要的意义。

为了做好文件材料的归档工作，物业服务企业必须制定文件材料的归档制度。归档制度是指导文件材料归档的基本依据。归档制度的制定要符合物业管理的实际情况及文件材料的特点，要与物业机构其他有关制度相衔接，并成为整个物业管理制度的有机组成部分。

4. 物业档案的更改

物业档案的更改是指按照一定的原则、制度与要求，用特定的方法改变物业档案某些内容的一项工作。

物业档案的更改是物业档案管理机构档案管理工作的一项重要内容。为了维护物业档案的准确性，保证物业档案同它所反映的物业管理活动的现实情况相一致，物业档案管理机构必须根据现实情况的变化，及时对有关的物业档案进行相应的修改和补充。这项工作也称为物业档案的动态管理工作。如某住户在填写入住表格时将自己的身份证号码填写错误，事后发现并提出更改身份证号码的要求，档案室应根据有关规定实施更改，以保证档案的准确性。

物业档案的更改是一项严肃的工作，必须严格遵守更改制度的有关规定，按照更改程序和更改方法进行。

(二) 物业档案的整理

1. 物业档案全宗的划分

根据档案全宗构成的三个条件，物业服务企业产生的全部档案应当构成一个物业档案全宗。物业服务企业自成立之日起，就是一个新的立档单位，在其基本职能没有发生重大改变，只是职能或工作范围扩大或缩小、内部机构调整等情况下，其变化前后形成的档案仍属于一个全宗。例如，物业服务企业下属的其中一个管理处因业务原因要移交给另外一家物业服务企业管理，部分档案因此也要移交出去，这种情况并不影响原物业服务企业档案全宗。管理处属物业服务企业的派出机构，其所产生的档案不能构成一个全宗，而属于物业服务企业全宗的一部分。在该管理处转出时，将有关本企业全局的档案复印一份存档，如党群工作、经营管理、行政管理、财务等档案；原件及关系小区管理的档案可一并移交给下一家物业服务企业，成为下一家物业服务企业全宗的一部分，如住户档案、基建档案、物业维修档案、物业房产档案等。但是，当两家及以上物业服务企业因发展需要而进行合并时，其合并前后的档案应划分为两个以上全宗，即合并后产生的档案是一个全宗，合并前各物业服务企业所形成的档案各自为一个全宗。例如，甲公司成立于 2000 年，乙公司成立于 2002 年，两公司因业务发展需要于 2018 年进行合并，这样就存在三个不同的全宗，即 2000—2018 年甲公司全宗、2002—2018 年乙公司全宗和 2018 年新公司成立后的全宗。

2. 物业档案的立卷和编号

1) 立卷

立卷或称组卷，就是将若干互有联系的档案文件组合成案卷，即档案基本的保管单位。立卷是档案整理工作的基础内容之一，它的作用在于揭示档案文件之间的联系，使文件更加系统化、条理化，便于保管和利用。

案卷由两部分组成：一是经过整理的文件材料本身，二是整理过程中形成的卷内目录、卷内备考表、案卷封面和封底、卷盒。卷内目录是指案卷内登记文件及其排列顺序的目录，通常排列在文件材料之前。卷内备考表是说明案卷内文件状况的表格，通常排列在文件材料之后。

案卷有装订和不装订两种形式。物业档案的案卷有文字材料型(如党群工作类档案)、图样材料型(如基建档案)、图文混合型(如修缮档案)、声像材料型(如照片档案)四种类型。

物业档案全宗由房产物业管理、党群工作、行政管理、经营管理、设备仪器、基本建设、科学技术研究、会计、干部职工、声像、荣誉 11 大类档案组成，各类档案的内容各不相同，其立卷方法也有所不同，但各类档案的立卷都要遵循物业档案文件材料的形成规律，保持案卷内文件材料的有机联系，并要便于保管和利用。

(1) 房产物业管理档案可按租赁档案、住户(租户)档案、修缮档案、物业房产档案立卷。

(2) 党群工作档案可按党员发展材料(含申请书、谈话记录、审批文件)、党员学习材料等立卷。

(3) 行政管理档案可按各种通知、计划、总结等立卷。

(4) 经营管理档案可按租赁合同、营业执照复印件、租户相关信息等立卷。

(5) 设备仪器档案可按设备仪器开箱验收材料、设备仪器安装调试材料、设备仪器运行维修材料等立卷。

(6) 基本建设档案可按工程设计(含初步设计、技术设计、施工设计)材料、工程施工材料、工程竣工验收材料等立卷。

(7) 科学技术研究档案包括小区雨水回收系统研发(含设计图纸、实验数据、验收报告)等。

(8) 会计档案可按财务报告类、会计账簿类、会计凭证类、工资单等立卷。

(9) 干部职工档案可按履历材料，自传材料，鉴定、考核、考察材料，评定岗位技能和学历材料(包括学历、学位、学绩、培训结业成绩表和评定技能的考绩、审批等)，政审材料，参加中国共青团及民主党派的材料，奖励材料，处分材料，招用、劳动合同、调动、聘用、复员退伍、转业、工资、保险福利待遇、出国、退休、退职等材料，其他可供组织参考的材料立卷。

(10) 声像档案可按照片、录音带、录像带、计算机磁盘、缩微胶片等特殊载体档案立卷。

(11) 荣誉档案可按照荣誉证书复印件、奖励文档等立卷。

2) 编号

物业档案的编号是指给归档文件按分类方案和排列顺序编制档号。档号是指档案馆(室)在整理和管理档案的过程中，以字符形式赋予档案的一组代码。档号是存取档案的标记，具有统计监督作用。档号的结构分为三种。第一种结构为：全宗号-案卷目录号-案卷号-件、页(张)号；第二种结构为：全宗号-类别(分类)号-案卷号-件、页(张)号；第三种结构为：全宗号-类别(分类)号-项目号-案卷号-件、页(张)号。物业档案可采用第三种结构，一案一号，全宗内不允许有相同的档号。档号在每份文件首页的右下角，其内容、格式、尺寸应规范。

案卷内文件材料均按有书写内容的页面编写页号。单面书写的文件材料在右下角编写页号；双面书写的文件材料，正面在右下角、反面在左下角编写页号。页号一律使用阿拉伯数字，字体要端正、清楚。案卷封面、封底、卷内目录(原有图样目录除外)、卷内备考表不编写页号。

装订形式的案卷，采用大流水方式编写案卷页号；不装订形式的案卷，两页以上的单份文件应单独装订和单独编写页号。不装订案卷内的文件应逐件加盖档号章。

(三) 物业档案的保管

物业档案的保管工作，是采用一定的技术设备、措施和方法，对物业档案实行科学的保管和保护，防止和减少物业档案的自然或人为损毁的工作。物业档案的保管工作在物业档案工作中处于特殊地位，具有十分重要的意义。总体而言，物业档案的保管工作具有以下意义。

1. 防止物业档案被损毁

物业档案管理人员通过掌握物业档案损毁的原因和规律，采取有效的技术措施和方法，最大限度地消除可能导致档案损毁的各种自然的或人为的因素，把档案的自然损毁率控制在最低限度。

2. 延长物业档案寿命

物业档案管理人员通过采取积极有效的措施和方法，从根本上改善保管条件，消除影响档案耐久性的因素，增强物业档案对外界不利因素的抵抗力，减缓档案的老化速度，并提升档案的修复和复制技术，尽可能地延长档案的寿命。

3. 维护物业档案安全

物业档案安全的维护包括两方面：一方面，物业档案作为一种物质存在形态，档案管理人员必须保证其安全、完整地保存下去，不损毁丢失；另一方面，物业档案作为一种社会现象，档案管理人员要建立切实可行的严格的安全保密制度，防止失盗和失密、泄密事件的发生，保证物业档案的信息安全。

馆内外人员借阅档案，必须办理正式借阅手续，填写提调单。提调单一式两份，一份留库房存查，一份随档案移交档案使用部门，并应严格规定：正常情况下，档案原件不能调离档案馆(室)；利用者不得在档案上作任何圈点、勾画标记；阅览室内不得吸烟，阅览桌上不得放置水杯、墨水等易污染档案的物品；破损、待修的档案，一律不提供利用；有复印件、缩微品的档案，除特殊原因经批准同意者外，不再提供档案原件。

以案说理

××物业服务企业负责××高端小区(含300套住宅、50个商铺)的物业管理工作。2023

年 10 月，业主李某向警方报案，称其名下 15 栋 301 室的房产(价值 800 万元)被冒名出售。经调查，该事件源于物业服务企业档案管理员张某的违规操作。

张某利用职务之便，擅自复制李某的购房合同(含身份证号、房产地址、联系方式)及房产证复印件，并伙同社会人员王某，伪造李某的授权委托书、签名及手印，通过中介将房产以 680 万元低价转卖给不知情的第三方赵某。

李某将物业服务企业诉至法院，要求其赔偿损失 120 万元(房价差额+维权成本)。法院审理认定物业服务企业存在重大管理过失，判决其承担 70%责任，赔偿 84 万元。同时，当地房管部门依据《中华人民共和国档案法》，对物业服务企业处以 10 万元罚款，并在行业内通报批评。事件引发媒体报道后，小区物业费收缴率从 95%骤降至 62%，3 家租户提前解约，企业市值蒸发 15%。

该物业服务企业的档案管理存在严重的流程漏洞：档案借阅未执行“主管书面审批”制度，档案管理员可以直接从文件柜调取档案；同时，业主信息未加密存储，纸质档案随意放置在开放式办公区。此案例体现了物业档案保密性的重要。

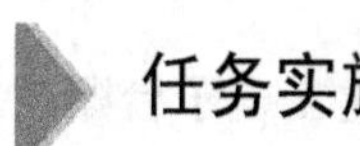

任务实施

一、学习目标

掌握物业档案管理的工作过程和工作任务。

二、实施方法

(一) 法律依据分析法

依据《中华人民共和国民法典》《中华人民共和国档案法》等法规，建立档案借阅、审批和权限分级制度；参照《物业管理条例》，规范物业档案接收流程。

(二) 风险预判设计法

通过漏洞树分析法，识别档案管理关键风险点(如权限滥用、密钥失控)；采用最小权限原则，对业主信息、财务数据等敏感档案设置访问壁垒。

(三) 技术驱动管理法

部署电子档案管理系统，实现档案全生命周期追溯；应用 OCR 识别、区块链存证技术，确保档案真实性和不可篡改性。

三、任务流程

(一) 物业档案管理体系搭建

1. 制度建设

制定物业档案管理办法，明确档案分类、保管期限、密级划分；建立档案安全应急预案，涵盖泄密处置、数据恢复等流程。

2. 硬件配置

设立独立档案库房，配备恒温恒湿设备和灭火系统；安装智能密集架，部署监控系统。

3. 人员培训

组织《中华人民共和国档案法》《中华人民共和国个人信息保护法》专题培训，签订保密承诺书；实施档案管理员持证上岗制度。

(二) 物业档案全流程管控

1. 档案收集

1) 接收范围

(1) 基建档案：竣工图、隐蔽工程验收单、消防验收报告。

(2) 业主档案：购房合同、身份证复印件、紧急联系人信息。

2) 交接流程

开发商移交时需提供档案移交清单，双方签字盖章并留存影像记录；建立电子台账，通过二维码实现档案定位。

2. 档案整理

(1) 分类立卷：可按“年度+问题”立卷，如 2023 年业主投诉处理档案(含投诉单、处理记录、回访记录)；基建档案可按“项目阶段”立卷，如××小区安防系统升级(含方案设计、施工日志、验收报告)。

(2) 数字化处理：采用高速扫描仪，OCR 识别率≥98%；涉密档案经脱密处理后上传至加密云平台。

3. 档案利用

1) 借阅审批

(1) 普通档案：部门负责人审批-系统生成电子借阅证(有效期 7 天)制度。

(2) 核心档案：分管副总审批-双人现场监督查阅(如监控中心录像档案)制度。

2) 使用规范

在专用电脑上查看电子档案，禁止复制、截屏；纸质档案使用防复印水印纸，归还时进行紫外线检测。

(三) 物业档案安全维护

1. 日常维护

每月进行库房温湿度记录，每季度开展虫霉检测；对破损档案进行修复，重要档案异地备份。

2. 风险处置

发现泄密苗头时，立即启动应急预案。

(1) 一级响应(轻微泄露)：封锁档案系统，排查责任人。

(2) 二级响应(重大泄露)：向公安机关报案，配合司法取证。

(四) 持续改进

1. 审计评估

(1) 每半年委托第三方机构进行合规性审计。

(2) 对档案管理进行 KPI 考核。

2. 技术升级

(1) 试点智能分析系统：通过自然语言处理自动识别敏感信息；

(2) 探索区块链存证：将档案操作记录上链，确保可追溯。

任务小结

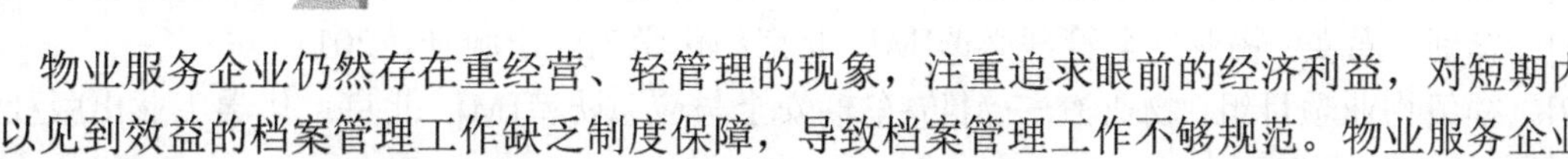

物业服务企业仍然存在重经营、轻管理的现象，注重追求眼前的经济利益，对短期内难以见到效益的档案管理工作缺乏制度保障，导致档案管理工作不够规范。物业服务企业应强化档案意识，规范档案管理工作，为更好地做好管理和服务奠定基础。

课后测试

物业住户或使用人难免会遇到各类问题。例如，某住户在收楼后准备装修房屋，由于装修方案包含改动原房屋的间隔和电线布置，所以必须先了解原房屋承重墙和隔断墙壁的位置以及电路布线位置；再如，一个小区建成后，有住户发现防盗门的对讲系统有故障，由物业服务企业维修后恢复正常，物业服务企业防患于未然，准备对其他防盗门进行检查。

请结合以上案例，说明物业服务企业如何利用物业档案为业主和使用人更好地提供服务。

参考文献

[1] 季如进. 物业管理理论与实务[M]. 北京：中国建筑工业出版社，2022.
[2] 张作祥. 物业管理概论[M]. 4 版. 北京：清华大学出版社，2021.
[3] 王青兰，齐坚，关涛. 物业管理理论与实务[M]. 4 版. 北京：高等教育出版社，2018.
[4] 胡大见. 物业管理实务[M]. 北京：北京大学出版社，2016.
[5] 张作祥. 物业管理实务[M]. 3 版. 北京：清华大学出版社，2022.
[6] 于晓红. 物业客户服务[M]. 北京：中国人民大学出版社，2020.
[7] 福田物业项目组. 物业保洁服务与绿化养护指南[M]. 北京：化学工业出版社，2018.
[8] 杨剑，黄英. 物业安全管理必读[M]. 北京：化学工业出版社，2017.
[9] 福田物业项目组. 物业治安·消防·车辆安全与应急防范[M]. 北京：化学工业出版社，2018.
[10] 福田物业项目组. 物业工程设施设备管理全案[M]. 北京：化学工业出版社，2020.
[11] 陈静俊，楼晓东. 客户服务与管理[M]. 2 版. 北京：中国人民大学出版社，2016.
[12] 方玲玉. 客户服务与管理：项目教程[M]. 4 版：北京：电子工业出版社，2024.